国家社会科学基金项目资助成果

马克思法律思想新探

姚远 / 著

山东人民出版社 · 济南
国家一级出版社 全国百佳图书出版单位

图书在版编目（CIP）数据

马克思法律思想新探 / 姚远著. -- 济南 : 山东人民出版社, 2024. 12. -- ISBN 978-7-209-15500-7

Ⅰ. A811.64

中国国家版本馆 CIP 数据核字第 2024W0G646 号

责任编辑：李怀德
封面设计：王园园

马克思法律思想新探

MAKESI FALU SIXIANG XINTAN

姚　远　著

主管单位　山东出版传媒股份有限公司
出版发行　山东人民出版社
出 版 人　胡长青
社　　址　济南市市中区舜耕路517号
邮　　编　250003
电　　话　总编室（0531）82098914
　　　　　市场部（0531）82098027
网　　址　http://www.sd-book.com.cn
印　　装　山东道克图文快印有限公司
经　　销　新华书店

规　　格　16开(169mm×239mm)
印　　张　21
字　　数　340千字
版　　次　2024年12月第1版
印　　次　2024年12月第1次
ISBN 978-7-209-15500-7
定　　价　58.00元

目 录

第二编　方法的重构

第三编　时空的呈现

绪论

缘何更多联系法兰西因素重构马克思法律思想?

一、马克思法律思想解释框架的“再问题化”

曾经获评“千年第一思想家”的卡尔·马克思（Karl Marx，1818 年 5 月 5 日—1883 年 3 月 14 日），[①] 在人类的法律思想史上留下了浓墨重彩的一页。作为重新探讨马克思法律思想的一次努力，本书着力揭示它与法兰西文化之间可见但常被忽视的深层联系。这是呈现崭新的马克思法律思想图景的关键契机。此种问题意识源于笔者对当下流行的马克思解释框架的系统反思。[②] 解释框架的确立对于一切文本分析和学术进展无疑具有根本的意义，“否则，我们只东鳞西爪地掌握着少数真理，而看不出它们的联系，看到有许多错误，

① 在 1818 年 5 月 7 日申领的马克思出生证明上，他的名字写作“Carl Marx”，事实上，普鲁士政府向马克思签发的大多数证件都是这样拼写的。但马克思本人的签字几乎都是“Karl Marx”。可见，19 世纪的人名拼写并不严格。参见［德］曼弗雷德·克利姆：《马克思文献传记》，李成毅等译，河南人民出版社 1992 年版，第 28 页。术语拼写形式的微妙变动，也是本书据以考察马克思的重要线索。

② 应当说明的是，笔者陆续推出的著作《观念论法哲学及其批判》《解读青年马克思的黑格尔法哲学批判》和《马克思与德国古典法哲学》，也属于该框架的助推力量。

而看不出谬误所在"[①]。基于马克思主义经典作家若干重要文本的指示，国内外学术界偏好探讨马克思思想的德国哲学渊源，努力发展基于康德、费希特、黑格尔、谢林、费尔巴哈[②]、布鲁诺·鲍威尔抑或莫泽斯·赫斯著作的解释框架。这意味着，马克思在（法律）思想史上的身份更多是以德意志文化、特别是黑格尔（法）哲学为参照系来界定的，马克思的贡献主要以扬弃某位或多位德国哲学家的概念和理论来衡量。国内迄今出版的马克思法律思想或法哲学研究专著，大多以或隐或显的方式在总体构思或论证关键处采取了德国哲学本位的解释框架，并为读者照亮了马克思思想世界中的许多曾经晦暗不明的角落。

然而，我们是否不再能够想象一套另辟蹊径的马克思解释框架呢？大约从张一兵教授的《回到马克思》开始，近25年来在国内广泛兴起马克思恩格斯文本文献学，其倡导以基于扎实文本考证的问题意识为中心，打破既往人为划定的学科壁垒，充分尊重历史唯物主义思想原像的立体性和丰富性。[③] 对笔者而言，这种研究方式内在地有利于彰显那些在流行解释框架中不够明朗、甚至根本不成其为问题的要点，凭借法理问题意识撬动跨学科知识的会通，进而建构更加宏伟壮观的马克思法律思想世界和激发令人耳目一新的理论生长点。"理解一种思想，就要掌握和重建孕育了它的丰富资源，内心亏空和贫瘠的读者是难以读出作者通过文字表征出的诸多意涵的。"[④]经过一段时间的

---

① 参见［法］萨伊：《政治经济学概论》，陈福生、陈振骅译，商务印书馆1963年版，第11页。笔者对马克思解释框架问题的注意，受到韩立新教授代表作总纲的启发，参见韩立新：《〈巴黎手稿〉研究——马克思思想的转折点》，北京师范大学出版社2014年版，"绪言"。

② 值得注意的是，恩格斯撰写的两份比较重要的马克思传记（1878年和1892年），都没有提到费尔巴哈。1914年，列宁的《卡尔·马克思》一文才谈及马克思与费尔巴哈的关系，将其视为马克思转向唯物主义的催化剂。列宁所开列的马克思著作目录也比恩格斯的版本增加了《关于费尔巴哈的提纲》。参见鲁克俭、李靖新弘等：《西方马克思学的形成和发展》，中央编译出版社2021年版，第24-25页。

③ 对这场思想运动的方法论总结，参见聂锦芳：《清理与超越：重读马克思文本的意旨、基础与方法》（修订版），北京师范大学出版社2024年版。

④ 刘森林：《"马克思与西方传统"出版说明》，载华东师范大学出版社译丛"马克思与西方传统"各卷开篇。

犹疑徘徊和慎重考虑，笔者决意尝试将关联理解的侧重移至近代法兰西因素。[①] 更具体地说，即通过追溯马克思的涉猎过程，把他以各种方式接触或研读过的、来自法兰西文化地理圈的启蒙政治法律思想、革命史、城市史、机械唯物论、历史编纂学、政治经济学、空想社会主义、近代文学乃至自然科学等方面的资料融会贯通，建构可用于补充主流学说的、有关唯物史观创立过程的新解释框架，从而在交叉学科视野下深入呈现马克思法律思想的原理维度、方法维度和时空维度。笔者深知，即便决不打算撇开德国古典哲学，本书的新探索依然会充满争议。法兰西渊源何以在重构马克思法律思想的工作中享有某种优先地位呢？这正是绪论部分力图从文化地理学角度初步回答的疑问。

二、马克思本人鲜明的文化地理意识

实际上，笔者所选择的研究角度，可在列宁的经典论断那里获得印证。他是将马克思的思想渊源纳入马克思传记写作的第一人。他那篇广为称引的《马克思主义的三个来源和三个组成部分》（1913 年）宣称："马克思学说是人类在 19 世纪所创造的优秀成果——德国的哲学、英国的政治经济学和法国的社会主义的当然继承者。"[②]《卡尔·马克思》（1914 年）继续确认："马克思是 19 世纪人类三个最先进国家中的三种主要思潮——德国古典哲学、英国古典政治经济学以及同法国所有革命学说相联系的法国社会主义——的继承者和天才的完成者。"[③] "法国的社会主义"当然不是本书所称法兰西因素的

① 笔者不是这条道路上的孤勇者，例如参见［意］德拉-沃尔佩：《卢梭和马克思》，赵培杰译，重庆出版社 1993 年版；［法］傅勒：《马克思与法国大革命》，朱学平译，华东师范大学出版社 2016 年版；杨洪源：《政治经济学的形而上学：〈哲学的贫困〉与〈贫困的哲学〉比较研究》，中国人民大学出版社 2015 年版；杨洪源：《〈哲学的贫困〉再研究：思想论战与新世界观的呈现》，社会科学文献出版社 2021 年版；韩蒙：《马克思思想变迁的社会主义线索》，江苏人民出版社 2021 年版。

② 《列宁全集》第 23 卷，人民出版社 2017 年第 2 版增订版，第 41-42 页。

③ 《列宁全集》第 26 卷，人民出版社 2017 年第 2 版增订版，第 52 页。这篇文章的提纲（1914 年 3—7 月）特别以黑体字印刷+着重号+左右长括号的三重强调形式，将"三个来源"烘托于全文之首，且按照纵向书写顺序依次表述为："英国政治经济学。德国古典哲学。法国政治斗争。"除"三个来源"之外，整份提纲中其他比较重要的强调字眼是"哲学"和"政治"。参见第 372-375 页。

全部，但列宁的论断已经明确蕴含着国别层面的考虑因素，只不过多数先前的引证者仅仅留意到学科主题的考虑因素。现在让我们回到马克思本人，他乃是一位具有高度敏锐的文化地理意识的思想家。

（一）欧陆文化比较思潮及其在马克思那里的表现

马克思的文化地理意识，是19世纪上半叶风行于欧洲大陆的文化比较思潮的一部分。例如，在1800年，柏克《法国革命论》的德译者弗里德里希·根茨（Friedrich Gentz），全面细致地对比了美国革命和法国革命的基本特征、来龙去脉和首要原则，发现了两桩表面相似的革命事业之间的根本区别。[①] 在1810年，法国的斯塔尔夫人（Madame de Staël，也译“斯太尔夫人”）以法国文化为参照系，从风土人情、文学艺术、哲学与伦理、宗教热情四个方面对比分析了德意志文化。[②] 在1832—1834年，德国犹太诗人海涅（Heinrich Heine，后来成为马克思的挚友）为了回应斯塔尔夫人的某些误解，在巴黎用法文发表《德国文学的当前状况：续斯塔尔夫人论德国》和《论德国宗教和哲学的历史》，力求以切合法兰西话语体系和认知习惯的方式，客观地、跨文化地介绍德国的精神事件。[③] 作为夏多布里昂（François-René de Chateaubriand）1827年《美洲游记》的一种学理延伸，在1835年，法国人博蒙（Gustave de Beaumont）的《玛丽，或美国的奴隶制》（*Marie ou l'esclavage aux États-Unis*）和托克维尔（Alexis de Tocqueville）的《论美国的民主》（第2卷出版于1840年）同时问世，并且一道成为主要联系法国文化评论美国政治社会状况的经典。马克思曾在《论犹太人问题》里面将这两本书，跟英国人托马斯·汉密尔顿（Thomas Hamilton）的《美国人和美国风俗习惯》一并加以引用。甚至可以说，马克思有关市民社会的“犹太精神”的反思，主要就是从这三本书有关美国社会风俗的分析中汲取灵感的，毕竟“在北美，犹太

① 参见［德］弗里德里希·根茨：《美法革命比较》，刘仲敬译，上海社会科学院出版社2014年版。

② 斯塔尔夫人这部《论德国》（*De l'Allemagne*）的第二部分中译本，参见［法］德·斯太尔夫人：《德国的文学与艺术》，丁世中译，人民文学出版社1981年版。

③ 参见［德］海涅：《浪漫派》，薛华译，上海人民出版社2003年版；［德］海涅：《论德国宗教和哲学的历史》，海安译，商务印书馆1974年修订第2版。

精神对基督教世界的实际统治已经达到明确的、正常的表现”①。最后，马克思的青年黑格尔派友人赫斯（Moses Hess）为回击戈尔德曼（Eduard Goldmann）1839年的《欧洲五头政治》（即围绕法、英、奥、普、俄而确立保守的世界史图景），在1841年发表《欧洲三头政治》一书，用黑格尔主义话语体系书写法国大革命之后的德、法、英“三国演义”，主张“德国的自由和法国的自由是相互作用的，这件事有着现代的本质的倾向”，而英国因素的介入则为时人理解欧洲未来的社会—政治自由提供了关键助益。②

下面我们来看看马克思本人在19世纪40年代的三次重要表述：③

> “即使我否定了1843年的德国制度，但是按照法国的纪年，我也不会处在1789年，更不会是处在当代的焦点。……在法国和英国行将完结的事物，在德国现在才刚刚开始。这些国家在理论上反叛的、而且也只是当作锁链来忍受的陈旧腐朽的制度，在德国却被当作美好未来的初升朝霞而受到欢迎。……在法国和英国，问题是政治经济学或社会对财富的统治；在德国，问题却是国民经济学或私有财产对国民的统治。”——《〈黑格尔法哲学批判〉导言》
>
> “犹太人问题依据犹太人所居住的国家而有不同的表述。在德国，不存在政治国家，不存在作为国家的国家，犹太人问题就是纯粹的神学问题。……在法国这个立宪国家中，犹太人问题是立宪制的问题，是政治解放不彻底的问题。……只有在北美的各自由州——至少在其中一部分——犹太人问题才失去其神学的意义而成为真正世俗的问题。”——《论犹太人问题》
>
> “［德国］西里西亚起义恰恰在开始时就具有了法国和英国的工人起

---

① 参见［法］夏多布里昂：《前往美洲：夏多布里昂游记》，冯道如、侯敏译，江苏凤凰文艺出版社2014年版；《马克思恩格斯全集》第3卷，人民出版社2002年第2版，第169、171、180、193页。需要说明的是，夏多布里昂是托克维尔的上一辈亲属。《克罗茨纳赫笔记》含有《美国人和美国风俗习惯》1834年两卷德译本的摘录笔记，参见*Marx-Engels-Gesamtausgabe*（*MEGA*），Ⅳ/2，Dietz Verlag，1981，S. 266-275。

② 参见［德］莫泽斯·赫斯：《赫斯精粹》，邓习议编译，南京大学出版社2010年版，第20、34、35、37页。

③ 《马克思恩格斯全集》第3卷，人民出版社2002年第2版，第168、201、204、390页。

义在结束时才具有的东西，那就是对无产阶级本质的意识。……必须承认，德国无产阶级是欧洲无产阶级的理论家，正如同英国无产阶级是它的国民经济学家，法国无产阶级是它的政治家一样。”——《评一个普鲁士人的〈普鲁士国王和社会改革〉一文》

不难注意，以上段落明确建构了一种稍显粗略的文化地理类型学。这种操作离不开马克思抵达法国后的崭新涉猎，也离不开他驻留克罗茨纳赫之际在欧洲国别史方面所下的苦功夫（《克罗茨纳赫笔记》简直像是马克思的“未来流亡攻略”）。[①] 我们可将马克思鲜明的文化地理意识往前追溯到更早阶段。比如，他在1843年上半年以邻国文化为参照指出，与通过大革命“使人恢复为人”的法国相比，德国是“最完善的庸人世界”，是“政治动物世界”，甚至，即便同“最伟大的德国人”相比，“一个最平凡的荷兰人”也仍然是“公民”。马克思自感在德国“什么事情也干不了”，故而他再也“不能呼吸普鲁士空气”[②]。《〈黑格尔法哲学批判〉导言》遂将此种沮丧和悲愤化为一幅德国社会生活的讽刺画，其中有“各个社会领域相互施加的无形压力”，有“普遍无所事事的沉闷情绪”，有“以政府的形式表现出来的卑劣事物”，于是“实际生活缺乏精神活力，精神生活也无实际内容”[③]。又比如，刚刚就任《莱茵报》责编的马克思，曾在1842年11月致信莱茵省总督沙培尔（J. W. E. von Schaper，1842年8月至1845年在任），宣称《莱茵报》“一贯强调北德意志科学，使之同法国学说和南德意志学说的肤浅形成对比”，因此算得上“把北德意志精神——新教精神引进莱茵省和南德意志来的第一家莱茵地区的和整个南德意志的报纸”。[④] 抛开这封信为维护《莱茵报》而采取的委

① 值得注意的是，在刊登于巴黎《前进报》的《英国状况　十八世纪》中，恩格斯向我们提供了另一种粗略的文化地理类型学。这篇文章在1844年初写完（可能原本作为留给《德法年鉴》下一期的稿件，一直被压着），经马克思协助，当年8月31日开始连载四期发表。文章的主要构思显然得到了马克思的认可，二人的终生友谊亦始于此时。当然，前述操作的前提是，马克思的朋友贝尔奈斯在1844年6月26日接管《前进报》编辑部。

② 参见《马克思恩格斯全集》第47卷，人民出版社2004年第2版，第49、54、55、57页。

③ 参见《马克思恩格斯全集》第3卷，人民出版社2002年第2版，第202、212页。

④ 参见《马克思恩格斯全集》第47卷，人民出版社2004年第2版，第38、627页。这封信是以普鲁士官方承认的《莱茵报》发行人雷纳尔的名义寄出的，但实际出自马克思手笔。在书信原件上，“新教精神”这几个字被铅笔勾掉了。

曲求全的政治辩护策略不谈，马克思的言论至少表明他不仅深谙不同国家或民族的文化差异，而且深谙普鲁士王国境内不同地区的文化差异：相对于柏林所在的官方气息浓郁的北德意志，地处西南边境且有过长期被法国统治经历的莱茵省显得较为自由和异端。当然，跟国际差异相比，一国的内部充其量只有程度上的差异。他在 1842 年 7 月 9 日——当时的《莱茵报》还蒸蒸日上——语重心长地告诉卢格（Arnold Ruge）："您不要以为，我们在莱茵省是生活在一个政治的埃尔多拉多［Eldorado，即幻想中的黄金国度］里。要把《莱茵报》这样的报纸办下去，需要极其坚强的毅力。"①

（二）马克思与他生活过的主要城市

《莱茵报》（1841 年 12 月成立报社，次年 1 月 1 日起正式发行）的创办地点定在莱茵省的科隆，而非其省会城市科布伦茨，这是很有文化地理方面的讲究的（若干年后，马克思恩格斯又选择在科隆创办第一份马克思主义报纸《新莱茵报》）。科隆是彼时仅次于柏林的德国大城市，地处莱茵河西岸德法文化交汇区要冲，天主教徒和资产阶级自由派势力强大，给马克思的印象是"好友众多"但文化上较为"喧闹"。我们沿着这样的线索进一步发现，马克思对自己长期旅居的多个城市都给出过文化地理评价。关于波恩，他谈到"离波恩的教授们这么近使我感到受不了"，因此一度打算迁居科隆。关于柏林，他说那里弥漫着容易弄巧成拙的"庸俗气氛"，是最适合"自由人"折腾的地方（恩格斯曾在 1842 年作过一幅题为《卢格在柏林"自由人"中间》的讽刺画）。马克思恩格斯合作出版的第一部专著《神圣家族》就是批判 1842 年成立的柏林"自由人"的（1843 年以后，布鲁诺·鲍威尔逐渐向自己狭隘的家庭圈子收缩，很难再被视为该组织的精神头目），这也可被视为他俩对柏林文化圈的清算。后来的《德意志意识形态》则是第二次集中清算，其中专门谈道：青年黑格尔派的观念和教养不单单是德国式的，而且"还完全是柏林的（durch und durch Berlinisch）"，他们抄袭黑格尔学说这一事实

① 《马克思恩格斯全集》第 47 卷，人民出版社 2004 年第 2 版，第 31 页。

"只有那些熟悉柏林气氛的人"才能真正明白。[①] 关于巴黎，马克思在信中将其亲切地唤为"新世界的新首府"，其仰慕和兴奋之情溢于言表。那里作为大卫·哈维推崇的"现代性之都"，既是那时欧洲大陆最重要的政治、经济、文化中心，也是自由主义者、民主主义者、社会主义者和共产主义者等势力最集中的城市，被人戏称为就连当地的空气中都充满了左翼激进思想（特别是社会主义）的种子。[②] 关于英国首都伦敦，尽管整个说来英国无产阶级的"文化素质不及法国人"，但马克思仍然坚信"伦敦对于考察资产阶级社会是一个方便的地点"。于是，当 1868 年有人建议马克思从伦敦迁居日内瓦的时候，马克思这样答复："考虑到各种情况，这暂时还办不到。我只有在伦敦才能完成自己的著作。"其重要的文化地理考虑因素之一便是那里坐落着大英博物馆和伦巴第街，包括政治经济［学］在内的全球信息尽在掌握，以及那里会通过万国工业博览会（1851 年 5 月 1 日—10 月 15 日，第一次真正意义上的世界博览会）之类的活动展示人类科技最新成就。凡此种种的文化特殊性，都是英国其他发达城市（例如引起马克思巨大兴趣的工业城市曼彻斯特）望尘莫及的。[③]

在有关马克思的政治经济学研究经历、特别是历史唯物主义形成过程的主流叙事中，文化地理因素即便不是完全缺位的，也可以说是无关宏旨的。这一事实或许是由于我们处在全球信息交流极为便捷、网络空间迅速扩张的时代，对文化地理界线的感知力趋弱，习惯于按照作为整体的西方去想象欧

① 例如参见《马克思恩格斯全集》第 3 卷，人民出版社 1960 年版，第 120、121、124、163、173、190、198、200、201、210、215 页；《马克思恩格斯全集》第 47 卷，人民出版社 2004 年第 2 版，第 27、29、32-33、63 页。

② 且以卢格 1844 年 3 月 24 日的书信为例。信中描述了德、俄、法三国著名激进人士在前日中午的巴黎聚餐，参加者包括卢格、马克思、巴枯宁、贝尔奈斯、勒鲁、勃朗等。参见杨金海主编：《马克思主义研究资料》第 33 卷，中央编译出版社 2015 年版，第 135 页。

③ 参见《马克思恩格斯全集》第 32 卷，人民出版社 1974 年版，第 527 页；《马克思恩格斯全集》第 49 卷，人民出版社 2016 年第 2 版，第 26、323 页；《马克思恩格斯文集》第 2 卷，人民出版社 2009 年版，第 593 页；［德］魏特林：《和谐与自由的保证》，孙则明译，商务印书馆 1960 年版，第 5 页。《资本论》有一处提到，殖民者为伦敦搜集到的埃及、古亚述等的某些文物，能够提供古代协作劳动过程的见证。此外，伦敦拥有当时资本主义世界最发达的金融系统，和最恶劣的工人居住状况（紧随其后的是纽卡斯尔和布里斯托尔），深具典型意义。参见《马克思恩格斯文集》第 5 卷，人民出版社 2009 年版，第 387、759、761 页。

美列国。但实际上，在马克思那个时代，那些国家绝不像我们在百余年前遭遇它们的时候那样几乎齐头并进。主流叙事的核心文本支撑在于马克思的1859年《〈政治经济学批判〉序言》（以下简称“1859年《序言》”），那么这篇序言到底有没有提示过文化地理因素呢？我们看到，马克思对于自身思想发展的几个阶段的叙述，存在一些引人关注的侧重点差异。他有关大学时期的叙事既略去了时间信息，也略去了地点信息，仅仅包含着学业课题及其主次顺序（哲学—历史—法学）。他有关《莱茵报》相关经历的叙事只有时间信息（“1842—1843年间”，由于他限定了出任编辑这个条件，实际上只涵盖1842年10月15日至1843年3月18日[①]），没有具体地点信息，谈到他首次遇见的某些经济议题，和（此时他去掉了担任编辑这一限定条件）法兰西社会思潮的德国回响。他有关《黑格尔法哲学批判》手稿的叙述，有隐含的时间信息（即《莱茵报》被查封之后），但无地点信息。他第一次同时提供时间信息和地点信息的著作是《德法年鉴》（1844年在巴黎出版）。他明确提到的第二个地点是布鲁塞尔，先是给出相对模糊的时间线，即被巴黎方面驱逐之后，随后他又在叙述同恩格斯的合作时补充了1845年春这个更准确的时间。《德意志意识形态》、《哲学的贫困》（同时出版于布鲁塞尔和巴黎）、《共产党宣言》（在伦敦出版）和《雇佣劳动与资本》都是布鲁塞尔时期的创作。马克思第三次同时提供时间信息和地点信息的场合，是伦敦时期的政治经济学批判工作，它重启于1850年，断断续续延伸到1859年，作为《资本论》前奏的《政治经济学批判。第一分册》即这个阶段公开出版的首部代表作。

在笔者看来，1859年《序言》传达了一系列或许颇具冲击性的信息。对于马克思毕生的首要研究主题即政治经济学批判来说，在他居住或停留过的众多城市中，[②] 法国首都巴黎、比利时首都布鲁塞尔和英国首都伦敦是三个关

① 故而这里没有覆盖马克思《莱茵报》时期的全部作品，比如新闻出版自由问题就是明显遗漏。此外，马克思的首篇政论文章《评普鲁士最近的书报检查令》（写于1842年2月上旬）是在整整一年之后（即临近马克思退出《莱茵报》编辑之际）发表于瑞士的，署名“莱茵省一居民”。

② 马克思毕生去过的完整城市列表（共计70余座！），参见［苏联］弗·阿多拉茨基主编：《马克思年表》，张惠卿、李亚卿译，人民出版社1982年版，第757-758页。

键城市。相对而言，波恩（波恩大学所在地）、柏林（柏林大学所在地）、科隆（《莱茵报》和《新莱茵报》的创办地）、克罗茨纳赫（《克罗茨纳赫笔记》和《黑格尔法哲学批判》手稿的撰写地）等普鲁士城市没有那么重要，或者说没有发挥主要作用。在巴黎、布鲁塞尔和伦敦之中，前二者尤其重要而且密不可分。马克思在这两个城市的研究具有直接的连续性和关联性（比如他的“比雷摘录笔记”前一部分基于巴黎版，后一部分基于布鲁塞尔版）。① 更关键的是，他正是在这两个城市先后发现了“法的关系和国家形式根源于物质的生活关系”和“经济基础决定上层建筑”这两项历史唯物主义法学原理，为之赋予脍炙人口的隐喻式表述（即本书第一编将要详述的主题）。相对而言，伦敦之于马克思的意义，则几乎完全在于获取政治经济［学］最新素材方面的便利。也就是说，对马克思的思想立场和方法论原则的影响并不显著，或者说在来到伦敦之前，他的思想发展已经发生质变并由此基本定型，所需要的只是材料的渐次填充和及时更新。综上可见：巴黎—布鲁塞尔时期才是令马克思成为马克思的关键所在，是他思想生涯的高光之地，而它们正是法兰西文化地理圈的两大中心城市。当年比利时刚从荷兰独立出来（1830 年宣告独立，1839 年得到荷兰承认），首都布鲁塞尔工商业发达，有“小巴黎”之美誉，其法语人口在上流社会和市民阶级中占据支配地位；为了跟荷兰划清界限，再加上法国的文化吸引力和拿破仑的长期占领，当地在语言政策上独尊法语，大致可以算作文化地理意义上的法兰西城市。② 不过，被瓦尔特·本雅明尊为“19 世纪的首都”的巴黎，才是马克思确定的流亡生涯第一站（1843 年 10 月 11 日或 12 日—1845 年 1 月底），因此尤其值得

① 关于马克思留下的卷帙浩繁的摘录笔记，MEGA[1] 的编者曾有这样的评论：马克思是一位充满热忱的读者，他博览群书，而且阅读精神之执着异乎寻常，从大学时代开始一生保持着笔记习惯，留下林林总总的行下着重线、切口着重线、感叹号、疑问号、眉批边注和删改痕迹。参见熊子云、张向东编译：《马克思早期思想研究译文集》，重庆出版社 1983 年版，第 57 页。

② 参见环球情报员：《布鲁塞尔：比利时首都，为何由荷兰语城市变成法语城市?》，https://www.thepaper.cn/newsDetail_forward_15272015，2022 年 11 月 14 日浏览；刘军：《在布鲁塞尔踏寻马克思的足迹》，载《光明日报》2018 年 5 月 2 日。马克思在布鲁塞尔落脚于野树林街 19 号。此外，恩格斯的一处评论有助于我们把握法兰西文化地理圈的范围：“如果法国报纸说，萨瓦在语言上和风俗上同法国一致，那么这种说法至少用于瑞士法语区、比利时瓦隆区以及拉芒什海峡的英属诺曼底群岛也是同样正确的。”《马克思恩格斯全集》第 19 卷，人民出版社 2006 年第 2 版，第 448 页。

我们接下来深入分析。

三、马克思流亡生涯的开启与作为首站的巴黎

就某些思想家、特别是唯心主义哲学家而言，他们的主要思想体系同他们所栖身的城市之间没有显著联系，也就是说，思想的归思想，生活的归生活。但马克思属于另一类思想家，他对周围的文化地理环境更加敏感，敏感到不愿迎合、说走就走，毕竟他所理解的幸福在于“斗争”，而不幸在于“屈服”。①

（一）流亡去向的斟酌

学界通常比较看重思想与历史的关联，较为轻视思想与地理的关联，似乎后一关联仅仅具有偶然性故而不应成为严肃研究的课题，这使得我们至今没有认真审视马克思法律思想与法兰西文化地理圈的关系。当然，笔者在此要求诉诸文化地理学的考察，绝不等于倒向马克思在《关于费尔巴哈的提纲》第3条明确反对过的环境决定论。事情毋宁说是这样的：普鲁士当局在查封《莱茵报》之后，并没有下令驱逐马克思，也就是说，他的流亡生涯是有意识、有目的、自主选择的结果。他能够大致预判自家迁居法国之后将会置身于怎样的文化生活世界，并且渴望进入和参与那个新世界。因此，这里存在的不是被动的地理决定论，而恰恰是主动促成的自我重新塑造。法国对马克思的吸引力，可从孔德的如下或许稍显夸张的说法中得到某种印证：“自从罗马帝国灭亡，特别是查理曼称帝以后，无论就社会还是就地理意义而言，法国始终是这一或许能被称为人类中心的西欧的中心。”② 如果马克思始终闷在普鲁士，我们或许无缘得见历史唯物主义在他那里开花结果。正如我们若要观察社会主义市场经济和现代化浪潮对于当代中国法治发展的影响，优先选择一线大都市更为便利。

---

① 参见《马克思恩格斯全集》第31卷，人民出版社1972年版，第588页。此处引用的文件是马克思写于1865年4月的《自白》。

② 冯玮编译：《科学·爱·秩序·进步——孔德〈实证主义概论〉精粹》，湖北人民出版社1989年版，第87-88页。

1843年的马克思英语还不够好（只能借助法译本或德译本钻研英国的社会主义和政治经济学文献），也没有实地走访过英语国家，他有理由暂且排除海峡对面的英国和大西洋彼岸的美国。[①] 但马克思依然有法国之外的重要备选项，比如说着四种语言（法语、德语、意大利语、罗曼语）的瑞士。[②] 须知，他在那边是有一定关系根基的，刊载《评普鲁士最近的书报检查令》的《德国现代哲学和政论界轶文集》（1843年，卢格编辑），以及刊载布鲁诺·鲍威尔、赫斯等人经典篇章的《来自瑞士的二十一印张》（1843年，海尔维格编辑），都出版于瑞士。瑞士也的确曾被列为《德法年鉴》的候选出版地，可是那里的政治气候不尽如人意。马克思在1843年9月致信卢格时写道："连苏黎世也服从来自柏林的指挥。所以事情日益明显：必须为真正思维着的独立的人们寻找一个新的集结地点。"[③] 正是在这封信里，鉴于瑞士苏黎世州政府在德国方面施压之下，不断查禁进步书籍出版商福禄培尔（Julius Fröbel）的活动并向他提起诉讼，[④] 马克思同意了卢格的巴黎之行。又比如卢森堡大公国，尽管那里的有教养群体一直使用法语（不过，那是一种受到高地德语音变影响的法语），所有的公私文件都用法文书写，所有中学的教学活动也都用法语进行，但它在1815—1866年间在名义上属于德意志邦联的成员国，且由

---

① 到了1845年夏天，马克思先是在恩格斯的陪同下，耗时一个多月游历伦敦和曼彻斯特（仿佛是为今后移民做准备）。后来，他为躲避普鲁士政府的迫害，在同年10月17日和11月10日先后联系特里尔市市长格尔茨（F. D. Görtz），要求获得迁居美国的必备材料。12月1日，普鲁士批准马克思的请求，马克思由此得以正式脱离普鲁士国籍。参见《马克思恩格斯全集》第43卷，人民出版社1982年版，第593页。事实上，马克思直到1853年1月28日才首次尝试直接以英文写作。马克思主义刑事司法学的经典文献《死刑。——科布顿先生的小册子。——英格兰银行的措施》，是马克思自己用英文为《纽约每日论坛报》撰写的首篇文章。先前他主要依赖恩格斯或皮佩尔（W. Pieper）对德文底稿的英译工作。参见鲁克俭、李靖新弘等：《西方马克思学的形成和发展》，中央编译出版社2021年版，第238页。

② 参见《马克思恩格斯全集》第6卷，人民出版社1961年版，第99页。按恩格斯的观感，瑞士的法语是经过加尔文教精神革新的法语，发音和措辞都有一定变化，参见第112页。

③ 《马克思恩格斯全集》第47卷，人民出版社2004年第2版，第63-64页。几年后，瑞士的情况更趋恶劣。恩格斯在1849年1月7日向马克思抱怨道："在这个讨厌的瑞士，哪怕发生一点什么可以写的事情也好啊！然而没有，全是一些地方上的无聊透顶的琐事。"《马克思恩格斯全集》第48卷，人民出版社2007年第2版，第55页。

④ 参见杨金海主编：《马克思主义研究资料》第33卷，中央编译出版社2015年版，第113页。布伦奇里的报告《瑞士共产主义者。根据在魏特林那里发现的文件》也在1843年7月发表，堪称雪上加霜，指控福禄培尔及其出版社支持共产主义犯罪阴谋。

普鲁士军队驻防,[①] 明显也不适合马克思。当然，纵然在法国范围内，巴黎也不是唯一可能的选择。我们知道，马克思最开始（1843 年 3 月）选择的目的地是法国边境城市斯特拉斯堡。他甚至套用法国外交家塔列朗（Talleyrand-Périgord）的名言，宣称“除了斯特拉斯堡（充其量再加上瑞士）以外，其他一切地方都不是原则，而是阴谋”[②]。但这主要出于经济方面的考虑因素，因为巴黎的日用开销难以负荷。最终，（除了合作者的动议这个外在因素之外）文化地理方面的考虑因素占据上风，巴黎遂成为马克思的首站流亡城市，具体落脚于圣日耳曼区田凫路 38 号。

（二）巴黎之行的若干合理性

马克思的选择有其充分合理性，值得稍微展开论述。第一，就其密友圈子的动向来说，《德法年鉴》的联合主编卢格已在 1843 年 7 月 19 日率先奔赴巴黎（22 日在布鲁克贝格的费尔巴哈处停留，25 日在克罗茨纳赫的马克思处停留，月底在科隆见到赫斯和福禄培尔），并在赫斯的陪同和介绍下，于 8 月上旬至 10 月初跟当地的勒鲁、路易·勃朗、拉马丁、德萨米、卡贝、拉梅耐、乔治·桑等法国知识界名流接洽（当时蒲鲁东不在巴黎），而出版商福禄培尔也在 9 月 15—21 日期间抵达巴黎，积极筹备德法书店的开张事宜（主要涉及股份认购问题）。[③] 想必这些人都很清楚，巴黎是他们熟悉的欧陆城市中唯一能够有力屏蔽普鲁士影响的地方。

第二，法兰西文化构成马克思的思想底色。他给精通法语著作的赫斯留

---

① 参见《马克思恩格斯全集》第 21 卷，人民出版社 1965 年版，第 498 页。

② 参见《马克思恩格斯全集》第 47 卷，人民出版社 2004 年第 2 版，第 51、631。马克思的巴黎藏书里就有一本关于塔列朗的著作。

③ 参见杨金海主编：《马克思主义研究资料》第 27 卷，中央编译出版社 2015 年版，第 344、352 页；杨金海主编：《马克思主义研究资料》第 33 卷，中央编译出版社 2015 年版，第 113-118、122 页。《德法年鉴》办事处和发行部后来定在瓦诺街 22 号。这里还需要就巴黎方面的约稿对象作一番简要说明。圣西门的门徒、创办有《独立评论》（曾被卢格视为新刊物的蓝本）的勒鲁，是法国思想家中最精通德国古典哲学的人物，不过他比较偏爱的是谢林哲学（与之相关，马克思约请费尔巴哈写批判谢林的文章，也有友情提醒勒鲁的用意）。勃朗的五卷本《十年史》已出三卷，这三卷有卢格作序的德译本（1843 年 8 月版）。蒲鲁东因《什么是所有权》（1840 年）一书，而在 1842 年开始震动德国思想界。自由主义政治家拉马丁在当时被视为带有一定社会主义思想气质，他在 1843 年春的议会发言经常成为赫斯所写《莱茵报》巴黎通讯的要点。德萨米刚刚出版《公有法典》（1842 年）。卡贝不久前发表《伊加利亚旅行记》（1840 年），并创办了《人民报》。

下了这样的第一印象（1841 年 9 月 2 日于科隆）：“如果把卢梭、伏尔泰、霍尔巴赫、莱辛、海涅和黑格尔结合为一个人（我说的是结合，不是凑合），那么结果就是一个马克思博士。”① 笔者想指出的是，在 1835 年 10 月以来的六年间，马克思已先后在波恩大学和柏林大学长期接受正宗的普鲁士文化训练，并跟青年黑格尔派保持密切的交流合作，然而，彼时初识马克思的赫斯，竟然一眼就能看出他身上弥漫着强烈的、甚至具有主导性的法兰西文化气质。只消对比不那么亲近法国的德国友人在相近时期对马克思的印象，② 我们就会发现前述事实很能说明问题。而这自然离不开“真正的 18 世纪的‘法国人’”亨利希·马克思（Heinrich Marx，1777—1838）给予的家庭熏陶。③ 不难想象，这种文化气质在旅居巴黎和布鲁塞尔期间一定会被放大。于是我们看到，在巴黎和布鲁塞尔时期摘录的著作中，在《德意志意识形态》以正面或中性立场引证的资料中，法语文献均占据绝对支配地位，这些事实也能够在一定程度上确证马克思唯物史观的法兰西渊源。

第三，法语也是马克思的母语之一。马克思的故乡特里尔（德语称谓 Trier/法语称谓 Trèves）作为莱茵省的西部边境城市，位于德法文化交汇地带。在马克思出生前不久，特里尔刚刚经历了长期的法国统治，法语随之一度上升为官方语言。④ 特里尔人往往兼通德语和法语，普鲁士警察局长施梯伯在 1854 年的一份有关马克思体貌特征的报告里面便提到，马克思操着“莱茵地

① 杨金海主编：《马克思主义研究资料》第 27 卷，中央编译出版社 2015 年版，第 303 页。

② 比如，后来成为柏林“自由人”核心成员的爱德华·梅因写道（1841 年 1 月 14 日于柏林）：“最近，我认识了一位很能干的青年黑格尔分子——马克思……他是布鲁诺·鲍威尔的亲密朋友。”杨金海主编：《马克思主义研究资料》第 27 卷，中央编译出版社 2015 年版，第 296 页。

③ 参见中央编译局编：《回忆马克思》，人民出版社 2005 年版，第 21、112 页。关于马克思的家教，应该指出的是，亨利希·马克思深受法国 18 世纪科学、宗教、艺术观念的熏染，经常给卡尔·马克思朗诵伏尔泰和拉辛的作品。亨利希·马克思还曾在特里尔自由主义反对派中心“文学俱乐部”的周年纪念宴会上，向法国国旗致敬并高唱《马赛曲》，因此被普鲁士政府视为“可疑分子”而遭到审讯。参见郝立新主编、臧峰宇副主编：《马克思主义发展史（第一卷）：马克思主义的创立（1840—1848）》，人民出版社 2018 年版，第 112 页。

④ 在 1793 年，法国革命军进占特里尔。在 1801 年，特里尔被正式划入法国版图，奉行法兰西法制。在 1814 年，拿破仑帝国垮台，特里尔并入下莱茵大公国，后者又并入普鲁士王国。就宗教信仰而言，彼时除普鲁士派任的官员及其家属之外（比如 1816 年进驻特里尔的行政区首席顾问威斯特华伦一家），特里尔人（就像法国人那样）几乎都是天主教徒。

区口音的德语和法语”[①]。可以说，虽然从普鲁士政府的角度看，法国是曾经的入侵者，是敌国，但对马克思而言却堪称文化和语言上的另一个祖国，其移民生活的过渡也就比较容易实现，简直怡然如在家园。要是没有这种双母语背景，马克思便难以主持整个《莱茵报》的编辑工作，因其同时开设了德国专栏和法国专栏，[②] 而且，我们也很难想象马克思会创办《德法年鉴》这种以双语征稿的刊物，[③] 或者逐字逐句地修订《资本论》第1卷的鲁瓦（Joseph Roy）法译本（1872—1875年，44分册）。套用恩格斯的说法，双母语背景是马克思得以“超越狭隘的民族观点”的有力“杠杆”[④]。

第四，巴黎本身的优越性非同小可。在19世纪，同为首都，伦敦无法决定英国的命运，华盛顿也无法决定美国的命运，但巴黎却由于法国中央集权制的性质而具备完全压倒外省的力量。从大革命时代开始，“巴黎已成为法国本身”，成为整个国家各处运动的原动力所在，成为权力、艺术和工业的集聚地。[⑤] 圣西门《实业家问答》（《1844年经济学哲学手稿》曾引证该书）里面的看法，能在一定程度上代表当时社会主义圈子的意见：欧洲的“政治利益”（les intérêts politiques）要看法兰西，而法兰西的“社会利益”（les intérêts sociaux）要看实业阶级规模最庞大、势力最强盛的巴黎。[⑥] 可以想见，巴黎能

---

① 参见［德］曼弗雷德·克利姆：《马克思文献传记》，李成毅等译，河南人民出版社1992年版，第5页。这意味着《哲学的贫困》（*Misère de la philosophie*，1847年）是马克思用母语发表的第一部“科学”代表作。

② 参见《马克思恩格斯全集》第47卷，人民出版社2004年第2版，第41页；陈东英：《赫斯与马克思早期思想关系研究》，人民出版社2011年版，第24-25页。对法国怀有强烈好感的赫斯曾长期担任《莱茵报》编辑（1842年1月—12月），主要负责处理来自巴黎的稿件，甚至在1842年12月成为《莱茵报》派驻巴黎的固定通讯员。《莱茵报》当然还有其他栏目，比如刊发恩格斯通讯的不列颠与爱尔兰专栏。

③ 现存出自马克思之手的《〈德法年鉴〉办刊方案》，就是以法文书写的。卢格则用德文和法文分别撰写了一份办刊方案。

④ 参见《马克思恩格斯文集》第9卷，人民出版社2009年版，第338页。

⑤ 参见［法］托克维尔：《旧制度与大革命》，冯棠译，商务印书馆1992年版，第111-115页。亦参见［法］米涅：《法国革命史：从1789年到1814年》，北京编译社译，商务印书馆1977年版，第145页。

⑥ 书中进一步提出，如果巴黎的实业家能够组织起来，那么全法国乃至整个西欧的实业家的组织就指日可待，这样一来，欧洲封建体系的瓦解和实业体系的确立就是水到渠成的事情了。参见［法］圣西门：《圣西门选集》第2卷，董果良译，商务印书馆1982年版，第75-76页，译文有改动；Saint-Simon, *Catéchisme des industriels*, premier cahier, Paris, 1823, p. 48。

为马克思提供的有效信息流密度和信息网完整度，是法兰西文化地理圈乃至整个欧洲大陆的其他城市不能比的。而公共领域的自由讨论和信息的全面自由获取，是始终保持极高社交活跃度的马克思尤为看重的条件[①]——他就连在荷兰短暂旅行期间，都不忘“根据这里的和法国的报纸来判断”时局，[②] 这很能说明问题。马克思对于物质生活条件在社会意识领域的客观制约作用的关注，首先是在这类个人生活经验中得到印证的。事实上，他在出道伊始之所以奋力高扬新闻出版自由和积极支持《莱茵报》，一个重要动机就是破解现在所谓“信息茧房”效应，让莱茵省居民有机会获知本地官方渠道之外的事实，特别是能够反映现代性降临过程的市民社会信息和域外信息。总而言之，马克思赴巴黎流亡和他在主题选择、理论立场、思想气象等方面的明显转折之间，有着某种可以识别的共振关系。[③] 列斐伏尔从不同思路得出与此相近的结论：巴黎时期是马克思毕生最关键也最多产的时期，该时期的论著构成马克思哲学发展的核心。[④]

---

① 马克思绝不是纯粹书斋里的学者。从 1835 年往后，或许只有待在克罗茨纳赫的那几个月，才算他相对远离社交的平静治学时期。克罗茨纳赫是普鲁士西南部的温泉小镇。马克思在那里跟燕妮完婚（1843 年 6 月 19 日），并撰写《黑格尔法哲学批判》和《克罗茨纳赫笔记》，至少是其中的主体内容。参见杨金海主编：《马克思主义研究资料》第 11 卷，中央编译出版社 2015 年版，第 406-432 页。即便是念大学的时候，马克思也是波恩的特里尔同乡会和诗人社团、柏林的“博士俱乐部”的积极分子。参见［苏联］弗·阿多拉茨基主编：《马克思年表》，张惠卿、李亚卿译，人民出版社 1982 年版，第 4 页。俱乐部核心成员是大学里的青年学者，包括神学教师布鲁诺·鲍威尔（Bruno Bauer，1809—1882）、地理学教师鲁滕堡（Adolf Rutenberg，1808—1869）、历史教师科本（Karl Friedrich Köppen，1808—1863）。这几个人都比马克思年长 10 岁左右，跟马克思是亦师亦友的关系。后来，鲁滕堡在 1842 年 2 月至 11 月担任《莱茵报》编辑，与马克思长期共事。我们只消看看在 1835—1838 年父母来信中所显示的马克思的生活开支，就不难设想他有多么活跃，大大小小的聚会和酒宴堪称家常便饭。参见《马克思恩格斯全集》第 47 卷，人民出版社 2004 年第 2 版，第 520-570 页。马克思一个月的开销，比得上西里西亚纺织工人的家庭年收入，难怪身为特里尔律师界风云人物的亨利希·马克思也抱怨儿子大手大脚，花钱速度甚至超过了家里的赚钱速度。

② 参见《马克思恩格斯全集》第 47 卷，人民出版社 2004 年第 2 版，第 54-55 页。

③ 变化当然是逐渐发生的。在马克思抵达巴黎前后，求同存异上的《德法年鉴》支持者们已开始就各种基本问题交换意见，马克思也参与了这一过程。他在 1843 年 11 月 21 日的书信中还提到，自己最近“经过长期争吵之后”毙掉了赫斯等巴黎当地投稿人的（持共产主义见解）的文章。参见杨金海主编：《马克思主义研究资料》第 33 卷，中央编译出版社 2015 年版，第 122、124 页。

④ 参见鲁克俭、李靖新弘等：《西方马克思学的形成和发展》，中央编译出版社 2021 年版，第 205-206 页。

四、跨文化交往视野中的马克思：以《德法年鉴》为例

卢格在 1843 年 5 月 24 日致信费尔巴哈写道："我们想在国外完全自由地印行刊物并一扫旧《年鉴》具有的平庸、繁琐、审慎等不适用的东西，为此，[我们] 将同几位最著名的法国人……合办这个刊物，从而他们可以立即同我们（每个人都懂法语）一起撰稿并且携手组织某种形式的编辑部。"① 这是对《德法年鉴》编辑规划的较早说明，其筹办工作跟马克思迁往巴黎之事息息相关。这份刊物由卢格和马克思联合主编（在 1843 年 10 月中旬至 12 月上旬由马克思独自负责），在 1844 年 2 月下旬首次印行（销往德国的 2500 本遭到大量没收），旋即受到一众德国报刊（例如《科隆日报》、奥格斯堡《总汇报》、莱比锡《德意志总汇报》）的围攻，随后由于编辑方针不统一（1844 年 3 月 26 日马克思和卢格决裂）和财政困难（出版社的出资人不满于《德法年鉴》的政治内容）而告夭折，马克思本人于 1844 年 4 月 14 日正式发布停刊《声明》（有趣的是，《声明》中唯一强调的字眼是"巴黎"）。

《德法年鉴》在马克思法律思想的发展中举足轻重，常被视为他从革命民主主义转向社会主义的里程碑。梅林评价道："在《德法年鉴》上……唯物史观的幼芽已经生长起来，它们在法兰西文化的阳光下很快就扬花抽穗了。"② 《德法年鉴》的其重要意义亦可在马克思两次有关自己研究计划的著名总结中得到印证。它同时是《〈1844 年经济学哲学手稿〉序言》和 1859 年《序言》着意凸显的文献：前者非同寻常地三次提到《德法年鉴》，而且说其中业已包含着《1844 年经济学哲学手稿》的理论要点；后者两次提到《德法年鉴》

---

① 杨金海主编：《马克思主义研究资料》第 27 卷，中央编译出版社 2015 年版，第 344-345 页。

② 参见 [德] 弗·梅林：《马克思传》，樊集译，人民出版社 1965 年版，第 96 页。

(第二次是以括号插入语的形式特意标注恩格斯文章的出处),[①] 而且同时向读者提供了相应的准确出版时间和地点信息，这样的待遇绝无仅有，规格之高甚至超过我们耳熟能详的《共产党宣言》。学界有关《德法年鉴》及其中收录作品的研究成果不胜枚举，本部分只打算从跨文化交往的视野作一番考察。

(一)《德法年鉴》与“法德科学联盟”计划

由于先前在《莱茵报》的工作经历和人脉关系，马克思在同法国方面合作的事情上可谓轻车熟路。而对于《德法年鉴》这种以下列要点为己任的进步报刊来说，巴黎确是一片再合适不过的沃土：论述有影响力的人物、学说和当代政治问题，“鞭挞和匡正”某些报纸的“奴颜婢膝和卑鄙行径”，评介德法两国“那些开辟并继续推进我们正在跨入的新时代”的出版物，为了“人类和自由”而不懈奋斗。[②] 不过，笔者想在此提醒读者留意《德法年鉴》(*Deutsch-Französische Jahrbücher*) 由其刊名显示出来的、似乎带有某种悖论色彩的宗旨，即试图在政治—军事上相互敌对、经济上相互竞争的两个大国之间，实现跨文化的会通与整合，借用当时的提法，即确立“法德科学联盟”(französisch-deutschen wissenschaftlichen Alliance)。这不仅是指构筑用于发表两国学人论著的共同阵地，或者建立两国知识界的友好互动组织，更是指实现法德两国近乎相互对立的思想特性的辩证统一。一言以蔽之，《德国年鉴》被查封之后，应该趁势筹办“《德法年鉴》，这才是原则，是能够产生后

---

① 马克思的这两次引证似乎想要提请读者参阅《德法年鉴》，然而以下事实不得不使笔者打消这样的猜测：《德法年鉴》在出版之初已被德国大量查禁，普通德国读者到了时隔 15 年之后的 1859 年很难在坊间寻得此书，而仅存的希望，即 1850 年底委托海尔曼·贝克尔编纂《卡尔·马克思文集》的计划，也在 1851 年破灭，因为贝克尔在 4 月印行第一分册后即被捕入狱。参见杨金海主编：《马克思主义研究资料》第 33 卷，中央编译出版社 2015 年版，第 93-96 页。马克思或许在暗示，概要地包含着自己政治经济学研究初步成果的《德法年鉴》文章，是和恩格斯的“天才大纲”(写于 1843 年 9 月底 10 月初—1844 年 1 月中旬) 同时问世的。换言之，不能仅仅因为《1844 年经济学哲学手稿》晚于《国民经济学批判大纲》，就认定马克思在这方面受到恩格斯的引领。马克思恩格斯在 1844 年 3 月至 9 月之间的频繁通信未能保存下来，或许只有那些材料才能揭示事情的来龙去脉。

② 参见《马克思恩格斯全集》第 3 卷，人民出版社 2002 年第 2 版，第 215 页。

果的事件，是能够唤起热情的事业”[①]。

“法德科学联盟”的建立要求马克思采用特别的类推思维或类比迁移。这样的操作在《莱茵报》时期已见端倪，比如“如果说有理由把康德的哲学看成是法国革命的德国理论，那么，就应当把胡果的自然法看成是法国旧制度的德国理论”[②]，但直到流亡于法兰西文化地理圈的时期才成为系统的思想计划。首先涉及话语体系的对接，它有时表现得好像只是术语翻译问题。例如，《论犹太人问题》频频使用法文词汇，其实意味着马克思感到德文里缺乏完全一致的对应物，就像他曾经谈到拉丁文“res publica”无法准确译成德文。他不得不把法文单词“homme”（人）译解为市民社会的成员（das Mitglied der bürgerlichen Gesellschaft），把“droits de l'homme”（人的权利）译解为市民社会成员的权利。同样，后来的《德意志意识形态》又以法文单词“bourgeois”和“citoyens”，分别对译柏林方言“Unjebildeten”和“Jebildeten”，甚至系统比较了德法英三门语言的资产阶级生活关键词对译，例如德文中的“Verkehr”即法文和英文中的“commerce”。[③] 一旦越过语言的天然界线，马克思便展开跨文化领域的类推，这种类推特别围绕着被称为“共产主义者用法文写的所有著作中最有哲学意义的作品”的蒲鲁东《什么是所有权》进行。[④] 在他看来，蒲鲁东“是用法国方式表达我们用德国方式所表达的东西”，此人想在政治经济学上效仿“黑格尔为宗教、法等做过的事情”。“如果埃德加先生把法国的平等和德国的‘自我意识’稍微比较一下，他就会发现，后一个原则按德国的方式即用抽象思维所表达的东西，就是前一个原则按法国的方式

① 参见《马克思恩格斯全集》第47卷，人民出版社2004年第2版，第52、67、74页。表达青年黑格尔派政治哲学声音的《德国年鉴》由卢格主编，是1841年7月2日起在莱比锡正式发行的一份日报，在1843年1月3日遭到查禁。

② 《马克思恩格斯全集》第1卷，人民出版社1995年第2版，第233页。

③ 参见《马克思恩格斯全集》第47卷，人民出版社2004年第2版，第23页；《马克思恩格斯全集》第3卷，人民出版社2002年第2版，第182页；《马克思恩格斯全集》第3卷，人民出版社1960年版，第135、255页。与此相关，马克思的好友海涅曾表示，德国人所谈的“唯心论”和“唯物论”，翻译成法国人的术语就是“唯灵论”和“感觉论”。参见［德］海涅：《论德国宗教和哲学的历史》，海安译，商务印书馆1974年修订第2版，第57页。

④ 参见《马克思恩格斯全集》第3卷，人民出版社2002年第2版，第483-484页。恩格斯表示（1843年10月23日），在全部法文著作里，他最希望见到这本书推出英译本。

即用政治语言和具象思维的语言所说的东西。”马克思甚至提出，蒲鲁东之于现代政治经济学，正如西耶斯之于现代政治学。① 可见，马克思关心的是作为类型/典型/范例/样本（Typus）的思想，此乃类推之基础。《德意志意识形态》序言以讽刺手法勾勒的那位“好汉”形象，也正是“最近的德国革命哲学家们的典型（Typus）”②。

“法德科学联盟”是一部分青年黑格尔派成员的核心诉求。例如，路德维希·费尔巴哈在得到马克思关注的、被广泛视为《黑格尔法哲学批判》方法论原则重要源头的《关于哲学改革的临时纲要》（1842 年）里面已经提出：“真正的、与生活、与人同一的哲学家，必须有法国人和德国人的混合血统。……心情，是女性的原则，是对于有限事物的官能，是唯物主义的所在地——这是法国式的想法；头脑，是男性的原则，是唯心主义的所在地——这是德国式的想法。心情是革命的，头脑是改良的；头脑使事物成立，心情使事物运动。”③ 同样在 1842 年，卢格也在构成《黑格尔法哲学批判》之先声的文章里宣告：“当前时代似乎处于‘抽象的理论人’与‘片面的政治人’，亦即德国人与法国人的相互教化之中。如果说天主教妨碍了精神自由，则新教的抽象物——其令人极其不安的顶点出现在黑格尔那里——则妨碍了政治自由。……二者都须远远超出这种互利互惠迄今达到的现状。”④ 到了 1843 年，卢格甚至以拉丁谚语“Nulla salus sina Gallis”(无高卢，即无拯救)，

---

① 参见《马克思恩格斯文集》第 1 卷，人民出版社 2009 年版，第 256、263-264、266、601 页。我们在青年恩格斯那里也会见到这样的类推，但由于他关注的重点在英国，所以他更经常把英国的情况设为理解问题的参考系。比如他提出：“17 世纪英国革命恰恰是 1789 年法国革命的先声。在‘长期国会’里，很容易识别相当于法国制宪议会、立法议会和国民公会的三个阶段。”《马克思恩格斯全集》第 3 卷，人民出版社 2002 年第 2 版，第 530 页。若从文化地理的角度看，马克思称恩格斯从“另一条道路”得出相同见解，这里的“另一条道路”是指以英国文化为基准和中心的研究。从 1842 年 11 月开始为马克思的《莱茵报》写英国新闻通讯，到 1843 年末、1844 年初撰写《评卡莱尔》和《国民经济学批判大纲》，再到 1845 年春前往布鲁塞尔跟马克思会合，一直萦绕在恩格斯心头的主题是“英国社会史”。《英国工人阶级状况》乃是该计划最终得到部分落实的产物，也是最为马克思看重的恩格斯早期著作。

② 参见《马克思恩格斯文集》第 1 卷，人民出版社 2009 年版，第 510 页，译文有改动。

③ 《费尔巴哈哲学著作选集》（上卷），荣震华、王太庆、刘磊译，生活·读书·新知三联书店 1959 年版，第 111-112 页。

④ ［德］阿诺德·卢格：《黑格尔法哲学与我们时代的政治》，载姚远编译：《马克思与德国古典法哲学》，法律出版社 2024 年版，第 110 页。

作为倡议“德国人和法国人的思想联盟”的评论文章的结束语。[①] 至于赫斯，他综合了“法国社会主义的发展和德国哲学的发展”，亦即综合了“圣西门和谢林、傅立叶和黑格尔、蒲鲁东和费尔巴哈”，还称费尔巴哈是“德国的蒲鲁东”[②]。马克思在很大程度上认同这一宏伟努力方向，尽管他对简单化、公式化的类型学和类推法持保留意见，不认可罔顾原初语境根本差异的生硬拼接。[③] 因此，他顺理成章地同卢格、赫斯等人携手创办《德法年鉴》，又特地向费尔巴哈发出约稿函（1843 年 10 月 3 日）。正是在如此背景下，法兰西社会思潮进一步激发了令马克思感到苦恼的、有待深度解决的系列疑问，我们必须从这个角度看待马克思在法兰西文化地理圈流亡阶段的整个思想转型。

（二）马克思早期法律思想文本的相互关系

这里笔者想专门比较一下《黑格尔法哲学批判》手稿和《〈黑格尔法哲学批判〉导言》，以便进一步澄清《德法年鉴》所承载的跨文化交往价值。相较于《莱茵报》时期和克罗茨纳赫时期之间的思想关系，在克罗茨纳赫时期和巴黎时期之间更值得比较研究。因为——或许很多研究者没有意识到——《莱茵报》上面的文章和马克思此后五年的作品，是在形式上因而性质上根本不同的东西（当然，笔者无意据此否定已被阐明的立场区别）。青年黑格尔派机关报《莱茵报》，全称《莱茵政治、商业和工业日报》（*Rheinische Zeitung für Politik, Handel und Gewerbe*）。请注意，这可不是什么学术刊物或者论文集，而是一份报纸，更确切地说，一份日报。如果说书籍、小册子、杂志各自视其主题而有特定读者群的话，那么日报则是面向整个人民的。《莱茵报》或许有其特殊性，相比于单纯地提供“政治事实”，它更加注重满足读者对“政治思想”的兴趣。但日报终归是日报，上面文章的写法务必追求通俗性。当然，正如《莱茵报》文章《德国和法国

① 参见［法］傅勒：《马克思与法国大革命》，朱学平译，华东师范大学出版社 2016 年版，第 134 页。

② 参见《马克思恩格斯全集》第 3 卷，人民出版社 1960 年版，第 580 页；［德］莫泽斯·赫斯：《赫斯精粹》，邓习议编译，南京大学出版社 2010 年版，第 111-112 页。

③ 所谓“真正的社会主义者”将法国人的思想（例如傅立叶针对资产阶级生活条件的创作），生硬地转译为德国意识形态的语言或德国市民道德的语言，从而任意捏造不同思想体系之间的联系。参见《马克思恩格斯全集》第 3 卷，人民出版社 1960 年版，第 536、645 页。

的日报》指出的那样，所谓“通俗”与其说在于娱乐消遣、表达生动、顺应民众观念、迎合党派观点，不如说在于清晰易懂并给人启迪。众所周知，日报刊载的文章主题几乎都是当时客观给定的、彼此之间缺乏显著联系或连续性的新闻事件，撰稿人和编辑部必须对各路信息作出及时筛选和恰当反馈。借用马克思的话说，日报如同生活本身那样总是“常变常新”①。就连《历史法学派的哲学宣言》（写于 1842 年 7 月底至 8 月 6 日）这样看似纯学理性质的文章，其实也是在回应以下新闻素材：普鲁士不久前成立了法律修订部，任命萨维尼为法律修订大臣（1842 年 2 月 28 日），通过修改邦一级和省一级的现行法律规定，巩固封建法律关系，而某些修法结果刚刚在《莱茵报》刊登出来（6 月底至 7 月初）并引发热议。② 看看马克思在《莱茵报》上对各类报刊资料的旁征博引，就不难发现其消息有多么灵通(另一方面，维持高效畅达的信息网也是一项极为考验从业者精力的工作)。诚然，马克思发表于《莱茵报》的不少文章都是长篇连载的报道，也颇有理论分析的深度和力度，但它们跟马克思通过自主设置议题而作出的学术成果不可同日而语。马克思用“从公共舞台（der öffentlichen Bühne）退回书房”这一著名措辞，③ 正是二者的判然有别。

那么，从《黑格尔法哲学批判》手稿到《〈黑格尔法哲学批判〉导言》，马克思的思想有何巨大进展呢？学界对此已有很多研究，不过，基于文化地理学的释明仍然鲜见。在笔者看来，如果说《黑格尔法哲学批判》手稿的要义可被概括为——借用马克思 1842 年 3 月 5 日书信中的提法——批判黑格尔构想的内部国家制度，对抗“立宪君主制这个彻头彻尾自相矛盾和自我毁灭的阴阳同体物（Zwitterding）”④，那么《〈黑格尔法哲学批判〉导言》则表明，马克思已经充分意识到整个德国式现代化问题或曰“现代问题的德国形式”(der deutschen Form der modernen Probleme）的特殊性——中译本将“mod-

① 参见《马克思恩格斯全集》第 1 卷，人民出版社 1995 年第 2 版，第 352、403 页；[德] 莫泽斯·赫斯：《赫斯精粹》，邓习议编译，南京大学出版社 2010 年版，第 55 页。

② 参见杨金海主编：《马克思主义研究资料》第 33 卷，中央编译出版社 2015 年版，第 85 页；《马克思恩格斯全集》第 1 卷，人民出版社 1995 年第 2 版，第 1016–1017 页。

③ 参见《马克思恩格斯文集》第 2 卷，人民出版社 2009 年版，第 591 页，译文有改动。

④ 参见《马克思恩格斯全集》第 47 卷，人民出版社 2004 年第 2 版，第 23 页，译文有改动。

ern”和“jetzig”通译为“现代（的）”，从而遮蔽了马克思的严格区分——而《黑格尔法哲学批判》手稿仅仅触及了这个大问题的一小部分，即“德国政治意识和法意识”(des deutschen politischen und rechtlichen Bewußtseins)。在《〈黑格尔法哲学批判〉导言》中，无论是宗教批判相对于其他批判的前置角色，抑或经由“副本”探究“原本”的研究进路，都归因于这一切是“就德国来说”才成立的——全文的头两个单词正是“Für Deutschland”。[①] 笔者认为，马克思表达出来的这般认识上和议事日程上的飞跃，以及由此造成的某种思想发展不连续性，主要凭借其跨文化的有利观察方位，特别是从德国转到法国之后（就是说，在法兰西文化地理圈才能足够真切地看出德国状况的特殊性），否则，马克思在行文的关键地方用法国纪年（französischer Zeitrechnung）衡量德国革命前景，让“高卢雄鸡的高鸣”(das Schmettern des gallischen Hahns）唤醒睡梦中的德国人（即德国问题的法国答案），就不免显得无的放矢了。与《〈黑格尔法哲学批判〉导言》同时完稿的《论犹太人问题》——不消说，同时自主写作的不同文章之间通常存在问题意识上的牵连缠绕甚至相互支撑——亦可表明马克思正在根据业已经历大革命的法国来评判旧制度下的德国，否则，我们就很难理解马克思何以从开篇的德国犹太人对解放的渴求，终而引申出对法国“人权宣言”的批判，以及法国大革命所代表的政治革命的历史意义和限度。

《德法年鉴》所唱响的德法之间跨文化整合的磅礴旋律，在马克思的整个巴黎时期乃至布鲁塞尔时期都有袅袅余音。1844年8月7日和10日连载发表的《评一个普鲁士人的〈普鲁士国王和社会改革〉一文》，在此应当引起我们的重视。该文作为巴黎《前进报》刊发的马克思首篇文章，不仅是他在《德法年鉴》(1844年2月底）之后的首度公开亮相，而且总结了仅以胚芽形态隐伏在《德法年鉴》中的理论成果，甚至汇聚了马克思在巴黎时期的全部主要研究线索，即法哲学批判、法国革命史、现代工业状况、国民经济学批

---

① 《神圣家族》序言首句同样限定了“在德国”(in Deutschland)，并提出“我们的阐述自然要取决于阐述的对象”。参见《马克思恩格斯文集》第1卷，人民出版社2009年版，第253页。

判、青年黑格尔派和欧洲无产阶级运动。[①] 该文针对卢格 7 月 27 日发表于《前进报》的文章而作，[②] 但这只是一种契机，实则借此清算卢格所代表的普鲁士政治法律意识，着力彰显当前德法文化视野的根本差异，着力宣扬那些经常处于普鲁士官方（特别是柏林）政治文化盲区的“社会缺陷”(socialen Gebrechen)、“社会运动”(socialen Bewegung)、“社会革命”(socialen Revolution) 等等的重大意义（马克思为了凸显德法文化差异，其所拼写的形容词“社会的”均采用了法文）。该文始终没有明言所评注文本的作者是卢格，却在开篇以独占一行的自然段和醒目的文字强调形式展示“一个普鲁士人”(Ein Preuße) 这一署名，此种非常规操作明显是为了突出作者的文化地理典型性，而非其个体性。在一定意义上，对卢格的批判也构成对《黑格尔法哲学批判》

① 在笔者看来，如果能把法国大革命和工业革命联系起来，就可以把黑格尔法哲学批判和国民经济学批判联系起来。马克思在 1844 年 8 月 11 日致信费尔巴哈的时候，说随信附上“一篇我的文章，在文章中可以看到我的法哲学批判的某些成分”。《马克思恩格斯全集》中译本编者注判定，这篇就是《〈黑格尔法哲学批判〉导言》，参见《马克思恩格斯全集》第 47 卷，人民出版社 2004 年第 2 版，第 73 页。然而这一考证结论是存在疑问的。(1)《〈黑格尔法哲学批判〉导言》刊登于《德法年鉴》，如何专门寄送其中某篇文章呢？笔者没有看到证据表明存在所谓“抽印本”，而且，在已有正式发表版本的时候显然也不宜寄送手稿原件。(2) 马克思为什么会在《德法年鉴》发表约半年后寄给费尔巴哈呢？隔那么久才寄出，不会显得有欠考虑吗？而且还是寄给应邀撰稿但最终谢绝投稿的费尔巴哈，双方不会觉得尴尬吗？(3) 再者，从敌国向一位身在普鲁士境内的知名文人寄送违禁刊物，不怕中途遭到查扣吗？综上，笔者认为随信附上的文章应该是《评一个普鲁士人的〈普鲁士国王和社会改革〉一文》。在正式刊行的次日寄出，时间刚刚好，而且文中也的确包含“法哲学批判的某些成分”(这样的描述如果被用于《〈黑格尔法哲学批判〉导言》则显得非常奇怪，标题已经明明白白提供的信息，何必再行说明呢)。

② 有关卢格政治思想及其同马克思关系的详细考察，参见［英］安德鲁·奇蒂：《马克思 1842 年对国家基础的看法》，载姚远编译：《马克思与德国古典法哲学》，法律出版社 2024 年版，第 207-225 页；朱学平：《从古典共和主义到共产主义——马克思早期政治批判研究（1839—1843）》，中国法制出版社 2018 年版，特别是第 117-170 页；王代月：《青年马克思走向政治批判的“卢格因素”研究》，载《北京行政学院学报》2015 年第 1 期。笔者认为，卢格和马克思的黑格尔法哲学批判都扎根于鲜明的本土意识，都具备历史视野和国际眼光，都着力抨击黑格尔的方法论原则。但二人仍有显著差异。例如，卢格带有强烈的精英主义气质，贬低物质生活关系维度，耻于同无产阶级为伍，更加关注的不是德国的现实社会困境和革命出路，而是德国科学艺术传统的赓续。

原初构思的自我清算。[①] 因为《黑格尔法哲学批判》虽已揭示政治国家的非自主性（受制于市民社会），却并未深入市民社会问题本身，更不要说资产阶级和无产阶级的划分和对立了。相反，我们看到，国家形式问题始终被置于该手稿讨论的中心。至于《神圣家族》，其论辩对手布鲁诺·鲍威尔及其伙伴法赫尔、施里加（齐赫林斯基的笔名）、埃德加·鲍威尔等虽是清一色的德国人，但该书大半篇幅的论辩却围绕法国文化生活主题展开，例如法国社会主义、法国大革命、人权宣言、法国唯物主义、欧仁·苏的《巴黎的秘密》。马克思后来这样概括《神圣家族》的思想成果和直接后果："自从发现神圣家族（der heiligen Familie）的秘密在于世俗家庭（die irdische Familie）之后，世俗家庭本身就应当在理论上和实践中被消灭。"[②]

我们看到，作为马克思法律思想核心成分的历史唯物主义原理和方法，在其创立过程中明显受到文化地理因素的推动和制约：一方面涉及人际交往、

---

① 对卢格的批判和对鲍威尔等人的批判，在马克思那里具有全然不同的意义。卢格虽然同属青年黑格尔派，但不属于所谓"神圣家族"，所以他未被列入《神圣家族》的审判范围（马克思和卢格已绝交，不存在顾及情面的问题）。《神圣家族》（*Die heilige Familie*）这个标题本身乃是精妙绝伦的隐喻兼反讽，恰如其分地指代围绕着《文学总汇报》的鲍威尔圈子及其高高在上、冥顽不灵的立场，因为该报刊的主要供稿人和出版机构，大都跟鲍威尔家族有直接或间接的联系。参见杨金海主编：《马克思主义研究资料》第12卷，中央编译出版社2015年版，第285-300页。

《神圣家族》的书名可能借用了拉斐尔享誉世界的1518年同名经典油画，贴切地代指以布鲁诺·鲍威尔为首的"当代批判的神学家"群体的思想肖像。按照马克思所熟悉的弗朗索瓦·基佐先生的意见，拉斐尔的任何其他画作都不具备"如此纯洁的画风、如此崇高和神圣的表情"，画中"所有人物显然都充满了神圣"，并且根据各自"在整体构思中的位置"而被赋予"不同的表情"。参见［法］基佐：《艺术论》，冬初阳译，广西师范大学出版社2018年版，第87-92页。旧版《马克思恩格斯全集》中译本第2卷以题注形式给出了不同的考证结论，说《神圣家族》的命名取材于意大利画家曼泰尼雅（Andrea Mantegna，1431—1506）的同名画作。参见《马克思恩格斯全集》第2卷，人民出版社1957年版，第5页。但令人遗憾的是，那里没有给出文献依据，而现有国内研究资料也仅仅照搬了这项结论。

有趣的是，《马克思恩格斯文集》在收录《神圣家族》节选的时候，没有保留旧版题注。卢格虽然也出现在《德意志意识形态》中，但他的思想不属于马克思所谓"我们（unserm）从前的哲学信仰"——卢格主要影响了马克思个人在1842—1843年的思想走向，对恩格斯的影响微乎其微。参见《马克思恩格斯文集》第2卷，人民出版社2009年版，第593页。《德意志意识形态》只是在相隔很远的几处简单调侃卢格，比如借用意大利假面喜剧男主角的名字"格拉齐安诺博士"（Dottore Graziano）称呼他，但没有予以专门的批判。而且，读者或许会注意到，鲍威尔和施蒂纳都被冠以具有神圣家族色彩的名字（"圣布鲁诺"和"圣麦克斯"），但卢格（和费尔巴哈）没有这样的称谓。这些事实表明：卢格（和费尔巴哈）的理论缺陷，跟鲍威尔和施蒂纳的理论缺陷在性质上截然不同。

② 《马克思恩格斯文集》第1卷，人民出版社2009年版，第500页。

居住环境、工业生产、商业市场、建筑施工、交通网络等事项，另一方面涉及19世纪的书报出版发行情况，比如语种、出版地、馆藏地、编辑立场、印刷数量、订阅范围、销售渠道，这直接导致马克思在历史唯物主义形成期收藏、购置、阅读、摘录、批注、正面或中立地引证的大部分著作都是法国人的著作，甚至他对英国政治经济学和社会主义著作的阅读也主要借助法译本，并且参阅和倚重法译者提供的各类注释材料。[①] 马克思在这一阶段的核心隐喻、时代意识和理论目标的出场，要么直接受惠于法语学者的教诲（比如孟德斯鸠、卢梭、圣西门、萨伊、基佐、博蒙、托克维尔），要么主要是结合法国的事务（比如法国大革命及其"人权宣言"的优先性）加以适用和发展的。人们或许没有注意到，《关于费尔巴哈的提纲》名动天下的第11条，即"哲学家们只是用不同的方式解释世界，问题在于改变世界"[②]，其实也是在用法兰西文化的主流立场审视德意志文化的主流立场，即不仅要有学理的内向性（新教底色），还要有行动的外向性（天主教底色）。这当然不是说法国没有神学家和哲学家（尽管相对于德国来说，19世纪上半叶的法国在这方面的确乏善可陈），而是说置身于巴黎和布鲁塞尔的马克思，前所未有地深切感受到德国古典哲学门徒的意识形态性质（例如在犹太人事务上孜孜不倦地追求"单纯理论领域内的解放"），[③] 感受到法兰西文化特有伟大的批判性实践力量（与此同时，马克思也用德意志方式对法兰西思想因素作了加工，使其具有高度科学化和理论化的形态）。[④] 难怪有学者略带夸张地宣布："马克思

① 比如，《1844年经济学哲学手稿》笔记本Ⅰ的一段斯密论述并不出自斯密原著，实际上是《国富论》法译者加尔涅（Germain Garnier）撰写的脚注。参见《马克思恩格斯全集》第3卷，人民出版社2002年第2版，第239页。

② 《马克思恩格斯文集》第1卷，人民出版社2009年版，第502页。国外有份重要的马克思主义刊物，刊名便是"Thesis Eleven"。

③ 参见《马克思恩格斯文集》第1卷，人民出版社2009年版，第297页。

④ 以赛亚·伯林这样刻画马克思的思想特质："卡尔·马克思主要不是一个哲学家。其名声源于以下两个方面：他以惊人的毅力，揭示和阐述了人在社会中的行为规律，并发起一场社会运动，号召人们按照这些规律改造生活。他是社会学家和经济学家，也是活跃的革命家。"［英］以赛亚·伯林：《观念的力量》，［英］哈代编，胡自信、魏钊凌译，译林出版社2019年版，第172页。伯林或许没有意识到，他最明显感受到的这些特质首先源于法兰西文化地理圈的加持。

的父亲是法国人，而马克思起码在思想归属上，同样也是法国人。”①

文化地理因素时时刻刻纠缠着马克思，而他在决意流亡之前当然预见到这种纠缠，也乐意前往法兰西文化地理圈承受并主动适应这种纠缠。他后来基于（但不限于）这种经历，概括出一项招致颇多争议的经典命题，即“观念的东西不外是移入人的头脑并在人的头脑中改造过的物质的东西而已”②。正是从巴黎时期开始，对马克思来说重要的不再是德国眼中的世界，而是法国眼中乃至世界眼中的德国，他由此看清德国现状的“时代错乱”(Anachronismus）和旧制度（德国现状的前身和本质所在）当年犯下的“世界历史性的错误”(weltgeschichtlicher Irrthum)；重要的甚至不再是德国和法国之间的交往（Verkehr，其原型是商贸往来），而是欧洲范围内基于新兴生产方式的广泛交往，乃至势不可挡的全球交往。在马克思面前，地方的、区域的、民族的历史转变为（首先由巴黎和布鲁塞尔呈现和诠释的）世界历史的巨型画卷正徐徐展开。③ 这些正是置身法兰西文化地理圈的流亡生涯带给他的关键思想收获，而对它们的深刻理解，无不要求我们认真对待马克思法律思想的法兰西渊源，正视其背后牵涉的既往解释框架的薄弱环节甚或盲区。笔者期望本书接下来的探索能为马克思法律思想研究开放出更多理论可能性。

---

① 韩毓海：《伟大也要有人懂：一起来读马克思》，光明日报出版社、中国少年儿童出版社2015年版，第25页。

② 《马克思恩格斯文集》第5卷，人民出版社2009年版，第22页。

③ 试比较圣西门与梯叶里合写的著名小册子《论欧洲社会的改组》（1814年）里面的经典命题："昨日之英法，即今日之德国：德国面临着同样的灾祸。"［法］夏尔－奥利维耶·卡博内尔：《圣西门的欧洲观》，李倩译，北京大学出版社2016年版，第89页。

第一编　原理的译解

边沁在《惩罚和奖赏的理论》——马克思曾精心研读此书——里面写道："由于我们的全部观念都源于感觉，表达理智观念的全部术语都源于那些表达感性观念、实在的存在物、实体、运动、知觉的术语，因此我们仅仅借助隐喻（métaphore）来言说理智对象（objets intellectuels），尽管经常是在不经意间这样做的。这是语法的形而上学（la métaphysique de la grammaire）领域的一项重大发现，我相信应将其归功于达朗贝尔。"① 诚如认知语言学告诉我们

① Et. Dumont, *Théorie des peines et des récompenses: Ouvrage extrait des manuscrits de M. Jeremie Bentham*, Troisième édition, Tome I, Paris, 1825, p. 289-290. 边沁这部法文著作的编订者，是他的秘书兼出版人杜蒙（Et. Dumont）。现存马克思《巴黎笔记》的封面目录表明，曾有《惩罚和奖赏的理论》的摘录笔记，但笔记内容已散佚。《神圣家族》和《资本论》都明确引证过这部著作，《德意志意识形态》对边沁的理解和评价看来也主要依据这部著作。

值得一提的是，马克思在19世纪40年代关于西斯蒙第《政治经济学新原理》1827年版、舍尔比利埃《穷人和富人》1841年版、德罗兹《政治经济学》1829年版的摘录笔记同样没有保存下来。但总体看来，马克思笔记散佚的情况所幸不算严重。他并未就自己读过的全部资料撰写笔记。比如，《论犹太人问题》援引过的博蒙《玛丽，或美国的奴隶制》、托克维尔《论美国的民主》、毕舍和卢—拉维涅合编的《法国革命议会史》，《1844年经济学哲学手稿》援引过的贝魁尔（Constantin Pecqueur）、劳顿（Charles Loudon）、维尔加德尔（François Villegardelle）、魏特林（C. W. Weitling）、西斯蒙第、舒尔茨（Wilhelm Schulz）、马尔萨斯（T. R. Malthus）、欧文（Robert Owen）、加尼耳（Charles Ganilh）、卡贝（Étienne Cabet）、魁奈（François Quesnay）、库利埃（P. -L. Courier）、傅立叶（Charles Fourier）、赫斯（Moses Hess）、贝尔加斯（Nicolas Bergasse），《德意志意识形态》援引过的路韦（Louvet）《回忆录》、罗兰（Roland）《告后辈书》、蒙格亚尔（Montgaillard）《法国史》、德穆兰（Desmoulins）编辑的周刊《法国革命和布拉班特革命》、官方议会报告等。

的那样，大家往往自以为离开隐喻依旧能够自如地生活和思考，但事实却是“我们思想和行为所依据的概念系统本身是以隐喻为基础”。正确的问题不是要不要使用隐喻，而是使用何种隐喻、以何种方式使用隐喻。隐喻所建立的意指方向跟运用者的文化背景直接挂钩。①

主要源自类比思维的隐喻现象，在法律人的世界中俯拾即是。② 在法律实务上，我们有母法和子法（亲子关系隐喻）、上位法和下位法（空间隐喻）、软法和硬法（硬度隐喻）、法律漏洞（容器隐喻）、法律爆炸（燃爆物隐喻）、法律移植（器官隐喻或植株隐喻）、橡皮图章（文具隐喻）、洗钱（衣物隐喻）、揭开公司面纱（人物隐喻）、贸易壁垒（高墙隐喻）、黑社会（颜色隐喻）、帝王条款（等级制隐喻）之类的提法。③ 在法学理论中，我们则时常听闻“看不见的手”（斯密）、“社会契约”（近代自然法学）、“社会工程”（庞德）、“荆棘丛”（卢埃林）、“语言游戏”（维特根斯坦）、“无知之幕”（罗尔斯）、“全景敞视监狱”（福柯）、“结构耦合”（卢曼）、“法律帝国”（德沃金）、“匿名的魔阵”（托伊布纳）等等。这些例子宣示了“隐喻”一词由其希腊词源所诠释的本质，即“移转”——“不同的隐喻将带来不一样的精神景观”。④

---

① 参见［美］乔治·莱考夫、［美］马克·约翰逊：《我们赖以生存的隐喻》，何文忠译，浙江大学出版社2015年版，第1页。

② 参见［美］理查德·A. 波斯纳：《法理学问题》，苏力译，中国政法大学出版社2002年版，第116页；［美］理查德·A. 波斯纳：《超越法律》，苏力译，中国政法大学出版社2001年版，第580、585页。必须注意的是，对隐喻的创设而言，类比只是必要条件但不是充分条件：“如果各概念同在一个概念场的两个描述之间存在类比，那么就没有隐喻”，比如“浙江省的浙江大学在很多方面类似于四川省的四川大学”。参见［美］E. C. 斯坦哈特：《隐喻的逻辑：可能世界之可类比部分》，兰忠平译，商务印书馆2019年版，第54-55页。

③ 这方面最系统的国内专题研究，参见刘风景：《法律隐喻学》，中国人民大学出版社2016年版。

④ 参见刘丹：《马克思关于需要主体的修辞学实践》，载《马克思主义哲学论丛》2019年第2辑，第111-112页。这样看来，隐喻和异化有某种本质上的相似结构。

第一章

马克思科学著作中的隐喻问题

马克思精擅修辞、汪洋肆意，堪称隐喻的行家里手。国内外学界关于马克思隐喻思想的专题研究方兴未艾，不仅通过文本实例的阐释告诉我们不同隐喻的不同规定性及其相应思维模型，而且告诉我们那些隐喻所能够揭示的东西和必定隐藏的东西、它们的力量与限度。我们耳熟能详的原本—副本隐喻、锁链—花朵隐喻、头脑—心脏隐喻①、蛹隐喻②、发条人隐喻③、货币的魔术隐喻④、历史的戏剧隐喻⑤等，与马克思惯用的辛辣反讽⑥等手法一道，达成绝佳

---

① 参见张羽佳：《思想与修辞：以〈《黑格尔法哲学批判》导言〉为例》，载《马克思主义哲学》2021 年第 3 期，第 91–93 页。

② 参见马天俊：《蛹隐喻：〈资本论〉的一种阐述方式》，载《哲学研究》2017 年第 9 期。

③ 参见于天宇：《资本主义“自由竞争”的三重矛盾关系——从“发条人”隐喻谈起》，载《哲学研究》2021 年第 7 期。

④ 参见杨睿轩：《马克思关于货币的三个隐喻》，载《海南大学学报（人文社会科学版）》2021 年第 3 期，第 101–103 页。

⑤ 参见沈湘平：《马克思关于历史的戏剧隐喻》，载《学术研究》2016 年第 11 期，第 15–41 页。马克思频繁提到“喜剧”“悲剧”“舞台”“主角”“丑角”“台词”“布景”“服装”“表演”“大型政治历史剧”“革命剧”“第一幕”“剧作者”“剧中人”等，这些都是戏剧隐喻的不同形式，塑造着马克思的历史观。按照沈湘平的观点，马克思首次直接以戏剧隐喻历史的做法始于《〈黑格尔法哲学批判〉导言》（1844 年），而《路易·波拿巴的雾月十八日》（1852 年/1869 年）堪称“以戏剧隐喻来分析历史的最高典范、最佳范本”。不消说，马克思对于戏剧隐喻的驾轻就熟，跟他大学时代的美学研究和文艺创作息息相关，也跟他对埃斯库罗斯、莎士比亚、歌德等人剧本的钟爱脉脉相通。保存下来的马克思悲剧习作《乌兰内姆》（第一幕，共四场）和关于歌剧的几首短诗，参见《马克思恩格斯全集》第 1 卷，人民出版社 1995 年第 2 版，第 744–775、908–909 页。

⑥ 关于反讽，马克思在 1860 年 3 月 3 日的一封信里谈道：“问题虽然要从本质上分析，但要采取诙谐的形式。”《马克思恩格斯全集》第 30 卷，人民出版社 1975 年版，第 501–502 页。弗兰契斯卡·库格曼也这样回忆马克思：“马克思对不赞同的意见，在大多数情况下总用戏谑的口吻来反驳，他一般不采取粗鲁的辩论方式。”参见中央编译局编译：《回忆马克思》，人民出版社 2005 年版，第 340 页。

的修辞渲染效果。[①] 借用恩格斯对“现代风格”的描绘，在马克思的笔下，“朴实无华的语言同闪闪发光的形象和迸发出耀眼火花的妙语相互交织”[②]。难怪弗兰茨·梅林在他闻名于世的《马克思传》中曾有这样的评价：“就语言的气势和生动来说，马克思可以和德国文学史上最优秀的大师媲美。他也很重视自己作品的美学上的协调性，而不像那些浅陋的学者那样，把枯燥无味的叙述看成是学术著作的基本条件。……马克思在语言的惊人的形象化方面，也是可以和最伟大的‘譬喻大师’莱辛、歌德和黑格尔媲美的。莱辛说过，在完美的叙述中，概念和形象应当像夫妇一样地互相结合在一起，而这一点马克思是很懂得的。”[③]

可以认为，历史唯物主义法学原理在马克思笔下的经典表述（出自 1859 年《序言》），就呈现为有机体隐喻和建筑隐喻的精美交织。[④] 由于隐喻内在地限定着关于事物的想象方式，笔者决意就从马克思选定的这两种隐喻出发，重新译解历史唯物主义法学原理，开放出其中一直被我们忽略的思想维度，与此同时推进现有的马克思隐喻研究。此即第一编的主题。马克思对有机体隐喻和建筑隐喻的表述不仅意义非同小可，关乎“马克思主义 vs 非马克思主义”的根本界限，而且实在太过普及，普及到“活的隐喻”已蜕变为“死的隐喻”的地步，也就是说，其精神意义已在相当程度上取代感性意义，恰如马克思那里的高频词“［从概念上］把握”(Begreifen) 和“扬弃”(Aufheben)

---

① 实际上，修辞在马克思的文稿润色工作中常占据非同寻常的地位。以他对《资本论》德文版的修订说明为例：“原文中局部的、往往只是修辞上的修改，用不着一一列举出来，这些修改全书各处都有。”《马克思恩格斯文集》第 5 卷，人民出版社 2009 年版，第 14 页。

② 参见《马克思恩格斯全集》第 47 卷，人民出版社 2004 年第 2 版，第 207 页。

③ ［德］弗·梅林：《马克思传》，樊集译，人民出版社 1965 年版，第 19、295 页。

④ 与此同时笔者深知，原理的隐喻表述无论多么经典也不能简单等同于原理本身。1859 年《序言》分别论述“我自己”的研究经历和“我们”的见解，而且就《共产党宣言》和《哲学的贫困》的性质作出不同界定，这些都表明原理的表述形式有诸多先决条件，例如特定的人生阅历、行文场合和预设受众。事实上，原理本身是由其指导下完成的全部研究成果开显出来的，需要我们联系其典型对象、论证结构和材料细节随处加以推敲。

的语义演变所展现的那样。[①] 正因为如此，对其作出重新问题化处理、发现其中的耐人寻味之处，才变得更加必要——越是大家司空见惯、习以为常的东西越深入骨髓，越需要刨根问底的对待。[②] 作为事实的思想史素材虽已在过去永久定格，但每当我们携带着新的问题意识重访先贤留下的文本，都会发现其意义的诠释空间始终敞开着。不过，在进入正式讨论之前，有必要在这里简单谈谈马克思钟爱隐喻的缘由。

一、马克思本人的美学背景

马克思在赴柏林求学之前，简直把美学搞成了波恩时期的主业，这从他的相关课程目录即可窥见一斑：韦尔克（Welcker）的“希腊罗马神话”、冯·施勒格尔（August Wilhelm von Schlegel，1767—1845）的“荷马问题”和“普罗佩尔提乌斯的《哀歌》”、道尔顿（D'Alton）的“近代艺术史”。马克思这方面的兴趣显然延续到了柏林时期。他信马由缰地广泛研读经典美学著作，包括莱辛的《拉奥孔，或论绘画和诗歌的界限》、佐尔格的《埃尔温。关于美和艺术的四次谈话》、温克尔曼的《古代艺术史》，并正是从阅读这些美学名著开始养成对读过的一切书籍作摘录和写感想的习惯，甚至从希腊文节译亚里士多德《修辞学》（此书正是西方隐喻理论的源头），仿佛自己的主

---

① “Begreifen”的本义是作为感性动作的“（用手）把握”，它与马克思所说的“Begriff”(概念）是同源词。中译本通常译为“理解”或“把握”，但“岩波文库”和“青木文库”的马克思著作日译本都建议应当更加慎重地译成“［从概念上］把握”。在马克思熟读精思的《美学》、特别是其中论述象征艺术的章节里面，黑格尔几次谈到“Begreifen”的本义是用手拿握事物的感性动作，视之为德文中的隐喻范例。参见［德］黑格尔：《美学》第2卷，朱光潜译，载《朱光潜全集》第14卷，安徽教育出版社1990年版，第12-13、123页；［日］山之内靖：《受苦者的目光：早期马克思的复兴》，彭曦、汪丽影译，北京师范大学出版社2011年版，第46页。至于“Aufheben”，其本义是作为感性动作的“保存+束之高阁（使其丧失作用）”，在辩证法中是指有所继承且有所消灭的超越，学界通常译为“扬弃”，偶尔音译为“奥伏赫变”。

② 犹记得当年托马斯·莫尔为激起读者对流行财富观的惊异和慎思，描写乌托邦使金银成为卑污甚或耻辱的象征：“乌托邦人饮食是用陶器及玻璃器皿，制作考究而值钱无几；至于公共厅馆和私人住宅等地的粪桶溺盆之类的用具倒是由金银铸成。再则套在奴隶身上的链铐也是取材于金银。最后，因犯罪而成为可耻的人都戴着金耳环、金戒指、金项圈以及一顶金冠。”［英］托马斯·莫尔：《乌托邦》，戴镏龄译，商务印书馆1982年版，第68页。在某种意义上可以认为，所有的乌托邦叙事都旨在激发读者对已知生活世界的强烈陌生感。

业从来不是法学。依据1837年家书中描绘的阅读体验，有一个人特别燃起马克思的热忱，即赖马鲁斯（Hermann Samuel Reimarus），马克思自称“潜心研究”“高兴地细读”他的著作（这样的修饰词仅此一处），而所读的是出版于1760年的《关于动物本能、主要是它们的艺术本能的一般考察》（*Allgemeine Betrachtungen über die Triebe der Thiere, hauptsächlich über ihre Kunsttriebe*）。研究界一般认为，马克思学术生涯的起点可以追溯到他在柏林时期与青年黑格尔派、特别是“博士俱乐部”的交往。1837年“柏林法学计划”的起承转合、与谢林和历史法学派的联系以及同黑格尔主义的“第一次亲密接触”，其具体过程已经得到较为翔实的讨论和推断。但研究者大都忽略了一个事实，即马克思是在浓郁的美学氛围中接触黑格尔派和钻研法学理论的。1837年11月，他在家书里谈到好友布鲁诺·鲍威尔的时候，强调“他在黑格尔学派著名美学家中起重大作用”，而且语境是马克思着意筹办一本戏剧评论类的杂志，该杂志在友人协助下，得到“所有黑格尔学派著名美学家”的撰稿承诺。[①]

扎实的美学训练帮助马克思早早养成了高度的语文敏感性。这很可能在相当程度上受益于大施勒格尔。此人既是德国浪漫派的主要代表人物，也是莎士比亚著作的杰出德译者（马克思对莎翁戏剧如数家珍，恐怕与之不无关联），还是比较文学和比较语言学的重要创始人。[②] 值得一提的是，比较语言学的发展是1800年之后最显著的学术成就之一。《德意志意识形态》手稿不仅明确提及这门科学，称其“由于比较和确定了被比较对象之间的差别而获得了巨大的成就”，而且已经显示出相应知识功底，例如谈到部分由于现成语言材料的历史发展，部分由于民族间的大融合，部分由于经济集中和政治集权催生的方言统一化，自然生成的言语得以提升为民族语言。[③] 马克思在柏林

---

① 参见《马克思恩格斯全集》第47卷，人民出版社2004年第2版，第11-12、14-16、765、776页；《马克思恩格斯全集》第1卷，人民出版社1995年第2版，第936-937、940、1083页。中译本把赖马鲁斯书名中的“艺术本能”译成了“复杂本能”，疑误。此外，中译本把马克思波恩时期的授课教师施勒格尔判定为弗里德里希·冯·施勒格尔，疑误，应为此人的兄长、时任波恩大学教授的奥古斯特·威廉·冯·施勒格尔。小施勒格尔在马克思念大学时早已辞世。

② 关于大施勒格尔的权威介绍，参见 Katia D. Hay，“August Wilhelm von Schlegel”, in *Stanford Encyclopedia of Philosophy*，网址 https：//plato. stanford. edu/entries/schlegel-aw/#CollWork，2024年4月8日最后浏览。

③ 参见《马克思恩格斯全集》第3卷，人民出版社1960年版，第500、518页。

时期创作的幽默小说《斯考尔皮昂和费利克斯》(*Scorpion und Felix*),在笔者看来很能说明问题。其中第 21 章“语文学方面的推敲(Philologische Grübeleien)”津津有味地把玩着“Merten”的词源分析、音韵分析以及相关的各类谐音双关语,篇幅合计上千言。[①]

马克思的美学冲动并未随着大学时代的终结而熄灭,笔者这里略举若干事实。例证之一是,他把作于 1837 年的一组诗以《狂歌》为总标题发表在 1841 年 1 月 23 日的《雅典神殿》(有趣的是,该刊物跟施勒格尔兄弟早先创办的浪漫派机关刊物同名)。这是他公开见刊的处女作,意义自不待言,而他时隔四年仍然认为旧作值得发表。其中第一首诗《小提琴手》(该标题后来成为有关马克思的著名隐喻)这样写道:“艺术是从阴暗的地狱跃入我的心中,/它使我心荡神迷、如痴如醉,/把这生机勃勃的艺术卖给我的是魔鬼。”[②]

例证之二是,马克思在 1844 年 8 月 17 日的巴黎《前进报》上面,发表了题为《对弗里德里希-威廉四世最近在诏书上所做的修辞练习的说明》的短论,从专业修辞学的角度分析和调侃了普鲁士国王的致谢诏:围绕句式、同位语、单复数、主语、位格、标点等语法要点,就“修辞范例”“修辞混乱”“危险的创新”“过分压缩”等问题侃侃而谈。马克思在《莱茵报》时期的封笔之作《〈莱茵-摩泽尔日报〉的修辞练习》(1843 年 3 月 13 日)有异曲同工之妙。[③] 实际上,在学理分析之中自觉或不自觉地掺入语文分析,是马克思著作中的常见现象。例如,他在谈及黑格尔美学的时候说“我不喜欢它那种离奇古怪的调子”,在批评普鲁士书报检查令的时候说“除了乏味的体裁之外,其余的一切体裁都是好的。但在这里,乏味的体裁却是独一无二的体裁”,在评论蒲鲁东《什么是所有权》的时候说“这一著作在风格方面强健的肌肉还

---

① 参见《马克思恩格斯全集》第 1 卷,人民出版社 1995 年第 2 版,第 810-814 页。晚年马克思在这方面依旧乐趣不减,他在 1868 年 3 月 25 日致信恩格斯谈到,德文和北欧文字中的“一般”和“特殊”在词源上对应着公有地和私产,于是这表明逻辑范畴还是源于社会交往(跟黑格尔针锋相对)。参见《马克思恩格斯全集》第 32 卷,人民出版社 1974 年版,第 53 页。咬文嚼字看来也是恩格斯的爱好,比如他曾在 1885 年 4 月的一封信中,兴致勃勃地谈论着“lex”(法律)的词源,参见《马克思恩格斯全集》第 36 卷,人民出版社 1975 年版,第 297 页。

② 《马克思恩格斯全集》第 1 卷,人民出版社 1995 年第 2 版,第 926、1047 页。

③ 参见《马克思恩格斯全集》第 3 卷,人民出版社 2002 年第 2 版,第 397-401 页;《马克思恩格斯全集》第 1 卷,人民出版社 1995 年第 2 版,第 442-444 页。

算占优势……这种风格是这一著作的主要优点”，在分析施蒂纳《唯一者及其所有物》的时候指出其如何以同位语和同义语——翻译被归入玩弄同义语的特殊方式——为中介环节，将含义上、词源上、发音上沾边的不同观念拼凑起来。① 马克思既然能对别人的文笔品鉴到精微层次，自然也允许（在笔者看来是鼓励甚或要求）读者以相似的态度推敲他自己的文字——美学的熏陶有力塑造了马克思毕生精神创作中的修辞实践，这一点构成本编的阐释前提。

例证之三是，马克思在《1857—1858年经济学手稿》的“导言”结尾处，兴致勃勃地谈论起古希腊艺术的神话土壤、社会条件、同现代的关系，显示出以温克尔曼《古代艺术史》为代表的一批著作对马克思的持久影响：“为什么历史上的人类童年时代，在它发展得最完美的地方，不该作为永不复返的阶段而显示出永久的魅力呢？有粗野的儿童和早熟的儿童。古代民族中有许多是属于这一类的。希腊人是正常的儿童。他们的艺术对我们所产生的魅力，同这种艺术在其中生长的那个不发达的社会阶段并不矛盾。这种艺术倒是这个社会阶段的结果，并且是同这种艺术在其中产生而且只能在其中产生的那些未成熟的社会条件永远不能复返这一点分不开的。”②

二、隐喻本身的特性和宣教功能

马克思对作为重要修辞技艺的隐喻本身有相当精深的认识。按照马克思在大学时代便已如数家珍的黑格尔《美学》的界定，隐喻作为“在形象化中从意义出发的”比喻，属于象征型艺术的高级形式，是一种自觉的象征表现。它通过“直接呈现于感性观照的一种现成的外在事物”，向读者暗示更广泛更普遍的意义，努力摸索甚或挣扎着追求“内在意义与外在形象的完满的统一”。意义和意义表现之间的联系并不是它们本身固有的东西，而是“或多或

① 参见《马克思恩格斯全集》第47卷，人民出版社2004年第2版，第13页；《马克思恩格斯文集》第3卷，人民出版社2009年版，第17页；《马克思恩格斯全集》第3卷，人民出版社1960年版，第308-311页。

② 《马克思恩格斯文集》第8卷，人民出版社2009年版，第36页。

少偶然拼凑的一种结合”，必须依托作者的主观加工和创造。[①] 由于在形式上没有使用“如”“像”“似”之类的措辞，人们有时可能察觉不到隐喻的存在。在笔者看来，隐喻作为“创造性思维最有生机的产物之一”[②]，或许因为具备以下特性而得到马克思的青睐：言简意赅，便于向普通人宣传复杂的科学原理，或者说向（知识背景差别很大的）外行人作出预告。威廉·李卜克内西这样回忆马克思：“他力图用最少的字句来包含尽量多的内容。……马克思是一位严格的修辞家，他常常花很多时间力求找到需要的字句。”[③]

这里以仅有短短几页篇幅的本编中心文本1859年《序言》为例，看看马克思运用隐喻时可能存在的外部考量。1859年的《政治经济学批判》是马克思成熟时期的代表作之一（尽管有关该书的研究并不充分），也是《资本论》（其副标题正是“政治经济学批判”）的直接前奏。[④] 为这样一部注定带来荣耀的重要著作撰写序言，当然需要煞费苦心、慎之又慎。科学意味着错综复杂而条理分明的思想，这种思想的最充分体现在于科学体系的建构和推进，在于对业已广泛占有的材料进行整理加工。这意味着，严格来讲，通过1859年《序言》来把握科学原理是不合适的，哪怕其中容纳着超乎想象的信息量。在科学的道路上没有捷径也没有坦途，读者唯有随着马克思进入材料分析过程的细节（可以将之形容为“不畏劳苦沿着陡峭山路攀登”[⑤]），方可领悟真谛。尽管如此，毕竟不是每个人都具备足够的理解力、耐心和勇气。按照黑格尔对马克思的教诲，教育“就是雕琢人的特殊性，使之合乎理性目标或事物本质，就是通过思维将某事物设定为意识中的普遍东西，从而克服单纯的感性东西，就是让人摆脱自然的直接性和质朴性，转而追求体系化（即朝向

---

① 参见［德］黑格尔：《美学》第2卷，朱光潜译，载《朱光潜全集》第14卷，安徽教育出版社1990年版，第6、10、25、30、95、113页。

② 参见［美］E.C.斯坦哈特：《隐喻的逻辑：可能世界之可类比部分》，兰忠平译，商务印书馆2019年版，第1页。

③ 中央编译局编译《回忆马克思》，人民出版社2005年版，第56、57页。

④ 马克思在《〈资本论〉第一版序言》开篇写道：“这部著作是我1859年发表的《政治经济学批判》的续篇。……在情况许可的范围内，前书只是略略提到的许多论点，这里都作了进一步的阐述；相反地，前书已经详细阐述的论点，这里只略略提到。”《马克思恩格斯文集》第5卷，人民出版社2009年版，第7页。

⑤ 参见《马克思恩格斯文集》第5卷，人民出版社2009年版，第24页。

普遍物的提升）”。这必然是一项艰苦卓绝的工作，需要得当的方法与合理的安排，需要跟同时代的流行理论和话语争夺思想支配权。[①] 有机体隐喻和建筑隐喻正是马克思对自己研究指南的“简要”表述，目的是启迪民智。但马克思深知，隐喻之为隐喻，必在有所彰显的同时又有所遮蔽，这是任何简要表述的必然代价。[②] 马克思愿意承受这种代价，一方面因为隐喻这种修辞形式侧重普通人的感知，也就是说，对普通人比较友好，具有内在的民主气质，[③] 另一方面因为隐喻这种不甚确切的表达形式（着实令人诧异的是）经常成为传授科学概念的极有效手段——尽管这要求从隐喻到理论内容的连接服从一定的规则。[④]

任何一部著作都会有预设的受众。就马克思而言，除了跟资产阶级知识精英展开论战以肃清其理论影响之外，“政治经济学批判”主要面向以工人阶级为代表的普通民众。这里暂且不谈马克思向工人开展的频繁宣讲，我们只要看看马克思在《资本论》出版工作方面的态度转变，即可了解工人阶级在他心中的分量。1865 年 7 月 31 日，马克思就先行发表已完成手稿部分的提议答复恩格斯：“我不能下决心在一个完整的东西还没有摆在我面前时，就送出任何一部分。不论我的著作有什么缺点，它们却有一个长处，即它们是一个艺术的整体；但是要达到这一点，只有用我的方法，在它们没有完整地摆在我面前时，不拿去付印。”他相信自己这部著作——第 1 到 3 卷是理论部分，第 4 卷是历史文献部分——拥有“辩证结构”，不宜拆分处理。直到 1866 年 2 月，马克思才同意把第 1 卷单独出版，于是有了划时代的 1867 年《资本论》德文版第 1 卷。[⑤] 而到 1872 年行将出版《资本论》（第 1 卷）法译本的时候，马克思却这样回复出版者莫里斯·拉沙特尔（并将此信作为法译本序言广而

---

① 参见姚远：《黑格尔〈法哲学原理〉被忽略的教学背景》，载《中国社会科学报》2019 年 11 月 27 日。

② 参见［美］乔治·莱考夫、［美］马克·约翰逊：《我们赖以生存的隐喻》，何文忠译，浙江大学出版社 2015 年版，第 7 页。

③ 参见［美］理查德·A. 波斯纳：《超越法律》，苏力译，中国政法大学出版社 2001 年版，第 588 页；《马克思恩格斯文集》第 5 卷，人民出版社 2009 年版，第 24 页。

④ 参见［美］E. C. 斯坦哈特：《隐喻的逻辑：可能世界之可类比部分》，兰忠平译，商务印书馆 2019 年版，第 11-12 页。

⑤ 参见《马克思恩格斯文集》第 10 卷，人民出版社 2009 年版，第 230-231、235 页。

告之)："您想定期分册出版《资本论》的译本，我很赞同。这本书这样出版，更容易到达工人阶级的手里，在我看来，这种考虑是最为重要的。"[①] 不难推知，借助隐喻教育工人乃是马克思撰写1859年《序言》的重要动机。工人阶级之所以值得马克思付出这样的心血，除了考虑到他们的历史使命，也少不了对于当时工人阶级道德状况和文化求知欲的乐观判断。[②] 当然，读者一旦真正掌握原理的精髓，隐喻这一形象化外壳也将在很大程度上随之失去意义，正如我们一旦知悉细胞的生物学详情，就用不着再提"细胞是工厂"，一旦知悉原子的物理学详情，就用不着再提"原子是微型太阳系"。

当然，在《政治经济学批判》这样一部高举科学旗帜的著作中广泛运用修辞技艺，这样的做法到底是否妥当、是否背离科学承诺，恐怕仁者见仁、智者见智。比如17世纪的科学革命时期，人们就主张抵制科学著作中的隐喻，甚至抵制一切修辞，寻求朴素的描述和严格的推理。这种态度的极致，就是要求将自然语言叙述转化为数理符号演算。论证的精确性和论证的可接受性未必总能兼得，前者并不是马克思全部的学术追求。我们知道，出于无产阶级革命教育成效方面的考虑，他经常诉诸富于表现力的修辞。他深知，理论只要论述得当就能掌握（ergreifen）群众，而理论一经掌握群众就会化为摧枯拉朽的"物质力量"(die materielle Gewalt)。[③] 没有人会否认，关于商品本性和资本本性的以下修辞描绘，比许多精确的正面论证或刻板的道德说教更能打动无产阶级受众的心扉。"商品生性放荡而且厚颜无耻，它随时准备不仅用自己的灵魂而且用自己的肉体去换取任何别的商品，哪怕这个商品生得像马立托奈斯一样丑。"《资本论》法文版的这处表述堪称神来之笔，比通行德文版《资本论》中的"商品是天生的平等派和昔尼克派"更有冲击力和表现力。[④] "资本来到世间，每个毛孔都滴着血和肮脏的东西。……'如果有

① 参见《马克思恩格斯文集》第5卷，人民出版社2009年版，第24页。

② 马克思时代的工人运动特点包括"国际主义、人与人之间的手足之情、重视劳动尊严、追求知识文化"，这为无产阶级理论家带来信心。参见张亮、熊婴编《伦理、文化与社会主义：英国新左派早期思想读本》，江苏人民出版社2013年版，第29页。

③ 参见《马克思恩格斯全集》第3卷，人民出版社2002年第2版，第207页。

④ 《马克思恩格斯全集》第43卷，人民出版社2016年第2版，第79页；《马克思恩格斯文集》第5卷，人民出版社2009年版，第104页。

10%的利润，它就保证到处被使用；有20%的利润，它就活跃起来；有50%的利润，它就铤而走险；为了100%的利润，它就敢践踏一切人间法律；有300%的利润，它就敢犯任何罪行，甚至冒绞首的危险。’”① 这一连串排比拟人叙述经由马克思之手而名扬天下，以至于读者早已忘记它们只是引文，是马克思从同时代英国政论家邓宁（Thomas Joseph Dunning）的著作《工联和罢工》（*Trades' Unions and Strikes*：*Their Philosophy and Intention*，London，1860）里抄录的。

我想，身兼科学家与革命家双重角色的马克思，虽不接受卡贝（Étienne Cabet）的伊加利亚社会体系本身，② 但必定认同这位被亲切唤作“Père Cabet”（卡贝老爹）的共产主义思想家在1842年对宣传工作的谆谆教诲：

> “观点、原则、理论、学说、体系、科学或信念既不取决于我们自己的意愿，也不是凭靠强力和暴力得到推行的……只能通过争论、劝诫、宣告、舆论的力量，亦即通过宣传而得以确立……实用的、动人的、雄辩的、亲切的、投其所好的宣传，赢得越来越多的追随者。失策的宣传让人反感、令人作呕、使人生畏，给敌人和诽谤者提供口实和武器，或者埋下混淆和分歧的伏笔，妨碍和推迟（而非促进和推动）其他人的皈依。”③

---

① 《马克思恩格斯全集》第43卷，人民出版社2016年第2版，第824页。这段话以及其他许多同样带有强烈修辞性质的论述，常被用于证明马克思持有一套明确的正义观。但它们同时也表明，非正义评价在马克思那里更多的是一种运用艺术手法表现的情感，难以获得严格的科学论证。

② 参见《马克思恩格斯文集》第1卷，人民出版社2009年版，第186、335页。

③ ［法］埃蒂耶纳·卡贝：《共产主义宣传》，姚远译，载《江苏大学学报（社会科学版）》2019年第1期，第51页。

第二章

历史唯物主义法学原理中的有机体隐喻

我们首先谈谈马克思的有机体隐喻，它主要对应于“法的关系根源于物质的生活关系”这一经典命题及其逻辑引申。该命题的原初完整表述，出自1859年《序言》的下面这段话：

> “为了解决使我苦恼的疑问，我从事的第一项工作（Arbeit）是对黑格尔法哲学的批判性的审查（Revision），这项工作的导言曾发表在1844年巴黎出版的《德法年鉴》上。我的考察得出这样一个结果：法的关系正像国家形式一样，既不能从它们本身来把握（begreifen），也不能从所谓人类精神的一般发展来把握，相反，它们根源于物质的生活关系，这种物质的生活关系的总和，黑格尔按照18世纪的英国人和法国人的先例，概括为‘市民社会’，而市民社会的解剖学（Anatomie）应该到政治经济学中去寻求。”①

关于这段引文的流行解释，有两大明显倾向。第一，既有研究者几乎仅限于挖掘其思想内容，而往往忽略其修辞形式。人们忘记了语言乃是观念的

① 参见《马克思恩格斯文集》第2卷，人民出版社2009年版，第591页；*Marx-Engels-Gesamtausgabe* (*MEGA*), Ⅱ/2, Dietz Verlag, 1980, S. 100。译文有改动。

实在形态，语言以其固有的规定性制约着观念的传达方向和范围。马克思笔下的“把握”、“根源”(wurzeln，又译“扎根”，来自名词“Wurzel”的象征义)、“解剖［学］”，以及此处未加引证的后续文字中的“胎胞”(Schoß)[①]，共同渲染了一种连贯协调的有机体隐喻。当然，在法学理论的中心地带安置有机体隐喻，并非马克思首创。事实上，自启蒙运动以来，人们在越来越多地谈论法律的“生命”“成长”“进化”“移植”“死亡”和“再生”，这些构成许多法学名著的标题关键词。[②] 但笔者想在此强调，马克思有意识选定的核心隐喻，不仅像法国唯物主义思想家拉·梅特里所言，运用强健有力的想象“更好地表达我们的感觉并且使真理增加风致”,[③] 更重要的是，还为我们指示了进入历史唯物主义视界的隐蔽路径，即法律作为一种符合其内在规定性的有机体。第二，既有研究者倾向于主要甚或仅仅联系着黑格尔（更具体地说，黑格尔法哲学）展开相关论述，而有意无意地屏蔽其他思想来源的线索。人们认为：前述引文可以被概括或者转换为“市民社会决定政治国家”，该命题正是《黑格尔法哲学批判》的主要成果，而且，马克思主要依靠《黑格尔法哲学批判》及其《导言》来解答使他苦恼的疑问，这些疑问是指他在《莱茵报》时期碰到的、须对所谓物质利益发表意见的难事。这种黑格尔本位的叙事倾向似乎理所应当，因为它看起来的确符合马克思在上下文的提示，也符合黑格尔在马克思整个思想体系内的显要地位。该倾向是如此根深蒂固，就连业已深刻意识到隐喻维度的研究者们亦难挣脱它的牵

① 在《政治经济学批判》准备阶段的手稿里，有一句与此相关的隐喻表述：“埃及神话决不能成为希腊艺术的土壤或母胎（Mutterschoß）。”《马克思恩格斯全集》第30卷，人民出版社1995年第2版，第52页。

② 参见 O. W. Holmes, Jr., *The Common Law*, Little, Brown, and Company, 1881, pp. 1, 35; Peter Stein, *Legal Evolution: The Story of an Idea*, Cambridge University Press, 1980; James Coolidge Carter, *Law: Its Origin, Growth and Function*, G. P. Putnam's Sons, 1907；［美］卡多佐：《法律的成长》，李红勃、李璐怡译，北京大学出版社2014年版；［日］穗积陈重：《法律进化论》，黄尊三等译，中国政法大学出版社1997年版；何勤华 等：《法律移植论》，北京大学出版社2008年版；［美］吉尔莫：《契约的死亡》，曹士兵等译，中国法制出版社2005年版；［日］内田贵：《契约的再生》，胡宝海译，中国法制出版社2005年版。其中关于法律移植，有学者提议适当寻求其他替代隐喻，比如（仍属有机体隐喻的）法律嫁接、法律克隆、法律吸收，以及（采用商贸隐喻的）法律进口，参见刘风景：《法律隐喻学》，中国人民大学出版社2016年版，第168-173页。

③ 参见［法］拉·梅特里：《人是机器》，顾寿观译，商务印书馆1959年版，第37-38页。

制。不难发现，这类研究其实从隐喻视角补强了所谓“以黑解马”模式。有鉴于此，本章试图进一步探入前述引文中的有机体隐喻表述，仔细甄别和追溯它的可能来源，从而在弱化甚或动摇黑格尔本位叙事的同时，照亮迄今位于研究盲区的资源和问题域，为深入阐述历史唯物主义法学原理开辟新的理论空间。

一、马克思的有机体隐喻是否直接继承自黑格尔？

不论马克思的有机体隐喻是否出自黑格尔，二者的有机体隐喻都是可以并且值得比较的。追究隐喻的来源问题并非单纯的考据，而是旨在从根本上重新厘定理论阐释的出发点。我们首先看看有哪些证据能够表明，黑格尔和马克思在有机体隐喻概念系统上有直接继承关系。如既有研究告诉我们的那样，这里有待考察的首要文本无疑是《法哲学原理》。具体而言，马克思所用的该书底本，是爱德华·甘斯（Eduard Gans，1798—1839）在1821年初版基础上编订的1833年版，其中兼有“Anmerkungen”(附释)和“Zusätze”(补充)。

（一）支持黑格尔—马克思隐喻继承关系的文本证据辨析

1. 支配黑格尔法哲学的有机体隐喻

有机体隐喻十分鲜明地贯穿于《法哲学原理》，“有机”(或其直接反义词“无机”）的概念以名词、形容词或副词的形式频频出现：序言、第31节(附释)、第33节、第40节（附释)、第46节（附释)、第47节（正文+附释)、第49节（附释)、第52节（附释)、第55节（附释)、第56节（附释+补充)、第59节（补充)、第60节、第200节（附释)、第238节、第256节（附释)、第258节（补充)、第259节、第267节（正文+补充)、第269节（正文+补充)、第270节（附释)、第271节（正文+附释)、第276节(补充)、第278节（附释)、第279节（附释+补充)、第286节（正文+附释)、第299节（附释)、第302节（正文+附释+补充)、第308节（附释)、第311节（附释)、第316节（补充)、第324节（附释)、第360节。单靠词频当然不能完全说明问题。在笔者看来更为关键的是，有机体隐喻构成黑格尔式辩证法和国家秩序的概念模型，亦即表征着《法哲学原理》的方法和主题。这就非同小可了。黑格尔把书中记述的概念运动原则称为辩证法，它是“内容固有的灵魂”，它“有机地长出它的枝叶和果实来”。黑格尔把国家称为“现实的和有机的精神”“合乎理性的有机体”，主张“内部国家法”是一种“自相关联的有机体”，国家有机体即“真正的政治国家和它的制度”，政治的国家制度首先是“国家的组织和国家内部关系中的有机生命过程”。相比黑格尔所建构的具有现代色彩的立宪君主制，旧日的封建君主制或绝对君主制在整体上只被视为一种机械论意义上的集合体。①

黑格尔在《法哲学原理》第 278 节说明国家有机体的病态时，甚至直接援引自然哲学中的疾病概念（这当然是对读者的重要提示），后者的最终表述（即《哲学科学全书纲要》1830 年版第 371 节）为：“当有机体的某一系统或器官受到刺激，而同无机界力量相冲突的时候，当这一系统或器官坚持自己的独立，坚持自己的特别活动，而与整体活动相对立，从而阻碍了整体的流动性和经过一切环节的过程的时候，有机体就处于疾病状态。”② 与之相对，健康指向一种平衡的状态，即有机体的自我和其特定存在的平衡，或者有机物和无机物的平衡。医术作为推动疾病转为健康的手段（例如放血、催吐、催泻、催眠疗法、顺势疗法），那时通常旨在辅助自然力量，而药物则被视为带有刺激性的、有机体难以消化的异己物质。黑格尔没怎么谈论国家有机体

① 参见［德］黑格尔：《法哲学原理》，范扬、张企泰译，商务印书馆 1961 年版，第 7、38-39、41、48、55-56、58、60、62、63-64、67、211、241、252、259、266、268、271、279、283、293、294-295、298-300、307-308、317、321-322、326、329、332、341、360 页；［德］黑格尔：《法哲学原理》，邓安庆译，人民出版社 2016 年版，第 8、73、76、88、98、100、103、106、110、111-112、119、342、371、382、388、389、395、397、400、407、410、419、420-422、424、426、431-432、441、444-445、449、452、454-455、463、481 页；G. W. F. Hegel, *Elements of the Philosophy of Right*, edited by Allen W. Wood and translated by H. B. Nisbet, Cambridge University Press, 1991, pp. 16, 60, 62, 70, 77, 78, 80, 83, 85, 86, 89, 90, 234, 263, 274, 279, 281, 288, 290, 293, 301, 304, 314, 315-316, 319, 321, 327-328, 338, 342-343, 347, 350, 353, 362, 380。《法哲学原理》的正文和“附释”均为黑格尔亲笔所写，“补充”来自甘斯所抽取的学生听课笔记。1833 年新编版同 1821 年版的差别除了甘斯的编者序言外，主要在于新增的“补充”。笔者这里只能提供粗略的强有机体隐喻关键词统计，比如笔者没有统计在本质上亦可反映有机体隐喻的“Organ”(器官、机关、喉舌)。从一定意义上讲，过渡、发展、生产/产生、保存、扬弃等术语都意味着有机体隐喻。如果说这些属于“弱有机体隐喻”的话，那么本章仅仅考虑更具显示度的“强有机体隐喻”。

② ［德］黑格尔：《自然哲学》，梁志学等译，商务印书馆 1980 年版，第 595 页。

的死亡（或许是考虑到精神世界的对象是不死的东西），但死亡毕竟是有机体隐喻的题中之义，《自然哲学》也在讨论疾病和治疗之后论及个体的死亡。有机体从其诞生之日起就在体内潜藏着死亡的必然性，无论是卢梭的政治体死亡说还是马克思主义的国家消亡说都坚持这一点。诚然，黑格尔在形容国家时偶尔运用建筑学类比，例如按照格里斯海姆（K. G. von Griesheim）的听课笔记，黑格尔在1824—1825年度冬季学期的法哲学课程讲解中，要求学生把国家看作“一座建筑学意义上的大厦”(ein großes architektonisches Gebäude)。[①]但有机体隐喻无疑构成黑格尔国家学说的主导隐喻。

2. 马克思1842年的有机体隐喻

按照通说，自1837年就饱读《法哲学原理》、一度要同布鲁诺·鲍威尔联袂宣扬黑格尔学说的马克思，在《莱茵报》时期的政治法律思想比较亲近黑格尔主义。他尽管在1842年初春至9月底积极酝酿批判黑格尔法哲学，却依然在此后的《莱茵报》文章里运用有机体隐喻，传神地描述国家形象或政治法律活动，且似乎跟黑格尔的隐喻表述一脉相承。例如，《关于林木盗窃法的辩论》（1842年10—11月）写道：“难道每一个公民不都是通过一根根命脉（Lebensnerven）同国家有着千丝万缕的联系吗？难道仅仅因为这个公民擅自割断了某一根命脉，国家就可以割断所有的命脉吗？……每当国家把一个公民变成罪犯时，它都是在对自己截肢。”“使诉讼和法律获得生命的应该是同一种精神，因为诉讼只不过是法律的生命方式（Lebensart），因而也是法律的内部生命的显象（Erscheinung）。”[②] 到了《评奥格斯堡〈总汇报〉论普鲁士等级委员会的文章》（1842年12月）那里，马克思简直模仿起黑格尔的腔调（正如《资本论》卖弄起黑格尔逻辑学的特有文风）：“这些差别是环节，不是部分……它们是统一体中的差别，不是具有差别的统一体。……我们要求人们不要突然离开现实的、有机的国家生活，而重新陷入不现实的、机械

① 参见 G. W. F. Hegel, *Grundlinien der Philosophie des Rechts oder Naturrecht und Staatswissenschaft im Grundrisse*, Suhrkamp Verlag, 1970, S. 449。该学期结束之后，黑格尔退居二线，全力以赴地准备新版《哲学科学全书纲要》，遂将法哲学的讲授任务移交甘斯负责，直到1831年应普鲁士官方要求回归课堂。

② 参见《马克思恩格斯全集》第1卷，人民出版社1995年第2版，第255、287页。译文有改动。

的、从属的、非国家的生活领域。……如果特殊利益在政治上的这种独立化是国家必然性，那么这只是国家内部疾病的表现，正如不健康的机体，按照自然规律，必然会长出肿瘤一样。”①

3. 马克思对《法哲学原理》第269节的评注

现存《黑格尔法哲学批判》手稿对《法哲学原理》第269节的批判性分析，值得我们认真研究，因为第269节是黑格尔书中首次以显著方式运用国家有机体隐喻的地方，便于我们看清马克思的态度。这处评注的原稿改动痕迹（现存手稿不是初始草稿，而是为进一步誊清准备的底稿），也特别显示出马克思对有机体隐喻的斟酌。比如他把“Der Organismus”（有机体）改为“Das Organische”（有机的东西），删去“Staat”（国家）后面的“Organismus”，在“der‘Idee’”（观念/理念）的上方写着“dem‘Organismus’”而既无逗号也未标注分派符。② 马克思向我们指出：“把政治国家看作有机体，因而把权力的分化不再看作无机的差别，而是看作有生命的和合乎理性的差别，——这是前进了一大步。”③ 对有机体隐喻的这种评价，看起来是马克思笔下不多见的赞赏。于是存在这样一种可能性：马克思并不排斥或者警惕有机体隐喻本身，仅仅批判了黑格尔的表述方式，反倒分享着黑格尔对有机体隐喻的审美偏好。

但是，进一步的文本考察不能不引起我们的疑问。首先，“前进了一大步”（ein grosser Fortschritt）主要是指逻辑环节上的推进，未必同时意味着价值判断意义上的赞赏——高级的不等于更好的。事实上，这个提法在马克思同一时期的文本中经常指示有待批判的对象。比如，马克思说代议制前进了一

---

① 参见《马克思恩格斯全集》第1卷，人民出版社1995年第2版，第334、344页。“Leben（生活）”亦译“生命”。

② 参见 *Marx-Engels-Gesamtausgabe*（*MEGA*），Ⅰ/2（Apparat），Dietz Verlag，1982，S. 587。

③ 《马克思恩格斯全集》第3卷，人民出版社2002年第2版，第15页，译文有改动。“和合乎理性的”（und vernünftige）是马克思后来补入的文字。“无机的”在原稿中拼写为“organische”（有机的），令人感到费解，应属恰逢换页之际遗漏否定性前缀的笔误，中译本在此译为“机械的”。参见 *Marx-Engels-Gesamtausgabe*（*MEGA*），Ⅰ/2，Dietz Verlag，1982，S. 12；Marx & Engels，*Collected Works*，Vol. 3，International Publishers，2005，p. 11。马克思的手稿出现笔误是正常现象，例如就在前面关于第267节的评注中，马克思曾把“从家庭和市民社会到国家（von Familie und bürgerlicher Gesellschaft zum Staat）”误写成“从家庭和国家到市民社会（von Familie und Staat zur bürgerlicher Gesellschaft）”。关于马克思手稿中的改动情况，笔者主要参考了鲁克俭教授整理的“异文表”，参见鲁克俭：《走向文本研究的深处：基于 $MEGA^2$ 的马克思文献学清理研究》，中国社会科学出版社2016年版，第8章和第9章。

大步，因为它是现代国家状况的“未加掩饰的矛盾”。马克思说政治解放前进了一大步，但它的原则低于人的解放，仅是人的解放在迄今为止的尘世体制内的最后形式。马克思还说大卫·李嘉图、詹姆斯·穆勒所代表的“晚近的英国国民经济学”比斯密、萨伊等人前进了一大步，因为前者更加漠视人本身，把人们的定在说成是“无关紧要的，甚至是有害的”，一方面把劳动提升为经济学的唯一原则，另一方面又理所当然地认为劳动者收入跟资本利息之间存在反比例关系。[①] 其次，从《评奥格斯堡〈总汇报〉论普鲁士等级委员会的文章》到第269节评注，间隔不少于三个月（因为我们难以确知评注文字的实际动笔时间）。[②] 对思想活跃的人来说，三个月以上的沉淀可能意味着学问的大幅度精进。我们看到，马克思不再像1842年3月5日书信所宣布的那样，只是把主要矛头指向立宪君主制的阴阳同体式的内部构造。[③] 相反，他开始认识到，黑格尔对法哲学素材的“思辨加工”(der spekulativen Bearbeitung）本身应当上升为相对专门的分析主题，马克思关于第261至270节的评注都显示出这种问题意识。这时的马克思有可能警惕黑格尔的修辞。比如我们看到，他明确提醒读者留意黑格尔的“言说方式”(der Sprechweise)，因为黑格尔的文字呈现出“双重历史”，即“隐微的”(esoterisch）维度和“显白

---

① 参见《马克思恩格斯全集》第3卷，人民出版社2002年第2版，第95、174、282页，译文有改动。

② 因为按照《马克思恩格斯全集》中文第2版提供的主流考证结论，《黑格尔法哲学批判》写于1843年3月中—9月底，而第269节评注的出场位置比较靠前。《黑格尔法哲学批判》手稿形成时间的判定，不仅涉及历史唯物主义形成史的勘定，对本章的论证也有直接关系。以往曾有学者推测，该手稿写于1841年4月至1842年4月，亦即《莱茵报》时期之前，靠近《博士论文》。果真如此的话，马克思《莱茵报》文章中挥洒自如的国家有机体隐喻，就显得令人费解了。一些马克思文本文献学专家从形式、内容、条件等方面充分反驳了这一推测。目前一般认为，马克思1842年书信所提到的法哲学批判文章没有流传下来，现存《黑格尔法哲学批判》乃是马克思退出《莱茵报》编辑部之后写下的新稿。当然，新稿充分吸收、利用和接续旧稿的论证内容，也是合乎常理的事情。在笔者看来，马克思的这部新稿至少受到双重刺激，即卢格《黑格尔法哲学与我们时代的政治》（1842年8月）和费尔巴哈《关于哲学改革的临时纲要》（马克思在1843年2月底读到），而由于主题相近，前者的影响恐怕还要大一些。参见姚远：《马克思对黑格尔法哲学方法论的批判》，载《光明日报》2016年9月14日理论版。

③ 马克思在信中写道，若不是“需要誊清和部分加以修改”，他马上就可以寄出文章。可见，文章确已杀青。这一事实在马克思同年3月20日和8月的信里继续得到确认，那篇文章分别被称为“黑格尔法哲学批判”和“反对黑格尔立宪君主制学说的文章”。《马克思恩格斯全集》第47卷，人民出版社2004年第2版，第23、27、36页。

的"(exoterisch) 维度，故而不得不经常需要读者"译成普通的语言"[①]。有机体隐喻中的本体和喻体当然也有类似的关系，同样需要人们不断自行译解。马克思在此基础上自觉检讨起黑格尔国家有机体隐喻的表述方式（有趣的是，他没有这样反思过建筑隐喻），这样的检讨对于1842年的马克思来说还是难以想象的事情。

马克思在撰写《黑格尔法哲学批判》时发现，有机体隐喻在黑格尔笔下出现失控的迹象，以至于事物的隐喻支配了事物本身。这种失控的出现颇为吊诡，因为以早期进化论作为体系模式的黑格尔，明确提醒过人们不宜运用低级阶段（比如自然哲学）的范畴说明高级阶段（比如精神哲学），甚至曾经批评别人超出类比方法的限度。[②] 失控的第一种表现就是不经意间的"同义反复"。既然把政治构造规定为有机体（动物有机体，而非植物有机体），[③] 不同权力就作为有机的规定而行事，并且彼此保持合乎理性的关系，这是同义反复，正如说某个有机体的不同方面处在基于有机体本性的必然关联之中，也是同义反复。这种失控的第二种表现就是黑格尔突兀地写下"由此可见"(so)。他通过此类措辞，硬造出从有机体一般理念通往国家有机体特定理念的桥梁，但这不过是在提供"真正认识的假象"(Schein)，因为"没有指出种差（die differentia specifica）的解释就不成其为解释"，"差别是不会从普遍规定中产生的"。故而马克思不禁反问一声"何以见得?"(Wie so?)。或许由于对第269节的评注内容自感十分满意，马克思在抄录同样显著运用国家有机体隐喻的第271节的正文和部分"补充"之后，极为罕见地既没有什么留白

---

① 参见《马克思恩格斯全集》第3卷，人民出版社2002年第2版，第9、11页，译文有改动。原稿对"言说方式"一词作出强调，而且在此处显示出斟酌措辞的迹象。

② 参见［德］黑格尔：《自然哲学》，梁志学等译，商务印书馆1980年版，第9、30、36、38、543、551-552页。黑格尔举例说，称植物是碳极而动物是氮极，亦即用无机物理学的概念来解释有机物理学，实属荒谬之论。

③ 黑格尔这样描述动物有机体："动物的各个有机部分纯粹是一种形式的各个环节，它们时刻都在否定自己的独立性，最后又回到统一中去，而这种统一是概念的实在性。……动物是现实存在着的理念，砍断一个手指，它就不再是手指，而会在化学过程中逐渐瓦解。""动物有机体是一个小宇宙，是一种业已变得自为的自然界中心，整个无机界都在其中统一起来。"［德］黑格尔：《自然哲学》，梁志学等译，商务印书馆1980年版，第493、499页。

也未写任何评注，径直转入第 272 节的评注。[①] 不过，批判黑格尔是一回事，戒绝有机体隐喻本身则是另一回事。

4. “市民社会”环节的表面断裂及其澄清

在《法哲学原理》中，“市民社会”环节对应着第 182—256 节。根据前文的统计可知，该环节与“国家”环节相比只在较为有限甚至微弱的意义上采纳了有机体隐喻。其中位于“需要的体系”(Das System der Bedürfnisse) 开端的至为显赫的第 189 节，必定引起马克思的关注，因为那是全书唯一直接提及政治经济学的地方（书中强调了“政治经济学”这个术语）。[②] 然而就在那里，黑格尔似乎恰恰回避了有机体隐喻，改采天体物理学的类比，从而似乎造成类比概念系统的局部断裂。依他之见，政治经济学是一门“在现代世界所产生的可作为现代世界之基础的科学”，它的主要代表人物依次为英国的

---

① 参见《马克思恩格斯全集》第 3 卷，人民出版社 2002 年第 2 版，第 16-19、24 页，译文有改动。马克思配合着使用了名词“Brücke”(桥梁）和动词 schlagen 的过去分词“geschlagen”，涉及建筑隐喻。在抄录第 271 节的“补充”时，马克思故意略过其中第一句话，即“正如在活的有机体本身中刺激感受性从某一方面说是一种内在的东西，从属于有机体本身，所以在这里，对外关系也有对内的趋向”。这一操作也能够说明问题。参见［德］黑格尔：《法哲学原理》，邓安庆译，人民出版社 2016 年版，第 410 页。

此外值得一提的是，《法哲学原理》第 269 节“补充”谈到“胃与其他器官的寓言”，马克思在此没有抄录这部分，但后来在《资本论》中谈及，参见《马克思恩格斯全集》第 42 卷，人民出版社 2016 年第 2 版，第 370 页。它是罗马法律史上的一则著名典故，对法律科班出身的马克思来说属于历史文化常识。它来自阿格里帕（Mennenius Agrippa，又译“阿格利巴”）在罗马平民暴动之际发表的经典演说，李维（Livius）将之记载如下：“据说他被放入营地后没有说什么别的，只是以那种古老、不加修饰的方式叙述了这样一个故事：那个时候人体不像现在这样协和一致，而是每个部分有自己的想法，有自己的语言，各部分发出抱怨，它们以自己的关心和努力获得的一切都是为了侍候胃，而胃安静地处于身体中央，除了享受为它提供的各种快乐外，其他什么事情也不干；它们一致商定，从此手不再往嘴里送食物，嘴不再接受送来的东西，牙齿不再咀嚼接受的东西。当它们这样愤怒地想用饥饿制服胃的时候，身体各部分自己和整个身体也陷入了极度的消瘦。这时大家发现，胃也不疏于职守，它不仅受抚养，而且也抚养，把我们赖以生存和强健的东西归还身体各部分，食物被消化后形成的血液被均衡地分流在各处血管里。他就这样通过把与平民对元老的愤怒相类似的身体内部纷乱相比较，改变了人们的心理。”参见［古罗马］李维：《自建城以来（第一至十卷选段）》，［意］桑德罗·斯齐巴尼选编，王焕生译，中国政法大学出版社 2009 年版，第 85、87 页。施塔姆勒联系这则典故对有机体概念所作的讨论，参见［德］施塔姆勒：《现代法学之根本趋势》，姚远译，商务印书馆 2018 年版，第 42 页。与此相关，《克罗茨纳赫笔记》第 5 册收有马克思对德文版《马基雅维利全集》第 1 卷亦即《论国家，或对李维前十卷的思索》（*Vom Staate oder Betrachtungen über die ersten 10 Bücher des Livius*）的摘录笔记（《克罗茨纳赫笔记》的中译者曾经误把该书当成《君主论》）。

② 笔者认为，《黑格尔法哲学批判》里面承诺的“市民社会”评注，恰以另一种形式在《论犹太人问题》和《1844 年经济学哲学手稿》中得到兑现。

斯密、法国的萨伊和英国的李嘉图（书中明确列出了他们的名字），它从需要和劳动的观点出发，把表面散乱现象中的必然性作为对象。“在这门科学中，一切联系怎样起反作用，各特殊领域怎样分类并影响别的领域，以及别的领域又怎样促进或阻挠它，这些都是有趣的奇观。这种相互交织的现象……同太阳系相似，在我们眼前太阳系总是表现出不规则的运动，但是它的规律毕竟是可以认识到的。”① 黑格尔对象征物的选择不能不说是颇有深意的。他深知，市民社会只是伦理生活的现象界，充其量相当于缩微的、降格的、守夜人式的国家，在原则上低于真正的、政治的国家。随着实体性因素在市民社会的辩证结构中渐次开显，市民社会在原则上不断朝向国家迈进，利己主义的和无政府的因素也不断受到规制、引导与重塑。“警察和同业公会”环节代表着市民社会范围内最接近国家形态的结构，正如“Sicherheit”（安全、有保障）构成市民社会的“最高社会概念”（der höchste sociale Begriff）。②

如果我们按照当代天体物理学的一般理解，认为太阳系及其运动过程属于无机自然界的东西，跟生命活动有根本区别，那么这种想当然的认定就属于思想史研究中常见的时代错置。事实上，马克思熟知的黑格尔自然哲学主张：“太阳系是第一个有机体，但这一有机体仅仅是自在的，还不是什么有机的现实存在。……这里只有一种机械性的有机体。但有生命的东西却统一拥

---

① 参见［德］黑格尔：《法哲学原理》，邓安庆译，人民出版社 2016 年版，第 336-337 页。

② 参见《马克思恩格斯全集》第 3 卷，人民出版社 2002 年第 2 版，第 184 页；*Marx-Engels-Gesamtausgabe*（*MEGA*），Ⅰ/2, Dietz Verlag, 1982, S. 158。若从黑格尔的角度看，马克思的市民社会形象是相当抽象的、简约的、单薄的，大概跟来自低级自然范畴的隐喻更般配。马克思的市民社会主要指一定历史阶段上的物质生产方式和交往方式，它是一切历史的真正策源地。这种概念将黑格尔构想的司法、警察（公共权威）、同业公会这类制度排除在外，带有去政治化的倾向和感性论-自然主义的立场。与此相关，市民社会的成员——马克思称之为“现实的人”（der wirkliche Mensch）、“本来意义上的人”，而区别于“真正的人”（der wahre Mensch）、“政治人”——是自利的、孤立的、原子化的私人，即法文单词“bourgeois”（资产者、市民），相当于他所解读的法国《人权宣言》标题中的法文单词“homme”，这些人之间彼此保持着准自然状态或准战争状态。关于黑格尔和马克思市民社会概念的详细对比，参见姚远：《从黑格尔到青年马克思——市民社会思想史一段流行叙事的批判》，载《政治与社会哲学评论》总第 56 期，第 84-102 页。试比较费希特的以下说法：“市民（Bürger）是所有者和工商业主。”［德］费希特：《国家学说，或关于原初国家与理性王国的关系》，潘德荣译，中国法制出版社 2010 年版，第 37 页，译文有改动；J. G. Fichte, *Die Staatslehre oder über das Verhältnis des Urstaates zum Vernunftreiche*, Berlin, 1820, S. 44。

有自然界这些巨大的有机部分。”① 也就是说，在黑格尔看来，太阳系已经是最初的、雏形的、直接的、第一阶段的、自在的有机体，属于所谓“地质有机体”的范畴（地质有机体在整体上而非就个别东西来说显示生命）。不能不承认，这的确合乎“需要的体系”环节在“市民社会”中的逻辑位置。可问题在于，地质有机体无关乎解剖学，因而跟1859年《序言》的隐喻表述存在错位。解剖学的对象是植物或动物，并且到19世纪上半叶为止还是以动物、特别是人为主的。特定隐喻概念的运用总是对应着作者对主题的独特把握。或许马克思感到，作为市民社会纽带的自然必然性近似于动植物有机体（而非地质有机体）的内部关系。因此，马克思的市民社会有机体隐喻恐怕另有出处（即便他的国家有机体隐喻跟黑格尔高度近似）。

（二）马克思早年涉猎范围内的其他有机体隐喻来源

《法哲学原理》运用有机体隐喻，作为黑格尔法哲学的阅读者和批判者的马克思同样运用有机体隐喻，这两点事实本身还不能直接证明马克思采纳的就是黑格尔的先例。如果说前面的反思只是一种促使我们形成问题意识的热身活动，那么我们现在不妨问一问：在马克思1843年之前的涉猎中，有无其他思想家同样示范过鲜明的有机体隐喻？

1. 作为有机体的国家整体：近代欧洲法政哲学的视野

在转学至柏林之前，马克思曾于1836年夏季学期在波恩大学修过“欧洲国际法”和“自然法”这两门课，他对欧洲近代以来的国际公法和自然法学说肯定不陌生。② 他后来的《〈科隆日报〉第179号的社论》（载《莱茵报》

---

① ［德］黑格尔：《自然哲学》，梁志学等译，商务印书馆1980年版，第380页。值得注意的是，马克思在1839年曾经制作过一份《自然哲学提纲》，其中的第一方案被认为相对接近黑格尔的观点。参见《马克思恩格斯全集》第40卷，人民出版社1982年版，第176-182、921页。

② 参见《马克思恩格斯全集》第1卷，人民出版社1995年第2版，第937页。由于任课教师普盖（Puggé）在当年8月5日突然去世，课程没有留下评语。但我们根据马克思在波恩时期的总体学习状态，特别是同一学期另外两门课的评语，可以大致推定他会以“勤勉”的态度修习普盖的课程。马克思当年的具体阅读情况，我们也无从查考，他波恩时期的书信和笔记没有保存下来。我们只能根据马克思1837年11月写给父亲的那封著名家书，反推马克思的惯常阅读量比较庞大（当然也不能排除这是转学柏林之后的改过自新）。这封信还告诉我们，马克思只是在搞出一份“约有300张纸”的法学计划之后，才开始养成对所读一切书目做摘录的习惯。参见《马克思恩格斯全集》第47卷，人民出版社2004年第2版，第11页。对这封信所反映的马克思思想发展过程的详细研究，参见姚远：《马克思1837年柏林法学计划的谱系与出路》，载《政治与社会哲学评论》第48期，第61-134页。

1842年7月）一文，提及格劳秀斯、霍布斯、卢梭、费希特等人，认为以人的眼光观察国家的做法业已出现在他们的著作中。

我们知道，其中例如霍布斯和卢梭，都有闻名遐迩的国家有机体隐喻。《利维坦》（1651年）开宗明义："那庞大的利维坦是经由'技艺'创制的，被称为国家（Common-wealth/State/Civitas），它不过是人造的人；它虽远比自然人身高力大，但旨在保护和捍卫自然人；在它体内，'主权'是人造的'灵魂'，为整体赋予生命和动力；'最高统治者'以及其他司法和行政'官员'是人造的'关节'；'奖惩'是'神经'，据此，每个关节和器官系于主权所在，并被发动起来各司其职，正如在自然身体中所做的那样；一切具体成员的'财富'和'资产'是'力量'；'人民安康（Salus Populi）'是它的'关切'；'律师'是'记忆'，向它提供一切须知的咨询意见；'衡平'和'法律'[分别]是人造的'理性'和人造的'意志'；'和睦'是它的'健康'；'骚乱'是它的'疾病'；'内战'是它的死亡。"①

如果说霍布斯的利维坦形象还带有强烈的机械论底色（这当然受制于17世纪的科学认知，机体在那时被视为一台机器，此种理解在近代法国机械唯物论中得到延续），那么诞生于18世纪下半叶的《社会契约论》（1762年）似乎开始接近马克思的有机体隐喻了："政治身体同人的身体一样，从它诞生之时起就开始走向死亡，而且它本身就存在毁灭它自己的原因。……政治生命的本原（Le principe de la vie politique）存在于主权权威。立法权是国家的心脏，行政权是国家的大脑……有可能大脑瘫痪而个体依然活着。……然而，心脏一旦停止发挥它的功能，任何动物都会死的。"②

与此相关，康德的《判断力批判》（出版于1790年，即法国大革命期间）区分了两类国家：依据"内部的国民法律"（inneren Volksgesetzen）来治理的国家接近赋有灵魂的身体，而由最高统治者"单一的绝对意志"来管辖的国

---

① 参见 Thomas Hobbes, *Leviathan*, edited by Richard Tuck, Cambridge University Press, 1996, p. 9。通行译法参见［英］霍布斯：《利维坦》，黎思复、黎廷弼译，商务印书馆1985年版，第1页。

② ［法］卢梭：《社会契约论》，李平沤译，商务印书馆2011年版，第99-100页，译文有改动。马克思很早就熟悉卢梭的思想，后来的《克罗茨纳赫笔记》还专门收入《社会契约论》摘录笔记，约占17页，共103段摘录。考虑到卢梭原著的篇幅，它差不多是整套《克罗茨纳赫笔记》里面摘录比例最高的著作。

家则接近单纯的机械装置。康德还在一条注释里指出，晚近所展开的从一个伟大民族迈向国家的全面改造运动，常用“［有机］组织”(Organisation) 一词来恰当形容“整个国家身体”(des ganzen Staatskörpers) 的创建，“因为在这样一个整体中，每个成员当然都不应当仅仅是手段，而同时也是目的，并由于他参与促成这个整体的可能性，他又是按照他的地位和职能而由整体的理念（die Idee des Ganzen）所规定的”①。

正是沿着康德开辟的道路，马克思所谓“最近的哲学”(der neuesten Philosophie) 放弃了早期那些持哲学进路的国家法教导者（die früheren philosophischen Staatsrechtslehrer）的经验心理学基础或个体主义方法论基础，转而根据“整体的理念”(der Idee des Ganzen，与康德用词一致) 来构想国家，视之为这样一种“庞大的有机体”(den großen Organismus)，其中必须实现法的、伦理的和政治的自由，各个公民所遵守的国家法律同时也是人类理性的自然规律（den Naturgesetzen）。② 例如，费希特指出：“宪法（Konstitution）= 关于建立统治的身体（Errichtung des regierenden Körpers）的法律。建立，我称之为创生（Genesis）。”③ 可以说，即便是《莱茵报》时期马克思的国家有机体隐喻，其实也有多种可能的源头。

2. 关键词研究：“法的关系”和“国家形式”

1859 年《序言》在表述有机体隐喻时提到一对关键词，即“法的关系”(Rechtsverhältnisse，当今法学界通译“法律关系”)④ 和“国家形式”(Staatsformen)。使前面梳理的隐喻继承关系变得更加可疑的是，这对概念不是黑格尔的关键词。《法哲学原理》只在一个不起眼的角落（第 3 节的“附释”）

---

① 参见［德］康德：《判断力批判》，邓晓芒译，人民出版社 2002 年版，第 199、225 页，译文有改动。

② 参见《马克思恩格斯全集》第 1 卷，人民出版社 1995 年第 2 版，第 228 页，译文有改动。中译本将“Organismus”译成“机构”。

③ ［德］费希特：《国家学说，或关于原初国家与理性王国的关系》，潘德荣译，中国法制出版社 2010 年版，第 141 页，译文有改动；J. G. Fichte, *Die Staatslehre oder über das Verhältnis des Urstaates zum Vernunftreiche*, Berlin, 1820, S. 162。该书编选自费希特 1813 年 4 月至 8 月在柏林大学的讲授内容，初版于 1820 年（柏林），跟黑格尔《法哲学原理》发表时间相近。

④ 《马克思恩格斯全集》中文版译者通常将“Rechtsverhältnisse”译成“法的关系”，将“juristischen Verhältnisse”译成“法律关系”，以示区分（但偶尔也会混淆）。本章遵从这一翻译通则。

使用过“法的关系”一词，而且从未使用过马克思意义上的“国家形式”(黑格尔哲学不承认形式与内容的这种分离)。澄清这对概念的出处和含义，有助于强化我们对黑格尔本位叙事倾向的警觉。

(1)“法的关系”：联系萨维尼的概念考察

“法的关系”这一概念的普及化、理论化和体系化，主要归功于萨维尼。作为德国历史法学派的领袖，作为马克思《学说汇纂》课程的任课教师(1836—1837年冬季学期)，他在以该概念作为思想基础的《当代罗马法体系》(1835年拟定计划，1840年开始出版)里面指出：[世俗]法可被划分为国家法和私法这两大部门，“前者以国家作为对象……后者以全部法的关系作为对象”[①]。在他笔下，不加任何限定语的“Rechtsverhältnisse”特指私法关系，其本质在于“个人意志独立支配的领域”。这样，法的关系当然就是一种意志关系，即基于私人意思自治的关系。萨维尼特别谈道：法的关系具备“一种有机的本性”(ein organische Natur)，其“部分体现在其互相包含、互为条件的组成部分的关联之中，部分体现在我们在它之内注意到的持续发展之中，体现在它产生和消灭的方式之中”[②]。每一法关系都被涵摄于作为其原型/类型(Typus)的法制度(Rechtsinstitut)之下，正如每一具体判决都被涵摄于法规则之下。由于私法分为资产法(Vermögenrecht，又译“财产法”)和家庭法(Familienrecht，又译“家族法”)两大类型，前者的主要部分是物法(Sachenrecht)和债法(Obligationenrecht)，因此，法的关系的比较纯粹、比

① 参见朱虎：《法律关系与私法体系：以萨维尼为中心的研究》，中国法制出版社2010年版，第1页；[德]萨维尼：《当代罗马法体系Ⅰ》，朱虎译，中国法制出版社2010年版，第23页。

② 参见[德]萨维尼：《当代罗马法体系Ⅰ》，朱虎译，中国法制出版社2010年版，第10、257、260页。

较完整、比较经典的形态，当属所有权关系和契约关系。[①] 那么，“Rechtsverhältnisse”在马克思的文本中出现于哪些场合呢？他的术语用法跟萨维尼一致吗？让我们举几个例子：[②]

“每种生产形式都产生出它所特有的法的关系、统治形式等等。”

“这里要说明的真正困难之点是：生产关系作为法的关系怎样进入了不平衡的发展。例如罗马私法（在刑法和公法中这种情形较少）同现代生产的关系。”

“每一方通过共同的意志行为，让渡自己的商品，占有别人的商品。可见，他们必须彼此承认对方是私有者。这种具有契约形式的（不管这种契约是不是用法律展开的）法的关系，不过是一种反映着经济关系的意志关系。这种法的关系或意志关系的内容是由这种经济关系本身给定的。”

“难道经济关系是由法的概念来调节，而不是相反，从经济关系中产生出法的关系吗？”

我们可以看到，马克思笔下的“Rechtsverhältnisse”始终跟经济、生产、交换、契约、私法等东西联系在一起，并且跟统治、公法等东西区分开来。

---

① 参见朱虎：《法律关系与私法体系：以萨维尼为中心的研究》，中国法制出版社 2010 年版，第 1 页；［德］萨维尼：《当代罗马法体系Ⅰ：法律渊源·制定法解释·法律关系》，朱虎译，中国法制出版社 2010 年版，第 10、23、257、260-266 页，译文有改动。本章将“Vermögen”译成“资产”，以便像马克思那样将它同“Eigentum”(财产、所有权）区分开来。

值得一提的是，跟马克思同时代的法学家梅因（Henry Sumner Maine，1822—1888）观察到，现代市民社会及其所规定的交换关系正在近几个世纪悄然兴起，冲破了旧日的法律格局，直接促进了政治经济学的发展。他主要从法学角度描述了这一历史现象：“我们今日的社会和以前历代社会之间所存在的主要不同之点，乃在于契约在社会中所占范围的大小。……‘政治经济学’是今日有相当进步的唯一伦理研究部门……立法几乎已经承认它和人类在发现、发明以及大量积累财富各方面的活动无法并驾齐驱；即使在最不进步的社会中，法律亦逐渐倾向于成为一种仅仅的表层，在它下面，有一种不断在变更着的契约规定的集合……。”众所周知，他把该趋势提炼为一则经典命题，即“从身份到契约”。参见［英］梅因：《古代法》，沈景一译，商务印书馆 1959 年版，第 112、196-197 页。

② 《马克思恩格斯全集》第 30 卷，人民出版社 1995 年第 2 版，第 29、51 页；《马克思恩格斯全集》第 43 卷，人民出版社 2016 年第 2 版，第 78 页，译文有改动；*Marx-Engels-Gesamtausgabe* (*MEGA*)，Ⅱ/7，Dietz Verlag，1989，S. 64；《马克思恩格斯全集》第 25 卷，人民出版社 2001 年第 2 版，第 16 页。

如果该词仅仅指向私法领域，正如德文里的“Rechtsgeschäft”（法学界通译“法律行为”）在19世纪中叶的含义那样，上述语例就都变得很好理解了。当流亡者马克思在伦敦客居多年之后，突然以德文在柏林出版《政治经济学批判。第一分册》的时候——选用语种和出版地表明，这本书的预期受众是本土德国人——他必定要最大限度确保自己的著作不被德国读者所误解。[①] 因此，我们完全有理由假定，他在基本法律概念的用法上遵从德国知识界惯例。他继受了萨维尼关于法的关系的有机体隐喻：从市民社会有机体中生长出来的东西也是有机体（的一部分）。这就意味着法的关系自然而然地同政治经济学的主题高度重叠，它们经常是一体两面的事情：所有权关系/财产关系是生产关系的法言法语，契约关系则是交换关系的法言法语。

（2）“国家形式”：联系甘斯的概念考察

国家形式问题跟《黑格尔法哲学批判》手稿的主体内容直接相关。马克思所评注的部分，依次涉及国家的一般理念（第261节—第274节）、王权（第275节—第286节）、行政权（第287节—第297节）和立法权（第298节—第313节），按照黑格尔的命名即所谓“内部国家法”（das innere Staatsrecht），大致相当于现在通常所说的宪法（英译本就是这样处理的）。由于在第313节这个地方突然中断，马克思仅仅不完整地讨论了内部国家法的第一部分，即所谓“自为的内部国家制度”[②]。要理解内部国家法和国家形式之间的关系，我们不妨诉诸甘斯为1833年版《法哲学原理》撰写的编者序言。

---

① 为了跟多多少少已然陌生的德国读者拉近距离，马克思1859年《序言》的主要叙述内容，就是介绍自己从德国到法国再到比利时最后到英国的治学经历，以及表明自己真诚无畏的气节。这种论说策略符合马克思熟谙的亚里士多德（也译“亚里斯多德”）《修辞学》要点：若想有效影响受众的判断，就要兼顾三方面因素，即（1）ethos，即言说者的性格或品格；（2）pathos，即言说所谋求打动的受众情感或心境；（3）logos，即论证本身的合乎逻辑、合乎理性。参见［古希腊］亚里斯多德：《修辞学》，罗念生译，生活·读书·新知三联书店1991年版，第24-25、69页；戴津伟：《法律修辞的功能及隐患》，载《求是学刊》2012年第3期，第91-92页。

② 《马克思恩格斯全集》中译本将“内部国家法”译为“国内法”。它分为两部分，即“自为的内部国家制度”（Innere Verfassung für sich）和“对外主权”（die Souveränität gegen auße）。与“内部国家法”相对的叫做“外部国家法”。

作为“对马克思影响最深的教师”，[①] 甘斯这样写道：在19世纪，依然有不少人固守17、18世纪的抽象思维所确立的“国家法［学］（Staatsrecht）与政治［学］（Politik）”二元论，他们以为前者是“国家形式的解剖学骨架（das anatomische Skelett），从中排除了生命和运动”，而后者代表着更加动态的国家学，更多涉及“国家的生命力量”（den Kräfte des Staatslebens）和“生命机能”（des Funktion des Lebens），可被视为一门“国家生理学”（die Physiologie des Staates）。甘斯声称，《法哲学原理》放弃了近代的这种二元论，回归柏拉图《理想国》和亚里士多德《政治学》所代表的古代一元论传统，关注“唯一的庞大整体和唯一的一般性”。就是说，甘斯认为黑格尔试图打通国家法［学］和政治［学］，整合国家的解剖学和生理学，使骨骼和血肉浑然一体而呈现勃勃生气。[②] 无疑，这番论述是地地道道的国家有机体隐喻，而且比黑格尔的隐喻更能反映19世纪30年代生物学的进展。

马克思在一定意义上化用了甘斯关于国家形式的隐喻式界定：同国家的内容（“财产、契约、婚姻、市民社会”）相比，国家形式指向国家那相对静态的、没有实在血肉的，亦即被抽空的、不显示现实生命迹象的解剖学构造。马克思没有接受甘斯对《法哲学原理》理论功绩的评价，因为通过考察政治国家的权力体系构成，各部分的运行逻辑、排列次序和相互关系，国家公职人员的选任方式等规定国家形式的重大问题，马克思发现黑格尔未能成功建构甘斯所称的庞大整体或一元论。相反，在黑格尔法哲学体系内部，国家形式仅仅是形式，没有与相应的内容有机结合起来，现代文明的二元分立

---

① 参见陈学明：《马克思早期法哲学观及法律思想初探》，载《中国社会科学》1983年第1期，第4页。甘斯是黑格尔派的掌门人，是历史法学派在19世纪30年代的主要论敌，是尝试整合德国古典哲学和法国社会主义的德国知识分子先驱（这方面的主要成果是一种颇具前瞻性的“自由联合体学说”），也是马克思在柏林大学的刑法课程教师（1836—1837年冬季学期）和普鲁士邦法课程教师（1838年夏季学期），他确有机会在马克思心头播下思想的“龙种”。参见《马克思恩格斯全集》第1卷，人民出版社1995年第2版，第939–940页；姚远编译：《马克思与德国古典法哲学》，法律出版社2024年版，第71–92页。不过，甘斯乃是德国法学史上遭到长期埋没的人物。例如当代德国法学家约翰·布劳恩（Johann Braun）曾说，自己在1975年筹备黑格尔法哲学研讨班的时候，才首次留意到甘斯的存在。参见［德］布劳恩：《让我着迷的法学家：爱德华·甘斯》，黄钰洲译，微信公众号“法哲学与普遍法历史”2022年1月3日推送文章。

② 参见［德］甘斯：《1833年版黑格尔〈法哲学原理〉编者序》，雷磊译，载《历史法学》第7卷，第423页，译文有改动。

结构被继续保持着而未被克服。在马克思看来，在黑格尔笔下的立宪君主制那里，在当时普鲁士的具有立宪外观的君主制那里，或者在当时北美自由州的共和制那里，国家形式和国家内容之间都存在专属于现代世界的分裂状态。这大概正是马克思在描绘现代国家时逐渐弃用有机体隐喻的深层理由。

也可以说，《黑格尔法哲学批判》的主题就是与作为质料的市民生活相对立的、作为形式的国家形式。它要揭露单纯的、抽象的、与国家内容脱节的现代国家形式，这被马克思戏称为“国家形式主义”(Staatsformalismus)。这样的国家形式不能根据其自身来把握，但是，与之相比更加发达的“民主制则可以从自身中得到把握”，因为“民主制是内容和形式”，它避免了君主制、共和制等国家形式所面临的内在诸环节之间的不一致性，不再表现为政治国家和物质国家之间“抽象的反思的对立性”①。这种观点是马克思从“晚近的法国人”(die neueren Franzosen) 那里习得的。②

马克思进而把显身于现代世界的这种国家唯心主义、国家形式主义、政治国家的抽象，形容为国民生活的“彼岸定在”(jenseitiges Dasein)、“宗教领域”(die religiöse Sphäre)、“宗教”(die Religion)、“天国”(der Himmel)、“经院论”(Scholasticismus) 等等。于是，我们不妨迁移《〈黑格尔法哲学批判〉导言》所郑重宣告的“历史的任务”——即从批判天国转向批判尘世，或者说把宗教批判当作尘世批判的“胚芽”，在充斥着“犹太精神”的尘世（的苦难）之中寻找宗教的根源——将内部国家法批判当作市民社会批判的预备工作，从国家的内容中，亦即从物质的生活关系（的矛盾）之中寻找国家形式的根源。这是从有形的宗教迁移至隐喻意义上的宗教。《黑格尔法哲学批判》手稿关于历史任务的更早的相似宣告，也能够证成这种迁移的合法性。③

① 参见《马克思恩格斯全集》第 3 卷，人民出版社 2002 年第 2 版，第 39-43、59、144、149-150、210 页，译文有改动。

② 中译本将“die neueren Franzosen”译为“现代的法国人”，不够确切。据《马克思恩格斯全集》编者考证，这批人“显然是指法国的空想社会主义者和共产主义者”，他们追求政治国家与市民社会融为一体的社会组织。参见《马克思恩格斯全集》第 3 卷，人民出版社 2002 年第 2 版，第 651 页。学界迄今主要联系卢梭来解释《黑格尔法哲学批判》中的民主观念，或许忽略了马克思的这处关键提示。

③ 参见《马克思恩格斯全集》第 3 卷，人民出版社 2002 年第 2 版，第 42、133、200 页，译文有改动。

甚至可以说，我们唯有不断诉诸这种迁移才能更加深刻地领会到，马克思何以在黑格尔“法哲学”——请注意，不是一般意义的哲学，更不是逻辑学或宗教哲学——批判工作的总导言的开篇，洋洋洒洒地重申宗教批判的教诲，甚至全文49个自然段里没几句话谈到法与国家，或者法哲学与国家哲学。

二、马克思有机体隐喻中被忽视的法兰西因素

经过本章第一部分的梳理，我们不难看出，马克思有机体隐喻的整套构思已然溢出黑格尔法哲学的现有框架和既定宗旨。使历史唯物主义法学原理创立史的黑格尔本位叙事更加可疑的是，本章开篇引文和《黑格尔法哲学批判》之间并不存在严格对应关系。马克思实际上表述了双重命题：命题甲——法的关系根源于物质的生活关系；命题乙——国家形式根源于物质的生活关系。根据前面的考察，如果说“国家形式”是指同人与人的现实社会交往和社会意识相剥离的国家宪法构造，因而的确构成《黑格尔法哲学批判》的主题，那么，“法的关系”并不等于全部法的现象（无论是“Recht”抑或“Gesetz”），而主要涉及私主体之间基于对立统一的权利主张（主观意义上的法）而确立的法权交往形态。我们不宜把马克思的双重命题简单等同于：法和国家皆根源于物质生活关系。马克思的表述倒是更接近于：私法领域和宪法领域根源于物质生活关系。考虑到黑格尔认为刑法跟物权法、契约法、侵权法等部门原理相通，都属于“抽象法”，以及行政法在马克思的学术起步阶段尚未取得明确的独立地位，只是属于宪法项下有关行政权问题的细化规定，故而我们也可以把马克思的表述最终转化为以下命题：私法领域和公法领域皆根源于物质的生活关系。在此，马克思对于教会法和国际法这两个在当时依然重要的传统法律部门未作评价。此处的原理能否适用于在此后接近两个世纪的时光中不断发生变革的传统法律部门，和不断涌现或分化的新兴法律部门，需要另行探讨。

相较于讨论“国家形式”的内容，《黑格尔法哲学批判》分配给“法的关系”的篇幅明显过于单薄，毕竟这部手稿并不包含有关“抽象法”和“家庭［法］”部分的专项评注意见（尽管按照《〈1844年经济学哲学手稿〉序

言》的预告，马克思确实有此计划)。而且，即便在分析“法的关系”(如果说长子继承权属于该范畴的话）之时，马克思的侧重点与其说在于命题甲，毋宁说在于罗马式财产制度和日耳曼式财产制度的原则差别，在于日耳曼长子继承权如何打破私法的一般规定性（按照黑格尔的表述，私法是抽象法、抽象人格的法)，上升为“国家制度”“普遍的国家纽带”“政治制度的保证”，从而笼罩着一层政治灵晕。[①] 综上，如果说《黑格尔法哲学批判》主要旨在联系国家内容来讨论抽象国家形式，从而大致对应着命题乙（它的流行表述方式即所谓“市民社会决定政治国家”）,[②] 那么，该手稿跟命题甲的联系不能不说相当微弱，这与命题甲隐约可见于1859年《序言》表述中的优先地位严重不匹配。如何解释此处的出入呢?

（一）“另一方面”的疑问

人们一定遗漏了马克思留下的某种线索，而且，该线索的重要性或许不

---

① 参见《马克思恩格斯全集》第3卷，人民出版社2002年第2版，第132-138页。此种政治灵晕当然关联着贵族的家世、血统、“肉体的生活史”，长子继承权也就终究归结为“贵族的秘密是动物学”。

② 在这里评析有关“市民社会决定政治国家”这一命题的流行论证，或许是合宜的。人们认为，马克思采信费尔巴哈式的改造性批判，将黑格尔哲学视为方法论上头足颠倒的唯心论体系，遂从黑格尔幻想的“政治国家决定市民社会”逆推出“市民社会决定政治国家”。果真如此的话，同样根据黑格尔法哲学各个环节的逻辑次序，我们似乎也可以逆推出“法的关系决定市民社会”的结论，毕竟无论是资产法还是家庭法，在黑格尔体系中都排在市民社会之前。此外，既然马克思利用君主身份的王室自然生殖基础和等级代议制的长子继承权基础来攻击黑格尔式政治国家，那么我们要不要得出“家庭决定政治国家”的结论呢?家庭与政治国家的关系问题，在关于《黑格尔法哲学批判》的现有研究中鲜见踪影。这是非常奇怪的事，因为经常被研究者用作“市民社会决定政治国家”的文本依据的论述，即“家庭和市民社会都是国家的前提……是国家的现实的构成部分”，恰恰是拿家庭跟市民社会相提并论的。参见《马克思恩格斯全集》第3卷，人民出版社2002年第2版，第10-11页。再者，既然马克思在论及“私有财产（Privateigenthum）与资产（Vermögen）的对立”的时候谈到，地产是首要的、本来的私有财产，应当符合“黑格尔本人关于私法领域所说的话”，而“长子继承权只是地产的内在本性的外在显现”，政治秩序实为“私有财产的宪制（Verfassung）”，那么我们可否理解为马克思实际上在主张“法的关系决定政治国家”?特别是马克思本人曾专门提到，黑格尔颠倒了因果关系，颠倒了规定性因素和被规定因素，没有看到长子继承权所显示的“抽象的私有财产对政治国家的支配”。参见《马克思恩格斯全集》第3卷，人民出版社2002年第2版，第122-127页，译文有改动。中译本把“Vermögen”译成“财产”，这本身当然无可厚非，但却模糊了马克思所讨论的概念对立（读者多半会认为“财产”和“［私有］财产”是一个意思吧)。令马克思感到恼火的是，为确保政治秩序的稳固，黑格尔构想的国家要求地产既不可自由转让，也不可按照对子女一视同仁的爱而拆分继承，这种畸形制度同时违背了法的关系的原则和（作为自然社会的）家庭生活的原则，由此，黑格尔法哲学的内在一致性在其最高发展阶段上崩坏。

亚于黑格尔法哲学。当再次回到1859年《序言》，我们恍然大悟：原来马克思所谓《莱茵报》时期的"使我苦恼的疑问"包含着两方面，原文中的"疑问"亦为复数名词。难以有效议论物质利益事项的窘迫只构成第一方面，这也是我们经由流行叙事而熟知的方面。即便黑格尔法哲学批判工作确能化解这方面的难题，马克思毕竟还谈到"另一方面"(andererseits)。

1. "法兰西思潮本身的内容"

这另一方面的疑问便是如何理解、批判和回应"法兰西思潮本身的内容"(den Inhalt der französischen Richtungen selbst)。① 此处的"本身"(selbst)用于修饰法兰西思潮而非它们的内容，这意味着马克思致力于探究未经德国知识界改头换面的、未沾染哪怕是微弱的德国哲学色彩的、原汁原味的法兰西思潮。那种"依赖黑格尔的传统和柏林的方言""根据传到柏林的流言产生的"曲解，那种披着法兰西思潮外衣的德国哲学，尤其在《德意志意识形态》手稿中得到揭露。② 中译本原译"法兰西思潮的内容本身"有偏差，给人的感觉似乎是马克思在针对内容之外的方面——比如说形式、文风、条件等——而强调须注重内容。③ 所谓"Richtungen"(思潮、趋势、潮流、动向)和作为《黑格尔法哲学批判》重要灵感来源的所谓"晚近的法国人"，应该是高度同源的。其当然首先指向法国的社会主义和共产主义。例如，我们可在圣西门那里见到兼及"法的关系"和"国家形式"的以下警告（1818年）："我们

① 这也意味着：《德法年鉴》的两位主编阿诺德·卢格和马克思，当时的理论旨趣正在朝着全然不同的方向分化发展，这在根本上决定了《德法年鉴》的命运。恩格斯在1892年发表于《政治科学手册》的马克思传记文章中这样总结道："卢格仍然踟蹰于黑格尔哲学和政治激进主义的路线，马克思则投身于研究政治经济学、法国社会主义者和法国历史，从而转向了社会主义。"《马克思恩格斯全集》第29卷，人民出版社2020年第2版，第419页。马克思的这种思想转向跟莫泽斯·赫斯的影响不无关系，学界对此多有讨论，笔者不再赘述。

② 参见《马克思恩格斯全集》第3卷，人民出版社1960年版，第305、487、535-537、542、544、552-553、565-566页。例如，某些德国人仅凭施泰因的《当今法国的社会主义与共产主义》或者埃尔克斯（Th. Oelckers）编写的二手材料，在完全不清楚催生那些法国社会思潮的现实关系的条件下，想当然地按照德国哲学意识或曰"德国科学"的尺度衡量法国思想，对于社会主义和共产主义法文原著一知半解，因为看出它们的粗俗经验主义而感到喜不自胜，竟然自诩为"真正的社会主义"。当然，这不是说马克思对于整合德国哲学和法国社会思潮的努力一概否定，比如赫斯早期在综合"圣西门和谢林、傅立叶和黑格尔、蒲鲁东和费尔巴哈"方面的初步尝试，就得到马克思一定程度的认可，参见第580页。

③ 参见《马克思恩格斯文集》第2卷，人民出版社2009年版，第588、591页，译文有改动。

过于重视政府的形式（la *forme* des *gouvernements*），好像整个政治（toute la *politique*）都集中于此，只要实行三权分立，就会万事大吉”；诚然，代议制政府的形式优于其他政府形式，但它“仅仅是一种形式”，社会大厦的基石其实在于“所有制的构造（la constitution de la *propriété*）。”①

那么，所谓“思潮”到底涉及哪些人物、哪些著作、哪些事情呢？马克思提示我们查阅《共产主义和奥格斯堡〈总汇报〉》（载《莱茵报》1842年10月）。在这篇文章中，我们可以见到傅立叶、勒鲁（Leroux）、孔西得朗（Considérant）、蒲鲁东、圣西门主义者安凡丹（Enfantin）和艾希塔尔（Eichthal）等人，可以见到曼彻斯特的宪章派运动（1842年）、巴黎的四季社起义（1839年）和里昂的纺织工人起义（1834年、1831年），也可以见到关于手工业者同业公会（Handwerker-Corporationen）和地产析分问题的、隐含着某种共产主义结论的大讨论。② 这些显然不是法国社会主义和共产主义的全部。在此，我们只消想一想马克思读过的施泰因（Lorenz von Stein）《当今法国的社会主义和共产主义》（*Der Socialismus und Communismus des heutigen Frankreichs. Ein Beitrag zur Zeitgeschichte*，1842年）里面的类型划分和叙述范围，③ 以及马克思曾经动议且同恩格斯多次商讨的《外国杰出的社会主义者文丛》编译计划。所谓“思潮”甚至可能不止于法国的社会主义和共产主义，因为1859年《序言》在叙述中突然改换关键词（从两种“主义”到“思潮”），且未对“思潮”的性质作出任何限定（没有“空想的”“社会的”“经济的”

---

① 参见［法］圣西门：《圣西门选集》第1卷，王燕生等译，商务印书馆1979年第2版，第187、188页，原著即有强调，译文根据法文版有所改动。关于马克思与整个社会主义思潮的关系的最新权威研究，参见韩蒙：《马克思思想变迁的社会主义线索》，江苏人民出版社2021年版。

② 参见《马克思恩格斯全集》第1卷，人民出版社1995年第2版，第293-295、1021-1022页。编者注指示我们尤其留意以下著作：勒鲁的《驳斥折衷主义》（*Réfutation de l'éclecticisme*, 1841）；孔西得朗的《社会命运》（*Destinée sociale*, 1834—1838）、《法国政治最后崩坏的必然性》（*Nécessité d'une dernière débacle Politique en France*, 1836）、《实证政治基础：傅立叶所创立的协作学派宣言》（*Bases de la Politique Positive. Manifeste de l'Ecole sociétaire fondée par Fourier*, 1841）；蒲鲁东的《什么是所有权》（*Qu'est-ce que la propriete?*, 1840）。

③ 在法兰西社会思潮向德国知识界渗透的过程中，马克思的同时代人施泰因的这份著名报告可以说是里程碑式的媒介。该书汉译目录参见王淑娟：《青年马克思与施泰因：社会概念的比较研究》，社会科学文献出版社2020年版，第104-107页。由于施泰因已经看出“国家的历史和国民经济的历史有极密切的联系”，马克思恩格斯由此承认施泰因“具有正确的敏感性”。在这个意义上，施泰因同样算作唯物史观的先驱。参见《马克思恩格斯全集》第3卷，人民出版社1960年版，第594页。

之类的修饰语)。比如，马克思通过研读法国思想家博蒙、托克维尔、基佐等人提供的近代市民社会研究，再结合黑格尔法哲学本身的术语框架，遂在写于巴黎的《论犹太人问题》一文里面，将国家形式与国家内容的二元论表述为众所周知的政治国家与市民社会二元论。如果我们置换一下提法，那么不妨这样叙述这种现代二元结构的形成过程："抽象国家形式的唯心主义的完成，同时就是国家内容的唯物主义的完成。……抽象国家形式的建立和国家内容分解为独立的个体……是通过同一种行为实现的。"① 纵使那些"思潮"仅限于法国社会主义和共产主义，笔者依然需要立刻指明的是，它们并不指称自成一体的领域，相反，它们直接吸收了法国政治经济学、启蒙时代政治思想、法国大革命史学、新创立的社会学等多方面的内容，直接参与了作为这些知识部门之主业的有关经济改革、政治革命、社会重组、法制建设等现时代重大课题的激烈辩论。②

在马克思看来，法兰西思潮开辟了不可轻易绕开的思想世界与实践计划，以便反思和撬动现代性。它们之所以同样成为使他苦恼的疑问，是因为他以往的相关研究断断续续且较为贫乏。那么，从事黑格尔法哲学批判工作能不能解答这"另一方面"的疑问呢？纵然可行，也必定是很不充分的。《黑格尔法哲学批判》、特别是其中的民主学说，的确在一定程度上利用了"晚近的法国人"的材料（尽管这种利用只是被马克思一笔带过的隐伏着的动向)。《〈黑格尔法哲学批判〉导言》也确实通过诉诸指向"人的完全回复"的无产

---

① 参见《马克思恩格斯全集》第3卷，人民出版社2002年第2版，第187-188页。《论犹太人问题》跟黑格尔法哲学批判工作颇为相关，但它本身能否视为该工作的直接组成部分，至少是存有疑问的。

② 请回想一下《〈1844年经济学哲学手稿〉序言》关于参考文献的重要交代。马克思写道：在从事政治经济学批判的过程中，亦即从经济—哲学的视角分析法的关系时，"不消说"(Es versteht sich von selbst）应当利用法国、英国以及德国的"社会主义者的著作"。参见《马克思恩格斯全集》第3卷，人民出版社2002年第2版，第219-220页。之所以"不消说"，是因为社会主义者正是政治经济学最重要的批判者，他们提供了实现《1844年经济学哲学手稿》研究目标不得不倚重的思想资源。社会主义同样关心政治经济学问题，二者的论域是深度交叉的，只不过社会主义在处理问题时有它特定的理念、立场和视角。比如，《德意志意识形态》就批评格律恩对于"圣西门主义者所作的全部经济批判"(包括圣西门思想中的经济结论、安凡丹的政治经济学研究等）一无所知，参见《马克思恩格斯全集》第3卷，人民出版社1960年版，第602页。

阶级革命，彰显“哲学共产主义”的精神原则，① 其精华浓缩于篇末的著名隐喻“高卢雄鸡的高鸣”(das Schmettern des gallischen Hahns)，即作为人民(亦即同“法兰克人”相对的“高卢人”)代言人的社会主义者和共产主义者对革命愿景的理论预告。可问题在于，这些论著与其说是通过黑格尔法哲学批判回应法兰西思潮本身，不如说是借助法兰西思潮深化黑格尔法哲学批判。这同时也告诉我们，即使是黑格尔法哲学批判的工作（包括其中有关市民社会和政治国家关系的阐述)，也并非黑格尔主义范围内的一场自主运动，相反，它始终以法兰西思潮为强有力的参照。在研究法兰西思潮“本身”的时候，马克思断无理由从黑格尔法哲学出发迂回推进。② 因为黑格尔法哲学只是在观念上跟“现代各国的正式水准”差不多平起平坐，尚未达到法兰西思潮所指示的“这些国家最近的将来要达到的人的高度”，这种高度意味着“越过现代各国面临的障碍”③。

2. 作为“第一项工作”的黑格尔法哲学批判

那么，流行叙事何以告诉我们黑格尔法哲学批判能够解答马克思的疑问呢？那是由于它既夸大了《黑格尔法哲学批判》这部手稿的意义，也夸大了整个黑格尔法哲学批判工作的意义。马克思所提到的“对黑格尔法哲学的批判性的审查”，并不等于现存《黑格尔法哲学批判》手稿及其刊载于《德法

---

① 当时存在的主要共产主义形式，是一场源于巴贝夫（Babeuf）和邦纳罗蒂（Buonarroti）的激进运动。其基础和论据是平等，带有鲜明的政治指向，要么想着创建特定性质的政权，要么想着废除国家。可称之为“政治共产主义”。

② 《〈黑格尔法哲学批判〉导言》曾以隐喻的形式，提到一种舍“原本”(das Original，使用定冠词，表明专有性和唯一性）而取“副本”(eine Kopie，使用不定冠词，表明多样性和“之一”）的迂回策略和权宜之计。有学者将马克思的方法概括为：从副本进入原本，或者根据副本批判原本。笔者不禁联想到拉罗什福科（La Rochefoucauld）的箴言：“只有那些使我们发现蹩脚的原本之荒谬的副本是好的副本”(Les seules bonnes copies sont celles qui nous font voir le ridicule des méchants originaux.)。[法] 拉罗什福科：《道德箴言录》，何怀宏译，西苑出版社 2003 年版，第 23 页。

但我们不妨这样提问：根据副本批判原本的方法何时不再奏效呢？答案是：当原本比副本更先进或二者并驾齐驱的时候。例如法国就是如此，那里“理论和实际向来同步而行；甚至有时理论在实际后面亦步亦趋”。参见 [德] 莫泽斯·赫斯：《赫斯精粹》，邓习议编译，南京大学出版社 2010 年版，第 57 页。马克思本人说得很清楚，采取《导言》所预告的那种曲折探讨次序，“正是因为这一探讨是联系德国进行的”。参见《马克思恩格斯全集》第 3 卷，人民出版社 2002 年第 2 版，第 200 页。强调处为马克思所加。同样也是由于以德国为情境，马克思在法哲学批判计划的开篇安置宗教批判才不算严重跑题。

③ 参见《马克思恩格斯全集》第 3 卷，人民出版社 2002 年第 2 版，第 207、209 页。

年鉴》上的《导言》。众所周知，马克思恩格斯著作中译本将这份手稿表述为：马克思为解决疑问而“写的第一部著作”。将此处的德文单词“Arbeit”译成“著作”恐有一定的误导性。[①]《〈黑格尔法哲学批判〉导言》中译本里的相应表述更合适，即“这项工作（dieser Arbeit）”[②]。现存共计XL印张的《黑格尔法哲学批判》手稿属于残稿（第Ⅰ印张散佚并且末尾戛然而止），而且它本身也没有马克思拟定的标题。“黑格尔法哲学批判”这个标题是在1927年首次发表的时候由编辑者加上的，当时的完整标题叫作《黑格尔法哲学批判。黑格尔国家法批判（§§262—313）》。这样添加标题的做法有其合法性，因为《〈黑格尔法哲学批判〉导言》《〈1844年经济学哲学手稿〉序言》和1859年《序言》皆有相应提示。

但问题在于马克思从未表示过：黑格尔法哲学批判作为他所从事的一项“工作”，作为一项在不算短的时间内或多或少持续推进的研究活动，仅仅指我们眼前看到的这部手稿及其业已发表的《导言》。毋宁说，与该主题相关的购书、阅读、思考、勾画、旁批、摘录、交流、写作甚至签约[③]等等（至少断断续续地保持到巴黎时期与布鲁塞尔时期之交），当然都是所谓“Arbeit”的题中之义。这样看来，《黑格尔法哲学批判》跟《1844年经济学哲学手稿》有着大致相似的文献学性质，我们需要“消除交叉形成的各种马克思文本之间被人为划定的界限”，置身相关文本群之中，方可一窥前者之堂奥。《〈黑格

① 需要指出的是，通行中译本常将马克思笔下的“Werk”“Schrift”“Arbeit”无差别地译为“著作”，这不利于我们区分马克思对文本性质的不同认定。例如，国际马克思恩格斯基金会前秘书长罗扬（Jürgen Rojahn）曾在他1983年的那篇轰动学界的经典论文里指出，马克思在《1844年经济学哲学手稿》序言中把该草稿径直称为“Schrift”，但这实为一种“抢先行动”。20世纪上半叶的编者在马克思并非有意的误导下，进一步将《1844年经济学哲学手稿》看作一部特殊的“Werk”，一部甚至应当具备章节体例的同质整体，从而越来越远离《1844年经济学哲学手稿》的文献学原貌，即一段持续数月的研究过程所产生的摘录、评注和反思的“材料”(Materialien)，它们只可算作一项阶段性的“Arbeit”。参见［德］罗扬：《马克思主义—马克思—历史学——以所谓的〈1844年经济学哲学手稿〉为例》，赵玉兰译，载《政治经济学评论》2017年第4期，第130-131、164-165页。实际上，马克思本人对《1844年经济学哲学手稿》的定性也是比较犹豫的：其序言的第一处“Schrift”最先写作“Band”，接着改为“Werk”，最后改为现在的用词；第二处“Schrift”原本写作“Brochure”，后改为现在的用词。参见*Marx-Engels-Gesamtausgabe*（*MEGA*），Ⅰ/2，Dietz Verlag，1982，S. 314。

② 参见《马克思恩格斯全集》第3卷，人民出版社2002年第2版，第200页。

③ 1845年2月1日，马克思与出版商列斯凯（Carl F. J. Leske）签订两卷本著作《政治批判与国民经济学批判》的出版合同。

尔法哲学批判〉导言》不过是一连串努力的总体公开预告，《〈1844年经济学哲学手稿〉序言》对此已经交代得明明白白。应当说，马克思对黑格尔法哲学批判的定位十分明确，即那是他为解决两方面疑问而从事的“第一项”工作。在笔者看来，本章开篇引文是对始于黑格尔法哲学批判的一系列工作成果的总结。这一点也经由马克思对叙事中心词的突然切换而有所暗示：从“批判性的审查”改为“我的考察（Untersuchung）”，这又不同于上下文中的“研究”（Studien）和“探索”（Erforschung）。[①] 正因此我们才会感到，“法的关系根源于物质的生活关系”这一命题溢出了黑格尔法哲学批判工作的框架。毋宁说，马克思从克罗茨纳赫时期到巴黎时期之初涉猎的许多著作，都与该命题不无相通之处。甚至，如果人们能够按照马克思改造黑格尔的方式对待历史法学（《〈黑格尔法哲学批判〉导言》恰好讨论过这一学派），那么萨维尼关于实在法起源的论述也能以某种方式支持该命题。[②]

（二）开放陌生的思想空间：从萨伊出发重构有机体隐喻的来源

就本章目标而言重要的是，我们到目前为止的讨论共同指向这样一种可能性：历史唯物主义法学原理中的（市民社会）有机体隐喻在黑格尔之外另有重要来源，并且该来源跟法兰西思潮密切相关。可以合理期待，这个（或这些）未知的思想来源，乃是恰当把握马克思法律思想所不可绕开的出发点。在笔者看来，1859年《序言》有处提示一直被人们忽略了，即马克思在如前述变换叙事中心词的时候悄悄搭建了一座桥梁：“这项工作的导言曾发表在1844年巴黎出版的《德法年鉴》上。”[③] 这句话正是出路所在。于是笔者因不禁回想起魁奈的一处教诲而感到汗颜：“这道路你是很熟悉的，并且你已经好几次一直走到了我们现在的地方，不过你对你所看到的各种对象没有足够的

---

① 参见 *Marx-Engels-Gesamtausgabe*（*MEGA*），Ⅱ/2，Dietz Verlag，1980，S. 100. “Untersuchung”“Studien”和“Erforschung”被中译者无差别地译成“研究”。

② 思想史学者凯利曾在另一语境中提出：“我们不妨认为，马克思的第一次学术颠覆举动是将萨维尼而非黑格尔头足倒置。”［美］唐纳德·R. 凯利：《法的形而上学：论少年马克思》，载姚远编译：《马克思与德国古典法哲学》，法律出版社2024年版，第158页。

③ 参见《马克思恩格斯文集》第2卷，人民出版社2009年版，第591页，译文有改动。

注意。”①

马克思相当看重《德法年鉴》这份创办即夭折的刊物，称那里包含着整部《1844年经济学哲学手稿》的精要。手稿的序言将我们的注意力首先引向其中的《〈黑格尔法哲学批判〉导言》。该序言暗示：政治经济学批判与黑格尔法哲学批判一度相互缠绕、相互支撑、相互照应，马克思甚至需要保持清醒的问题意识来为二者设定相对明确的边界。这个阶段对应着本书所谓“第一阶段政治经济学考察”，时间大约在1843年底至1844年春，基本上跟《德法年鉴》文稿的撰写、定稿和付印工作交叉进行。政治经济学批判只是到了后来的第二阶段（1844年春夏），才逐渐取得相对独立的地位。② 这明显表现在《1844年经济学哲学手稿》笔记本Ⅰ朝向政治经济学主题的有意识限缩，而马克思著名的“建筑隐喻”主要指示第二阶段及其之后的研究心得。根据1859年《序言》暗示的时间表和路线图，我们首先应在1843年底至1844年初寻找马克思有机体隐喻的出处。恩格斯在1885年整理出版《资本论》第2卷之际的回忆亦可资为证：“1843年，他［马克思］在巴黎开始研究经济学时，是从伟大的英国人和法国人开始的。”③ 恩格斯所指的就是马克思的第一阶段政治经济学考察。政治经济学研究成果既可免除典型的法学家意识形态（即根据法的关系本身来把握法的关系）或曰“法学世界观”（die juristische Weltanschauung），④ 又可免除典型的哲学家意识形态（即根据所谓人类精神的一般发展来把握法的关系），的确满足马克思通过有机体隐喻表述的原则立场。

1. 为什么是萨伊？

《德法年鉴》的以下论述集中概括了马克思这一阶段的理论视野：作为现代主要问题之一的工业对政治世界的关系问题，以保护性关税、限制进口、

---

① ［法］魁奈：《魁奈经济著作选集》，吴斐丹、张草纫选译，商务印书馆1979年版，第372页。

② 参见［德］罗扬：《马克思主义—马克思—历史学——以所谓的〈1844年经济学哲学手稿〉为例》，赵玉兰译，载《政治经济学评论》2017年第4期，第165页。

③ 《马克思恩格斯文集》第6卷，人民出版社2009年版，第11页。

④ 参见《马克思恩格斯全集》第28卷，人民出版社2018年版，第609页。

国民经济学的形式引起德国人的注意，因此可以说，“在法国和英国行将完结的事物，在德国现在才刚刚开始。这些国家在理论上反叛的、而且也只是当作锁链来忍受的陈旧腐朽的状态，在德国却被当作美好未来的初升朝霞而受到欢迎，这个美好的未来好不容易才敢于从狡猾的理论向最无情的实践过渡。在法国和英国，问题是政治经济学或社会对财富的统治；在德国，问题却是国民经济学或私有财产对国民性的统治”①。人们自可从多种角度诠释这段话，但在笔者看来比较重要的是其中透露了以下信息：马克思已经初步掌握法、英、德三个主要国家的国民经济状况和主流政治经济学，他经由某种对比发现，法国人和英国人的经济理论大致属于同一类型，并且从语序排布来看，对此时的他来说法国人优先于英国人，而二者的理论在发展阶段上均明显高于德国人。谐音双关语“listige”(狡猾的）暗示我们，德国人的表率就是当红经济学家李斯特（List)。② 那么，法国人和英国人的表率又是谁呢？通过考察马克思这一阶段的材料，我们知道他分别指向萨伊（Jean-Baptiste Say，1767—1832）和斯密。早在研读《法哲学原理》的时候，马克思就已通过黑格尔得知这两位学者。把主要精力首先投向萨伊和斯密，符合马克思选取典型研究对象的一贯手法。③ 马克思的萨伊摘录笔记和斯密摘录笔记，均属于《巴黎笔记》中最早产生的部分，均写于《1844年经济学哲学手稿》笔记本Ⅰ之前并在其中得到优先利用。④

那么，在《法哲学原理》“市民社会”章和恩格斯《国民经济学批判大纲》为马克思联袂勾勒的政治经济学图景中，谁的著作构成马克思此时的出

---

① 《马克思恩格斯全集》第3卷，人民出版社2002年第2版，第204页，译文有改动。

② 谐音双关的修辞术乃是马克思的拿手好戏。比如他曾在1837年春的《斯考尔皮昂和费利克斯》第31章利用德文“Aß”和拉丁文“As”的谐音，还曾在1842年批判《科隆日报》的文章里利用“leidender Artikel”(有毛病的文章）和“leitender Artikel”(社论）的谐音。参见《马克思恩格斯全集》第1卷，人民出版社1995年第2版，第207、822页。

③ 在1845年春，马克思写下《评弗里德里希·李斯特的著作〈政治经济学的国民体系〉》（以下简称《评李斯特》），算是为有关法、英、德三国政治经济学界主要代表人物的批判工作暂时画上句号。值得一提的是，研究李斯特有助于理解圣西门学派的思想，故而同样有助于解答马克思有关法国社会主义的“疑问”，因为二者在对待工业生产力的态度上有着可比较之处。参见《马克思恩格斯全集》第42卷，人民出版社1979年版，第258-260页。

④ 参见鲁克俭：《“陶伯特说”与“罗扬说”：我们该采信哪个?》，载《现代哲学》2008年第3期，第9页。

发点呢？笔者认为当推萨伊。这涉及三方面的证成理由：

第一，萨伊摘录笔记的性质。按照占相对主导地位的文献学考证结论，萨伊摘录笔记是马克思《巴黎笔记》中最先产生的部分。在萨伊摘录笔记里到处是谨慎认真、逐字逐句的法文摘录，几乎没有马克思的评注或译述。以《论政治经济学》（*Traité d'économie politique*，又译《政治经济学概论》）摘录笔记为例，它在《巴黎笔记》第Ⅰ册里占21页，86段文字摘自原著第1卷，几乎覆盖全卷，绝大部分用法文书写，132段文字摘自原著第2卷，几乎覆盖全卷，全部用法文书写。而到了斯密摘录笔记那里，当然也有法文摘录（因为所用底本是《国富论》1802年五卷本法译本的前两卷），但主要内容已经是德文形式的直译、意译或概括，其中夹带着一些法文语句，这显示出对于该主题熟悉程度的一定提升。①

第二，萨伊的声望。萨伊是19世纪上半叶欧洲最负盛名的经济学家，被称颂为“［经济］科学的君主”。其著作被译成欧洲各国文字，据说当时开设政治经济学课程的欧洲大学基本上把萨伊的著作（原著或译本）用作教材。他的名字在马克思正在旅居的巴黎当地更是如雷贯耳，成为后者的首选也是顺理成章的事情。马克思巴黎时期的密友蒲鲁东，在他那部被马克思称为“起了划时代的作用”的“机智的著作”《什么是所有权》中，② 十分看重萨伊学说，称其为经济学界的“泰斗”“老前辈”“榜样”，当然，这并不妨碍萨伊及其门徒成为蒲鲁东频繁引用和重点批判的对象，③ 正如马克思后来在

① 参见熊子云、张向东编译：《马克思早期思想研究译文集》，重庆出版社1983年版，第144页；*Marx-Engels-Gesamtausgabe*（*MEGA*），Ⅳ/2，Dietz Verlag，1981，S. 301-327，332-386；杨金海主编：《马克思主义研究资料》第3卷，中央编译出版社2014年版，第29-30页。马克思专门摘抄萨伊著作附录的做法尤其说明问题。萨伊摘录笔记中的个别评注文字，参见《马克思恩格斯全集》第3卷，人民出版社2002年第2版，第670页。《巴黎笔记》与萨伊相关的事实还包括马克思的李嘉图《政治经济学与赋税原理》的摘录笔记，摘自康斯坦西奥（Constancio）的法译本（巴黎1835年版，两卷本），这个法译本配有萨伊的评注意见。

② 参见《马克思恩格斯全集》第1卷，人民出版社1995年第2版，第295页；《马克思恩格斯文集》第3卷，人民出版社2009年版，第16、18页。

③ 参见［法］蒲鲁东：《什么是所有权》，孙署冰译，商务印书馆1963年版，第112-113、115、117、143、151、157-158、162-164、180、182-186、189、191、198、220、234页。该书所收“给布朗基先生的一封信”的致信对象，是萨伊的追随者兼教席接班人阿道夫·布朗基（Adolphe Blanqui）。此外，书中多次援引的弗朗索瓦-沙尔-路易·孔德（François-Charles-Louis Comte，《论财产》的作者）是萨伊的女婿。

《1844 年经济学哲学手稿》笔记本 I 所做的那样。

第三，萨伊对马克思所谓“法兰西思潮”的照应。萨伊学说是法语世界政治经济学的表率，当然属于马克思所谓“法兰西思潮”，并且是法国社会主义和共产主义的核心智识基础，而利用政治经济学批判的契机重构社会主义和共产主义乃是水到渠成之事。例如，请看 19 世纪早期法国社会主义头面人物圣西门在 1817 年的“证词”。他指出，在寻找“新的政治组织体系”——这据说是欧美发展的关键所在——之际，人们缺少并且应当研究“一个公认的、被已发现的真理指引人们去遵守的而且能够产生真理本身的原则”。他接着说，在这方面最有教益的工作来自“著述政治经济学的学者”，其中首推“萨伊”的经典著作《论政治经济学》，它代表着“这门科学在欧洲的顶峰”，包含着这门科学中“至今所发现的并已证明的一切东西”，尽管萨伊只是最为接近而始终未能到达目的地。如果说政治经济学最初依赖政治学，那么可以说在为期不远的将来，唯有政治经济学才是“全部政治［学］”。政治经济学是“政治学的真正和唯一的基础”(le véritable et unique fondement de la politique)，由此，政治学即“关于生产的科学”(la science de la production)，旨在建立“最有利于各种生产的事物秩序”①。

我们看到，萨伊在《论政治经济学》里面，以类比的方式反驳“政治经济学无用论”(即认为研究财富本质的学问是纯粹思辨而无实际效用)：这相当于说“一个人离开解剖学（anatomie）和医学（médecine）也能清楚地知道怎样生存和呼吸，从而断定这类知识是多余的”——该主张显然站不住脚，不妨问问此人，他是否愿意接受基于“过时的经验主义和最荒谬的偏见”的治

---

① 参见［法］圣西门：《圣西门选集》第 1 卷，王燕生等译，商务印书馆 1979 年第 2 版，第 165、167、169 页，译文有改动。中译本第 165 页的译者注认为，圣西门指的是萨伊的“《政治经济学教程》(1803 年)”。这条信息疑误。经过文献比对可知，圣西门援引的应该是 1817 年第 3 版《论政治经济学》(*Traité d'économie politique*)，他完整地引用了该书“绪论”(Discours préliminaire) 头两页的内容，认为其中包含萨伊的“全部观念”(toute la conception)、“最一般的理念”(l'idée la plus générale) 或曰“哲学”。这也说明圣西门 1817 年的写作利用了最新文献。相反，《论政治经济学》1803 年第 1 版的前两页并不对应着圣西门援引的那些文字。参见 Saint-Simon, *L'Industrie*, Tome I, 1817 (*Œuvres de Claude-Henri de Saint-Simon*, Tome I, Slatkine Reprints, 1977), p. 183-185, 188; Jean-Baptiste Say, *Traité d'économie politique*, Tome I, Paris, 1803, p. i-ij; Jean-Baptiste Say, *Traité d'économie politique*, troisième édition, Tome I, Paris, 1817, p. vij-viij。

疗方案呢?① 如果说这处表述还不能完全引起马克思的注意，那么请看萨伊《实用政治经济学全教程》——马克思在巴黎购置并且摘录了这部著作——开篇“总论”(Considérations générales) 的第一自然段：

> “政治经济学无非是社会的经济学。被我们称为国家的那些政治社会，与人体一样是活体。它们的生命维持、它们的生命活动，仅仅凭靠其组成部分的运动，正如个人身体的生命维持仅仅凭靠其各个器官的作用。对人体的本性和机能所作的研究创造出一组概念，即一门被命名为生理学 (*physiologie*) 的科学。对社会身体不同组成部分的本性和机能的研究同样创造出一组概念，即一门被命名为政治经济学的科学，或许更宜称之为社会经济学。”②

这里固然没有谈到解剖学，但是谈到与之相辅相成的生理学，认为政治经济学相当于社会有机体的生理学。这已十分接近马克思的有机体隐喻，在

---

① 参见 Jean-Baptiste Say, *Traité d'économie politique*, troisième édition, Tome I, Paris, 1817, p. lxv。亦参见［法］萨伊：《政治经济学概论——财富的生产、分配和消费》，陈福生、陈振骅译，商务印书馆 1963 年版，第 45 页。马克思在巴黎时期使用的是《论政治经济学》的第 3 版（1817 年），而商务印书馆中译本所用底本是 1827 年在费城重新编印的 1821 年伦敦英译本，后者译自《论政治经济学》的第 4 版（1819 年），因此略有出入。笔者的引文直接译自 1817 年法文版。

② Jean-Baptiste Say, *Cours complet d'économie politique pratique*, Bruxelles, 1836, p. 5. 法文原著中即有强调。罗扬曾经留意到萨伊的有机体隐喻在马克思思那里埋下的伏笔，参见［德］罗扬：《马克思主义—马克思—历史学——以所谓的〈1844 年经济学哲学手稿〉为例》，赵玉兰译，载《政治经济学评论》2017 年第 4 期，第 155 页。黑格尔撰写《法哲学原理》（定稿工作截至 1820 年夏）的时候还读不到萨伊这部著作，当他提到萨伊的名字时，指的应该是《论政治经济学》（具体所用版本不详），或作为其精简版的《政治经济学精义》（1817 年）。

或许有人会说，《实用政治经济学全教程》摘录笔记恰好略去了有机体隐喻那几句话，这表明马克思对此不感兴趣。若按照同样的理由，《论政治经济学》摘录笔记既然直接从正文开始，也表明马克思对该书的“绪论”不感兴趣。然而，我们完全可以从不同方向解释这些文献学事实：马克思主要考虑摘录那些有待后续批判性分析或引用的素材和见解，至于涉及宏观纲领和论证框架的文字则会直接印刻进心里，无需摘录；《实用政治经济学全教程》摘录笔记仅写下寥寥数语即告中断，可能是由于马克思以所购纸质藏书的勾画批注取而代之；文献的实际阅读时间和摘录时间完全可能相隔一段日子，比如马克思初次读到恩格斯的《国民经济学批判大纲》是在 1843 年底，写下相应笔记是在 1844 年夏，因而两次接触时感兴趣的东西可能有所不同，等等。当然，对本章而言，重要的仅仅是确认马克思读过某些内容，而不是弄清他当时的心态。

笔者看来，它很可能就是马克思隐喻灵感在政治经济学谱系中的初始出处。① 而且引人注意的是，萨伊为了加深读者对“生理学”类比的印象，还在当页脚注援引了法国学者阿德隆（Adelon）的《人体生理学》（*Physiologie de l'Homme*）里面的一段话：“人体生理学揭示我们的各种器官的运转，从而揭示我们的生命机理。每个人都应当知道自己的生命是怎么一回事，自己如何从摇篮走向坟墓，自己是怎样完成各种活动的。”② 应该说，在严格意义上的政治经济学著作范围内，正是萨伊的《实用政治经济学全教程》向马克思率先示范了运用有机体隐喻的生物学资格。随着研究的持续深化，这一资格似乎越来越为马克思所看重。渊博的、扎实的生物学知识，有助于马克思游刃有余地驾驭有机体隐喻，真正弄清它的力量和限度，而不仅仅把它当作社会生活的单纯类比想象。

2. 卢梭—重农学派—斯密：18 世纪政治经济学的有机体修辞传统

在萨伊的有机体构想背后，隐藏着恢宏漫长的欧洲启蒙政治经济学修辞传统。由萨伊本人对政治经济学史的扼要叙述不难推知，与他相隔半个世纪的亚当·斯密、重农学派③和卢梭的学说，是他最看重的思想资源。萨伊高度评价斯密，认为“当研读斯密的时候（他也的确值得我们研读），我们就会意

---

① 马克思有没有可能通过二手渠道，在更早时间或至少差不多同一时间接触政治经济学中的有机体隐喻呢？对此我们无从确考。比如，马克思或许从恩格斯那里了解到尤尔（Andrew Ure，1778—1857）《工厂哲学》中的相关论述。因为恩格斯的《国民经济学批判大纲》（1843 年底投稿，1844 年 2 月发表于《德法年鉴》）曾提请读者关注此人的思想，在酝酿《英国工人阶级状况》期间（1842 年 11 月至 1844 年 8 月）也重点参阅此人的著作，以便了解英国工业发展状况。而我们知道，在《德法年鉴》刊行之后，马克思和恩格斯一度频繁通信交换意见（尽管那批信件没有保存下来）。《工厂哲学》第 2 章开篇写道：“工厂有三种运行原理，或三种有机系统：机械系统、道德系统和商业系统，它们或可比之于动物的肌肉系统、神经系统和血液系统。……机械生存应当永远从属于道德构造，而这两者应当协力促进商业效益。有三种不同的力量一致构成它们的生命力——劳动、科学和资本。……当整体和谐运转时，它们就形成一个通过内在的自主能动性而得以执行其多重机能的身体，就像有机生命体一样。” Andrew Ure, *The Philosophy of Manufactures*, London, 1835, p. 55.

② Jean-Baptiste Say, *Cours complet d'économie politique pratique*, Bruxelles, 1836, p. 5. 蒲鲁东或许正是受到萨伊等人的启发，后来（1846 年）说政治经济学“被某些人视为财富生理学”。参见［法］蒲鲁东：《贫困的哲学》上卷，余叔通、王雪华译，商务印书馆 2010 年版，第 47 页。

③ 重农学派曾经长期独占法文词汇“Économistes”(经济学家)，一如萨伊笔下的称谓那样。

识到在他之前并无政治经济学”,[1] 而且萨伊的重要学术身份，就是斯密学说在欧洲大陆的最主要阐释者和系统改造者。[2] 因此，马克思在阅读萨伊的同一时期阅读斯密，萨伊摘录笔记和斯密摘录笔记也是一前一后产生的，就变得很好理解了。《国富论》（1776 年）曾这样形容英国因殖民地贸易的独占而造成的整体产业格局失衡：当时的英国如同“一个不健全的机体，其中，有些重要生理器官长得过大，以致容易发生许多危险的疾病……人为地造成的一个大血管过分的膨胀，并迫使过大部分的产业与商业流入这个血管，这样，这大血管要是略有停滞，就会使全部政治组织限于最危险的紊乱中”。斯密进一步提到，一些有思想的医生没有意识到，人体的健康未必完全凭靠严格正确的养生方法，因为人体内含有“未被发觉的保卫力量”，同样出于“自然的智慧”，国家的繁荣未必凭靠完全自由公正的制度，因为每个人为改善自身境遇而付出的不懈努力，就是这样一种具有预防和纠错功能的保卫力量。后面这段话旨在批评重农学派“最聪明、最渊博的创始人”魁奈（François Quesnay，1694—1774），而这位“极有思想的医生”乃是斯密（当然也包括萨伊）有机体隐喻的重要源头。[3] 马克思很快就会认识到，在政治经济学初创阶段作出关键贡献的人物多有医学背景。

斯密所引证的出自魁奈之手的重农学派经典《经济表》(*Tableau économique*，1758 年初版)，就是用有机体的血液循环来比喻物质财富在王国

---

① 参见 Jean-Baptiste Say, *Traité d'économie politique*, troisième édition, Tome I, Paris, 1817, p. xlv。当然，萨伊在批判自己仰慕的这位思想家时照样不留情面。他认为《国富论》不过是最健全的政治经济学原理和最奇特的统计学观念的杂乱汇编，既不算完全意义上的政治经济学著作，也不算完全意义上的统计学著作。

② 萨伊在转化斯密学说的时候，充分调用了法国历史上的思想资源，比如孔狄亚克、魁奈、杜尔哥等人的理论元素。参见［日］久留间鲛造、［日］宇野弘藏等编：《资本论辞典》，薛敬孝等译，南开大学出版社 1989 年版，第 977-980 页。

③ 参见［英］斯密：《国富论》(中华人民共和国成立 70 周年珍藏本)，郭大力、王亚南译，商务印书馆 2019 年版，第 579、644-645 页。需要说明的是，斯密时代的欧洲人并不了解“免疫”现象。

各阶级之间的流通的。[①] 马克思在巴黎时期即已收藏和阅读魁奈的著作，并在《1844年经济学哲学手稿》笔记本Ⅲ中有所讨论。作为相关例证，魁奈亲自撰写或授意米拉波侯爵具体执笔的论著（例如1763年的《农业哲学》）含有以下论述：对于“出现萎缩症（atrophie）和消瘦症（marasme）的王国”，正如出现同样症状的患者那样，不能随意采取放血和节食的疗法；统治阶层不仅要研究人定法，还须研究“对于构成社会的人们最有利的自然秩序”，而要把握后者，亦即把握出于自然伟力的“自然作品的再生和持续”，就必须“通过关于各组成部分的解剖学证明（démonstration anatomique），以及通过阐发它们之间的交织、联系”发现经济的“［有机］组织”（organisation）；再生产和开支的更新，涉及在“社会的所有动脉”（toutes les arteres de la Société）之内不断进行的有规则的支付流通，而为确保这种运动的规则性，就必须学会辨别“毛细管”（les moindres canaux）并“解剖”（anatomiser）整个机体。[②]

法国重农学派的后期代表人物、斯密的同龄人、一度担任路易十六座下财政大臣的杜尔哥（Turgot，又译“杜阁”，1727—1781），在其经济学代表作《关于财富的形成和分配的考察》（1766年，比《国富论》的出版早十年）里面也运用过相似的隐喻：“正是资本的这种涌进（avance，又译“垫支”）和持续回流（rentrée），构成我们必须称为货币流通（la circulation de l´argent）的东西，这种有益且具繁殖力的（féconde）流通（circulation，又译“循环”），为社会的一切劳动提供生机，维持政治身体（corps politique）的运动和生命（vie）。我们有充分的理由将其比之于动物身体内的血液循环（la cir-

---

① 参见［日］祖田修：《近现代农业思想史——从工业革命到21世纪》，张玉林、钱红雨译，清华大学出版社2015年版，第6页。马克思不认同斯密对米拉波侯爵夸大《经济表》地位的做法的讽刺，曾这样评价该著作：“这个尝试是在18世纪30至60年代政治经济学幼年时期做出的，这是一个极有天才的思想，毫无疑问是政治经济学至今所提出的一切思想中最有天才的思想。”《马克思恩格斯全集》第33卷，人民出版社2004年第2版，第414-415页。

② 参见［法］魁奈：《魁奈经济著作选集》，吴斐丹、张草纫选译，商务印书馆1979年版，第223、243-244、286、332-333页，译文有改动；Marquis de Mirabeau, *Philosophie Rurale*, Libraires Associes, 1763, p. 118, 151-152; Ronald L. Meek, *The Economics of Physiocracy: Essays and Translations*, Routledge, 2003, pp. 269, 374-375。按照商务印书馆中译本，魁奈曾把经济因素比作“社会的骨骼与内容”，这看起来跟马克思《1857—1858年经济学手稿》里面的隐喻十分吻合，参见《马克思恩格斯全集》第30卷，人民出版社1995年第2版，第51页。但此系令人遗憾的误译：魁奈的原文写作“la charpente & le massif de l’édifice de la société”，应译为“社会大厦的框架与台基”（建筑隐喻）。

culation du sang)。"[①] 倘若没有威廉·哈维（William Harvey）在17世纪发表的《心血运动论》(*Exercitatio Anatomica de Motu Cordis et Sanguinis in Animalibus*，全名《关于动物心脏与血液的运动的解剖学研究》，1628年)，货币流通与血液循环之间的类比恐怕难以风行。

不过话说回来，魁奈医生从医学研究转向经济研究，在一定意义上也是在承续卢梭未竟的事业。魁奈的有机体隐喻既有其自身医学研究背景的支撑，也可以说经由卢梭的铺陈而平添信心。卢梭为《百科全书》第5卷（1755年）撰写的词条《政治经济学》——萨伊在《论政治经济学》的开篇提到它——就有这么一段论述："孤立地看，政治身体可以被看作一个有生命的有机身体（corps organisé, vivant)，同人的身体是相似的。最高权力代表着头；法律和风俗是脑，亦即神经之本原（principe）以及理智、意志和感觉之中枢(siège)，而法官和行政官员则是其器官；商业、工业和农业是为大家制备衣食的嘴和胃；公共财政是血液，精打细算的做法发挥心脏的功能，通过送回血液而在周身分配养料和生命力；而公民则是使机体运转、生活和劳动的肢体。"[②]

---

① 参见［法］杜阁：《关于财富的形成和分配的考察》，南开大学经济学说史教研组译，商务印书馆1978年版，第65页，译文根据法文原著有大幅改动。在外教社推出的该书双语版中，英译本——未见标注其译者和版本——误将"corps animal"(动物身体）译成"human body"(人的身体)，从而直接导致中译者的误译，参见［法］杜尔哥：《关于财富的形成和分配的思考（英汉对照）》，孙丰田译，外语教学与研究出版社2012年版，Section 68。不过可以肯定的是，杜尔哥研究专家格勒内韦根（P. D. Groenewegen）的英译本并没有犯这个错误，参见David Gordon (ed.), *The Turgot Collection*, Ludwig von Mises Institute, 2011, p. 43。马克思在巴黎前期即藏有杜尔哥著作集（首先是德译本，具体版本不详)，而且不久便打算购置法文版（他的笔记本里面对此标价12法郎)，参见*Marx-Engels-Gesamtausgabe* (*MEGA*), Ⅳ/3, Akademie Verlag, 1998, S. 9, 10, 13。

② ［法］卢梭：《政治经济学》，李平沤译，商务印书馆2013年版，第5-6页，译文根据法文原著有大幅改动。《德意志意识形态》手稿专门谈到卢梭的这篇论著，参见《马克思恩格斯全集》第3卷，人民出版社1960年版，第621页。魁奈发表的第一篇经济论著，系为《百科全书》第6卷（1756年）撰写的词条《租地农场主论（政治经济学）》(*Fermiers*, *Econ. polit.*)。

鉴于1859年《序言》提示了“18世纪”这个首要时间段,[①] 我们不妨认为，出自卢梭—重农学派（魁奈、米拉波、杜尔哥）—斯密这个连续思想体的若干法文著作,[②] 在政治经济学传统之内共同奠定了马克思的市民社会有机体隐喻。[③] 所有这些观念线索首次进入马克思的视野，正是由于它们集成在萨伊的著作中。后者作为关键的交汇点和知识地图的构建者，便于马克思按图索骥地展开涉猎，更加深刻地领会有机体隐喻及其所表达的历史唯物主义法学原理的要义。事实上，马克思不仅从萨伊那里收获了隐喻灵感，还从中寻得了整合政治法律研究、法国社会主义研究和政治经济学研究的契机。萨伊《论政治经济学》的长篇“绪论”(在1817年法文版里占据73页)，就问题意识、理论脉络、治学理念和研究方法等重大问题作出了提纲挈领的说明。他谈道：“政治经济学与统计学之间的差别，跟政治学与历史学之间的差别相同”，一方指向直接由事物本质规定的“一般的或恒常的事实”(des faits généraux ou constans)，另一方指向既源于事物本质又受多重因素作用的“特殊的或可变的事实”(des faits particuliers ou variables)；“法权问题”(point de droit）和“事实问题”(point de fait）是两码事，前者或多或少取决于意见(opinion)，后者才是能够确定和证明的东西；“为期不远的情况是，一个人若不具备起码的政治经济学基础，不仅没有资格撰写财政论著，而且也没有资

---

① 我们如果向前追溯到17世纪，还可以读到威廉·配第（William Petty，1623—1687）在《爱尔兰的政治解剖》（*The Political Anatomy of Ireland*，1691年初版）的序言里的解剖学隐喻：“由于解剖学不仅对于医生是必须的，而且对于任何一个哲学家也极为有用，所以我这个不是专门搞政治的人……试着写下了这第一篇关于政治解剖的论文。……我的肤浅的研究虽然不能分清淋巴管、神经丛、脉络膜、睾丸中的血管组织，却也足以找出肝、脾、肺的位置了。”［英］配第：《政治算术（外一种：爱尔兰的政治解剖）》，陈冬野、周锦如译，商务印书馆2021年版，第136-137页。配第的隐喻直接来自弗朗西斯·培根（解剖学同时构成人体和国家的最佳基础），而根源于盖伦和哈维的学说。根据配第著作的内容可以判断，他所说的政治解剖学即马克思所谓市民社会解剖学。

② 马克思在巴黎是利用法译本阅读《国富论》的。

③ 例如，马克思在《1857—1858年经济学手稿》笔记本V里面即有所发挥：“资本的流通同时也就是资本的生成、它的成长、它的生命过程。如果有什么东西可以和血液循环相比，那么，这不是徒具形式的货币流通，而是内容充实的资本流通。”《马克思恩格斯全集》第30卷，人民出版社1995年第2版，第513页，译文有改动。

格撰写历史论著、地理论著”①。

上述观点教导马克思：若要有效驾驭广阔的历史素材，排除多重因素的干扰，不受意见的摆布而看清事物进程中的真实因果次序，必须精通政治经济学。可以说，1859 年《序言》的有机体隐喻所表述的法学原理，就其语境中的实际内涵而言大致能够归结为：在扎实的政治经济学基础上，看待政治法律现象及其历史运动。作为专门科学的政治经济学，通常将政治法律关系也囊括在内，以至于把这些关系化约为经济关系或者说涵摄在经济关系之下，但与此同时，也为政治法律关系保留了经济学之外的独立意义。② 按照马克思的叙述，这套观点构成始于《1844 年经济学哲学手稿》笔记本 I 的政治经济学批判工作的出发点，而我们看到，萨伊恰好出现在这个转捩处。根据实际写作顺序编排的手稿版本显示，《1844 年经济学哲学手稿》笔记本 I 的第 I 页设置了工资—资本利润—地租的三分栏结构，而且是三栏同步书写。就在这一页上，作为中栏和右栏的开篇，马克思三度援引（一次直接引证+两次转述）萨伊的《论政治经济学》，分别出自原著第 1 卷第 136 页第 2 条脚注（该脚注被援引两次！）③ 和第 2 卷第 4 页正文。马克思实施了一种文本重构，将萨伊只是在边边角角顺带论述的内容抽离出原著的论证脉络，摆在《1844 年经济学哲学手稿》开宗明义之处：资本的继承行为的神圣化（consacrer），要求有民事立法的协助（concours）；所有者在社会生活中业已享有的对生产基

---

① 参见 Jean-Baptiste Say, *Traité d'économie politique*, troisième édition, Tome I, Paris, 1817, p. xij, xl-xlj, lj。亦参见［法］萨伊：《政治经济学概论——财富的生产、分配和消费》，陈福生、陈振骅译，商务印书馆 1963 年版，第 15、32、39 页。

② 参见《马克思恩格斯全集》第 3 卷，人民出版社 1960 年版，第 483 页。《德意志意识形态》手稿告诉我们，早在马克思主义之前，功利论——尤其是边沁的那套吸收了重农学派经济学以及爱尔维修和霍尔巴赫思想成分的功利论——已经以有限的方式阐发了一切现存关系和社会经济基础之间的联系，参见第 484 页。

③ 马克思对脚注的万分留心，其实已经站在现代学术传统之列。在古代和文艺复兴时代，史学家以一气呵成的春秋笔法，道出普遍有效的政治与道德教诲，不关注史料和断代，极少使用脚注。到了现代，脚注现象“与一项职业的意识形态以及技术实践捆绑在一起”。马克思或许很早就察觉，重要的不仅是论著的结论，而且是其论证的根据，亦即读者应当依照脚注深入挖掘史学的真实研究过程。不过，“谁若是真的跟随历史学家的脚注而回归到他们使用过的史料，相应地花时间查考它那深埋于地下的复杂根茎，很可能会在底层的酸性土壤中发现远超意料的人情世故”。参见［美］安东尼·格拉夫敦：《脚注趣史》，张弢、王春华译，北京大学出版社 2014 年版，第 1-4、13-14、23、32、38、91 页。

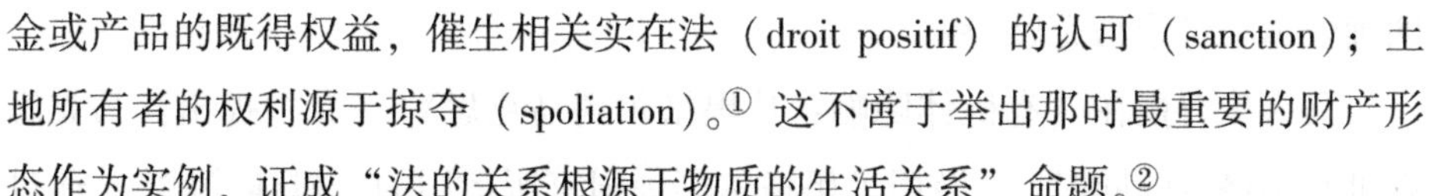

金或产品的既得权益，催生相关实在法（droit positif）的认可（sanction）；土地所有者的权利源于掠夺（spoliation）。[①] 这不啻于举出那时最重要的财产形态作为实例，证成“法的关系根源于物质的生活关系”命题。[②]

三、关于有机体隐喻之生物学基础的补充说明

实际上，马克思和政治经济学家们在论及社会现象时共同秉持的有机体隐喻或类比，不过是（广义）自然科学与（广义）社会科学之间源远流长的内在联系的现代例证。比如，亚里士多德建议参照动物分类来划定政体类型，中世纪和文艺复兴时期的学者根据盖伦主义解剖学—生理学而发明“政治身体”(body politic) 的概念，格劳秀斯（以及后来斯宾诺莎、莱布尼茨等人）按照数学推理的精神阐发自然法，霍布斯效仿近代力学原理（即机械论）来建构他所谓的“公民哲学”，哈林顿根据哈维解剖学—生理学来构思政治体系，威廉·配第开辟“政治解剖学”和“政治算术”(二者即英国政治经济学在初始阶段的不同命名)，甚至路易十四的“太阳王”美誉也来自（基于新创立的哥白尼日心说的）天界图景与政治权力之间的类比——这些均为欧洲思想史上的同类经典例证。然而，在学术史传统研究范式的宰制下，19 世纪法哲学、社会哲学、经济哲学和政治哲学的历史考察者，往往倾向于忽视前述内在联系。科恩（I. Bernard Cohen）的《自然科学与社会科学的互动》(1994 年）是该方法论主题范围内不可绕开的著作，但颇为遗憾的是，书中

---

① 参见［德］马克思：《1844 年经济学哲学手稿》（附有按照手稿写作顺序编排的文本），人民出版社 2014 年版，第 145-146 页；Jean-Baptiste Say, *Traité d'économie politique*, *troisième édition*, Paris, 1817, Tome Ⅰ, p. 136, and Tome Ⅱ, p. 4。

② 当然，这项命题之所以能够成立，有一个总的先决条件，按照马克思在 1867 年 7 月 25 日的隐喻表述，即“现在的社会不是坚实的结晶体，而是一个能够变化并且经常处于变化过程中的有机体”。《马克思恩格斯全集》第 42 卷，人民出版社 2016 年第 2 版，第 17 页。结晶体的形态更多涉及机械过程（机械的无差别统一性），更多涉及直线、平面和角度（而非卵形线）的空间规定，它的增长是逐层进行的，而破碎则是所有层次一并发生的。参见［德］黑格尔：《自然哲学》，梁志学等译，商务印书馆 1980 年版，第 231-233、243-244、254 页。

明确表示不讨论马克思。①

马天俊教授在《有机体隐喻：从黑格尔到马克思》一文中提出：马克思在批判黑格尔的同时，“沿用了黑格尔刻画国家所运用的有机体隐喻”，通过引入“自由人联合体”的愿景，将其改造为具有自身特色的、能够防范有机体隐喻内在隐患的社会有机体概念。② 对马克思学说的这番探讨十分精辟，能够开放诸多有趣的问题意识。但其主要参照系仍然局限于黑格尔精神哲学，未能超出有机体隐喻本身去查明作为马克思思想基础的生物学——请允许笔者权且使用这个存在时代错置嫌疑的广义称谓，作为解剖学、生理学、医学、植物学、动物学等知识部门的统称。关依然博士发表于相近时期的论文，以兼采德国式“哲学有机论”和法国式“社会学有机论”的“自由主义有机论”为主线，着力探究社会有机体概念在英国维多利亚时代的变迁。此文尤其在论及核心人物斯宾塞的时候，以较为简略的方式揭示了“社会有机体”的生物学背景。③ 可惜文中没有按照英国学者也愿意采取的办法，把客居英国30年的马克思归入“维多利亚时代思想家”的行列。④

有鉴于此，笔者关于马克思有机体隐喻之生物学基础的专题补充讨论，也可被视为科恩—关依然—马天俊研究工作的自然延伸。笔者希望借此进一步表明：我们有可能超出黑格尔哲学的通常范围去把握马克思的社会有机体隐喻，甚至有可能超出德国哲学去重新审视历史唯物主义的缘起和根基。

（一）19世纪上半叶欧洲知识界的先行示范

马克思虽为人类文明之子，但其历史唯物主义主要取法于同时代的欧洲思想（这是时代敏感性的重要表现），后者就像一座巨大的蓄水池，将希腊罗

① 参见［美］I. 伯纳德·科恩：《自然科学与社会科学的互动》，张卜天译，商务印书馆2016年版，第ii、vi-xii、139-192页。由于本章主题的限定，笔者仅仅举出了自然科学单方面影响社会科学的实例。当然也有自然科学取法于社会科学的情况，比如马尔萨斯、农学家（agronomists）和分工学说对达尔文生物学的启发。

② 参见马天俊：《有机体隐喻：从黑格尔到马克思》，载《哲学研究》2021年第11期。

③ 参见关依然：《论辩中的“社会有机体”：对维多利亚时期社会有机体学说的概念史考察》，载《社会》2021年第5期。

④ 参见J. L. Gray，“Karl Marx and Social Philosophy”，in F. J. C. Hearnshaw（ed.），*The Social & Political Ideas of Some Representative Thinkers of the Victorian Age：A Series of Lectures Delivered at King's College University of London during the Session* 1931—1932，George G. Harrap & Co. Ltd.，1933，pp. 116-149。

马时代、中世纪、文艺复兴时期、宗教改革时期和启蒙运动时期的文化成果加以汇通、传承、批判和发展。因此，让我们首先聚焦于欧洲知识界在19世纪上半叶给出的先行示范。不消说，此处所选取的思想体系，均在马克思奠定和发展历史唯物主义的过程中发挥了重要作用。

1. 德国古典哲学

学界至今没有充分意识到：在人的一生之中思想最活跃、可塑性最强的20岁左右的年纪，先是在浪漫派重镇波恩接受比较系统的美学训练，甫一转入柏林大学就在斗志昂扬的第一学期选修了谢林派自然科学家斯特芬斯（Henrik Steffens，1773—1845）的“人类学”课程，① 收官阶段又用长达两年的时光近乎心无旁骛地钻研自然哲学——这样的经历和由此形成的跨学科知识结构，对马克思整个智识生涯来说具有多么难以估量的奠基意义。这个阶段的主线之一是马克思与黑格尔的关系，众所周知，这种思想关系持续影响了马克思一生。先前的相关研究更多强调了《法哲学原理》《精神现象学》《历史哲学》《逻辑学》等著作，因为它们的影响明显体现在马克思的《莱茵报》文章、《黑格尔法哲学批判》及其《导言》、《1844年经济学哲学手稿》和后来的政治经济学批判、《德意志意识形态》中。但如果把时间推移到马克思的大学时代，② 那么我们会看到，马克思优先关注的乃是黑格尔体系中的“美学”（包括隐喻学说在内）和“自然哲学”（包括有机体学说在内）这两个部门。

看看马克思写于1837年春的《有关黑格尔的讽刺短诗》吧，那反映的是他最初涉猎黑格尔著作的心境。其中非常明确地指出，他在反复钻研的是黑

---

① 参见《马克思恩格斯全集》第1卷，人民出版社1995年第2版，第939、1084页。马克思此举可能是为了响应父亲关于应当重视自然知识学习的叮嘱，参见《马克思恩格斯全集》第47卷，人民出版社2004年第2版，第522页。黑格尔曾在《自然哲学》中，援引和评论过斯特芬斯的《论矿物学和矿物学研究》（1797年）、《地球内在自然史论丛》（1801年）、《自然哲学的根本特征》（1806年）、《地球构造学和地质学论文集》（1810年）等著作所提出的观点，参见［德］黑格尔：《自然哲学》，梁志学等译，商务印书馆1980年版，第632、641、642、644页。需要说明的是，在柏林的第一学期亦即1836—1837年度冬季学期，马克思修读了三门重量级课程：除了斯特芬斯的课程，还有萨维尼和甘斯的课程。

② 再往前推移，马克思的中学老师包括德国博物学家施泰宁格（J. Steiniger）。参见李靖新弘：《马克思自然科学研究的历程与特点——以MEGA^{2}新材料为中心的解读》，载《自然辩证法研究》2022年第8期，第86页。

格尔的“美学观点”。马克思还曾兴冲冲地告诉父亲，自己对一本美学和动物学交叉学科的著作爱不释手，即赖马鲁斯的《关于动物的艺术本能》，该书与黑格尔《自然哲学》第365节的内容相关。① 就自然哲学而言，此处不能不提及马克思的博士论文《德谟克利特的自然哲学和伊壁鸠鲁的自然哲学的差别》。最迟到1840年初，马克思形成《关于伊壁鸠鲁哲学的笔记》（共7册），并主要根据黑格尔——或许也包括谢林及其门徒——的学说编制了不同方案的《自然哲学提纲》。1840年下半年—1841年3月底，马克思重新研读相关资料（因为一些引文不见于既有笔记，另一些引文改变了所用底本），进一步将选题落脚于希腊自然哲学的内部比较研究，形成博士论文。② 学界的相关研究受到马克思所作“序言”的影响，主要联系黑格尔的《哲学史讲演录》展开考察，常常忽视了论文主题本身属于自然哲学（尽管只是它的希腊形态），而根据体系衡量历史乃是马克思得自黑格尔的经典教诲。细心的读者会发现，就连被认为主要遵循黑格尔法哲学的马克思1842年政论文章，也遍布着自然哲学和美学的印记。这些事实向我们提出以下郑重要求：必须重新评估黑格尔同马克思社会有机体隐喻的联系。

就体系的次序而言，黑格尔的精神哲学——法哲学即其中重要一环——直接立足于自然哲学。马克思能通过《自然哲学》涉猎19世纪初欧洲已知的全部基本自然知识（看看黑格尔如何旁征博引便可知晓），只不过是以思辨哲学加工过的形式。自然哲学是“理性物理学”，它在经验物理学所准备的工作素材（即观察记录和初步规律）的基础上，将这些日益繁多、日益琐碎的素材予以系统的概念化改造。黑格尔力求在此揭示精神“在自然中的复本”，或者说作为“自我异化的精神”的自然，这种做法深得前现代的“神学物理学”和“诗意物理学”之精髓，后者曾凭借寓意解释的方式将神安置于自然现象之中。黑格尔甚至宣称，就连伊西斯（Isis）的面纱在思想面前也将化为

---

① 参见《马克思恩格斯全集》第1卷，人民出版社1995年第2版，第736页；［德］黑格尔：《自然哲学》，梁志学等译，商务印书馆1980年版，第569-572页。

② 可惜的是，在此过程中的摘录笔记、草稿，以及博士论文目录显示的第一部分第4、5章和附录第2章，均未能保存下来。1841年4月6日，马克思将博士论文寄至耶拿大学哲学系，4月15日以缺席答辩的形式获得耶拿大学哲学博士学位。1841年7月—1842年3月，马克思为出版博士论文而增补一篇新序言。马克思博士论文的附录中，有一处对比谢林1795年立场和1841年立场的简短评注。

乌有。由于黑格尔选择可类比于进化论的科学阐述之道，对应着生物学的部分便是其自然哲学中的高级环节。如果说无机自然界是“自然界的散文”，那么有机自然界则是“自然界的诗”。有机体在黑格尔笔下分为三类，依次是地质有机体、植物有机体和动物有机体，不难发现，这三者的类比都出现在《法哲学原理》中。有机体是“自然界的总体”，有机体所蕴含的生命（“生命之火”）是“自然在其特定存在中所达到的最高的东西”。有机生命的特点在于“在其毁灭过程中又不断恢复其自身”，故而显示出具有思辨性的“不断自我振作和自我保持的无限过程”。在生命过程中，目的和手段、原因和结果、主观和客观、内在与外在等知性范畴，都成为可以相互转换的东西。有机体的普遍生命渗透在已经分化出来的各个部分中，将它们保持在自己内部。换言之，有机体在统一性之中保持着多样性，各个器官只有适应生命的总目的才能发挥特定的功能。就动物而言——如《黑格尔法哲学批判》关于第269节的评注所示，黑格尔和马克思的相关有机体隐喻主要基于动物有机体——动物体内的各个解剖学—生理学系统都构成完整结构，展现出“有机体的交织状态”，其中组织越完善，功能分化越细致，互相依赖性越强。[①]

黑格尔将自然哲学确立为精神哲学之逻辑预设的做法，他对有机体、特别是动物有机体的精辟理解，以及《法哲学原理》第278节对自然哲学的直接引证（涉及“疾病”的部分），都为马克思有机体隐喻中的法律想象和社会想象打下牢固的思想基础。甚至，在黑格尔主义的地基上创立新哲学的费尔巴哈，其对马克思思想发展产生关键吸引力的先决条件之一，恐怕也是此种哲学携带着“Physiologie”——这是广义上的“生理学”，关注作为自然现

① 参见［德］黑格尔：《自然哲学》，梁志学等译，商务印书馆1980年版，第3、9、13、15、19、21、25、36、149、275、325-326、338-339、374、376、377、379、416、417、421、424、445、523、528-530、533、622-623页；［法］皮埃尔·阿多：《伊西斯的面纱：自然的观念史随笔》，张卜天译，华东师范大学出版社2019年第2版，第60-64、116、118页。马克思时代的法国著名医学家贝尔纳（Claude Bernard，1813—1878）的看法可作为此处注脚，他认为存在两种看似相互对立的生命现象，其一是默默进行的“有机［体］的更新”，其二是表现为器官运转或损耗的“有机［体］的破坏”，因此可以说生命既是创造也是死亡。参见《伊西斯的面纱：自然的观念史随笔》，第22-23页。就连马克思对红色的钟爱，也可能关联着某种自然哲学方面的象征性考量。黑格尔说：“红色是高贵的颜色，是克服和完全浸透黑暗的光明，是夺目耀眼的东西，是能动有力的东西。”参见《自然哲学》，第290页。

象的人——乃至“病理学”的因素，这些因素的影响尤其显著地反映在马克思的青年时代。《基督教的本质》1841 年初版和 1843 年第 2 版的两份《序言》已经表明，费尔巴哈自视为“精神水疗法医师”和“精神上的自然科学家”(geistiger Naturforscher)，把神学视为“精神病理学”。于是，“总的说来，这本著作的内容是病理学的或生理学的，而其目的则是治疗学的或实践的”，而相关治疗所仰仗的乃是“自然理性之冷水”①。费尔巴哈后来这样总结自己的学术心得：“如果说我先前把我的学说概括为‘神学就是人类学’（Die Theologie ist Anthropologie），那么我现在必须补充一下，即‘［神学就是人类学］和生理学（und Physiologie）’。因此，可以用两个词总结我的学说或观点：自然与人。”② 或许我们可以据此重新理解《1844 年经济学哲学手稿》序言中的那句著名论断：“从费尔巴哈起才开始了实证的人道主义的和自然主义的批判。”③ 马克思博士论文的最后一章“天象”，也在这种意义上使用过“Physiologie”一词（跟“Mythos”相对立），而且那里的论述非同寻常，仿佛预示着意识形态批判—历史唯物主义—生物学今后在马克思那里的三位一体关系：“我们的生活需要的不是意识形态（Ideologie）和空洞的假设，而是我们能够过没有迷乱的生活。……一般说来 Physiologie 的任务是探究最主要事

---

① 参见［德］费尔巴哈：《基督教的本质》，荣震华译，商务印书馆 1984 年版，第 4、6、7、14 页。

② “Anthropologie”又译“人本学”“人学”。*Ludwig Feuerbach Gesammelte Werke*, Band 5, bearbeitet von W. Schuffenhauer und W. Harich, Akademie Verlag, 2006, S. XII。亦参见《马克思恩格斯全集》第 3 卷，人民出版社 2002 年第 2 版，第 667 页。这似乎包含着朝向欧洲古代传统的某种（尽管程度有限的）复归，在古人那里，“physiologia”乃是“一种往往被谜和隐秘含义所掩盖的、与奥秘有关的神学(theologia)”。参见［法］皮埃尔·阿多：《伊西斯的面纱：自然的观念史随笔》，张卜天译，华东师范大学出版社 2019 年第 2 版，第 58-59 页。

③ 《马克思恩格斯全集》第 3 卷，人民出版社 2002 年第 2 版，第 220 页。

物的根据（die Gründe）……从事 Physiologie 不应依据空洞的公理和规律。”①按照驰名 18 世纪的钱伯斯《百科全书》的界定，“physiology”和“natural history”(自然史、博物学、自然志）是同义词。②

我们不妨在此得出一项有趣的结论：当马克思在 1859 年《序言》中谈起自己念的专业本来是法学，但只是将它排在哲学和历史之后作为辅助学科的时候，他所谓“哲学”也包括美学和自然哲学在内，一如黑格尔《哲学全书》所展示的那样，而他所谓“历史”也包括自然史在内，一如《1844 年经济学哲学手稿》和《德意志意识形态》手稿所主张的那样。③这样就能够更合理地解释，马克思何以在 1859 年的著名回顾中，将大学时期的知识积淀列为历史唯物主义创立过程的开端。

2. 圣西门学说

就马克思的阅读次序来说，德国古典哲学的著作自是比较靠前的（尽管在此之前还有古希腊文学、法国文学和英国文学的常年间接熏陶）。不过，以生物学为基础发展社会科学体系的做法并非黑格尔首创，相反，它主要发轫于马克思熟悉的晚期法国启蒙运动。《神圣家族》的“对法国唯物主义的批判的战斗”这一节，曾论及拉·梅特里（J. O. de La Mettrie，1709—1751，又译“拉美特利”）及其《人是机器》（*L'Homme machine*，1751 年伦敦版）、孔狄

---

① 参见《马克思恩格斯全集》第 1 卷，人民出版社 1995 年第 2 版，第 57、58、59 页；《马克思恩格斯全集》第 40 卷，人民出版社 1982 年版，第 236、237、238 页。译文有改动，参见 *Marx/Engels Gesamtausgabe*（*MEGA*），Ⅰ/1, Dietz Verlag Berlin, 1975, S. 53–54。这里，“Ideologie”一词首次出现在马克思的文本中。一般认为，该词源于特拉西（Destutt de Tracy，1754—1836）在 1796 年发明的法文褒义单词“idéologie”(观念学)，后被马克思化为贬义词汇移入德文而广为人知。参见［法］阿尔都塞：《论意识形态》，吴子枫译，载《外国美学》第 30 辑，第 1–2 页；［美］赖尔、威尔逊：《启蒙运动百科全书》，刘北成、王皖强编译，上海人民出版社 2004 年版，第 345–347 页。马克思的确曾在《1844 年经济学哲学手稿》笔记本Ⅲ的靠后位置，援引特拉西的《观念学原理》（*Éléments d'idéologie*，1826 年巴黎版）。不过笔者发现，马克思仰慕的大文豪歌德早已完成这一转换工作。歌德说：“对于常见的脚踏实地、努力工作的人来说，专讲意识形态的人是如此的可厌。”［德］歌德：《歌德的格言和感想集》，程代熙、张惠民译，中国社会科学出版社 1982 年版，第 63 页

② 参见［美］罗伊·波特主编：《剑桥科学史（第四卷）：18 世纪科学》，方在庆等译，大象出版社 2010 年版，第 223 页。

③ “历史是人的真正的自然史。”“历史可以从两方面来考察，可以把它划分为自然史和人类史。……自然史，即所谓的自然科学，我们在这里不谈。”《马克思恩格斯文集》第 1 卷，人民出版社 2009 年版，第 211、516、519 页。

亚克（E. B. de Condillac，1715—1780）及其《人类知识起源论》（*Essai sur l'origine des connaissances humaines*，1746 年阿姆斯特丹版）、卡巴尼斯（P.-J.-G. Cabanis，1757—1808，米拉波伯爵的私人医生、孔多塞密友）及其《人的肉体和精神的关系》（*Rapports du physique et du moral de l'homme*，1843 年巴黎版）。其中特别值得一提的是卡巴尼斯，他不仅与特拉西一道在孔狄亚克学说的基础上联手创立了洛克主义的观念学，而且使笛卡尔主义的机械唯物论达到顶峰，得以完成。[①] 卡巴尼斯的信念是：社会科学有几分靠近医学，就有几分真正的科学性。这使我们不禁回想起《人是机器》中的激进论断："医生是唯一无愧于祖国的哲学家"（Le Médecin est le seul Philosophe qui mérite de sa Patrie）。[②]

但对马克思来说，社会主义思想家圣西门（1760—1825）在这场智识运动中的意义更加重大。我们知道，马克思在法语地区流亡的时期曾悉心研读过他的著作。一说起圣西门，大家总是首先想到有关社会秩序和社会组织的

① 参见《马克思恩格斯文集》第 1 卷，人民出版社 2009 年版，第 327-338 页。需要说明的是，卡巴尼斯的"共和生机论"（vitalisme républicain）在当时颇负盛名，一反基于传统医学的国家有机体隐喻，即王国为整个身体，君主为头脑，臣民为四肢，听从头脑的指挥。卡巴尼斯主张，头脑固然万分重要，但身体的健康可不仅仅取决于头脑。如果人的脚底板疼痛，那么头脑会不可抑制地一直惦记脚底板。因此，应予注意的是全身各个部位的健康，就此而言无所谓尊卑之分。参见［法］塞尔纳、黄浩、李惟一：《法国动物史研究的理论与实践：塞尔纳教授访谈录》，载《世界历史评论》2021 年第 4 期，第 32 页。

② 《人是机器》的题献对象是哥廷根大学医学教授哈勒（Albrecht von Haller），此人被誉为"近代生理学之父"，是第一部生理学教科书《基础生理学》（1747 年）和多卷本著作《人体生理学原理》的作者（拉·梅特里生前未能读到后面这套书）。我们不难发现，《人是机器》正面引证或极力推崇的材料几乎完全来自医学。马克思研究界似乎没有充分注意的是，致力于反击流行神学体系的 18 世纪法国机械唯物论（尽管 17 世纪的机械论世界观依然跟基督教信仰保持和谐，甚至在一定程度上受到这套信仰的鼓舞），其首要核心在于医学。这是一种"医学唯物论"，它的对象不是广阔的外部自然界而是人体，它把人体视为合乎力学结构的机器（自从机械钟在 13 世纪末被发明出来，对世界的机器类比就层出不穷）。拉·梅特里对笛卡尔的看法，能够印证马克思的思想史论断。拉·梅特里指出，笛卡尔固然犯下诸多理论错误，但人们仍应为这位伟人恢复名誉，因为他能认清"经验和观察的价值"（le prix de l'Expérience et de l'Observation），尤其重要的是，"他第一个完满地证明了动物是纯粹的机器"（il a le premier parfaitement démontré que les Animaux étaient de pures Machines），仅此一项贡献就足以赢得世人的谅解。参见［法］拉·梅特里：《人是机器》，顾寿观译，商务印书馆 1959 年版，第 9、16、45、48、66、74 页；Aram Vartanian (ed.), *La Mettrie's L'Homme machine: A Study in the Origins of an Idea* (critical edition with an introductory monograph and notes), Princeton University Press, 1960, pp. 147, 191, 197；［法］皮埃尔·阿多：《伊西斯的面纱：自然的观念史随笔》，张卜天译，华东师范大学出版社 2019 年第 2 版，第 125、178、181-183、188-189 页。

空想计划，或者作为政治现象的社会主义运动。殊不知，他不仅是欧洲社会科学的先驱甚或奠基人之一，而且其思想跟生物学渊源颇深，可以说“圣西门借助的是现代科学、尤其是生理学的语言来阐释社会”[①]。圣西门在1801年专程搬到巴黎医科大学附近居住，同包括卡巴尼斯在内的科学界名流频繁交往（例如设宴款待、资助讲座、实验和著作刊行等），以便习得生物学的精确知识。[②] 次年，圣西门在处女作《一个日内瓦居民给当代人的信》（1803年在巴黎匿名发表）里面，勾勒了自己思想世界的最一般轮廓，其中赫然表明：“我们都是有机体”，在制定研究计划的时候不妨尝试“把我们的社会关系比作生理现象”。在1808年的《生平自述》里面，圣西门主张：哲学亦即一般科学的基础，在于探讨“大世界/大宇宙”（grand monde）的天文学和探讨“小世界/小宇宙”（petit monde）的生理学。他特别批评牛顿毫不重视生理现象，因而没有资格称为哲学家；他尤其钦佩法国解剖学家、近代组织学奠基人比沙（M. F. X. Bichat，1771—1802），以及法国著名外科医生迪布瓦（Dubois）、布瓦耶（Boyer）、迪皮特朗（Dupuytren）为人类健康事业付出的心血。[③] 这样的态度，与他在1808年《十九世纪科学著作导论》中提出的、有关18世纪科学著作的主要反思一脉相承：“洛克既是植物学家又是解剖学家，既是生理学家又是哲学家。孔狄亚克和孔多塞是洛克以后最著名的两位学者……既没有研究过解剖学，又没有研究过生理学。他们两人各自所犯的严重错误的根源，在于他们对有机体物理学的这两个主要部门一无所知。”[④]

不过在笔者看来，最能说明问题的还要属圣西门的代表作之一《论人的

---

① 倪玉珍：《寻求对“社会”的理解：圣西门的社会生理学》，载《社会》2019年第1期，第197页。

② 参见［法］夏尔-奥利维耶·卡博内尔：《圣西门的欧洲观》，李倩译，北京大学出版社2016年版，第15页。在《德意志意识形态》手稿中，这段时光被称为“圣西门生平中的一个最主要的时期”。马克思恩格斯目光如炬，一直在用心探寻圣西门“沸腾的生活”时间表及其每个阶段的行动理由。然而他们的论战对手格律恩（Karl Grün）未能体察它的重大意义，以至于在叙述圣西门生平的时候径直略过。参见《马克思恩格斯全集》第3卷，人民出版社1960年版，第585、587页。

③ 参见［法］圣西门：《圣西门选集》第1卷，王燕生等译，商务印书馆1979年第2版，第18、31、37-39页。

④ ［法］圣西门：《圣西门选集》第3卷，董果良、赵鸣远译，商务印书馆1985年版，第64页。

科学》(*Mémoire sur la science de l'homme*, 1813年)。[①] 这里的"science de l'homme"(人的科学), 与法文里的"道德和政治科学"(sciences morales et politiques)、"人文科学"(sciences humaines)、"社会生理学"(la physiologie sociale)、"社会物理学"(la physique sociale)、"社会的科学(science de la société)"或德文里的"Geisteswissenschaft(精神科学)"一道, 都属于我们当前所谓"社会科学"的欧陆早期命名(其中有各自依凭的概念传统的差别), 正如我们当前所谓"自然科学"在19世纪及之前(视侧重方面不同)被称为"自然哲学""自然史""实验物理学"等。在深深滋养着马克思的这种前现代智识传统中, 不同学科之间的边界是比较模糊的, 这一点常令现代读者感到极不适应。"science de l'homme"往往既要涉及个人层面, 即身体和心灵, 还要涉及群体层面, 即人口、习俗、法律、经济、国家等, 圣西门的著作正是如此。而以后期启蒙运动为界, 关于身体和心灵的讨论主体逐渐从哲学家转变为医生。[②]

于是我们看到, 圣西门主要取法于18世纪末法国思想界的生物学一翼(另一翼提倡的是"社会数学"或"社会力学"), 在更大尺度上着手将医学研究与社会研究整合为统一的"人的科学", 达到自然与人为的某种和解。[③] 他提出:"人的科学将直接效仿维克达济尔(Vicq-d'Azyr)、卡巴尼斯、比沙和孔多塞, 它应迈出的最重要的一步, 就是通过集成这四位伟人留给我们的材料, 在同一部著作中处理这门科学。……上篇探讨个人(individu-homme), 下篇探讨人类(espèce humaine)。上篇的第一部分将是生理学方面的总结, 第二部分将是心理学方面的总结。下篇的第一部分将包含从开端至今的人类

---

① 马克思的《1844—1847年记事本》表明, 他手上有圣西门的《论人的科学》, 参见 *Marx/Engels Gesamtausgabe* (*MEGA*), Ⅳ/3, Akademie Verlag, 1998, S. 8。

② 参见 Theodore M. Porter and Dorothy Ross (eds.), *The Cambridge History of Science*, *Volume* 7: *The Modern Social Sciences*, Cambridge University Press, 2003, pp. 1-3, 14-15; Georg G. Iggers, "Further Remarks about Early Uses of the Term 'Social Science'," in *Journal of the History of Ideas*, Vol. 20, No. 3, 1959, pp. 433-434。

③ 自希波克拉底时代以来的欧洲医学传统, 均涉及一套关于人、特别是人的构造(constitution)的一般理论, 它致力于澄清人的构造的原因和过程, 自可服务于圣西门式的"人的科学"。

精神进步史纲。在它的第二部分，我将概观人类精神在后世的进程。”[①] 总的说来，《论人的科学》的上篇主要考察维克达济尔的思想，兼以卡巴尼斯和比沙的思想为其补充，下篇主要考察孔多塞的思想。这样，圣西门就把人的静态研究和动态研究连结为特定的社会哲学体系，或者按照涂尔干的讲法，作为其最终成果的实证社会学——虽然“社会学”一词是孔德发明的——乃是“将社会科学融入自然科学范围的一种整合”[②]。但遗憾的是，《圣西门选集》中译者略去了该书中的生物学论述，对照法文原著（以圣西门弟子安凡丹的1876年编印本为准，共计213页）可知，前后删削的内容多达一半篇幅！这样一来，现有中译本实际上抽掉了圣西门体系的逻辑基础和大量正面论述。

同样遗憾的是，《圣西门选集》中译本没有收录1825年的《论社会生理学》（*De la physiologie sociale*，全称《论用于改良社会制度的生理学》）。这本小册子直接兑现了1803年的理论构想，而且就其问世时间而论，几乎相当于圣西门的思想遗嘱。他在其中指出，社会可不是生物的“简单堆集”(simple agglomération)，好像它们的行为不涉及任何终极目的，唯一的原因是个体意志的专断，唯一的结果是稍纵即逝的偶然事件；相反，“社会首先是真实的有机机体，其一切组成部分以各不相同的方式效力于整体的运行”。正如幼年的生理状况有别于成年的生理状况，“社会身体（le corps social）在其诞生期和不同的成长阶段上，表现出性质上因时而异的生命力样态”。“文明史乃是人类生活/生命的历史”，亦即人类在不同年代的生理状况，正如人类的各项制度不过是在表达那些“保全和改善人类整体健康的卫生知识（des connaissances hygiéniques）”，而法律、伦理、政治经济［学］不过是“在性质上必

---

① 参见 Saint-Simon, *Mémoire sur la science de l'homme*, 1813 (*Œuvres de Claude-Henri de Saint-Simon*, Tome V, Slatkine Reprints, 1977), p. 9-10。亦参见［法］圣西门：《圣西门选集》第1卷，王燕生等译，商务印书馆1979年第2版，第46-47、81、85页。圣西门所说的心理学，不再是前中期启蒙运动的哲学心理学，而是立足于生理学的心理学。比如，其重要主张是人的心理状况跟人的生理组织状况密切相关；又比如，圣西门关于未来社会主要群体的划分，对应着比沙对人类三种才能的划分。

② 参见［法］涂尔干：《涂尔干文集·第8卷（政治社会学卷）：孟德斯鸠与卢梭 社会主义与圣西门》，渠敬东主编，李鲁宁、赵立玮译，商务印书馆2020年版，第272页。圣西门对维克达济尔的批评较少，以加工整理为主，而对孔多塞的具体观点，例如对初民的文明化定位、过于随意的历史分期、不分青红皂白地视一切宗教为谬误，有较多批评意见，尽管他赞同孔多塞的一般概括，称之为导师。圣西门对孔多塞的关注，致使涂尔干在一处旁批中提醒自己：要重读孔多塞的全部著述。

须随着文明状态（l'état de la civilisation）的改变而改变的一套卫生规则（de règles hygiéniques）”。因此，圣西门这样总结道：文明的进步史告诉我们，社会生理学乃是据以建立社会组织的首要“实证基础”。①

孔德与他的老师圣西门可谓一脉相承，且其受益于圣西门之处远超自己公开承认的程度，实证社会学的基本观点在圣西门那里均已成型（马克思在巴黎研读《实业家问答》的时候想必已经意识到这一点）。不过，孔德既不认为社会科学的数学化能够相当于社会科学的实证化，也不同意像卡巴尼斯那样把社会科学仅视为“生理学的一种简单的直接结果”(une simple conséquence directe de la physiologie)。我们看到，孔德似乎一度比较偏爱“社会物理学”(la physique sociale）而非“社会生理学”的提法。此处的“物理学”是广义上的（这跟黑格尔自然哲学的用法一致），包含有关一切自然现象因果机理的探究。孔德拟定“社会物理学”的提法，可能是考虑到“生理学”通常指向作为个体的人的生理，但他主要试图研究的是作为物种的人（即绵延不绝的人类文明）的生理，因而需要加以区分。不过孔德承认，在一定意义上，社会物理学（亦即关于人类集体发展的研究）不外是生理学（亦即关于广义上的人的研究）的一个分支，换言之，“文明史不外是人的自然史（de l'histoire naturelle de l'homme）的不可缺少的继续和补充”。虽然提法有不同，但圣西门和孔德都把社会作为有别于个人的、具备特殊性质的单独实体加以研究，这是他们学说的基本点。②

3. 巴尔扎克文学构图

在这里谈一谈巴尔扎克（1799—1850）大概是令人诧异的，但并非不合

① 参见 Saint-Simon, *De la physiologie sociale*, 1825 (*Œuvres de Claude-Henri de Saint-Simon*, Tome Ⅴ, Slatkine Reprints, 1977), p. 177-178, 180-181。

② 参见［法］孔德（执笔）：《实证政治体系》，载《圣西门选集》第 2 卷，董果良译，商务印书馆 1982 年第 2 版，第 214-218 页；Auguste Comte, *Système de politique positive*, 1824 (*Œuvres de Claude-Henri de Saint-Simon*, Tome Ⅳ, Slatkine Reprints, 1977), p. 181-182。与圣西门合著的《实业家问答》第三册，即《实证政治体系》，署名为“工业大学肄业，圣西门学生奥古斯特·孔德著”，配有圣西门的序言。

时宜。[①] 马克思和恩格斯皆推巴尔扎克为塞万提斯以降最伟大的小说家、19世纪上半叶（特别是1815—1848年）法国社会状况的现实主义记录者。马克思在成熟时期的《自白》中，把巴尔扎克列为自己“最喜爱的散文家”，并曾向亲友表示（可惜具体时间不详），要在完成政治经济学批判著作之后专门研究《人间喜剧》。[②] 笔者认为其主要原因在于，《人间喜剧》和《资本论》各以不同方式制作了“尘世之镜”(speculum mundi，巴尔扎克语)。

或许不为人知的是，巴尔扎克同样是把社会研究跟生物学联系起来的代表人物。他在1842年的《〈人间喜剧〉前言》中开宗明义：出版一套《人间喜剧》的最早念头，源于人类世界和动物世界之间的一番对比，而这种对比离不开近代欧洲生物学家的探讨和争论。在这门“高等科学”中，从17世纪初到19世纪初，“最伟大的思想家们”都以不同措辞提出过“统一构成说”（l'unité de composition）或其雏形，至于1830年圣伊莱尔（Geoffroi Saint-Hilaire）和居维叶（Cuvier）之间的公开论战，算是以相当激烈的方式重提旧事。所谓统一构成说是指：造物主将单一模型——即歌德所谓“原型”（Urform）——用于全部动物，因而严格说来只存在着一种动物。作为单一本

---

① 马克思最早阅读巴尔扎克的时间难以查考。单就现在保存下来的文本材料而言（可惜马克思1844年的书信大量佚失，比如《德法年鉴》出版以后跟恩格斯的频繁通信），马克思对巴尔扎克的关注始于19世纪50年代，即正式转入政治经济学批判工作的阶段。但如果考虑到马克思在流亡巴黎之际正值《人间喜剧》出版的高潮，《神圣家族》曾辟专章讨论过同属社会现实文学家的欧仁·苏(E. Sue，1804—1857）的《巴黎的秘密》（*Les Mystères de Paris*，1842—1843），以及《德意志意识形态》手稿曾提到“巴黎对通俗喜剧和小说的极大喜好”(以至于催生相关的劳动组织），我们有理由认为马克思在19世纪40年代已对巴尔扎克有所了解。参见《马克思恩格斯全集》第3卷，人民出版社1960年版，第459页。马克思多次援引和推荐巴尔扎克，可以说后者以文学的形式从事着与马克思政治经济学批判的相似工作。就有计划地叙述典型人物在典型情境中的典型表现而言，以“对现实关系具有深刻理解”而著称的巴尔扎克，在马克思的时代无出其右者。参见《马克思恩格斯文集》第7卷，人民出版社2009年版，第47页。

② 参见中央编译局编：《回忆马克思》，人民出版社2005年版，第190、387页；1888年4月27日恩格斯致杰维尔，载《马克思恩格斯全集》第50卷，人民出版社1985年版，第484页。按照长女燕妮的纪念册里保存下来的马克思《自白》手稿（除最后两行拉丁文之外，问题和回答均以英文书写），巴尔扎克（与狄德罗、莱辛、黑格尔一道）被列为马克思“最喜爱的散文作家（Favourate Prose Writer）”。需要指出的是，作为梁赞诺夫1928年报告底本的《自白》版本与之有别，“最喜爱的散文作家”一栏只有狄德罗的名字，这一事实也令梁赞诺夫大感错愕。该稿本是劳拉·拉法格赠送的副本，参见［苏］梁赞诺夫：《卡尔·马克思的〈自白〉》，宋洪训译，载《马列著作编译资料》1980年总第10辑，第47-48、56页；《马克思恩格斯全集》第31卷，人民出版社1972年版，第588页。

原（principe）的动物，为适应造物主所安排的发展环境而采取各不相同的外在形式，这便是“动物学意义上的物种（les Espèces Zoologiques）”的由来。巴尔扎克基于神学方面的理由赞同该学说，因此力挺圣伊莱尔而反对居维叶，认为圣伊莱尔对该学说的宣布和坚持将是其不朽荣耀。巴尔扎克将“统一构成说”迁移至社会，诚可谓匠心独运。他发现社会和自然在这方面具有相似性：作为社会的组成部分的人，本身既不善良也不邪恶，只是按照所处行为环境的不同而演变为各色人等，跟动物学意义上的多样性如出一辙。也就是说，“社会意义上的物种”(des Espèces Sociales）和“动物学意义上的物种”相对应，分享着相似的原理，只不过前者的内部差异会随着“文明”的变换而增减。巴尔扎克看到布封业已写出生物学领域的恢宏著作（属于《自然史》)，成就千古美名，自己也希望追比圣贤，为社会写出同样类型的著作，这便是《人间喜剧》。① 这样看来，《人间喜剧》完全有资格称为“市民社会的自然史”。

同样在生物学的感染下，巴尔扎克多次专门撰文以俏皮笔调讨论隐喻意义上的某某主题的“生理学”(physiologie）或“病理学”(pathologie)，比如，属于《人间喜剧》之“分析研究”部分的《婚姻生理学》（1824—1829年)、《社会生活的病理学》（其中《风雅生活论》写于1830年，《步态论》写于1833年，《论现代兴奋剂》写于1838年)，以及未列入《人间喜剧》的《服饰生理学》（1830年)、《美食生理学》（1830年)、《地位生理学》（1831年)、《助理生理学》（1831年)、《雪茄生理学》（1831年)、《公务员生理学》(1841年)、《巴黎林荫大道的历史和生理学》（1844年）等杂论。这里且举两则具体语例。他曾谈到哲学家“对社会身体（corps social）的痛心的验尸（autopsie）”，意即“现代风俗”造就的三大阶级（过着劳碌生活的劳动者、过着艺术家生活的思想者、过着风雅生活的有闲者）泾渭分明、相互避开，致使社会失去生机。② 他还曾这样形容法国骤然爆发的至少在当时

① 参见金志平编选：《巴尔扎克精选集》，山东文艺出版社1998年版，第3-6页，译文根据法文原著有改动。统一构成说实际上贯彻了亚里士多德主义自然哲学的“节俭原则”(principe d'économie / principle of economy)。

② 参见［法］巴尔扎克：《人间喜剧》第24卷，多人译，人民文学出版社1994年版，第10页。

(1840年) 十分罕见的工人运动:“工人暴动不是孤立的现象,而是一种病。政治躯体上的这块红斑,你若割除它,那你必须明白,病根还在,还会在别的地方发作。”①

(二) 生物学三大部门与马克思的有机体隐喻

在至少横跨(广义)哲学、社会学、文学的欧洲诸思想先贤的联袂示范之下,一套立足于生物学实际知识的有机体隐喻,在马克思心中日益明朗,而与此同时,他的历史唯物主义基本观点也渐次成熟。这不是一蹴而就的过程,以下我们试从解剖学、生理学和医学这三大知识门类继续详述。

1. 解剖学

这里先谈谈出现在1859年《序言》中的举世闻名的解剖学意象,即应到政治经济学之中寻求“市民社会的解剖学”②。根据启蒙时代的经典定义,解剖学旨在研究“有机体的结构和组织”(structure and economy of organical bodies)。③ 通常被理解为“经济”的单词“economy”,在生物学的范围内有“组织、妥当安排、恰当架构”的意思,并且跟建筑学常用词汇“structure”相辅相成。与此相关,“animal economy”乃是18世纪生理学的惯常称谓。④这意味着,马克思将“政治经济学”(political economy)同市民社会解剖学联系起来,又将有机体解剖学隐喻同建筑隐喻交叉使用,可能并不存在隐喻概念系统的牵强甚或鲜明断裂,反倒是在近代欧洲思想传统中顺理成章之事。照此看来,英国学者柏拉威尔(S. S. Prawer)的以下判断恐怕是不够慎重的:马克思自感建筑隐喻过于机械、不够灵活,想用根据内在规律缓慢生长变化的有机体的隐喻加以缓解,其证据就是他曾在《1857—1858年经济学手稿》

---

① 参见[法]巴尔扎克:《巴尔扎克全集》第30卷,罗芃等译,人民文学出版社1998年版,第230页。

② 《马克思恩格斯文集》第2卷,人民出版社2009年版,第591页;*Marx/Engels Gesamtausgabe* (*MEGA*), Ⅱ/2, Dietz Verlag Berlin, 1980, S. 100。译文有改动。

③ 参见[美]罗伊·波特主编:《剑桥科学史(第四卷):18世纪科学》,方在庆等译,大象出版社2010年版,第223页。

④ 参见[英]罗伊·波特编著:《剑桥医学史》,张大庆等译,吉林人民出版社2000年版,第268页。

里面斟酌着把物质基础比作“社会组织（Organisation）的骨骼（Knochenbau）”①。黑格尔自然哲学解释得十分明白：骨骼虽然参与有机体的生命，但它是“一种单纯的因而僵死的力量，这种力量还不是过程”②。我们倒不如说，对马克思而言，解剖学与建筑学其实是一体两面的知识领域，二者在对象的物理规模上通常有差别，但在原理上是相通的。更何况，“Knochenbau”里面的“Bau”这一成分本就具有建筑学含义，例如“上层建筑”的德文拼写即为“Überbau”。③

马克思的某些早期文本涉及解剖学问题。例如，大学诗作《致医生们》提到“解剖学”(这也是现存马克思巴黎时期之前文本中的唯一一处)；《〈黑格尔法哲学批判〉导言》提到“解剖刀”(anatomisches Messer)；《1844 年经济学哲学手稿》提到“解剖学家”(Anatom)，那里原本写的是“物理学家”(Physiker)。④ 马克思的朋友、“博士俱乐部”成员科本（Karl F. Köppen），在献给马克思的《弗里德里希大帝和他的敌人》（Friedrich der Grosse und seine Widersacher，1840 年版）一书中写道：“伊壁鸠鲁主义、斯多亚主义和怀疑主义是古代有机体的神经系统、肌肉系统和内脏系统，它们的直接的自然的统一决定了古代的美和道德，它们也随着古代的衰亡而瓦解。”⑤ 马克思在博士论文的“序言”里引用了这部著作，当然知道科本的解剖学隐喻。后来，当《德意志意识形态》批评施蒂纳（Max Stirner）仅仅熟悉不入流的论者们使用的比较方法，对“像比较解剖学、比较植物学……等等科学”则一

---

① 参见［英］柏拉威尔：《马克思和世界文学》，梅绍武等译，生活·读书·新知三联书店 1980 年版，第 382-383 页；《马克思恩格斯全集》第 30 卷，人民出版社 1995 年第 2 版，第 51 页；*Marx/Engels Gesamtausgabe*（*MEGA*），Ⅱ/1.1，Dietz Verlag Berlin，1976，S. 44。

② 参见［德］黑格尔：《自然哲学》，梁志学等译，商务印书馆 1980 年版，第 506 页。

③ 作为马克思汉译工作的术语创制先驱，日本学界在最初翻译马克思笔下的“Bau”的时候，曾在“建筑”和“构造”两种译法之间摇摆。或许这是因为彼时的译者意识到，这个词既有解剖学的意味也有建筑学的意味。参见［德］李博：《汉语中的马克思主义术语的起源与作用：从词汇—概念角度看日本和中国对马克思主义的接受》，赵倩、王草、葛平竹译，中国社会科学出版社 2003 年版，第 317-319 页。

④ 《马克思恩格斯全集》第 1 卷，人民出版社 1995 年第 2 版，第 790 页；《马克思恩格斯全集》第 3 卷，人民出版社 2002 年第 2 版，第 202、310 页；鲁克俭：《走向文本研究的深处：基于 $MEGA^2$ 的马克思文献学清理研究》，中国社会科学出版社 2016 年版，第 188 页。

⑤ 《马克思恩格斯全集》第 1 卷，人民出版社 1995 年版，第 1003 页。

窍不通的时候，马克思其实在不经意间展示了自己引以为傲的思想武器库。①

后来马克思一方面坚持认为，政治经济学家早在很久之前就提供了“市民社会的解剖学”，或者（按照他在 1852 年 3 月 5 日书信中的提法）“经济的解剖学”(die ökonomische Anatomie)，② 另一方面似乎又准备“以彼之道，还施彼身”，带有挑衅意味地运用解剖学隐喻描绘政治经济学批判的出发点：“对资产阶级社会说来，劳动产品的商品形式，或者商品的价值形式，就是经济的细胞形式（Zellenform）。在浅薄的人看来，分析这种形式好像是斤斤于一些琐事。这的确是琐事，但这是显微解剖学（der mikrologischen Anatomie）所要做的那种琐事。”③ 这段引文需要认真解说。第一，有机事物的细胞形式，按照马克思和恩格斯的共识，相当于黑格尔哲学意义上的自在存在。要对它作出分析是非常困难的，因为它是最单纯的东西。细胞遍布于一切有机体之中（最低级的有机体除外），是有机体的近乎普遍的构造和组织基础，其中必定含有并且表现着生命及其规律（否则不过是已死的残骸）。有鉴于此，取出细胞而进行单独的、抽象的观察和辨析，就既可深入探究某一有机整体，又不致破坏这个整体的有机生命，此为显微解剖学要义之所在。④ 这是与真实知识的本性相适应的，后者隐藏在深处的秘密之中，找起来颇费气力。但与此同时，解剖学操作务必提防早在西塞罗时代就已被察觉的隐忧，即一旦强行揭开和去除器官的包裹层，器官实际上就遭到干扰或改变，蜕变为丧失活力

① 参见《马克思恩格斯全集》第 3 卷，人民出版社 1960 年版，第 518 页。比较解剖学的伟大奠基者是法国人居维叶，他曾在《四足动物骨化石研究》（1812 年）中，宣称自己能通过单根骨头辨明动物的本性：“只要得到一块保存得完好的骨骸，就足以借助于类推和比较，颇有把握地确定动物的其余一切部分，好像整个动物呈现在大家面前。” Cuvier, *Recherches sur les ossements fossiles des quadrupèdes*, Tome I, Paris, 1812, p. 65，转引自［德］黑格尔：《自然哲学》，梁志学等译，商务印书馆 1980 年版，第 588 页。主要得益于比较解剖学的助力，动物学在近代取得长足进步，它要求在器官和功能的混合状态中认清动物的“普遍类型”。

② 参见《马克思恩格斯全集》第 49 卷，人民出版社 2016 年第 2 版，第 79 页；*Marx/Engels Gesamtausgabe* (*MEGA*)，Ⅲ/5, Dietz Verlag Berlin, 1987, S. 76。中译本把“经济的解剖学”译成“经济上的分析”，从而丢掉了隐喻意味。

③ 《马克思恩格斯全集》第 42 卷，人民出版社 2016 年第 2 版，第 14 页，原著即有强调标记。

④ 参见《马克思恩格斯全集》第 42 卷，人民出版社 2016 年第 2 版，第 36 页；［德］恩格斯：《反杜林论》，载《马克思恩格斯文集》第 9 卷，人民出版社 2009 年版，第 81-84 页；［德］沃尔夫冈·弗里茨·豪格主编：《马克思主义历史考证大辞典》第 1 卷，俞可平等编译，商务印书馆 2018 年版，第 194 页；

的固定东西，这会影响人们的准确认识。[①] 于是，马克思必须把显微解剖学分离出来的经济细胞形式重构为经济总体的一个环节，这便是从抽象到具体的辩证法所要完成的工作。第二，马克思能够写出“细胞形式”这样的隐喻措辞，先决条件当然是细胞本身的发现，这要归功于植物学家施莱登（Matthias Jakob Schleiden）和动物学家施旺（Theodor Schwann），他们分别在 1838 年和 1839 年发表了自己的划时代成果。恩格斯曾在 1858 年向马克思谈到此二人的细胞学说（但那时恩格斯的了解还比较有限，比如连成果发表时间都没搞清楚），而马克思也的确在创作《资本论》的过程中阅读了此二人的著作。细胞的发现本身也不是没有前提的，其有赖于科学仪器（这里主要指显微镜）——由于“自然哲学”一词的盛行而被长期称为“哲学仪器”（the instruments of philosophy，或曰 philosophical instruments）——的技术进步和正确使用，而这正是马克思观测资本主义发展状况的重要坐标。[②]

2. 生理学

无论在马克思那里，还是在生物学家那里，解剖学研究几乎总是伴随着生理学研究，二者的关系大致相当于凯尔森所谓“静态法”和“动态法”的关系，前者指向秩序的业已完成的形式，后者指向秩序的形成和运行过程。[③] 笔者不打算在此详细考证马克思的生理学知识水平，只想通过“一些琐事”来说明问题。在 1864 年 7 月 4 日致恩格斯的一封信中，马克思说自己染上流感，既失去了嗅觉也失去了味觉，总之那段时间“完全不能工作”。但就在这样的情况下，他声称自己读完了以下著作：卡本特尔（W. B. Carpenter）的《一般生理学与比较生理学原理》（*Principles of General and Comparative Physiology*）、洛德（P. B. Lord）的《通俗生理学》（*Popular Physiology*）、克利克尔

① 参见［法］皮埃尔·阿多：《伊西斯的面纱：自然的观念史随笔》，张卜天译，华东师范大学出版社 2019 年第 2 版，第 48、68、196、356 页。这里涉及思想史上抵制实验方法的一则传统论点。

② 参见 1858 年 7 月 14 日恩格斯致马克思，载《马克思恩格斯文集》第 10 卷，人民出版社 2009 年版，第 163 页；《马克思恩格斯全集》第 37 卷，人民出版社 2019 年第 2 版，第 52、117、232、600 页；《马克思恩格斯全集》第 1 卷，人民出版社 1995 年第 2 版，第 18、272 页。恩格斯晚年在《路德维希·费尔巴哈和德国古典哲学的终结》里面，把细胞的发现称为“三大发现”之一，认为它大大推进了人类“对自然过程的相互联系的认识”，参见《马克思恩格斯文集》第 4 卷，人民出版社 2009 年版，第 300 页。

③ 参见［奥］凯尔森：《法与国家的一般理论》，沈宗灵译，商务印书馆 2013 年版，第 77 页。

（A. Kölliker）的《人体组织学手册》（*Handbuch der Gewebelehre des Menschen*）、施普尔茨海姆（J. Ch. Spurzheim）的《整个神经系统、特别是大脑的解剖学和生理学》（*Anatomie et physiologie du système nerveux en général et du cerveau en particulier*）、施旺的《关于动植物构造与生长的一致性的显微镜考察》（*Microscopical Researches into the Accordance in the Structure and Growth of Animals and Plantes*，德文原著的英译本）、施莱登的《论植物的生成》（*Beiträge zur Phytogenesis*）。马克思还在信末表示，自己近来"可能要认真研究解剖学和生理学"，甚至准备去听听相关讲座和观摩实物演示。① 这封信以及它前后的信件向我们传达了不少信息：（1）马克思对生理学和解剖学必定达到如数家珍的地步，以至于他竟可把专业书籍当成完全不能工作之时的休闲读物，仿佛刷肥皂剧之于当代人那样；（2）与此相关，马克思读完这六部论著并未花费太多功夫，即使以皮肤病发作而妨碍工作为时间起点（6 月下旬），满打满算也不过半个月左右，更何况其中还包括 7 月 1 日前后因为精神委顿而甚至失去写信气力的时候；（3）马克思的阅读并非浮光掠影，比如他还能联系黑格尔《精神现象学》讨论洛德著作中的颅相学批判，又比如他评价施莱登追求庸俗口味；（4）恩格斯对于马克思在生物学方面的勤奋涉猎似乎毫不惊讶，甚至感到司空见惯，以至于在回信时竟然没有只言片语的相关评价。②

我们的问题是：如果说研读某些植物学著作或者农业化学著作，例如慕尼黑大学教授弗腊斯（Karl N. Fraas）的《时间进程中的气候和植物界》（*Klima und Pflanzenwelt in der Zeit*，1847 年版）、③ 李比希（Justus Freiherr von Liebig）的《化学在农业和生理学中的应用》（*Die Chemie in ihrer Anwendung auf*

① 参见《马克思恩格斯全集》第 30 卷，人民出版社 1975 年版，第 410 页；*Marx/Engels Gesamtausgabe*（*MEGA*），Ⅲ/12，Akademie Verlag，2013，S. 585。

② 参见《马克思恩格斯全集》第 30 卷，人民出版社 1975 年版，第 408-412、662-665 页。不过似乎没有证据表明，马克思很快就按照信中预告的那样研究解剖学和生理学。相反，其集中兑现时间似乎要到 1876 年。

③ 马克思 1868 年 3 月 14 日致信恩格斯，说自己最近读到弗腊斯的著作，1868 年 3 月 25 日再次致信恩格斯详细评论弗腊斯。马克思发现弗腊斯兼有多重学术身份：植物学家、农学家、化学家、语言学家、达尔文主义者。这似乎引起马克思对其生平的极大兴趣。参见《马克思恩格斯全集》第 32 卷，人民出版社 1974 年版，第 43、53-54、720 页。

Agricultur und Physiologie，两卷本，1862 年第 7 版），[①] 至少有助于摸清作为重要经济部门的农业的状况，因而还在情理之中，那么，马克思出于何种理由集中研习人体生理学和解剖学呢？一种可能的答案是马克思饱受病痛折磨，希望借机进一步详细了解自己的身体和病因。但这样说来，马克思似乎应该首选病理学或医学著作，比如当时德国最伟大的病理学家魏尔肖（Rudolf Virchow，又译"魏尔啸""微尔啸""微耳和"）的《细胞病理学》（*Die Cellularpathologie*，1858 年初版）。[②] 须知，马克思当时肯定具备这方面的阅读理解能力。马克思在青年时代即已掌握一定的病理学知识，比如他在 1844 年执笔的《神圣家族》第八章论述了水晶体白内障的病理。[③] 到了 19 世纪 50、60 年代，查阅英文、法文、德文的医学书刊简直成为马克思的家常便饭。比如，他对《柳叶刀》（*The Lancet*，1823 年创刊）的引用，可见于《贫困和自由贸易。——日益迫近的商业危机》（载《纽约每日论坛报》1852 年 11 月 1 日）、《消息数则》（载《新奥得报》1855 年 6 月 29 日）、《1861—1863 年经济学手

① 李比希是当时最伟大的化学家，也是德国实验科学的主要开拓者。他把身体理解为一个化学系统，试图对之作出严格的化学定量分析。《化学在农业和生理学中的应用》第 7 版的新增内容，即《农业自然规律导论》（长达 156 页），在 1865—1866 年得到马克思的关注和摘录。到了 1868 年，马克思又以三册笔记的篇幅围绕李比希引发的争论展开摘录，由此收回自己在 1867 年对李比希的毫无保留的赞美。参见李靖新弘：《马克思自然科学研究的历程与特点——以 $MEGA^2$ 新材料为中心的解读》，载《自然辩证法研究》2022 年第 8 期，第 89 页。马克思在《资本论》第 1 卷中，三次大段引用李比希的著作。恩格斯在编辑新版《资本论》的时候，增补了两条相关参考文献，即柯普（H. F. M. Kopp）的《近代化学的发展》（*Die Entwicklung der Chemie in der neueren Zeit*，1873 年）和肖莱马（Carl Schorlemmer）的《有机化学的兴起和发展》（*The Rise and Development of Organic Chemistry*，1879 年）。参见《马克思恩格斯文集》第 5 卷，人民出版社 2009 年版，第 358 页。柯普是李比希的弟子；肖莱马又是柯普的弟子，同时也是有机化学之父，从 1859 年起担任曼彻斯特大学教授，在 19 世纪 60 年代成为马克思恩格斯的朋友。

② 马克思 1868 年 4 月 17 日写给自己的崇拜者、汉诺威妇科医生库格曼（Ludwig Kugelmann）的一封信谈到，他此前"费了很大劲"读完《细胞病理学》一书，并且立刻强调这种阅读的困难主要源于魏尔肖的文风（而非内容本身）。这封信还表明，马克思曾经委托库格曼致信魏尔肖请教问题。参见《马克思恩格斯全集》第 32 卷，人民出版社 1974 年版，第 534-535 页；《马克思恩格斯全集》第 31 卷，人民出版社 1972 年版，第 293 页。

③ 参见《马克思恩格斯全集》第 2 卷，人民出版社 1957 年版，第 239 页。其他相关例证参见《马克思恩格斯全集》第 1 卷，人民出版社 1995 年第 2 版，第 127、177 页；《马克思恩格斯全集》第 3 卷，人民出版社 1960 年版，第 350 页。

稿》第XVII笔记本等文本中。[①] 他还曾认真查阅《维也纳医学周刊》（Wiener Medizinische Wochenschrift，1851年创刊）、昂德腊尔（Gabriel Andral）的《医学临床》（Clinique médicale）、穆瓦兰（Tony Moilin）的《生理医学讲义》（Leçons de médecine physiologique）、《巴黎医学报》（Gazette médicale de Paris，1830年创刊）等资料。[②]

有鉴于此，笔者倒想提出另外一种可能的答案，而且它也是有机体隐喻的题中之义：马克思——至少同时——把人体的生理系统当成缩微的社会系统（这跟柏拉图《理想国》关于人和城邦的同构性假设异曲同工），试图从生理学汲取政治经济学批判的理论灵感。这种解释成立还是不成立，取决于马克思对待阅读文本的方式，即他到底仅局限在原原本本的理解，抑或惯于寻求可迁移的观点和方法。在此笔者想读者留意马克思当时如何对待达尔文的《物种起源》。就在该书刚出版不久的1861年1月16日，马克思致信拉萨尔（F. Lassalle）："达尔文的著作非常有意义，这本书我可以用来当作历史上的阶级斗争的自然科学根据。"1862年6月18日，马克思又致信恩格斯："我重新阅读了达尔文的著作……达尔文在动植物界中重新认识了他自己的英国社会及其分工、竞争、开辟新市场、'发明'以及马尔萨斯的'生存斗争'。这是霍布斯的一切人反对一切人的战争，这使人想起黑格尔的《现象学》，那里面把市民社会描写为'精神动物的世界'，而达尔文则把动物世界描写为市

① 参见《马克思恩格斯全集》第11卷，人民出版社1995年第2版，第449页；《马克思恩格斯全集》第14卷，人民出版社2013年第2版，第513页；《马克思恩格斯全集》第32卷，人民出版社1998年第2版，第514页。《1861—1863年经济学手稿》的那次引证，出自1862年3月1日的《柳叶刀》，事关所谓"铁路旅行的病理学"(Pathologie der Eisenbahnreise)，跟沃尔夫冈·希弗尔布施（Wolfgang Schivelbusch）1977年的经典研究有直接关联，参见［德］沃尔夫冈·希弗尔布施：《铁道之旅：19世纪空间与时间的工业化》，金毅译，上海人民出版社2018年版，第七章。

② 参见《马克思恩格斯全集》第13卷，人民出版社1998年第2版，第349页；《马克思恩格斯全集》第31卷，人民出版社1972年版，第26-27、255、258、534页；《马克思恩格斯全集》第32卷，人民出版社1974年版，第530页。值得一提的是，马克思所参考的《维也纳医学周刊》关于疟疾造成俄军大量减员的通讯文章，属于后世所谓"军事卫生学"的范畴。这方面的重要先驱是18世纪中叶的英国军医普林格尔（J. Pringle），著有《对军中疾病的观察》（*Observations on the Diseases of the Army*，1752年）。

民社会。”① 我们可从时隔一年半的这两封信中清楚地看到，马克思坚持将达尔文提供的动植物界图景视为市民社会关系、特别是阶级斗争的精当隐喻。这种类推改造式的阅读进路，这种对于他人著作中的不自觉功绩的敏锐洞察，有力保证了马克思知识结构和理论视野的高度开放性，他能够随时将自然科学的成果转化为启迪社会研究的灵感，这堪称惊险而又伟大的一跃。

与此相关的是，在1851年春，马克思一度非常关注丹尼尔斯（R. Daniels）医生的新作《微观宇宙。生理人类学概论》（*Mikrokosmos. Entwurf einer physiologischen Anthropologie*）。他不仅向友人及时报道该手稿杀青的消息，而且致信丹尼尔斯详细商榷其中的某些论述，还把丹尼尔斯的答复寄给恩格斯过目，以强调的字体邀请恩格斯出具评论意见。从马克思3月20日书信的现存内容看，他比较关心丹尼尔斯基于生理学分析而阐发的社会学说。② 我们可在马克思后期文本中找到不少涉及生理学类比的例子。比如，《1857—1858年经济学手稿》写道：“我把资本当作与另一个阶级相区别的某一阶级的一般经济基础来考察，那我就是在考察资本一般。这就如同我从生理学上（physiologisch）考察与动物相区别的人一样。”③《1861—1863年经济学手稿》的笔记本Ⅵ写道：“重农学派的巨大功绩是，他们把这些形式［即资产阶级生产形式］看成社会的生理形式（physiologische Formen），即从生产本身的自然必然性（Naturnothwendigkeit）产生的，不以意志、政策等等

① 参见《马克思恩格斯全集》第30卷，人民出版社1975年版，第251-252、574页。其实，《德意志意识形态》关于动植物之间“残酷的竞争”或“公开的战争”的论述（并且暗示源于霍布斯），已算是此类看法的预兆，参见《马克思恩格斯全集》第3卷，人民出版社1960年版，第556、558页。在马克思看来，达尔文并非那个时代不可逾越的巅峰；相反，在1866年下半年，即《物种起源》出版后不到7年的时候，马克思已在通信里谈道：特雷莫（P. Trémaux）的《人和其他生物的起源与变异》（*Origine et transformations de l'homme et des autres êtres*，1865年巴黎版）虽有各种各样的缺陷，但跟达尔文学说相比依然构成“非常重大的进步”。参见《马克思恩格斯全集》第31卷，人民出版社1972年版，第250、260、534页。

② 参见《马克思恩格斯全集》第48卷，人民出版社2007年第2版，第173、231-232、238、243页。有人在1851年4月7日报道说，丹尼尔斯的“一篇可望引起党极大兴趣的生理学论文在他入狱时被没收了；但是我们希望，这篇论文不会永远得不到发表”。参见《马克思恩格斯全集》第11卷，人民出版社1995年第2版，第712页。

③《马克思恩格斯全集》第31卷，人民出版社1998年第2版，第265页。

为转移的形式。"[①]《1861—1863年经济学手稿》的笔记本Ⅸ写道："罗西以为'交换形式'是无关紧要的，就好比生理学家说，一定的生命形式是无关紧要的，因为它们都只是有机物的形式。但当问题是要了解某一社会生产方式的特殊性质时，恰好只有这些形式才是重要的。"[②] 位于《1861—1863年经济学手稿》的笔记本Ⅺ第524页的论述颇具代表性："他［即斯密］的任务实际上是双重的。一方面，他试图深入研究资产阶级社会的内部生理学（die innre Physiologie），另一方面，他试图既要部分地第一次描写这个社会外部表现出来的生命形式（Lebensformen），描述它外部表现出来的联系，又要部分地为这些现象寻找术语和相应的理性概念……资产阶级制度的生理学——对这个制度的内在有机联系（innren organischen Zusammenhangs）和生命过程（Lebensprocesses）的把握（des Begreifens）——的基础、出发点，是价值决定于劳动时间这一规定。"[③] 马克思还在1869年写道："从狄德罗到茹尔·让南（Jules Janin）的道路正是生理学者称作退化的变态（die regressive metamorphosis）的道路。这就是法兰西革命前和路易-菲力浦统治时期的法兰西精神！"[④] 凡此种种都能呼应我们前面的推断。

3. 医学

从上述讨论中我们能够看到，生理学与医学有着不可分割的联系。的确，19世纪中叶的"实验医学"或曰医学科学之所以超越传统的"医学经验论"，就在于前者坚定地立足于生理学、病理学和治疗学的既有成果，将推理严格地应用于观察和实验所提供的事实之上。[⑤] 而在马克思的思想世界中，我们不仅同样看到医学及其从业者的文献印记，甚至能够看到实验医学研究方法的影子。

---

① 《马克思恩格斯全集》第33卷，人民出版社2004年第2版，第15页。

② 《马克思恩格斯全集》第33卷，人民出版社2004年第2版，第358页。

③ 《马克思恩格斯全集》第34卷，人民出版社2008年第2版，第183页，译文有改动；*Marx/Engels Gesamtausgabe*（*MEGA*），Ⅱ/3.3，Dietz Verlag Berlin，1978，S.817。

④ 1869年4月15日马克思致恩格斯，载《马克思恩格斯全集》第32卷，人民出版社1974年版，第284页；*Marx/Engels Werke*，Band 32，Dietz Verlag Berlin，1974，S.304。

⑤ 参见［法］克洛德·贝尔纳：《实验医学研究导论》，夏康农、管光东译，商务印书馆1991年版，第一篇第一章"论观察与实验"。

当马克思从有机体隐喻出发，展开持续一生的政治经济学批判工作，他很快就意识到，有机体隐喻之所以流行于这门年轻的社会科学，是因为医生群体在它的创建过程中扮演着关键角色。正如《资本论》所言，在政治经济学的初创阶段"获得巨大成就的"，既不是霍布斯、洛克、休谟之类的哲学家，也不是托马斯·莫尔、富兰克林之类的实业家和政治家，而是"像配第、巴尔本、曼德维尔、魁奈一类的医生"[①]。在这批人里，法国的魁奈可谓居功至伟，也是其中最先为马克思研读的著作家。医生甚至是马克思所仰慕的狄德罗编修《百科全书》时占比最高的投稿人群。马克思从年轻时便十分熟悉身边的医生们。在马克思 19 岁那年（1837 年）献给父亲的诗集之中，即包含以医生为主题的五首诗：《致医生们》《医生的心理学》《医生的形而上学》《医生的人类学》和《医生的伦理学》。[②] 我们从这组诗作不难发现，马克思对医生的认识明显超出治病救人的简单日常经验，似乎反映出那时刚刚开始在欧洲风行的"治疗怀疑论"的倾向。[③] 就马克思《莱茵报》时期值得一提的是，在能够确认人物职业身份的范围内，医生是除商人和法律人之外的《莱茵报》主要支持力量。例如，《莱茵报》的创办人兼编辑（1842—1843 年）、被理事会推荐为鲁滕堡解聘之后的替代人选的伯恩哈特·腊韦（Bernhard Rave），莱茵报社监事会副主席克莱森（Heinrich J. Claessen），以及向国王联名呈交《莱茵报股东关于继续出版〈莱茵报〉的请愿书》的六位代表（包括马克思在内）里面的施莱歇尔（Robert Schleicher）和文采利乌斯（Vencelius），都是医生。[④] 事实上，或许出人意料的是，形形色色的医生形

---

① 《马克思恩格斯全集》第 43 卷，人民出版社 2016 年第 2 版，第 657-658 页。

② 参见《马克思恩格斯全集》第 1 卷，人民出版社 1995 年第 2 版，第 789-792 页。

③ 参见［英］罗伊·波特编著：《剑桥医学史》，张大庆等译，吉林人民出版社 2000 年版，第 224 页。

④ 参见《马克思恩格斯全集》第 1 卷，人民出版社 1995 年第 2 版，第 970、977、1071、1072 页。

象、医生角色、医生类比几乎出现在马克思各阶段的著作中。[①] 比如，同市民社会或经济关系的有机体隐喻相照应，马克思常常谈起“社会领域中的庸医和万应灵药”“鼓吹自由贸易的医师们”“保护关税主义的‘庸医’”“财政庸医”之类的隐喻。而在近代欧洲，“庸医”不仅涉及平庸的医术，也涉及场面壮观的治疗表演亦即公然行骗（这进一步说明马克思隐喻运用的贴切）。

或许更加出人意料的是，主要由医生出具的公共卫生报告在《资本论》中占有举足轻重的地位，构成马克思观察和评价资本主义生产方式的关键文件依据。[②] 这些公共卫生报告的产生，既源于某种人道关怀，也涉及维护资本主义生产体系效能方面的考虑。《资本论》的引证绝非马克思一时兴起的操作。《1844 年经济学哲学手稿》已经告诉我们，正如社会对政治经济学家而言就等于市民社会，处于劳动关系之外的、不劳动时的工人，在政治经济学家看来是不必考察的，甚至是根本不可见的幽灵；作为人的工人，只是对于医生等等才是存在着的人物。该手稿笔记本 I 所直接援引过的查尔斯·劳顿（Charles Loudon），其本人就是一名曾经出任工厂劳动调查委员会委员的医生，他那部《人口和生计问题的解决办法》（*Solution du problème de la population et de la subsistance*, *soumise à un médecin dans une série de lettres*，巴黎 1842 年版）也是写给医生的书信集。[③] 与此相关，恩格斯在跟马克思合著的《神

① 1859 年之前的文本例证，参见《马克思恩格斯全集》第 1 卷，人民出版社 1995 年第 2 版，第 125、129、152、168、177-178、227、294、340、830 页；《马克思恩格斯全集》第 3 卷，人民出版社 2002 年第 2 版，第 101、110、291 页；《马克思恩格斯全集》第 2 卷，人民出版社 1957 年版，第 75、86、90、209、261、263 页；《马克思恩格斯全集》第 3 卷，人民出版社 1960 年版，第 457、632 页；《马克思恩格斯全集》第 5 卷，人民出版社 1958 年版，第 153、157、202 页；《马克思恩格斯全集》第 6 卷，人民出版社 1961 年版，第 219、220 页；《马克思恩格斯全集》第 10 卷，人民出版社 1998 年第 2 版，第 133、408 页；《马克思恩格斯全集》第 11 卷，人民出版社 1995 年第 2 版，第 256、292、657 页；《马克思恩格斯全集》第 12 卷，人民出版社 1998 年第 2 版，第 340、575 页；《马克思恩格斯全集》第 13 卷，人民出版社 1998 年第 2 版，第 49、53、153、262、286、288、349、402、403、484 页；《马克思恩格斯全集》第 14 卷，人民出版社 2013 年版，第 6、69、133、198 页；《马克思恩格斯全集》第 16 卷，人民出版社 2007 年第 2 版，第 175、331、483 页；《马克思恩格斯全集》第 12 卷，人民出版社 1962 年版，第 14、258、305、306、348、476、564-572、586、616、632、648、693 页。

② 参见［德］罗泽玛丽·米勒：《马克思把〈工厂视察员报告〉看作是“研究资本主义生产方式的最重要、最有意义的文件”——〈工厂视察员报告〉及其在〈资本论〉第三册手稿中的反映》，刘咏梅、蔡长缨译，载杨金海主编：《马克思主义研究资料》第 7 卷，中央编译出版社 2014 年版，第 203-234 页。

③ 参见《马克思恩格斯全集》第 3 卷，人民出版社 2002 年第 2 版，第 232、235、282、353、743 页。

圣家族》中也提到，有些医学论著专门研究工厂劳动引起的疾病。[①] 恩格斯紧接着创作的那部备受马克思赞誉的著作《英国工人阶级状况》（1845 年初版），向马克思示范了（秉持批判精神的）社会科学著作要如何利用公共卫生报告。恩格斯援引英国各地区的官方或非官方的报告，证明工人实际健康状况恶化和死亡率居高不下，特别是肺结核、热病、伤寒、消化不良症、瘰疬（老鼠疮）、佝偻病（关节结节性赘瘤）等流行病肆虐。[②]

---

① 参见《马克思恩格斯全集》第 2 卷，人民出版社 1957 年版，第 14 页。恩格斯署名的部分写于 1844 年 8 月底至 9 月初，即马恩巴黎会晤期间。有趣的是，《神圣家族》的初版封面上，恩格斯被马克思列为第一作者。

② 在恩格斯引证的医学文献中，特别值得一提的是查德威克（Edwin Chadwick，1800—1890）历时两年整理完成、在 1842 年 7 月自费印制并呈交英国议会的《大不列颠劳动阶级卫生状况调查》（*An Inquiry into the Sanitary Condition of the Labouring Classes of Great Britain*，3 卷对开本，在另一些研究文献中则把“Classes”写作“Population”）。参见《马克思恩格斯全集》第 2 卷，人民出版社 1957 年版，第 315 页。法科出身的查德威克，是边沁晚年的私人秘书、功利主义哲学的信徒和践行者，也是现代英国公共卫生运动的开创者。查德威克 1842 年的卫生调查报告，缘起于 1838 年伦敦斑疹伤寒疫情引发的恐慌，以及次年组建的城市卫生调查小组。查德威克对工人阶级的关注及其引发的浪潮，在很大程度上促成了 1833 年《工厂法》、1834 年《济贫法修正案》、1848 年《公共卫生法》和《垃圾清运法》（又称《霍乱法》）的相继出台。参见蒋浙安：《查德威克与近代英国公共卫生立法及改革》，载《安徽大学学报（哲学社会科学版）》2005 年第 3 期；廖涛、吴俊、叶冬青：《现代公共卫生运动领导者：埃德温·查德威克》，载《中华疾病控制杂志》2020 年第 8 期；夏元睿、吴俊、叶冬青：《功利主义学说与英国现代公共卫生改革先驱：杰里米·边沁》，载《中华疾病控制杂志》2020 年第 4 期。

当然，查德威克的工作并非个案。例如，从 19 世纪 20 年代末至 40 年代末（马克思在这段时期的最后几年恰好生活于法语区），法国人不仅创办了《公共卫生年鉴》（*Annales d'Hygiene Publique*），而且就“大城市居民中的危险阶级”这个议题展开深度调查，其中比较经典的包括：弗勒吉尔（H. A. Fregier）的同名著作（*Les Classes Dangereuses de la Population dans les Grandes Villes*）、维莱姆（Louis Villermé）关于棉毛丝制造业工人身心状况的报告、帕朗—迪沙特莱（Alexandre Parent-Duchatelet）关于巴黎地区卖淫现象的研究。最后这项有关所谓“道德秽物”（l'ordure morale）的研究——其中特别重视梅毒，甚至视之为最严重、最危险的人类传染病——转而成为 19 世纪法国作家描述底层城市生活的重要参考资料。不消说，凡此种种的调查报告虽然在技术和结论上或多或少是粗糙的，也不见得都出自人道主义关怀，但至少就其客观效果而言，跟当时欧洲社会主义思潮的基本方向保持一致。参见［美］西奥多·M. 波特、［美］多萝西·罗斯主编：《剑桥科学史（第七卷）：现代社会科学》，第七卷翻译委员会译，大象出版社 2008 年版，第 75-76 页，译文有改动；Theodore M. Porter and Dorothy Ross (eds.), *The Cambridge History of Science*, *Volume 7*: *The Modern Social Sciences*, Cambridge University Press, 2003, pp. 88-89；王秋琪：《十九世纪法国公娼制度之初探》，载（台湾地区）《中央大学人文学报》第 42 期（2010 年 4 月），第 116 页及以下。

揭示流行病与不清洁环境之间密切关系的查德威克报告轰动朝野，其发行量超过官方出版物乃至畅销小说，而恩格斯差不多正是从这一时期开始构思他的“英国社会史”研究计划的（“英国工人阶级状况”是其中的子课题）。此外需要指出的是，恩格斯对工人群体流行病的讨论，仍然局限于微生物病原体被发现——那是 19 世纪末的事情，主角是巴斯德（Louis Pasteur）和科赫（Robert Koch）——之前的主流医学观点，即关于疾病成因的“瘴气说”（法文拼写为 la théorie des miasmes）。参见［英］罗伊·波特编著：《剑桥医学史》，张大庆等译，吉林人民出版社 2000 年版，第 278-279 页；［美］乔治·罗森：《公共卫生史》，黄沛一译，译林出版社 2021 年版，第 22、105、136 页。

沿着19世纪上半叶欧洲思想界——法语世界的西斯蒙第（J.-Ch.-L. Simonde de Sismondi）及其社会主义信徒比雷（Antoine-Eugène Buret）尤为关键，这自然跟法语世界在当时公共卫生领域的领先地位密不可分——联手开辟的这条人道主义道路，[①] 据研究者统计，在《资本论》第1卷中引证次数最多、引文篇幅最长、所获评价最高的作者，不是斯密、李嘉图、萨伊或黑格尔这些备受瞩目的思想名流，而是《马克思恩格斯全集》编委会竟连生卒年都无法确考的19世纪英国医生亨利·朱利安·汉特（Henry Julian Hunter）。此人可以说是《资本论》所援引的庞大医生群体（不少于30位）的典型代表。[②] 马克思甚至在1867年——首届国际医学大会是年在巴黎召开——就可以明确指出，伦敦当地最知名的外科医生和内科医生都有哪些人。[③] 我们大概没有注意到，《资本论》在显赫位置着力烘托医生的伟大地位，其《第一版序言》指出，如果德国人也像"编写《公共卫生》报告的英国医生"那样定期受委托去揭发真相，那么"我国［即德国］的情况就会使我们大吃一惊"，而这将激发人民的革命勇气；其《第二版跋》则在开篇高度赞许自己的朋友库格曼医生建议的"双重叙述"，这虽然只是顺带一提的事情，但放在开篇不

---

① 需要说明的是，在政治经济学领域，是否抱持人道主义并非划分革命分子和反动分子的唯一根据。比如，倘若坚持以消费（而非其他经济环节）为出发点，以至于忽视"竞争和大工业的革命方面"，那么此类观点同样是反动的。参见《马克思恩格斯全集》第3卷，人民出版社1960年版，第614-615页。

② 参见陆晓光：《马克思美学视阈中的"汉特医师"们——重读〈资本论〉》，载《社会科学》2008年第4期，第97、99页。

除汉特医生之外，时任英国枢密院主任医官、《公共卫生报告》官方编辑的西蒙医生（John Simon，1816—1904），则是《资本论》烘托的另一位医学界代表人物。此人是19世纪中后期英国公共卫生运动的主要领导者，他在60年代发起的多项公共卫生调查报告成为马克思的宝贵精神食粮。由于1848年英国颁布《公共卫生法》（这也是人类有史以来的首部公共卫生法，肇始于当年埃及霍乱疫情向欧洲的迅速蔓延），伦敦城得到授权，任命西蒙为医疗卫生官。西蒙在任期间（1848—1855年）自创卫生工作体系，大刀阔斧推行改革，伦敦城的死亡率从大约30%降到大约7%。在1855年，西蒙出任中央政府卫生总署首位医官，着手完成（因央地矛盾被免职的）查德威克未竟的事业。在1858—1876年间（当时马克思也在伦敦写作《资本论》），西蒙以主任医官身份供职于枢密院，倡导卫生集权，创建和改革国家防疫制度，确立实验室基础上的、专业化的公共卫生研究制度。参见赵玉兰等：《英国公共卫生运动的领导者：约翰·西蒙》，载《中华疾病控制杂志》2018年第6期，第651-653页。

③ 参见《马克思恩格斯全集》第42卷，人民出版社2016年第2版，第279页。

得不说含有深意。[1]

这些工人阶级卫生报告以及其他工厂劳动调查报告的核心，是资本主义生产体系中的“工业病理学”(德文 industriellen Pathologie / 法文 pathologie industrielle)。对工业病理学的关注最充分地体现了马克思的人道主义伦理关怀，揭露了繁花似锦之中的萧索，揭露了不为人知或被刻意掩饰的罪恶，从而在不同阶级中引起同情、怜悯、羞愧、慈悲乃至愤恨。工业病理学触及成年男工、女工和童工的身心畸形现象，这正与工业产品的精致美好构成审美敏感者尤能领会的强烈反差。[2] 在《资本论》中的“分工和工场手工业”这一章，有一则脚注专门涉及工业病理学的概念和素材问题。1867 年的脚注版本已经列出如下参考文献：拉马志尼（Ramazzini）的《论手工业者的疾病》（De morbis artificum，1713 年)、丰特雷（A. L. Fonteret）的《一般大城市、特别是里昂城的工人的身心卫生学》（*Hygiène physique et morale de l'ouvrier dans les grandes villes en général, et dans la ville de Lyon en particulier*，1858 年)、罗哈奇（R. H. Rohatzsch）的《不同等级、年龄和性别所特有的疾病》（*Die Krankheiten, welche verschiedenen Ständen, Altern und Geschlechtern eigenthümlich sind*，1840 年)。马克思想要借此提醒我们：工场手工业时期和大工业时期在工业病理学状况方面有所不同。其中特别值得一提的，是居于首位的帕多瓦医生拉马志尼的著作。事实上，在上述参考文献里，马克思也仅仅强调了拉马志尼的名字和他著作的标题，也只对这部著作的流传过程作了精心交代。[3] 随着经济和技术在 16 世纪以降的不断发展，欧洲涌现出一批职业医学方面的或长或短的专题小册子或论著，谈及金属工匠、矿工、冶炼工人、海员、士兵、盐田工人、律师等的职业健康及其防治问题。在这些材料的基础上，拉马志尼

① 参见《马克思恩格斯文集》第 5 卷，人民出版社 2009 年版，第 9、14 页。《第一版序言》的那处论述让人立刻回想起《〈黑格尔法哲学批判〉导言》的说法：“为了激起人民的勇气，必须使他们对自己大吃一惊。这样才能实现德国人民的不可抗拒的要求，而各国人民的要求本身则是能使这些要求得到满足的决定性原因。”《马克思恩格斯全集》第 3 卷，人民出版社 2002 年第 2 版，第 203 页。值得一提的是，《资本论》甚至在一些细节彰显医生的角色，参见《马克思恩格斯文集》第 5 卷，人民出版社 2009 年版，第 460 页。

② 恰如“家庭的肮脏的存在”与经过华丽辞藻包装的“神圣的家庭概念”之间的强烈反差，参见《马克思恩格斯全集》第 3 卷，人民出版社 1960 年版，第 196 页。

③ 参见《马克思恩格斯全集》第 42 卷，人民出版社 2016 年第 2 版，第 373 页。

初次发表于1700年的《论手工业者的疾病》，覆盖42类劳动群体，1713年第2版又追加12类，由此总结了当时关于职业病的几乎全部的知识，成为反映这一医学趋势的首部里程碑式的著作。该书被译成主要欧洲语言，直到19世纪仍是该领域的基础文本，其意义不亚于维萨里（Andreas Vesalius，1514—1564）之于解剖学。[①] 马克思所引用的是该书的1781年法译本（1841年重刊）。

此外，《资本论》在一则脚注里，比对了康替龙（R. Cantillon）著作的法文版和英文版在内容上的细微差别，[②] 这使笔者立刻意识到，马克思在后续版本中对前述工业病理学文献脚注的两次调整，或许能够说明问题。从1867年德文第1版到1872年德文第2版，马克思将原先的最后一句话由"'卫生委员会'的官方报告也是十分重要的"改为"官方的《公共卫生报告》是十分重要的"，并在末尾增列了一条参考文献，即"亦参见医学博士爱德华·赖希的《论人类的退化》（*Ueber die Entartung des Menschen*）1868年埃尔朗根版"。到了《资本论》法文版（1872—1875年）那里，马克思又将这条补充文献并入脚注前半部分的参考文献说明，并在"是十分重要的"之前加上修饰语"确实"。[③] 这两次调整表明，马克思持续关注着工业病理学研究动态，并且越来越强调《公共卫生报告》本身（而非其发布机构）的巨大意义。

（三）有机体隐喻对法学研究意味着什么？

可以看到，马克思市民社会有机体隐喻的思想脉络已经明显超出黑格尔法哲学，而同18世纪以来、特别是19世纪上半叶的诸多法文著作之间存有直接关联（甚至隐约成为马克思贯通所谓"马克思主义三大来源"的重要思想线索）。这一情况要求我们认真对待历史唯物主义法学原理的法兰西渊源。对"法的关系根源于物质的生活关系"命题的阐发，不仅要像流行叙事那样参照所谓"德意志意识形态"，而且要参照"法兰西意识形态"（例如法国人

---

① 参见［美］乔治·罗森：《公共卫生史》，黄沛一译，译林出版社2021年版，第156-158页。Ramazzini在该书中被译成"拉马齐尼"。

② 参见《马克思恩格斯全集》第42卷，人民出版社2016年第2版，第573页。

③ 参见*Marx/Engels Gesamtausgabe*（*MEGA*），Ⅱ/5，Dietz Verlag Berlin，1983，S. 296-297；Ⅱ/6，Dietz Verlag Berlin，1987，S. 357；Ⅱ/7，Dietz Verlag Berlin，1989，p. 312。

权宣言、法国政治经济学、法国空想社会主义)。这里应当澄清的是，从隐喻角度审视历史唯物主义，并不等于承认隐喻是历史唯物主义的最关键成分。撇开有机体隐喻甚或建筑隐喻，历史唯物主义依旧能够得到（尽管不再生动的）科学表述，但我们唯有首先看透隐喻本身才能做到这一点，而且隐喻向我们提供的视角是无法轻易代换的。在此不妨借用霍姆斯大法官的一段经典文字，道出我们面对隐喻的态度："当大家把巨龙从洞穴弄到光天化日之下的平地上，大家就能数出它的爪牙，从而看到它的力量所在。但是引龙出洞只是第一步，接下来要么干掉它，要么驯服它并使之成为有益的动物。"① 笔者想通过进一步解答如下问题来结束本章的写作：使用有机体隐喻表述历史唯物主义法学原理的这一做法隐含何种意味？

1. 法律世界的祛魅

在马克思如数家珍的希腊传统和希伯来传统中，"法"拥有着神圣的源头，既是尘世生活和宇宙秩序之间的纽带（人法效仿神法，城邦是缩微的宇宙），又是神所馈赠的教导和训诫（可以说，法本身就是最重要的教化），进而作为天降灾罚的根据。② 恢宏庄严的法，承载着并且支配着绵延不绝的民族道德生活史，它的概念和制度历经两千年的发展——就马克思比较熟悉的大陆法系而言，上讫罗马《十二表法》，下至《拿破仑法典》——到 19 世已积淀出拥有高贵血统的坚实肉身，足令任何想要窥其堂奥之人感到动容。相形之下，人类的物质生活、特别是其中的生产活动（包括人的生产和物的生产）素来是低贱的东西，是拥有闲暇、追求沉思的人士耻于关注的领域。这样看来，马克思将法的根基定位于物质的生活关系，是在翻转西方源远流长的正统价值序列，祛除法律世界似乎向来固有的神圣性。

1859 年《序言》的有机体隐喻、特别是解剖学隐喻，甚至让"祛魅"沾染了些许"亵渎"的色彩。解剖学所观照的不是灵魂（那是托付给神职人员的事情)，而是肉体，因此具有鲜明的唯物主义取向。这里我们或可参照欧洲近代解剖学的奠基人维萨里（Andreas Vesalius，1514—1564）来把握马克思

① ［美］霍姆斯：《法学论文集》，姚远译，商务印书馆 2021 年版，第 166 页。

② 参见姚远：《黑格尔〈法哲学原理〉被忽略的教学背景》，载《中国社会科学报》2019 年 11 月 27 日第 5 版。

的工作。[①] 正是经由维萨里的努力，“解剖学（和生理学）构成医术的根基和医学的源头”这一认识才开始渗入欧洲人的意识（当然，并未立刻得到实践派医师群体的认可），并在 19 世纪成为牢不可破的社会共识。与此相关，马克思在巴黎时期摘录过的边沁《惩罚和奖赏的理论》有云：“通过向我们呈现事物的起源，让我们反思社会的现象，拆分机器以便向我们逐一说明零件——历史的部分构成科学的真正基础。因此，解剖学和生理学必须先于严格意义上的医学。”[②] 维萨里式的人体解剖学从其创立之日起，就被认为亵渎了《圣经》教义和盖伦（由于古代禁止人体解剖而主要基于动物躯体创立的）解剖学传统，因而带有某种对抗打击封建迷信和正统教会信条（特别是人体的神圣不可侵犯性）的因素，同样，马克思的市民社会解剖学经常触碰既得利益集团的神经，也可以说是在“亵渎”那被时人奉为圣物的私有制。正如维萨里发现对人体的解剖学认识要以真实的人体观察为根据，不要盲从古老的权威教科书（例如盖伦的著作）——中世纪有句叙述医生和法律人前途的箴言很能说明问题：“盖伦赋予他们财富，优士丁尼赋予他们地

---

① 维萨里的工作带来了医学上的真正突破，冲击了作为“治疗的宗教”的基督教长期保有的特权——在“神圣”(holiness) 和“治愈”(healing) 之间，在“拯救”(salvation) 和“护理”(care) 或“治疗”(cure) 之间，在“惩罚”(penalty) 和“病痛”(pain) 之间，其实存在着词源上的亲缘关系。马克思一定知道，在 1543 年，时年 29 岁的维萨里主持了一场著名的公开解剖实验，制作了世界上最古老的人体解剖学标本，并且出版了印制有精美图例的近代解剖学奠基作《人体构造》(*De humani corporis fabrica*)。这些举动招致严厉迫害，维萨里本人也被蔑称为“医学中的路德”。参见［英］罗伊·波特编著：《剑桥医学史》，张大庆等译，吉林人民出版社 2000 年版，第 99、136、141、250-255 页。马克思对路德的一下评价或许可以反过来帮助我们理解维萨里的历史地位：“路德战胜了虔信造成的奴役制……破除了对权威的信仰。”《马克思恩格斯全集》第 3 卷，人民出版社 2002 年第 2 版，第 208 页。达·芬奇创作的精巧的解剖图手稿（约 750 幅）倒是比维萨里的著作早了数十年，可惜停留在私人的小圈子内（也许秘而不宣），未对医学进步产生可见影响。其中的部分解剖图和配套说明参见［意］达·芬奇：《达·芬奇笔记》，周莉译，译林出版社 2015 年版，第十章。维萨里的同时代人、近代外科学的重要奠基人、法国当时首屈一指的医生帕雷（Ambroise Pare），将《人体构造》的部分内容从拉丁文译成法文，收入自己的《人体解剖学总论》（1561 年），造福了那些不懂拉丁文的理发匠外科医师。不过我们有一说一，相对于古代盛行的先知医术、占星治疗术、魔法治疗术、神殿治疗术等等，着眼于机体生理过程的盖伦医学是明显更加接近科学医学的。

② Et. Dumont, *Théorie des peines et des récompenses*: *Ouvrage extrait des manuscrits de M. Jeremie Bentham*, Troisième édition, Tome second, Paris, 1826, p. 269.

位"① ——马克思同样发现，对市民社会及其法的关系的解剖学认识要以经验社会观察为根据，不可盲从政治经济学的主流学说。科学标准的这种转换，即不再依赖于先前时代的权威人士有过何种说法（许多名著都是此类信息的集成品），在历史上恰与"知识的民主化"密切相关。② 再者，正如18世纪末和19世纪出现的、基于上百具尸体而精心制作的人体解剖学蜡像"解剖维纳斯"(Anatomical Venus，或译"供解剖学之用的维纳斯"）所表现的那样，洋溢着情欲诱惑的艳丽外表与开肠破肚之后惊心动魄的内脏器官一道横陈于眼前，③ 同样，马克思所揭露的社会生活中的卑污、龌龊、阴暗、残忍——《资本论》的"工作日"章哀叹道："如果但丁还在，他会发现，他的残酷的地狱也赶不上这种制造业中的场景"④ ——正与同时代人每每称颂的太平盛世、特别是法学家笔下的形式法治幻景形成鲜明反差。

2. 社会科学与自然科学的会通

当马克思在1842年敦促论争对手"对自然界作更深入的研究，把自己对各种元素的初步感性知觉提高到对自然界有机生命的理性知觉"的时候，⑤ 这其实可被视为首先是一种自我要求，尤其包括掌握以下科学：致力于澄清诸器官的静态结构的解剖学、致力于揭示诸器官内部和外部的动态关系的生理学，以及在解剖学和生理学基础上致力于查明病因和设计疗法的医学。事实上，达成社会科学与自然科学（特别是生物学）在某种意义上的会通，是马克思历史唯物主义法学原理的方法论基石，也是马克思以祛魅的目光将社会过程视为一种自然历史过程的主要理据——回顾往昔，祛魅首先正是自然科

---

① ［英］罗伊·波特编著：《剑桥医学史》，张大庆等译，吉林人民出版社2000年版，第119页，译文有改动。如果说为表示对权威的蔑视，路德焚毁了教皇训令和宗教法典，帕拉塞尔苏斯则焚毁了盖伦和阿维森纳的医学典籍。

② 科学不再是祭司、学者或大学教授的特权，而是每个人都有权并有可能知晓的东西。从事科学的方法不再是解读古典文本，而是理性的观察和实验。科学不再是单枪匹马逞英雄的事情，而是一代代研究者集体协作的实在事业。参见［法］皮埃尔·阿多：《伊西斯的面纱：自然的观念史随笔》，张卜天译，华东师范大学出版社2019年第2版，第175-176页。

③ 参见［美］乔安娜·埃本斯坦：《解剖维纳斯——献身医学的永恒女神》，崔宏立、邵池译，中国协和医科大学出版社2021年版。正如"解剖维纳斯"所反映的是人体解剖学构造的典型，马克思的政治经济学批判也是在探究现代市民社会的典型，这就涉及研究对象的选择和建构问题。

④ 《马克思恩格斯全集》第43卷，人民出版社2016年第2版，第253页。

⑤ 《马克思恩格斯全集》第1卷，人民出版社1995年第2版，第332页。

学的变革效果。我们可在他各个阶段的文本中看到这种会通的努力，看到他如何一步一步超越萨伊有机体隐喻的理论视野。不难想见，这样的方法论将在一定程度上削弱规范性因素在历史唯物主义之内的影响力。马克思的方法论会通工作，在生物学大发展、特别是医学开始进入全盛期的19世纪中叶显得顺理成章，那时，所谓“生活的医学化”(medicalization) 的大幕正徐徐拉开。[①] 从18世纪后期到19世纪初期，医学研究与社会研究的联合，对社会科学的思维方式产生了深远影响。从特拉西式的“观念学”到空想社会主义之类的法兰西思潮，随着“社会问题”在19世纪三四十年代愈演愈烈而异军突起。可以说，生物学（而非物理学）乃是“19世纪新生社会科学的关键参照点”[②]。马克思大概正是以萨伊的著作为中介，在政治经济学批判领域成为这一思想脉络的传承者和发扬者的。值得注意的是，恩格斯在这方面再次先行一步，正如他当年的《国民经济学批判大纲》和《英国工人阶级状况》鼓舞着马克思那样。恩格斯早在1858年夏天已经开始集中研究生物学，他写信告诉马克思：“请把已经答应给我的黑格尔的《自然哲学》寄来。目前我正在研究一点生理学，并且想与此结合起来研究一下比较解剖学。在这两门科学中包含着许多极富思辨成分的东西，但这全是新近才发现的。”[③]

不过，与恩格斯醉心于“自然辩证法”计划，从而在社会历史领域和自然领域同时与德国唯心论展开竞争的做法不同，马克思更关心的是把晚近的自然科学引入社会研究，用以作为后者的直接支撑（即实证材料）和间接基础（即

---

① 从启蒙运动到19世纪中叶，医学理论虽然突飞猛进，真正治疗疾病的能力却未有长足发展，医生惯用的还是放血、催吐、通便等办法，别说面对横扫欧亚的霍乱（第一次流行于1817年，第二次流行于1831年，第三次流行于1839年）束手无策，就连许多日常疾病也应付不来。针对特定疾病且只有轻微副作用的特效药物（俗称“魔弹”）乃是后来才出现的。霍姆斯大法官的父亲、“麻醉”(anaesthesia) 一词的发明者、1847—1882年间哈佛医学院解剖学与生理学的绝对权威老霍姆斯（Oliver Wendell Holmes, Sr.），曾在19世纪中叶坦言，药典中称手的只有鸦片、白酒和麻醉剂，其他药物应该统统扔掉。参见［英］罗伊·波特编著：《剑桥医学史》，张大庆等译，吉林人民出版社2000年版，第200-201、208、216-217、230、368页。

② 参见［美］西奥多·M. 波特、［美］多萝西·罗斯主编：《剑桥科学史（第七卷）：现代社会科学》，第七卷翻译委员会译，大象出版社2008年版，第18、22、23、28页。

③ 参见《马克思恩格斯文集》第10卷，人民出版社2009年版，第162-163页。马克思对生理学著作的集中研读，已是迟至1864年夏天的事，连他本人都因此向恩格斯感慨：“首先，我对一切事物的理解是迟缓的，其次，我总是踏着你的脚印走。”《马克思恩格斯全集》第30卷，人民出版社1975年版，第410页。

隐喻或类比)。[①] 这可被视为回应了费尔巴哈 1842 年的著名号召:"哲学必须重新与自然科学结合,自然科学必须重新与哲学结合。"[②] 由于生物学在 18 世纪晚期至 19 世纪上半叶突飞猛进,一跃而成为自然科学界最具活力的甚或居于主导地位的学科,因此,包括马克思在内的一批欧洲思想家,在建构社会科学之时纷纷取法于生物学,便显得顺理成章。当然,这并不是说马克思的社会科学仅仅立足于生物学。即使在同自然科学发生联系的范围内,马克思至少也充分利用了数学的成果。他不仅曾在 19 世纪 40 年代钻研过牛顿《自然哲学的数学原理》一书,给予高度赞赏,[③] 后来还写下一套专门的《数学手稿》(其复杂程度令众多研究者望而却步),而按照日本学者内田弘的解读,《资本论》的结构乃是基于"群论"(Group Theory) 而设计的。[④] 这样的进路承袭了法兰西文化圈内从孔多塞(Condorcet)到凯特勒(L. A. J. Quetelet, 1796—1874)的"社会数学"思想。如果考虑到"计算"(Berechnung)在傅立叶体系中的关键地位,以至于他竟被戏称为"数学的社会主义者"(mathematische Sozialist),那么也可以说,"社会数学"在欧洲社会主义阵营内部有其相应的强有力表现。[⑤] 事实上,"社会数学"与"社会力学""社会物理学""社会生理学"等概念一道,陆续从彼时当之无愧的科学之都巴黎出发,席卷整个欧洲知识界。马克思正是在如此这般的思想氛围中成长起来的,在他的面前,从自然科学汲取社会研究方法论资源的尝试顺理成章。

无独有偶,马克思所熟悉的边沁在一代人之前就已指出:"关于方法上的

---

① 这不是说恩格斯从不在比喻或类比的意义上运用自然科学。相反,例如他在晚年撰写的《路德维希·费尔巴哈和德国古典哲学的终结》一书中,曾把黑格尔的精神现象学称为"同精神胚胎学和精神古生物学类似的学问"(eine Parallele der Embryologie und der Paläontologie des Geistes),因其提供了人的意识的历史发展诸阶段的缩影。参见《马克思恩格斯文集》第 4 卷,人民出版社 2009 年版,第 272 页。

② 《费尔巴哈哲学著作选集》(上卷),生活·读书·新知三联书店 1959 年版,第 118 页。

③ 参见李靖新弘:《马克思自然科学研究的历程与特点》,载《自然辩证法研究》2022 年第 8 期,第 87 页。

④ 参见 Hiroshi Uchida, "Constant Symmetrical Structure of Marx's *Capital*", in *Critique*, Vol. 41, No. 3, 2013, 371-389; Hiroshi Uchida, "Marx's *Capital* in Symmetry: The Doctoral Dissertation Founds His Life Time Project", in *Economic Bulletin of Senshu University*, Vol. 48, No. 3, 2014, pp. 1-17.

⑤ 当然,傅立叶式的"尘世秩序"(Weltordnung)之所以动人心弦,凭靠的与其说是严密的统计数据和算法,不如说是对抗复辟时期庸碌习气的"关于人的宏伟直观"(die kolossale Anschauung der Menschen)。参见《马克思恩格斯全集》第 3 卷,人民出版社 1960 年版,第 607-608 页,译文有改动。

创造和典范，我不是从法学书籍中找到的，毋宁说是从形而上学、物理学、自然史、医学的著作中找到的。……政治身体不是也有它的解剖学、生理学、疾病分类学、药物学吗？我在特里波尼安（Tribonian）、科克采伊（Cocceji）、布莱克斯通、瓦特尔（Vattel）、波蒂埃（Pothier）、多玛（Domat）的著作中能找到的东西很少，而从休谟、爱尔维修、林奈、伯格曼（Bergmann）、卡伦（Cullen）的著作中获益良多。"① 在一定意义上，历史唯物主义可被视为18世纪法国唯物主义的未竟事业在更高层面的完成，边沁学说亦如此。当然，历史唯物主义不可等同于"排除历史过程的、抽象的自然科学的唯物主义"②，这关乎自然世界和社会历史世界的根本区分的判定。因此，我们不宜过度发挥马克思的有机体隐喻，以至于把历史唯物主义的法学方法简化为"解剖学—生理学的方法"（die anatomisch-physiologische Methode），就像罗雪尔或耶林曾经自我归结过的那样。③ 最后，值得我们注意的是：根据生物学发

---

① Etienne Dumont, *Jeremias Benthams Prinzipien der Gesetzgebung*, Cöln, 1833, S. XXIII, 转引自 Rudolph von Ihering, *Geist des römischen Rechts auf den verschiedenen Stufen seiner Entwicklung. Erster Theil*, Vierte revidirte Auflage, Leipzig, 1878, S. 27。马克思虽然对边沁的功利主义观点颇有微词，甚至讽刺他是"庸人的鼻祖"，但他了解边沁哲学的崇高地位、思想来源（比如法国人爱尔维修的哲学）和社会基础，曾计划请人翻译边沁的著作（在其出版计划草案的列表中，边沁跟葛德文归为一组，并且靠近爱尔维修和圣西门）。参见《马克思恩格斯全集》第42卷，人民出版社2016年第2版，第627页；《马克思恩格斯全集》第42卷，人民出版社1979年版，第272页；《马克思恩格斯全集》第3卷，人民出版社1960年版，第482-484页。

② 参见《马克思恩格斯全集》第42卷，人民出版社2016年第2版，第382页，原文即有强调。这一脉以欧陆生命科学家福格特（Karl Vogt）、摩莱肖特（Jakob Moleschott）、毕希纳（Ludwig Buchner）为代表。

③ 《资本论》两度批判罗雪尔（W. G. F. Roscher）政治经济学所谓的"解剖学—生理学的方法"，这个非常规操作可以说明马克思对事情的重视程度。原著的两次表述是一致的，但中译本的两次表述分别是"解剖生理学的方法"和"解剖学和生理学方法"，参见《马克思恩格斯全集》第42卷，人民出版社2016年第2版，第75、200页。马克思为了嘲讽罗雪尔的狂妄，戏称他为"威廉·修昔底德·罗雪尔"，参见该书第211页。成熟时期的马克思把讽刺的锋芒隐藏于和声细语之间，反倒显得更加严厉。

跟马克思同年出生的耶林（1818—1892）在其代表作《罗马法的精神》里面，设法将生理学和解剖学转换为法律科学的方法。他认为，由法条构成的复合体是法的实践外表，而由相关制度和概念构成的逻辑有机体才是法的内在本质。既然对任何有机体都可作"解剖学观察"（指向结构）和"生理学观察"（指向功能），那么我们也可据此观察法的生活/生命。他发现，德国法学界的通行方法过于重视制度的解剖学结构，而忘记了结构的目的在于功能。正如掌握生理学有助于真正掌握解剖学，理解法的功能同样有助于理解法的结构。结构和功能并不是一一对应的，不同的结构可以承担相近的功能，相近的结构也可以承担不同的功能。参见 Ihering, *Geist des römischen Rechts auf den verschiedenen Stufen seiner Entwicklung. Erster Theil*, Vierte revidirte Auflage, Leipzig, 1878, S. 26-27, 42, 48, 50。

展社会科学，进而凝结为独特的社会有机体概念，这样的理论建构方式只要不追求隐喻的实体化（亦即以为社会=有机体），就完全可能在它所依托的生物学知识（即原型）被后续研究驳倒的情况下，继续保持其有效性。实际上，有机体隐喻也的确显示出相对独立的顽强生命力，并在不知不觉间统摄着现代人的社会想象。进一步揭示这种表面上是修辞手法、实为思维模式的隐喻的力量与弱点，是当今社会科学不可轻言绕开的任务。

第三章

历史唯物主义法学原理中的建筑隐喻

前一章详细讨论了马克思的有机体隐喻，现在我们转入历史唯物主义法学原理中的建筑隐喻，其最经典的表述莫过于1859年《序言》的下面这段话：

“我所得到的，并且一经得到就用于指导我的研究工作的总的结果，可以简要地表述如下：人们在自己生活的社会生产中发生一定的、必然的、不以他们的意志为转移的关系，即同他们的物质生产力的一定发展阶段相适合的生产关系。这些生产关系的总和构成社会的经济结构，即有法律的和政治的上层建筑竖立其上并有一定的社会意识形式与之相适应的现实基础。物质生活的生产方式制约着整个社会生活、政治生活和精神生活的过程。”①

这段引文所宣告的观点，亦即众所周知的“经济基础决定上层建筑的原理”，构成马克思主义法理学的方法论基础，以及马克思主义法理学与非马克思主义法理学的分水岭。在某种意义上讲，“马克思唯物史观的形成史就是这

① 《马克思恩格斯文集》第2卷，人民出版社2009年版，第591页。著名马克思主义理论家弗雷德里克·杰姆逊声称，“所有的马克思主义理论体系”都“集中在这一页书中”。参见［美］杰姆逊：《后现代主义与文化理论——弗·杰姆逊教授讲演录》，唐小兵译，陕西师范大学出版社1987年版，第7页。

一隐喻从萌发到确立的历史”[①]。笔者这里想要强调的是，“结构”(Struktur)、“上层建筑”(Überbau,[②] 亦译“上部构造”“上部结构”)、“基础”(Basis)等建筑学术语表明，马克思在连贯地使用建筑隐喻。这种隐喻——当然，其来源不限于马克思一个人——早已渗透进当代中国人的生活世界和学术研究的方方面面（政治法律领域的表现尤为明显），成为我们话语系统的“构成要件”。请留意时下报刊、新闻、报告、标语、著作和言谈中随处可见的字眼吧：“建设”“构建”“建构”“共建”“建成”“重建”“支撑”“援建”“搭建”“平台”“大门”“走廊”“支柱”“改造”等。[③] 若把这些字眼从我们的词汇表里清除掉，我们势必在许多场合手足无措、“理屈词穷”。

已有一批国内外学者明确谈及马克思这段经典表述中的隐喻（或作为其上位概念的比喻）问题，尽管他们所采用的不是“建筑隐喻”这一称谓。[④]

---

① 李立：《想象的理性——马克思美学体系中隐喻的认知维度》，载《学术月刊》2019 年第 10 期，第 152 页。

② 《德意志意识形态》“费尔巴哈章”用的是同义词“Superstruktur”，其所在语段的具体执笔人是恩格斯，但可以认为同样代表马克思的见解。日本思想家柄谷行人认为，马克思在上述引文里面仅仅重复了恩格斯率先的提法，参见［日］柄谷行人：《作为隐喻的建筑》，应杰译，中央编译出版社 2017 年版，第 157 页。笔者将在下文涉及建筑隐喻思想渊源的部分，对他的判断给出详细回应。

③ 参见张蕾：《政治话语中建筑隐喻的未来建构》，载《天津外国语大学学报》2018 年第 4 期。建筑隐喻经常出现在马克思主义思想家笔下。比如，列宁曾在《怎么办?》里面，把应予创办的全俄政治报视为建筑学上的“基线”，说石匠在建造前所未有的巨大建筑物之际，需要拉基线来确定堆砌石块的具体方位，使石块成为完整大厦的轮廓。参见《列宁全集》第 6 卷，人民出版社 2013 年第 2 版增订版，第 155 页。

④ 主要参见王子野：《必须正确解释“基础”和“上层建筑”的概念》，载《哲学研究》1957 年第 1 期，第 50 页；朱光潜：《上层建筑和意识形态之间关系的质疑》，载《华中师院学报》1979 年第 1 期，第 28 页；袁绪程：《关于“经济基础”概念的再认识》，载《国内哲学动态》1982 年第 11 期，第 16 页；马天俊：《论马克思修辞学的实践》，载《人文杂志》2005 年第 5 期，第 25 页以下；王晓升：《“经济基础决定上层建筑”的普适性辨析》，载《教学与研究》2010 年第 10 期，第 40 页；胡为雄：《马克思的上层建筑理论：文本、解释与现实》，广西人民出版社 2017 年版，第 76 页以下；李立：《想象的理性——马克思美学体系中隐喻的认知维度》，载《学术月刊》2019 年第 10 期，第 152 页以下；张亮：《英国马克思主义的“经济基础和上层建筑”学说》，载《哲学动态》2014 年第 9 期，第 23-26 页；韩昀、周世兴：《从“隐喻说”到“意识形态说”——英国马克思主义视阈中的“基础/上层建筑”》，载《西南大学学报（社会科学版）》2016 年第 5 期；孙建茵：《反模式化思维与隐喻批判——马尔库什的基础与上层建筑理论研究》，载《社会科学辑刊》2012 年第 3 期；姜霁青：《拯救被曲解的“基础—上层建筑”隐喻——埃伦·伍德对经济基础与上层建筑关系理论的批判与重构》，载《云南社会科学》2015 年第 5 期；［法］阿尔都塞：《论再生产》，吴子枫译，西北大学出版社 2019 年版，第 133 页以下；［英］里格比：《马克思主义与历史学：一种批判性的研究》，吴英译，译林出版社 2012 年版，第 209 页以下。此外，关于新中国成立以来国内学界在“基础—上层建筑”问题上发生过哪些主要争论、形成过哪些一般结论，参见黄光秋：《国内马克思经济基础与上层建筑思想研究综述》，载《宁夏大学学报（人文社会科学版）》2016 年第 2 期，第 116-126 页。

重访马克思的建筑隐喻，就要回到历史上相关争论过程中浮现的关键文本，仔细挖掘其中的洞见，悉心梳理其中的误解。笔者的一项总体判断是，部分由于欠缺隐喻理论的问题意识线索，部分由于文本梳理工作没有充分展开，学界尚未透彻解析历史唯物主义的建筑隐喻本身，习惯于径直转入非此即彼的实体概念界定工作。这一方面没有阻却某些本可避免的误会，另一方面也没有充分展示历史唯物主义的解释力。就此而论，国内外马克思主义思想史上一度引起热议的“隐喻说”，是值得给予批判性发展的理论，它有可能为我们开放出许多严肃但也有趣的问题意识。“我们首先必须再度反思唯物史观解释史上正确的提问方式和根本的论述方法。”①

有鉴于此，本章将结合多学科的材料着力阐释马克思建筑隐喻的思想基础，以及建筑隐喻本身有可能表现的理论内容，从而澄清和发展历史唯物主义的法学原理，并在此过程中回应关于该原理的若干频繁遭受知识界批评的理解。这里首先涉及经济决定论命题，即批评者们认为，历史唯物主义主张经济领域是自主运行且居于根本决定性的地位，法律（包括它的性质、内容、发展等方面）是受决定的、被动的、从属性的、反映性的领域，并且经济的这种决定作用经常显示出机械性和自动性。经济决定论命题进而推导出三项命题：其一是还原论命题，即历史唯物主义要求（或者说允许）把人的实践和实践意识最终还原为经济关系以及与之密切相关的阶级关系，要求（或者说允许）通过查明法学家的相应经济地位和阶级身份来判定其思想面貌；其二是结构分立命题，它是经济决定论和还原论成立的前提，即历史唯物主义意味着，原本作为整体的人类社会生活被假想地区分为“经济—非经济”二元结构，且此二元结构呈现为抽象实体范畴意义上的或物象化意义上的分立状态；其三是工具论—意志论命题，即经济上占支配地位的阶级必然成为政治上掌权的统治阶级，它将完全按照自己的意志来设计、操控甚或（如有必要的话）彻底重塑法律（立法者神话），把法律作为实现自身利益诉求的正式工具，由此可知，这种工具论跟（有时似乎淡化了理性因素和惯习因素的）阶级意志论一脉相承。最后，同样重要的是，有批评者认为，在历史唯物主

① 张文喜：《重新发现唯物史观中的法与正义》，载《中国社会科学》2017 年第 6 期，第 4 页。

义法学原理中充当核心喻体的建筑本身，通常使人联想到静态的、固定的、不可颠倒的、不可运动的东西，我们可将这种批评意见归纳为静止性命题。

这一系列批判意见无疑是以某种过度简化处理为前提的。简化是批评者的特权，发扬则是捍卫者的本分。这里，笔者想援引阿尔都塞在其自传《来日方长》里面的一段叙述（同样是隐喻!），作为推进本章研究的座右铭：

> “我们知道，在地下深处寻找石油就要靠探测。细小的探头深入到地下然后把通常所说的‘岩心’带回到地面上来，这些岩心使人们对地下深处不同地层的构成获得了具体的概念，从而可以使他们鉴别出哪里有石油，或是石油浸透的土壤，以及含水层上下的各种横向地层。现在我十分清楚地看到，我在哲学上的做法也有着同样的方式。我发现的或是搜集到的各种提法，根据它们的构成（以及对它们的分析），好像都一样可以让我用来作为‘哲学的岩心’，我可以很容易地据以重构所涉及到的哲学的各个不同深层的性质。根据这种方式，而且只有根据这种方式，我才能开始阅读已采出其‘岩心’的那些文本。”①

一、马克思笔下的建筑隐喻用法

（一）马克思在《〈政治经济学批判〉序言》之前运用的建筑隐喻

1859年《序言》中的建筑隐喻不是什么横空出世的东西，早有先例可循。倘若把“上层建筑”这一术语视为建筑隐喻的出场标志，那么我们可以看到，1859年之前，马克思至少曾在6份公开发表的作品（含合著作品）里面运用建筑隐喻。② 它们构成了当年普通读者赖以理解1859年表述的直接知识背景。

---

① ［法］阿尔都塞：《来日方长》，蔡鸿滨译，上海人民出版社2013年版，第176页。

② 胡为雄教授的考证为这部分的写作提供了重要线索，参见胡为雄：《马克思的上层建筑理论：文本、解释与现实》，广西人民出版社2017年版，第34-42页。人民出版社建设的中国共产党思想理论资源数据库极大地便利了笔者的文本梳理工作，在此深表谢忱。

1.《〈莱茵观察家〉的共产主义》（发表于1847年9月）

马克思首先援引了保守派日报《莱茵观察家》第206号刊登的一段反动宣传材料："国教顾问先生肯定说：'宝座应当建立在广泛的人民的基础上；这样它才会最牢靠。'"他紧接着给出一句反讽的评论："是这样，只要人民还没有把这个沉重的上层建筑从自己宽大的肩膀上用力甩到深渊里去。"[①] 上层建筑（Überbau）在此喻指弗里德里希·威廉四世的王权，与人民构成的宽阔基础（der breiten Basis des Volks）相对。

2.《共产党宣言》（初版于1848年2月）

马克思（和恩格斯）写道："无产阶级，现今社会的最下层，如果不炸毁构成官方社会的整个上层，就不能抬起头来，挺起胸来。"[②] 这里的"整个上层"（der ganze Überbau）宜译为"整个上层建筑"，喻指官方社会（die offizielle Gesellschaft），与无产阶级构成的"最下层"（die unterste Schicht）相对。此外，"炸毁"（gesprengt）也进一步强化了作为隐喻的建筑意象。

3.《路易·波拿巴的雾月十八日》（初版于1852年5月）

恩格斯曾于1890年9月致信约瑟夫·布洛赫，请他"根据原著"而非"根据第二手的材料"来领会马克思的历史唯物主义，并着力推荐阅读《路易·波拿巴的雾月十八日》，称其为"运用这个理论的十分出色的例子"，有利于矫正流行的偏见。[③] 马克思在该书中有段相关论述非常精彩，值得较为完整地援引："正统王朝不过是地主世袭权力的政治表现，而七月王朝则不过是资产阶级暴发户篡夺权力的政治表现。所以，这两个集团彼此分离决不是由于什么所谓的原则，而是由于各自的物质生存条件，由于两种不同的财产形式；它们彼此分离是由于城市和农村之间的旧有的对立，由于资本和地产之间的竞争。当然，把它们同某个王朝联结起来的同时还有旧日的回忆、个人的仇怨、忧虑和希望、偏见和幻想、同情

① 参见《马克思恩格斯全集》第4卷，人民出版社1958年版，第220页。

② 《马克思恩格斯文集》第2卷，人民出版社2009年版，第42页。旧版《马克思恩格斯全集》将"der ganze Überbau der Schichten, die die offizielle Gesellschaft bilden"译为"那些组成官方社会的阶层所构成的全部上层建筑"，似乎更贴近德文原意。参见《马克思恩格斯全集》第4卷，人民出版社1958年版，第477页。

③ 参见《马克思恩格斯文集》第10卷，人民出版社2009年版，第593页。

和反感、信念、信条和原则，这有谁会否认呢？在不同的财产形式上，在社会生存条件上，耸立着由各种不同的，表现独特的情感、幻想、思想方式和人生观构成的整个上层建筑。整个阶级根据其物质基础和相应的社会关系创造和构成这一切。通过传统和教育承受了这些情感和观点的个人，会以为这些情感和观点就是他的行为的真实动机和出发点。"① 这里的"整个上层建筑"(ein ganzer Überbau，此处跟 1859 年《序言》一样使用了不定冠词 ein) 喻指经由传统（Tradition）和教育（Erziehung）而沿袭下来的、各不相同的（verschiedener)、具有独特表现的（eigentümlich gestalteter）那些情感（Empfindungen)、幻想（Illusionen)、思想方式(Denkweisen）和人生观（Lebensanschauungen)，与整个阶级的"物质基础"(materiellen Grundlagen）相对，而"耸立着"(erhebt，跟 1859 年《序言》中的"竖立"是同一个词）同样强化了作为隐喻的建筑意象。这段话的确堪称 1859 年《序言》表述的上佳注脚。

4.《科布顿、布莱特和吉布森的失败》(发表于 1857 年 4 月 17 日，原文是英文)

马克思在文中这样描绘辉格党领袖帕麦斯顿的心机："这个老骗子清楚地知道，要制服一个人，即使是一个巨人，只要让他进入下院就行了，而要很快摧毁下院本身，摧毁它的基础，即有特权的选民团，摧毁它的上层建筑，即内阁的擅权，也只要赶走它的一些最知名的议员……"② 这里的上层建筑（superstructure）喻指内阁擅权，与喻指特权选民团的"基础"(basis）相对，而"摧毁"(breaking down）同样强化了作为隐喻的建筑意象。

5.《马志尼和拿破仑》(发表于 1858 年 5 月 11 日，原文是英文)

马克思这样概括马志尼之流的眼界："这些人只注意国家的政治形式，而不能理解作为政治上层建筑的基础的社会组织的意义。"③ 这里上层建筑是指

---

①《马克思恩格斯文集》第 2 卷，人民出版社 2009 年版，第 498 页，译文有改动。

②《马克思恩格斯全集》第 16 卷，人民出版社 2007 年第 2 版，第 97 页。

③《马克思恩格斯全集》第 12 卷，人民出版社 1962 年版，第 450 页。

"政治上层建筑"(political superstructure) 或者说 "国家的政治形式"(political forms of the State), 与作为基础的 "社会组织"(organization of society) 相对。原文没有直接使用 "basis" 一词，而是跟定语从句搭配使用了 "rests on" 短语。

6.《关于俄国废除农奴制的问题》(发表于 1858 年 10 月 19 日，原文是英文)

马克思在文中叙述了俄国在废奴呼声和经济处境之间的进退维谷："的确，要解放被压迫阶级而不损害靠压迫它过活的阶级，而不同时摧毁建立在这种阴暗社会基础上的国家全部上层建筑，是不可能的。"① 竖立在上方的(reared on) "国家全部上层建筑"(the whole superstructure of the State) 喻指俄国奴隶制政权，位于下方的 "阴暗社会基础"(such a dismal social basis) 喻指阶级压迫的悲惨事实。

但 19 世纪的普通读者不可能知道的是，在马克思生前未刊手稿《德意志意识形态》之中，已经出现 "上层建筑" 的措辞。这部手稿创作于 1845 年秋至 1846 年 5 月，系与恩格斯合撰（此外还有魏德迈的部分笔迹），直到 1932 年才在 MEGA[1] 里面首次以原文形式完整发表（最重要的 "费尔巴哈章" 则在 1924 年和 1926 年分别以俄译文和德文形式率先刊发），它被奉为 "马克思主义法理学奠基之作"②。1859 年《序言》提到了这部手稿，称之为 "两厚册八

---

① 《马克思恩格斯全集》第 12 卷，人民出版社 1962 年版，第 628 页。

② 参见《法理学》编写组：《法理学》（"马工程" 重点教材），人民出版社・高等教育出版社 2020 年第 2 版，第 14 页。由于实际发表时间的关系，《德意志意识形态》没有直接参与列宁、普列汉诺夫等人的马克思主义思想形成过程。这里不妨顺带说明的是，从修辞学的角度看，《德意志意识形态》(*Die deutsche Ideologie*) 的标题本身带有双重反讽。(1) 如果青年黑格尔主义是真正的哲学，亦即关于真理的认识、对于智慧的热爱，那么就不应该强调国界。实际情况是，这套虚假的理论正是在德国特有的思想氛围中酝酿成形的，并且需要 "站在德国以外的立场上" 才可以看清这一事实（这里涉及书中谈到的 "民族意识" 和 "普遍意识" 之间的矛盾）。(2) 德文 "Ideologie" 取自法国思想家特拉西所开创的 "idéologie"(观念学)。特拉西的本意是为一切知识提供实在的基础，但马克思发现，与青年黑格尔主义相比，特拉西的感觉论同样是一种不可靠的理论，这体现在他的政治经济学中，例如马克思摘录的 "社会是一系列的相互交换，商业就是社会的整个本质"。参见［德］马克思：《1844 年经济学哲学手稿》(附有按照手稿写作顺序编排的文本)，人民出版社 2014 年版，第 285、220 页。《历史法学派的哲学宣言》《神圣家族》《哲学的贫困》等标题，则都是相对明确的反讽，自不待言。

开本的原稿”。书稿原本准备出版，由于情况有变未能付印，只好“留给老鼠的牙齿去批判了”，毕竟写作过程本身已经达到“自己弄清问题”的目的。① 有趣的是，《德意志意识形态》直接谈及作为特殊建筑形式的“住宅建筑”（Häuserbau）和“城市的建造（Erbauung）”②，谈及三块所谓的“社会主义的建筑基石（Sozialistische Bausteine）”，并有以下两处经典论述值得我们留意：

> “真正的市民社会只是随同资产阶级发展起来的；但是市民社会这一名称始终标志着直接从生产和交往中发展起来的社会组织，这种社会组织在一切时代都构成国家的基础以及任何其他观念的上层建筑的基础。”③
>
> “竞争所引起的伟大的社会变革把资产者之间的相互关系以及他们对无产者的关系变为纯粹的金钱关系，而把上述一切‘神圣化的财富’变成买卖对象，并把无产者的一切自然形成的和传统的关系，例如家庭关系和政治关系，都和它们的整个思想上层建筑一起摧毁了，这种剧烈的革命当然不是起源于德国。”④

---

① 参见《马克思恩格斯文集》第2卷，人民出版社2009年版，第593页。

② 参见《马克思恩格斯文集》第1卷，人民出版社2009年版，第568页。柄谷行人的一段论述有利于我们深化认识：“建筑自古有两个起源，一是住房，二是神殿、王宫类的庙堂。一方面是个人的，另一方面则是国家的。……城市设计不同于住房建筑之处在于，它把建筑看作是多个住房或建筑相关联的整体，即建筑在此是‘社会性’的存在。”参见［日］柄谷行人：《作为隐喻的建筑》，应杰译，中央编译出版社2017年版，第2页。

③ 《马克思恩格斯文集》第1卷，人民出版社2009年版，第582-583页。这里“观念的上层建筑”（idealistischen Superstruktur）宜改译为“观念论的上层建筑”或“唯心主义的上层建筑”，唯其如此才可同表现为“虚幻的共同体”的国家相提并论。

④ 《马克思恩格斯全集》第3卷，人民出版社1960年版，第432页。这里“思想上层建筑”（ideologischen Überbau）应改译为“意识形态上层建筑”或“具有意识形态性质的上层建筑”。

（二）关于马克思建筑隐喻的初步澄清——兼议晚年恩格斯对原理的补充

诚然，1859年之后马克思还在不同语境下用过“上层建筑”一词，① 但我们不需要毫无遗漏的文本考证仍可得出以下结论：“上层建筑”在马克思笔下根本没有固定的指涉对象，充其量算作一种得心应手的临时假说。“上层建筑”不能就其本身得到理解，始终必须作为关系性的或曰处在一定关系之内的概念，通常须与或显或隐的“基础”“下层”之类的对应概念联合使用，一旦脱离建筑隐喻中的原生关系、一旦被当作相对封闭的范畴或活动领域，也就自然丧失解释力。因此，匈牙利著名马克思主义法学家乔鲍·沃尔高提议，我们应当议论的是“基础与上层建筑之间的关系”，而非单纯的“基础和上层建筑”。② 或许在此套用威廉斯的告诫是恰当的：大多数想要捍卫1859年《序言》所演绎出来命题的人士，都在致力于完善“上层建筑”的概念，“但我想说的是，我们必须按照特定的思路重新评价这个命题的每一个术语”，而

---

① 例如，“在东方各国，我们经常看到社会基础不动而夺取到政治上层建筑的人物和种族不断更迭的情形”(语出1862年《中国纪事》)。“这种剩余产品是除劳动阶级外的一切阶级存在的物质基础，是社会整个上层建筑存在的物质基础”(语出《1861—1863年经济学手稿》笔记本Ⅲ)。“物质生产领域中的对立，使得由各个意识形态阶层构成的上层建筑成为必要”(语出《1861—1863年经济学手稿》笔记本Ⅸ)。“商人和银行家自己的资本只是据以建立巨大的上层建筑的基础”(语出《1861—1863年经济学手稿》笔记本XV)。“他的观点的理论基础产生于对资产阶级‘政治经济学’的基本要素即商品对货币的关系的误解，而实际的上层建筑不过是更老得多和制定得更好得多的方案的翻版而已”(语出1865年《论蒲鲁东》)。“我们应当同原因而不是同结果作斗争，同经济基础而不是同它的法律的上层建筑作斗争”(语出1869年《总委员会关于继承权的报告》)。“18世纪法国革命的大扫帚，把所有这些过去时代的残余都扫除干净，这样就从社会基地上清除了那些妨碍建立现代国家大厦这个上层建筑的最后障碍”(语出1871年《法兰西内战》正式发表稿)。“俄国则同路易十四和路易十五时代更为相像，那时财政、商业和工业方面的上层建筑，或者更确切地说是社会大厦的正面，看起来好像是对生产的主体部分（农业）的停滞状态和生产者的贫困现象的一种讽刺（诚然，法国当时有一个比俄国稳固得多的基础）”(语出1879年4月10日马克思致丹尼尔逊)。“一个人实际拥有的或公众认为他拥有的资本本身，只是成为信用这个上层建筑的基础”(语出《资本论》第3卷)。参见《马克思恩格斯全集》第15卷，人民出版社1963年版，第545页；《马克思恩格斯全集》第32卷，人民出版社1998年第2版，第215页；《马克思恩格斯全集》第33卷，人民出版社2004年第2版，第348页；《马克思恩格斯全集》第36卷，人民出版社2015年第2版，第53页；《马克思恩格斯文集》第3卷，人民出版社2009年版，第22、88、151页；《马克思恩格斯文集》第7卷，人民出版社2009年版，第498页；《马克思恩格斯文集》第10卷，人民出版社2009年版，第434、435页。

② 参见Csaba Varga，“Autonomy and Instrumentality of Law in a Superstructural Perspective”，in *Acta Juridica Hungarica*，Vol. 40，Nos. 3-4，1999，pp. 214，216-217。

其中“我们必须首先考察的是关系这个术语”[①]。以上也可被视为对“结构分立命题”的初步回应。

进而言之，“上层建筑”根本不是什么独立的实体概念，它乃是用于传达真实情况的象征性修辞。重要的首先是喻体背后作为本体的事物或实事。[②] 诚然，我们不必像某些古典思想家那样贬低甚或敌视隐喻，把隐喻单纯视为“影子的世界”，仿佛它只是虚幻物或拟制物，从而是理性应予戒绝的东西。[③] 但正如我们不会因为见到“婚姻是一段旅程”或“婚姻是一件工艺品”这类隐喻，就紧紧抓住“旅程”或“工艺品”的提法不放，进而将其当作具有固定外延的抽象实体，甚至在许多场合下干脆将其作为“婚姻”的替代称谓(否则就是本末倒置)，我们也应当认真解析“上层建筑”的具体喻指，在努力澄清建筑隐喻所可传达的历史唯物主义原理内涵的同时，尽量减少“上层建筑”一词在正式话语中的出现几率。别认为好像一旦贴上“上层建筑”的标签，问题立刻会有颠扑不破的答案似的。

既然“上层建筑”本身没有固定所指，那么由此推知，至少就基于马克思文本的分析而言，“上层建筑”不宜作为单独的定义对象（与此同时，“基础”也不宜单独定义)。这就是说，我们不能去简单地追问“上层建筑是什么?”或者“某某东西是否属于上层建筑?”，不能脱离隐喻情景而直接考察“上层建筑”本身的外延和内涵。实际上，如果说马克思对“上层建筑”的各处使用存在某种前后一致的东西，那便是我们在能够合理采用建筑隐喻的多数场合下，均可将其中被设想为居于上方空间或层级的某事物命名为“上层建筑”(当然，仅就笔者本人对马克思习惯用法的把握而论，“上层建筑”对于事物的规模似有一定要求)。总而言之，不可对马克思各部作品里的上层

---

① 参见［英］威廉斯:《马克思主义文化理论中的基础和上层建筑》，傅德根译，载《马克思主义美学研究》1999 年总第 2 辑，第 330、328 页。

② 爱德华·汤普森针对“教科书体系”提出的相关主张似有矫枉过正之嫌:“事实上，这种‘基础’和‘上层建筑’从未存在过，它只是帮助我们理解实际存在的事物——行动、经历、思考、再行动的人——的隐喻。”参见张亮、熊婴编:《伦理、文化与社会主义:英国新左派早期思想读本》，江苏人民出版社 2013 年版，第 13 页。这种断然否认隐喻真实性的表述，易为摧毁历史唯物主义基本分析范式的思想打开方便之门。

③ 参见［美］理查德·A. 波斯纳:《超越法律》，苏力译，中国政法大学出版社 2001 年版，第 602 页。

建筑概念进行等同认定，“因为它们的具体语境不同，其含义各有区别，将其任意混淆、相互换用或相互印证都是不适当的（同样，把马克思各时期的上层建筑概念同其他‘经典作家’如列宁等人各时期的上层建筑概念相互混淆或交叉印证也不适当）”①。当广松涉以《路易·波拿巴的雾月十八日》和《德意志意识形态》为证据，主张1859年《序言》中的“社会意识形式”也算作其语境中的“上层建筑”，他就犯下了这个错误。② 或许有人要说，我们的政治法律话语和学术话语惯例大多心照不宣地遵从《序言》设定的“上层建筑”标准含义，一般不至于出现误会。但须知国内知识界曾经围绕“上层建筑”的固有范围和要素问题，数次展开热烈的、有时甚至是激烈的争论，争论双方各执一词且都在马克思主义正统文献内引经据典，相似的探讨至今也不能说完全止息③——仅此事实就足以证明，本章对于“上层建筑”隐喻性质的强调并非无的放矢。

1859年《序言》中搭配使用的“结构”“上层建筑”“竖立”“基础”等词，属于建筑隐喻的高显示度标志，笔者称之为“强建筑隐喻”。但建筑隐喻并不限于该词出现的场合。建筑隐喻作为一种常见隐喻，其实有许多不易被人觉察的表现形式（这种情况同样适用于容器隐喻、方位隐喻、管道隐喻等）。相关语言学证据包括“基础”“支持”“支撑”“成立/不成立”“确凿”“坍塌”“构建”“根据”“框架”“轮廓”“摇摇欲坠”“瓦解”“结构”“摧毁”等。相比1859年《序言》的措辞，以上这类日常表达可称为“弱建筑隐

---

① 胡为雄：《马克思的上层建筑理论：文本、解释与现实》，广西人民出版社2017年版，第75页。与此相关，威廉斯基于一部分关键文本的考据，归纳出马克思“上层建筑”的三种含义，分别指向法律和政治制度机构、阶级意识、政治与文化实践。但他立刻提醒人们：“在相关性这一关键问题上，这一术语本身对人们帮助不大，因为它可以多变地依次适用于每一个领域。”参见［英］威廉斯：《马克思主义与文学》，王尔勃、周莉译，河南大学出版社2008年版，第82、83页。

② 参见［日］广松涉：《唯物史观的原像》，邓习议译，南京大学出版社2009年版，第61-62页。

③ 不妨这样总结国内“上层建筑”争论主要涉及的疑难问题：“上层建筑是指统治阶级的思想、观点和制度、设施，还是也包括非统治阶级的思想、观点和制度；上层建筑是否包括意识形态；如何认识政治的上层建筑和思想的上层建筑的区分；上层建筑包括哪些内容；如何理解艺术、宗教、科学、语言等；上层建筑的阶级性和继承性；上层建筑属于社会存在还是属于社会意识，还是既属于社会存在又属于社会意识，等等。”参见黄光秋：《国内马克思经济基础与上层建筑思想研究综述》，载《宁夏大学学报（人文社会科学版）》2016年第2期，第118-121页。

喻”。如果据此重新审视本章迄今援引过的马克思著作，我们将会大吃一惊——因为我们必定发现马克思那里遍布着形形色色的建筑隐喻，并且这种现象很早就发生了。本章仅以《德意志意识形态》中的“基础”(对应原文中的 Basis、Grund、Grundlage、Boden 或者 zugrunde、basierende) 为例略作说明。该手稿中一方面以多种形容词修饰“基础”，比如“物质的”(materiell)、“理论的”(theoretisch)、“现实的”(real 或 wirklich)、“世俗的”(irdisch)、“唯物主义的”(materialistisch)，另一方面又用“基础”喻指一系列关乎经济关系的重要事物，比如公社所有制、大工业、私有制、人口增长、阶级、阶级冲突、“骨肉联系、语言联系、较大规模的分工联系以及其他利益的联系”[①]，从而有助于丰富我们对 1859 年《序言》中所谓“经济基础”的理解。几乎可以说，但凡历史唯物主义原理在马克思笔下现身之处，建筑隐喻便如影随形。[②]

为了对比理解马克思的建筑隐喻，以及为了展开后续讨论的方便，在此或许有必要考察恩格斯晚年书信对 1859 年《序言》作出的一系列补充说明。其中最出名的当属“归根到底的经济决定性”命题和“国家的相对自主性和反作用”命题。若没有这两个命题，法学界流行的“法的双重本质学说”恐成无源之水、无本之木。正是经过恩格斯补充说明的历史唯物主义版本，成为马克思主义阵营的正统信条，并担当后世马克思主义思想家推陈出新的理论起点。[③] 关于恩格斯的补充说明，学界已有汗牛充栋的讨论文献。笔者此处只想从隐喻的角度或者坐标系，简要观察他在马克思主义

---

① 参见《马克思恩格斯文集》第 1 卷，人民出版社 2009 年版，第 514、521、536、539、544、545、560、567、569 页。本书对于尚有争议的马克思恩格斯写作分工问题存而不论，假定即便是恩格斯亲笔誊写之处，只要马克思未作删改，就可以代表马克思的观点。

② 马克思生前出版的最后一版《资本论》，即法文版《资本论》第 1 卷，曾经援引并捍卫《序言》中的那处建筑隐喻，这表明马克思的长期立场。参见《马克思恩格斯全集》第 43 卷，人民出版社 2016 年版，第 75 页。不过，有趣的是，法文版的引文相比德文版《资本论》第 1 卷，去掉了原初表述中的“并有一定的社会意识形式与之相适应”。

③ 伯恩施坦高度评价晚年恩格斯的补充说明：如果从恩格斯晚年书信中“赋予历史唯物主义的那一成熟形式向后追溯到最初的一些定义，并且以此为根据而对它作‘一元论’的解释，这会是极大的退步。不如说应当用那些信来补充最初的定义。理论的基本思想并不因此丧失它的统一性，但是理论本身的科学性却提高了。它有了这些补充才真正成为科学的历史考察的理论”。参见殷叙彝编：《伯恩施坦文选》，人民出版社 2008 年版，第 148 页。

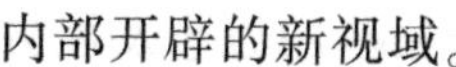

内部开辟的新视域。

我们来看看恩格斯 1890 年书信的几段重要论述（由于观察视角的限定，笔者不打算探究恩格斯书信里的全部理论发展）：①

> “经济状况是基础，但是对历史斗争的进程发生影响并且在许多情况下主要是决定着这一斗争的形式的，还有上层建筑的各种因素……这里表现出这一切因素间的相互作用，而在这种相互作用中归根到底是经济运动作为必然的东西通过无穷无尽的偶然事件……向前发展。”
>
> “历史是这样创造的：……有无数互相交错的力量，有无数个力的平行四边形，由此就产生出一个合力，即历史结果……”
>
> “总的说来，经济运动会为自己开辟道路，但是它也必定要经受它自己所确立的并且具有相对独立性的政治运动的反作用……国家权力对于经济发展的反作用可以有三种：它可以沿着同一方向起作用……；它可以沿着相反方向起作用……；或者是它可以阻止经济发展沿着某些方向走，而给它规定另外的方向……”
>
> “经济关系反映为法的原则，同样必然是一种头足倒置的反映。……而这种颠倒……又对经济基础发生反作用，并且能在某种限度内改变经济基础……”

我们发现，恩格斯在维持原有的建筑隐喻表述（“经济基础”和“上层建筑”）的同时，（不知是否有意识地）引入了力学隐喻和光学隐喻的措辞：“相互作用”“作用”“反作用”“同一方向”“相反方向”是前者的识别标志，“反映”“头足倒置的反映”“颠倒”是后者的识别标志。也就是说，恩格斯以物理隐喻——它是力学隐喻和光学隐喻的共同上位概念——补充说明马克思的建筑隐喻。非但如此，恩格斯还将三种不同性质的隐喻交错搭配，据此弥补历史唯物主义的先前死角，重建马克思主义方法论的真谛。从某种意义上说，恩格斯的补充比较成功地回应了当时业已出现的挑战。然而，他

① 《马克思恩格斯文集》第 10 卷，人民出版社 2009 年版，第 591-593、597、598 页。

向历史唯物主义的隐喻概念系统注入新元素，固然为其开拓新的思想发展方向（这是理论建构型隐喻的题中之义[①]），但同时可能引起两个问题：（1）物理隐喻或许进一步强化了建筑隐喻原本容易呈现的机械的、僵化的、决定论的形象；（2）物理隐喻与建筑隐喻之间存在连贯性问题或协调问题。恩格斯的上述补充说明，在《反杜林论》（1876—1878 年）以及与之同步展开但持续时间更长的《自然辩证法》（1873—1882 年）中已见端倪。但笔者在此仅限于指出的是，马克思始终不像恩格斯那样乐于和惯于使用物理隐喻，建筑隐喻乃是马克思的主导选项。

二、马克思建筑隐喻的思想渊源

可资利用的隐喻蔚为大观，马克思为何青睐建筑隐喻？对该问题的回答不能不涉及思想史上各种先例的考察。需要预先交代的是，本部分在探究马克思建筑隐喻的灵感来源时，仅限于“强建筑隐喻”的表述。胡为雄教授认为：马克思以“上层建筑”一词表征的建筑隐喻，“只是受那时政治经济学家的影响，受那时大的语言环境的影响”[②]。马克思有三处文献摘录可为佐证：伦敦政府机关刊物《经济学家》、威廉·配第的 1667 年版《赋税论》、约克郡

① 斯坦哈特写道：“理论建构型隐喻是可拓展的——它们运用有创造性的类比推理来生成新颖的、提供丰富信息的假设。……我的主要兴趣是理论建构型隐喻。……理论建构型隐喻出现的语篇对真值问题要比对非认知价值（如美学价值）问题更加重视。……如果成功了，理论建构型隐喻会成为‘整个科学界的财富，该隐喻的各种变体会得到许多科研工作者的探索……’。……人们甚至可以认为理论建构型隐喻具有学科建构力。例如，用计算机隐喻心智确定了认知科学的方向，推动了认知科学的发展。”参见［美］E. C. 斯坦哈特：《隐喻的逻辑：可能世界之可类比部分》，兰忠平译，商务印书馆 2019 年版，第 14-15 页。

② 胡为雄：《马克思的上层建筑理论：文本、解释与现实》，广西人民出版社 2017 年版，第 62 页。

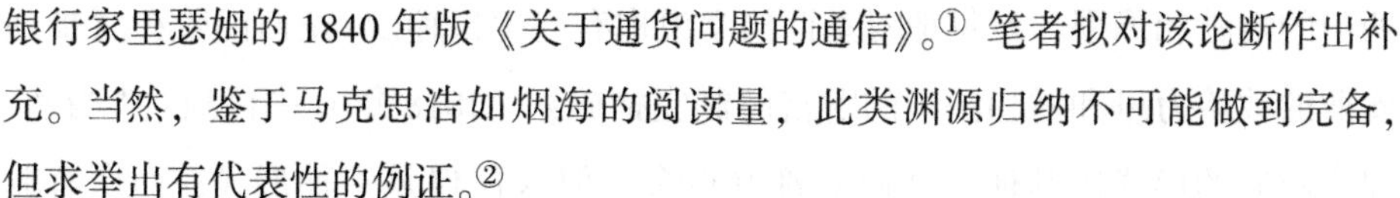

银行家里瑟姆的1840年版《关于通货问题的通信》。[①] 笔者拟对该论断作出补充。当然，鉴于马克思浩如烟海的阅读量，此类渊源归纳不可能做到完备，但求举出有代表性的例证。[②]

（一）法国渊源

建筑隐喻在马克思所熟悉的法国思想脉络中有迹可循的。在这方面，卢梭的《社会契约论》显然不可绕开，它是《克罗茨纳赫笔记》的重点摘录文本，且对《黑格尔法哲学批判》的构思产生可以识别的影响。卢梭写道："建筑师在修建一座大厦之前，要勘测和探查一下此地的土质，看它是否能承载大厦的重量，同样，明智的立法者也不先从制定良好的法律本身入手，而要先研究他要为之立法的人民是否能接受他制定的法律。"[③] 这就是说，卢梭用建筑隐喻来形容作为政治体命脉之所系的立法和立法权。有鉴于此，建筑隐喻显然是卢梭著作的一种核心隐喻。

在法国文化之内，我们不能不提位列空想社会主义三大家之首的圣西门。马克思在《1844年经济学哲学手稿》笔记本Ⅲ里面直接引用过他的《实业家问答》，在1845年3月拟定的《〈外国杰出的社会主义者文丛〉计划》中明确要求翻译出版圣西门的著作（有趣的是，跟爱尔维修同列一组），《德意志意识形态》关于"'真正的社会主义'的历史编纂学"的批判也曾大量援引和对照圣西门的观点。甚至到了撰写《资本论》的阶段，马克思还不忘讨论圣

---

① 《经济学家》写道："在这种资本的狭小基础上利用信贷建立起来的巨大上层建筑，不能不使人担忧。例如，拥有资本9125万法郎的法兰西银行发行了542589300法郎的银行券，即超过资本5倍多。"《马克思恩格斯全集》第11卷，人民出版社1962年版，第606页。《赋税论》写道："我断定，这一点［通过等量劳动进行估价］是平衡和衡量各个价值的基础，但是在它的上层建筑和实际应用中，我承认情况是多种多样的和错综复杂的。"《马克思恩格斯全集》第26卷，人民出版社2014年第2版，第244、397页。《关于通货问题的通信》写道："汇票这个巨大的上层建筑，是建立在由银行券和金的总额形成的基础之上的；如果在事情演变当中这个基础变得过分窄小，这个上层建筑的坚固性，甚至它的存在，就会处于危险境地。"《马克思恩格斯文集》第7卷，人民出版社2009年版，第451页。

② 德国炼金术史学家舒特（H. Schütt）曾提到，早在马克思之前，经院哲学家已经使用过"上层建筑"这个概念，它的拉丁文拼写是Superaedificatio。参见［德］舒特：《寻求哲人石：炼金术文化史》，李文潮、萧培生译，上海科技教育出版社2006年版，第130页。

③ ［法］卢梭：《社会契约论》，李平沤译，商务印书馆2011年版，第49页。

西门的贡献和局限，足见他对圣西门学说抱有终生兴趣。[①] 圣西门曾在《加强实业的政治力量和增加法国的财富的制宪措施》（1818 年）中谈道："当然，议会政府的形式比其他一切政府都好得多，但这仅仅是一种形式，而所有制的构造才是基本。因此，该构造才是社会大厦的基石。"[②] 他在《实业家问答》（1823—1824 年）中提到，"授权最卓越的实业家总揽全民族的金融大权的行动，正是建设性行动，亦即是可以采取的最重要的政治措施。这项措施将是整个新社会大厦的基础，将使革命彻底完成和使民族摆脱一切新的动荡。……实业界的主要领导人只要团结无间，采取适当的措施，就足以建立起实业制度，使社会放弃我们祖先居住过的封建大厦的废墟"[③]。圣西门不仅用建筑隐喻描绘人类社会生活方式，还用它来形容科学理论体系。《十九世纪科学著作导论》（1807—1808 年）曾在"科学是建筑"这一核心隐喻的基础上，进而采用"科学要素是建筑材料"这一派生隐喻，请看："以拿破仑为首的法国学者，应当在他的指挥下建造起一座空前绝后的雄伟庄严和富丽堂皇的科学大厦"，为达成此一目标，"必须拆除笛卡儿建立起的大厦，但要精心保存起他使用过的建筑材料；除了拆下来的材料外，还必须添加新的材料；必须致力于新事实的发现，等到材料备齐再重建这座大厦。总之，必须停止先天地观察事物，而是要后天地观察事物"。尤其值得一提的是，圣西门曾在这一类比的范围内，明确使用了"上部构造"（＝"上层建筑"）这个术语："我把旧体系比做一座大厦，它的高耸的上部构造正像教堂的钟楼。物理学家已在开始拆除钟楼。但在十八世纪五十年代，旧体系的整个下部构造仍然完

---

① 参见［德］马克思：《1844 年经济学哲学手稿》（附有按照手稿写作顺序编排的文本），人民出版社 2014 年版，第 228 页；《马克思恩格斯全集》第 42 卷，人民出版社 1979 年版，第 272 页；《马克思恩格斯全集》第 3 卷，人民出版社 1960 年版，第 573-628 页；《马克思恩格斯文集》第 7 卷，人民出版社 2009 年版，第 684 页。

② ［法］圣西门：《圣西门选集》第 1 卷，王燕生等译，商务印书馆 1979 年版，第 188 页，译文有改动。圣西门的追随者、马克思唯物史观的重要先驱弗朗索瓦·基佐，也以相似的形式运用过建筑隐喻。他写道："当中央制度取得过于绝对的优势时，社会就开始觉察到一栋可以说业已脱离所在土地的大厦的各种固有缺陷。社会于是按照跟先前建筑物截然相反的方式在自己上面从事建造工作。"参见［法］基佐：《欧洲代议制政府的历史起源》，张清津、袁淑娟译，复旦大学出版社 2008 年版，第 36 页，译文有改动。

③ ［法］圣西门：《圣西门选集》第 2 卷，董果良译，商务印书馆 1982 年版，第 54、75 页。

整无缺。这里面住着群众，僧侣阶级也下降到这一部分，并继续在这里统治着人民大众。”① 圣西门这一整套修辞手法非常值得留意，而且其具体所指对我们理解历史唯物主义极有助益。

对马克思颇有教益的法国社会主义者德萨米，亦值得我们关注。马克思曾在1842年底至1843年初研读其著述，并多次引证过他的观点。比如马克思1843年9月在克罗茨纳赫致信卢格的时候这样写道：“我们应当设法帮助教条主义者认清他们自己的原理。例如共产主义就尤其是一种教条的抽象概念，不过我指的不是某种想象的和可能存在的共产主义，而是如卡贝、德萨米和魏特林等人所讲授的那种实际存在的共产主义。这种共产主义本身不过是受自己的对立面即私有制度影响的人道主义原则的特殊表现。”② 德萨米在其代表作《公有法典》（1843年）中，多次运用建筑隐喻。他有时在形容社会秩序，例如：“我所进行的工作，绝不单纯是一种破坏性的工作，而主要是一种建设性的劳动。……正因为我已听到这幢破旧的大厦正发出彻底倒塌的崩裂声，我作为一个热心社会秩序的建筑师，才从今天起把自己的一得之见献给共同的家庭。”以及“迄今科学中始终存在着需要求解的未知数，社会大厦始终缺少牢靠的基石。只要这个未知数仍然存在，只要这块基石还未找到和奠定下来，不管是无知的人，还是一知半解的人，都将在邪路上打圈圈，野蛮行为将只是变换一个位置，采取新的形式而已。”他有时在形容法律制度，例如：“共同用膳……是我们公有制大厦的真正标记，像大厦的拱顶那样。”以及“某些法律是整个社会大厦所应据以建立的最初基础，它又是中枢，其他法律都附于其上并围绕着它而安排，这样的法律我们称之为根本法。”他有时则在形容法国大革命的活动和成果（并将建筑隐喻和有机体隐喻连用），例如：“正是由于过去几个世纪的脑力劳动，才发生了如此强大、如此热火朝天、如此威武雄壮的1793年的武装革命！这是一座雄伟壮丽的建筑物；这座建筑物（不嫌重复地说）之所以倒塌，只是因为当时的改革家们还不十分善于以人的机体为其社会哲学的基础，只是因为他们不懂得十分坚决

① ［法］圣西门：《圣西门选集》第3卷，董果良、赵鸣远译，商务印书馆1985年版，第9、14、66页。

② 《马克思恩格斯全集》第47卷，人民出版社2004年第2版，第64页。

地把平等、真正而完全的平等的颠扑不破的教义写入并固定在自己共和国宪法的基础法规中。”① 这些形象化表达想必强化了马克思对建筑隐喻的青睐。

（二）德国渊源

让我们转向马克思建筑隐喻的德国渊源。众所周知，马克思深谙黑格尔法哲学的精髓和限度，既在1842年一系列异彩纷呈的新闻评论文章里熟练应用黑格尔的理性国家学说，去批判当时普鲁士庸俗甚或卑鄙的政治法律制度，又在1843年以后的一段时间里深刻剖析黑格尔法哲学这份“副本”，为现代性的分析和唯物史观的创立打下坚实基础。黑格尔在《〈法哲学原理〉序言》中这样交代自己的理论承诺：该书“就是把国家作为其自身是一种理性的东西来理解和叙述的尝试，除此以外，它什么也不是”，而要做到这一点就不能仰赖直接知觉和偶然想象（此乃“肤浅思想的要义”），必须凭靠思想和概念的发展，以便展现“国家的合乎理性的建筑结构——这种结构通过公共生活的各个领域和它们的权能的明确划分，并依赖全部支柱、拱顶和扶壁所借以保持的严密尺寸，才从各部分的和谐中产生出整体的力量”②。可以看到，黑格尔相比圣西门，将建筑隐喻的类比深化到了内部的具体结构，并且强调和谐性与整体性。黑格尔还特别谈及国家结构的上下分层问题，这当然是普通建筑结构的题中之义：“行政权的全权代表、担任执行的国家官吏以及最高咨议机关……成为和君主直接接触的最上层”，而他们的任务是“从下层（市民生活在这里是具体的）来具体地管理市民生活。”③ 有鉴于此，我们可以把黑格尔法哲学称为严格的“理性国家建筑术”。在为1833年版《法哲学原理》（此即马克思使用的版本）撰写的编者序言里，马克思的授业恩师爱德华·甘斯这样形容黑格尔法哲学：“它的价值在于其论述、编排与对每个页面空间十分完美的结构设计，在于勤奋努力地扫清这座知识大厦的每个角落，在于一

---

① ［法］德萨米：《公有法典》，黄建华、姜亚洲译，商务印书馆1982年版，第8、13、40、200-201、206页。

② 参见［德］黑格尔：《法哲学原理》，范扬、张企泰译，商务印书馆1961年版，“序言”第6、12页。

③ ［德］黑格尔：《法哲学原理》，范扬、张企泰译，商务印书馆1961年版，第300、309-310页。

种均匀统一而又灵活多变的风格。这种风格从顶端到根基都很引人注目。”①

黑格尔在《法哲学原理》第279节的“补充”(与正文和“附释”并列)部分进一步确认了建筑隐喻：“国家必须被看做一个建筑学上的大建筑物，被看做显现在现实性中的那理性的象形文字。”② 这处确认的出场位置引起笔者的特殊兴趣。因为马克思《黑格尔法哲学批判》现存手稿里面关于第279节的评注，不仅因其有关民主和人民主权的理论发挥而闻名于世（从而引发学界关于马克思与卢梭思想关系的众多研判或遐想），而且表现出非同寻常的反复斟酌、意犹未尽的态度，即马克思在几乎是草草地评注了第280—286节之后，迫不及待地再次回到第279节，两番评注的总篇幅相当可观；③ 但令人诧异的是，马克思两次都没有对黑格尔的建筑隐喻作出批判，甚至根本没有评注第279节的“补充”！马克思手中的甘斯编订版《法哲学原理》当然是有“补充”的，他对某些其他小节的评注也的确曾援引相应的“补充”文字。笔者认为，唯一的解释是他刻意地省略或回避，换言之，他对黑格尔的建筑隐喻本身没有实质性反对意见。

笔者要特别提醒读者的是，马克思在评注第279节（尤其是第二次评注）的时候仿佛突然来了文艺灵感，一反前文四平八稳的风格，开始大量运用(有时极具煽动性的）修辞技巧或美学术语。马克思根据内容与形式这对美学常用范畴展开分析，说“民主制是内容和形式，君主制似乎只是形式，然而它伪造内容”，以及某种内容获得了“哲学的形式、哲学的证书”(当然“证书”又涉及拟人化)。马克思使用了象征型艺术、特别是比喻（包括明喻和隐喻）来描述或者讽刺对象间的关系，比如，君主本人只是人民主权的“代表、象征”，在某种意义上“民主制对其他一切国家形式的关系，就像对自己的旧约全书的关系一样”，现代类型的政治国家“是宗教领域，是人民生活的宗教，是同人民生活现实性的尘世存在相对立的人民生活普遍性的天国……政

---

① ［德］甘斯：《1833年版黑格尔〈法哲学原理〉编者序》，雷磊译，载《历史法学》第7卷，法律出版社2013年版，第423页。

② ［德］黑格尔：《法哲学原理》，范扬、张企泰译，商务印书馆1961年版，第300页。

③ 参见《马克思恩格斯全集》第3卷，人民出版社2002年第2版，第31-43、49-53页。

治生活就是人民生活的经院哲学"①。马克思还对民主制运用了谜语修辞，称其为一切形式的国家制度的"已经解开的谜"，而按照黑格尔《美学》的分类，谜语跟隐喻同属"在形象化中从意义出发的比喻"。民主制的谜语之喻表明国家制度的外在表现形式（即谜面）扑朔迷离，甚至有时显得"不伦不类"，从而将自身的真正本质隐藏起来，激起人们探索和猜度的欲望。谜底一旦解开，谜就自行消灭，也就是说，国家制度的形式不再成为问题。② 在关于第 279 节的评注行将结束之际，马克思唯恐读者没有领会自己分析思路的美学尺度似的，索性把事点破："由于所谈的本来只是比喻，只是把实现了的观念的意义加之于任何一种经验的存在，所以很明显，观念的这些容器一旦成为观念的某一生命环节的某种体现，它们就完成了自己的使命。"③ 马克思在此明明白白地强调了美学背景，十分精当地表述了（作为隐喻上位概念的）比喻的本质和规律。而这一切文风突变，或许正是由黑格尔第 279 节"补充"中的隐喻表述所激发的。

三、建筑隐喻新解

如我们所知，马克思以建筑隐喻表述（并经恩格斯补充说明）的历史唯物主义，在历史上受到来自外部阵营的诸多指责，本章开篇概括的五个命题即其中比较重要者。对此，笔者想以启蒙思想家贝卡里亚的一句箴言作为答复："平庸的头脑不习惯于分析事物，而习惯于根据传统而不是根据考察来接受强烈的印象。"④ 本章关心的问题是：能否在不引入新的隐喻概念从而尽量避免隐喻概念系统紊乱的同时，有效回应关于建筑隐喻的流行批评意见？笔者认为，通过重新解释马克思的建筑隐喻，我们可在很大程度上达成（但的

① 参见《马克思恩格斯全集》第 3 卷，人民出版社 2002 年第 2 版，第 37、39、40、42、51 页。

② 参见《马克思恩格斯全集》第 3 卷，人民出版社 2002 年版，第 39 页；［德］黑格尔：《美学》第 2 卷，朱光潜译，载《朱光潜全集》第 14 卷，安徽教育出版社 1990 年，第 115-116 页。马克思后来在类似意义上把共产主义称为"历史之谜的解答"。

③ 《马克思恩格斯全集》（第 3 卷），人民出版社 2002 年版，第 52 页。

④ ［意］贝卡里亚：《论犯罪与刑罚》，黄风译，中国法制出版社 2005 年版，第 6 页。

确无法绝对达成）这一理论目标。在隐喻的重新译解过程中发掘被遮蔽的思想内容，这在国内外都有可资借鉴的有趣先例。比如刘风景教授通过从武器隐喻转换为医疗隐喻，改造我国政法界长期流行的“人民法院是刀把子”隐喻所引起的联想方向，[①] 比如凯特（E. F. Kittay）和斯坦哈特（Eric Steinhart）分别对柏拉图《泰阿泰德篇》中“苏格拉底是接生婆”这一隐喻展开的结构化缜密解读。[②] 当然，我们必须注意两点：第一，通过阐发喻体与本体的内在连贯性来理解本体的做法，存在着天然的逻辑极限，即建筑和法政毕竟不是一回事，喻体中的有些元素（比如建材问题）须在解释中过滤掉，否则就显得牵强了。第二，本章力求按照建筑隐喻本身的固有层次行文，把对于流行批评意见的回应化入其中。

在正式进入本环节的讨论之前，笔者认为有必要反思这样一些问题。第一，同样是建筑隐喻，跟40年前黑格尔《法哲学原理》中的“国家是大建筑物”相比，跟20年后恩格斯《反杜林论》中具有可见模仿痕迹的建筑隐喻相比，[③] 1859年《序言》中的表述有何差别或独到之处？第二，如果说马克思以同位语加定语从句的处理方式，将经济摆在全句无可置疑的中心，那么在表达法律和政治的位置时，不采取介词短语的形式（例如“作为上层建筑的法律和政治”），而采取暗示上层建筑主动性的动词“竖立”(erhebt)，鉴于恩格斯使用的是本质上具有被动性的“反作用”和“反映”，鉴于马克思本

---

① 参见刘风景：《法律隐喻学》，中国人民大学出版社2016年版，第85-114页。

② 参见［美］E. C. 斯坦哈特：《隐喻的逻辑：可能世界之可类比部分》，兰忠平译，商务印书馆2019年版，第16、121、125、190页；［美］乔治·莱考夫、［美］马克·约翰逊：《我们赖以生存的隐喻》，何文忠译，浙江大学出版社2015年版，第54页。

③ 恩格斯写道：“每一时代的社会经济结构形成现实基础，每一个历史时期的由法的设施和政治设施以及宗教的、哲学的和其他的观念形式所构成的全部上层建筑，归根到底都应由这个基础来说明。”《马克思恩格斯文集》第9卷，人民出版社2009年版，第29页。此处至少有以下几点值得我们留意：(1) 恩格斯将不定冠词引导的、单数形态的、比较强调一体性的“法律的和政治的上层建筑”，替换为定冠词引导的、复数形态的、比较强调多样性的“法的设施和政治设施”(der rechtlichen und politischen Einrichtungen)，并且将“法律的”(juristischer) 改为“法的”(rechtlichen)；(2) 恩格斯将《序言》经由分开表述而未予明确界定为上层建筑的“社会意识形式”，改为同属上层建筑范畴的“宗教的、哲学的和其他的观念形式”(der religiösen, philosophischen und sonstigen Vorstellungsweise)，从而对上层建筑加以扩张界定；(3) 恩格斯将马克思没有直接宣明适用范围的建筑隐喻，用于解释“每一个历史时期”的情况，并将马克思以“随着”(mit) 来呈现的时间先后次序，改为“归根到底的”(in letzter Instanz) 准因果关系“说明”(erklären)。

可以表述为经济基础“支撑着”上层建筑从而将主动性交给经济方面，该做法有何深意？第三，如果建筑隐喻真像一些学者以为的那样属于静止模型，[①] 马克思为什么紧接着谈论“社会革命的时代”的到来，特别是谈论“随着经济基础的变更，全部庞大的上层建筑也或快或慢地发生变革”？难道这不明显违背建筑隐喻的静态本质吗，也就是说，这不等于立刻放弃或者说架空了建筑隐喻吗？第四，如果建筑隐喻果真是机械的经济决定论或者阶级还原论，马克思为什么不直说经济基础（归根到底）“决定”上层建筑，从而最大限度消除读者的误解、达到最佳的教育效果？[②] 相反，马克思似乎表现得扭扭捏捏，仅仅用定语从句传达一种空间和层次的关系。不仅如此，遍观表述原理的那个篇幅长到比例失衡的自然段，马克思甚至对通常被看作唯物史观构成要件的阶级和阶级斗争避而不谈！[③] 这一发现令人震惊的程度，不亚于发现1789年《人权宣言》竟对国王、教会和贵族三种传统权力支柱只字不提。第五，如果马克思打算强调建筑的完全由人刻意设计的性质，那么1859年《序言》的建筑隐喻为何避开了人的因素（建筑师和施工者），而采取仿佛是自动化施工的表述？如果他无意强调人为因素，为何不索性彻底采用有机体隐喻（比如他曾以同样起到支撑作用的“骨骼”喻指物质关系[④]），正像上下文的“解剖”“灭亡”“胎胞”等词所暗示的那样，而却在有限篇幅内交替混合两种隐喻、给自己平添隐喻协调的麻烦？

---

① 例如，布达佩斯学派的乔治·马尔库什谈到，马克思居然以建筑隐喻这一静态关系隐喻解说自己的理论要点，这简直匪夷所思，而且极易造成误解，因为那些理论要点主要关乎历史进程问题。参见孙建茵：《反模式化思维与隐喻批判——马尔库什的基础与上层建筑理论研究》，载《社会科学辑刊》2012年第3期，第17页。

② 或许有人会说，马克思在上下文中用过其近义词“根源于”和“制约着”。但笔者立刻需要提请读者留心的是，“法的关系”(Rechtsverhältnisse）跟呈现一体性的单数名词“法律的和政治的上层建筑”(ein juristischer und politischer Überbau）可不是一回事，例如契约关系、婚姻关系、财产关系是“法的关系”，但在获得判例法或立法的明文规定之前，算不上“法律的和政治的上层建筑”。至于“制约着”(bedingt，或译“构成……的条件”），请注意该词的宾语排除了“法律生活”，纳入了“社会生活”，并且指向的是“生活的过程”(Lebensprozeß）而非静态的成分和结构。

③ 可能马克思认为，无论阶级斗争如何激烈，只要尚未达到经济崩溃的地步，经济领域总还是会显示出相对稳定的外观，担当上层建筑的现实基础。

④ 例如，马克思的《1857—1858年经济学手稿·导言》写道：“关于艺术，大家知道，它的一定的繁盛时期决不是同社会的一般发展成比例的，因而也决不是同仿佛是社会组织的骨骼的物质基础的一般发展成比例的。”《马克思恩格斯文集》第8卷，人民出版社2009年版，第34页。

这些精细的究问当然是有前提的，即马克思令人敬畏的语言雕琢。关于《政治经济学批判》一书，马克思曾在1858年9月21日致信恩格斯说："除了对已经写好的东西作修辞上的润色外，我没有什么东西好写了，但是有时为了推敲几个句子，仍然一坐就是几个小时。"[①] 我们可以合理假定，马克思对于1859年《序言》这种以简短篇幅浓缩重大原理的关键场合，每一处措辞都是百分之百用心的，故而每一处措辞都值得重新审视，以便我们揭示迄今隐藏在深处的理论意图。这里需要提醒读者的是，善用建筑隐喻的马克思绝非建筑学的外行。他在大学时代已对该领域有相当程度的了解，那时精读过的温克尔曼《古代艺术史》即因该书而荣膺建筑史之父的美誉，至于他如数家珍的黑格尔《美学》更是在"各门艺术的体系"环节详细讨论了建筑的三个阶段，即真正象征型的或独立的建筑、古典型建筑、浪漫型建筑。下面言归正传，我们来尝试重新解说建筑的四个方面，从而深化我们对马克思的建筑隐喻的把握。

（一）施工的客观限制

所谓建筑，就是将本身没有任何精神意蕴的物质材料，按照重力法则建造出带有某种结构、合乎某种用途或表达某种意义的形状。那些根据1859年《序言》杜撰"经济决定论"的学者，主要聚焦于自然规律对施工建造的显见且直接的制约。众所周知，在重力的客观作用下，施工建造总是自下而上、按部就班的：先修建基础，后修建上层建筑。俗话说得好，"基础不牢，地动山摇"，在这个意义上，我们可以直观把握到基础在时间上的第一性（起源问题）和空间上的决定性（本质问题）。这种状况主要涉及"承载"或"支撑"这一工程力学问题，尤其是上层建筑的重量和高度不能超出基础的承载限度，否则要么容易垂直坍塌，要么容易向外侧倾覆。这是铁一般的自然规律，是不以人的意志为转移的事情，人类能动性的施展范围受此束缚（当然也受到一定时期技术水准的束缚）。这也就意味着，包括法律史在内的整个人类历史不是个人随意创造的产物。

但"经济决定论"的批评者无视建筑的其余元素，对建筑隐喻断章取义，

① 《马克思恩格斯全集》第29卷，人民出版社1972年版，第341页。

并据此罗列种种不能由经济解释的社会现象以力证该理论的荒谬，这当然是跟稻草人的无聊较量。我们固然可像恩格斯借助“相对自主性”和“反作用”的思想给予反驳，但即便停留于建筑隐喻之内，我们也能够答复说，建筑的客观规律制约无法推导出基础和上层建筑的严格对应关系：相似的基础可以承载不同的上层建筑，相似的上层建筑也可以建在不同的基础之上，这是稀松平常的事情，故而还原论命题也就从根本上动摇了。历史上社会主义政权的一些产生争议的举措和决策，或可依据这里的原理作出允当说明。社会经济形态和法律制度并不必然一一对应，否则就不好解释此起彼伏的法律移植和法律继承现象。马克思直接受教于历史法学派的领袖萨维尼，深知德国法律界继受罗马法和整理日耳曼法的情况，不可能把“经济决定论”的公式简单套用于充满悖论的法律发展进程。更何况，所谓社会经济形态，本就是马克思为了研究之便而建构出来的分析装置，纯粹的奴隶制、封建制、资本主义或社会主义在历史上并不存在，实际的世界总是主要因素和次要因素的混合物。① 最后，人们倒是可以引申出另一方向上的、有别于“经济决定论”的结论：不发达或欠发达的经济基础，难以负荷臃肿庞大的政治法律机器，简政放权是此时的必由之路。进而言之，政治法律机器的顺利运转、国民权利的真正落实和有效救济，总需要调动各种物质资源，这是以充足的税收作为先决条件的，② 而税收自然不能不跟经济发展状况挂钩。

（二）结构和功能

建筑通常具有体积庞大、层次分明的坚固结构。不论是相对早期的木质建筑，还是后来出现的砖石、钢铁、玻璃或混凝土建筑，都属于同时代人造事物中比较坚固耐久的东西。建筑可以被用来表征人类法律文明的经久不息：除非遭遇灭顶之灾，法律文明通常能够继续维系下去。直接体现建筑艺术之处，首推结构及其层次性：不仅有地下部分还有地上部分，地上部分又可大致分为低处（低层）和高处（高层），其中运用拱顶、墙壁、支柱、楼板、阶梯等工艺，将物质空间在横向上和纵向上切分为不同的功能区域（这或许

① 参见《马克思恩格斯文集》第 8 卷，人民出版社 2009 年版，第 29 页。

② 参见［美］史蒂芬·霍尔姆斯、［美］凯斯·R. 桑斯坦：《权利的成本——为什么自由依赖于税》，毕竟悦译，北京大学出版社 2011 年版。

是后世的结构功能主义从马克思建筑隐喻汲取的重要灵感)。这些功能区域是创制和塑造行为规范的场所，借用黑格尔在另一语境中的提法，即“空间是一种秩序”[①]。例如，男女或主仆的地位差异、主要和次要的交往场景，都在住宅各个部分的空间关系分配中得到应和，同样，宗教建筑内部的功能分区，也配合着关于神与人的关系、神职人员与普通信徒的关系的特定安排。[②]

在建筑结构中，基础的首要功能在于支撑和限定，上层建筑的首要功能在于区隔和表现，制约前者功能的主要是自然规律，制约后者功能的主要是精神规律。这种关联着视域的二元划分，意味着我们能够相对独立地审视和对待这两部分，并为之赋予不同的地位，此乃历史唯物主义不容放弃的分析视角。[③] 尽管像自然科学般精确划定经济与非经济，在现代世界已变得越来越困难，但我们同时必须谨记，基础和上层建筑素为同一栋建筑整体的两个部分，原本就是也不可能不是上下贯通的东西。有些人着力强调总体性，认为马克思割裂了统一而丰富的社会生活和人类行动，[④] 这种观点是以结构分立命题这一关于建筑隐喻的狭隘理解为前提的。结构和功能可以用来表征包括法律系统在内的人类文明的各个子系统及其相互关系。再者，“法律的和政治的上层建筑”这一表述似乎隐含着这样的意思，即这上层建筑中的法律部分(或曰法律上层建筑）排在政治上层建筑的前面（即空间关系中的下方），因

---

① ［德］黑格尔:《自然哲学》，梁志学等译，商务印书馆 1980 年版，第 43 页。

② 19 世纪涌现出一批新的建筑类型及其符号系统，以容纳“这个有惊人创造力的世纪”的发展成果。“工厂、货仓、银行、车站、百货公司、法院、市政厅、公寓和写字楼，发展成为虽然没有硬性固定，却已然可以互相区分的形式”。参见［英］康卫、［英］罗恩尼什:《解读建筑：建筑学与建筑史导论》，刘家瑞译，电子工业出版社 2015 年版，第 27 页。

③ 休·柯林斯主张:“我们必须清楚地区分物质基础和上层建筑的所有方面。如果我们没能把一个社会的政治、法律和文化方面从它的生产关系中区分开来，那马克思主义将陷入逻辑混乱。”［英］休·柯林斯:《马克思主义与法律》，邱昭继译，法律出版社 2012 年版，第 77 页。与此相关，伊格尔顿对历史唯物主义有一段巧妙辩护:“认为一些东西比另一些东西更为重要的想法也许是错误的，但你不能指责那种认为有一些东西比其他的东西更真实、更重要的学说，因为没有任何学说不是这样干的。”［英］特里·伊格尔顿:《再论基础与上层建筑》，张丽芬译，载《马克思主义美学研究》2002 年总第 5 辑，第 459 页。

④ 莱尔因写道:“也许，对基础—上层建筑比喻的最常见的批评是，人们无法准确地把经济结构与法律的和意识形态的上层建筑区分开来。这种批评的目的是要说明，如果不能把经济基础和上层建筑区分开来，那就不能认为经济基础决定上层建筑。”［英］乔治·莱尔因:《重构历史唯物主义》，姜兴宏、刘明如译，王锐生校，中国社会科学出版社 1991 年版，第 86 页。

而更加靠近经济基础。不仅如此，法律上层建筑本身可以继续分层：总的来说，私法在下，公法在上，进而言之，民法是法律上层建筑的最底层（相对靠近经济领域），宪法是法律上层建筑的最高层（毗邻政治领域）。① 当然，正如前述圣西门和黑格尔的文字所传达的那样，较为庞大的封闭式中空建筑适合以其结构和功能描绘理论体系的面貌。②

在这方面我们不妨提一提“外壳”和“内核”的问题。不是所有建筑都能在视觉上展示清晰的“外壳”和“内核”之分，比如生殖器形状的石柱、方尖碑、狮身人面像（它们混合了建筑和雕刻的因素，但主导方面还是建筑）。黑格尔这样品评金字塔：“金字塔虽是本身就值得惊赞，却只是一种简单的结晶体，一种外壳，其中包裹着一个核心，即一种离开肉体的精神。”③ 从某种意义上说，这也是建筑隐喻对埃及人来说，“精神的东西开始和非精神的东西分割开来”，金字塔就是亡灵的宏伟居所，亡灵是主体，是具有独立意义的被崇拜的“核心”。这居所的体积大到难以度量，各种尺寸比例皆有考究的寓意，它作为单纯应用性质的“外壳”处处透出神秘的气息，但这居所本身一旦脱离其中的亡灵就将失去生气，成为抽象的、无机的东西。④ 可以这样

① 一位学者在讲座中提出，建筑隐喻里的各要素排布应该是按照“经济—政治—法律”的次序，法律是“上层建筑的上层建筑”。该观点似为流行于法学界的“法律的双重本质说”的隐喻表达。法学界倾向于强调法律的国家性，强调是国家创制了法律。不过，我们或许应该正视恩格斯《论住宅问题》关于先法律后国家的著名论断：“在社会发展的某个很早的阶段，产生了这样一种需要：把每天重复着的产品生产、分配和交换用一个共同规则约束起来，借以使个人服从生产和交换的共同条件。这个规则首先表现为习惯，不久便成了法律。随着法律的产生，就必然产生出以维护法律为职责的机关——公共权力，即国家。”《马克思恩格斯文集》第3卷，人民出版社2009年版，第322页。

② 流行于中国法学界的博登海默《法理学》有一段广为称引的生动描述：“法律是一个带有许多大厅、房间、凹角、拐角的大厦，在同一时间里想用一盏探照灯照亮每一间房间、凹角和拐角是极为困难的，尤其当技术知识和经验受到局限的情况下，照明系统不适当或至少不完备时，情形就更是如此了。”［美］博登海默：《法理学——法律哲学与法律方法》，邓正来译，中国政法大学出版社1999年版，第198页。

③ ［德］黑格尔：《美学》第3卷（上册），朱光潜译，载《朱光潜全集》第15卷，安徽教育出版社1990年，第50页。亦参见该书第15、38页。此外，在马克思熟读的《自然哲学》中，黑格尔援引歌德的《毋庸置疑》（1820年）一诗来申明自然哲学的立场，“外壳”和“内核”的隐喻及其相互关系在其中反复出现。参见［德］黑格尔：《自然哲学》，梁志学等译，商务印书馆1980年版，第17、625页。这使我们想起《资本论》的方法论阐述，即应当倒转黑格尔的辩证法，以便查明“神秘外壳中的合理内核”。

④ 参见［德］黑格尔：《美学》第3卷（上册），朱光潜译，载《朱光潜全集》第15卷，安徽教育出版社1990年，第48、49、51页。

认为，马克思把理性视为黑格尔法哲学的内核，《黑格尔法哲学批判》正根据这一判断来批评黑格尔的王权学说（王权以君主肉体的自然生殖作为权力的合法性基础），《法哲学原理》的体系形式则是外壳。

（三）规划和变更

建筑不是自然形成的东西（比如有机体），而是由人创造的精神产品。按照古典哲学的概念谱系，建筑属于“制造”（poiesis，亦译“生产”），跟“生成”（genesis）相对。建筑是“制造/生产”的经典表现，是极能体现人之为人的活动，其希腊文词根就是“arche”（始基、原理）的意思。于是，“建筑师”作为哲学家和立法者的主要原型，甚至一度成为上帝的世间形象，也就变得顺理成章。[①] 建筑总涉及一定程度的预先设计或规划（即蓝图），需要一定范围内的分工协作，这恰好印证了马克思所理解的“实践”亦即“感性的人的活动”，有机体隐喻则缺失这一维度。马克思曾言，最蹩脚的建筑师自始就比最灵巧的蜜蜂高明，因为他在施工之前“已经在自己的头脑中把它建成了”[②]。建筑隐喻由此暗含的无可置疑的人为性，一方面可以驳斥有关历史唯物主义扼杀主观能动性的指责，[③] 另一方面使建筑隐喻相较于有机体隐喻更能彰显人的理性力量和精神劳作，从而可以凸显法律系统和政治系统的非完全自然形成性，并预示着关于迄今自然形成的经济系统的合理调控。

那么，建筑隐喻是否因此必然向工具论-意志论蜕变呢？它是否意味着统

---

① 参见［日］柄谷行人：《作为隐喻的建筑》，应杰译，中央编译出版社2017年版，第3-4、20页。职业意义上的建筑师在欧洲出现于13世纪，那时，力学开始繁荣，并在达·芬奇所处的文艺复兴时期掀起一波高潮。

② 参见《马克思恩格斯文集》第1卷，人民出版社2009年版，第499页；《马克思恩格斯文集》第5卷，人民出版社2009年版，第208页。必须承认，就1859年建筑隐喻的表述而论，能动因素似乎是不在场的。究其缘由，马克思不希望读者认为人类文明完全是预定的东西，所以他刻意凸显一种“自然史”的理解。但建筑者显然是隐含在建筑隐喻中的，是不在场的在场者。如果马克思根本无意留给读者继续设想的余地，他完全可以在《序言》里仅仅运用有机体隐喻。抹煞能动因素的机械论或宿命论，与《关于费尔巴哈的提纲》的实践论立场直接抵牾，马克思绝无认同的可能。

③ “对基础/上层建筑隐喻的反对一般都与它的‘简化论’有关，表现在两个方面：一是它否认人的作用；二是没有给‘上层建筑’要素一个合适的位置，没有给意识以适当的地位，认为意识只体现在意识形态、文化或政治中。对这种简化论的修正，最普遍的是采取了所谓的马克思主义‘人本主义’的形式，还有的强调社会各‘层面’的‘相对自主性’，强调它们的相互作用，把经济的决定作用延迟到‘归根结底’的最终地位。”［加］艾伦·梅克森斯·伍德主编：《民主反对资本主义——重建历史唯物主义》，吕薇洲等译，重庆出版社2007年版，第49页。

治阶级可以听凭自己的刻意设计来掌控和变更法律格局，醉心于“如此井然有序、如此明晰可见且如此易懂”的计划而无视“人之行动而非人之设计的结果”①？事实上，在建筑规划的过程中，建筑师不是仅仅预先提供蓝图就万事大吉了，相反，他必须协调和处理各种事项。一方面，在马克思所生活的19世纪中叶，建筑师已从原先的富裕业余爱好者或训练有素的工匠，变成商业化运作的职业人士，那时典型的建筑师大概要承揽一条龙的繁琐工作：“他的角色是为所有新建造物设计和提出明细计划单，负责广告招标，签订合同，测量建造物和督导建造工务，检查并验证建造账目，指导监督对公司建造事项所有的纠正和更改，收取租金，为公司资产及任一追加资产准备计划，为即将购买或出售的所有资产估价，出席委员会会议并报告所有业务。”② 所有这些工作的开展，当然一刻都离不开形形色色约定俗成的规矩和惯例，亦即所谓“人之行动而非人之设计的结果”。另一方面，从拿出初始蓝图到最终落成的这或短或长的时间中，建筑方案会随着自然环境、客户需要等因素的变化而不断调整。这后一因素是易被忽略的。事实上，诚如柄谷行人所言：“建筑师不与他者（顾客）交流就无法决定设计。建筑师面对的是难如己愿的他者。总之，建筑是交流，而且毋庸赘言，是与没有共有规则者之间的交流。”③

此外，许多建筑跨越漫长的岁月，即使竣工之后也会受到后人断断续续的整修，装潢或许有变化，砖墙或许有改造，窗户或许被封上或其尺寸有调整，屋顶的坡面或许经过重新安排等等，并且整修者通常是继续留居在该建筑之内的，这表明，彻底颠覆性的法律革命在历史上十分罕见。④ 结果是，我们有望在同一栋建筑那里见到“不同时期留下的不同部分”，比如某座中世纪

---

① 参见［英］哈耶克：《法律、立法与自由》第1卷，邓正来等译，中国大百科全书出版社2000年版，第12、19页。

② ［英］康卫、［英］罗恩尼什：《解读建筑：建筑学与建筑史导论》，刘家瑞译，电子工业出版社2015年版，第14页。

③ ［日］柄谷行人：《作为隐喻的建筑》，应杰译，中央编译出版社2017年版，第117页。

④ “如果我们仍旧一定要用房子做比喻，那就不应该忘记一点：旧房子坐落的场所就是我们可以住宿、生产和生活的唯一场所。在旧房子拆掉和新房子建成之间的一段时间里我们住在哪里呢？如果想用房子做比喻，那末它表明我们的新大厦只能是把我们的旧房子改建成的，改建必须在我们继续居住在房子里的时候进行。”中央编译局资料室编：《考茨基言论》，生活·读书·新知三联书店1966年版，第395页。

传承至今的大教堂可能拥有诺曼风格的中殿、装饰型风格的横厅和直立型风格的内殿。[①] 这意味着，静止性命题的法律想象犯了方向性的错误，我们的法律体系每每处于混合状态，早先的某些规则或原则完全可能在其原初理据消灭之后“残留”下来（霍姆斯对法律发展中的规范残留问题已有精湛研究[②]）。这还意味着，法律一旦脱离立法者，将有始料不及的事情介入其意义表达和后续发展，于是原意解释就可能失灵。综上可知：法律不是纯粹科学的建构物，其创制和施行必须结合各种正式的和非正式的因素（涉及法律社会学、法律文化学等）——或者在不十分精确的意义上套用萨维尼的著名提法，即法律是技术要素和政治要素合而为一的东西——法律还必须适应其所置身的自然条件（涉及孟德斯鸠《论法的精神》所开辟的法律地理学等），[③] 必须积极回应作为用户的法律人以及其他群体的诉求（涉及法律职业研究等）。

（四）外在目的

建筑这种劳师动众的事情，不能不预设某种强有力的外在目的、需要、价值或理想。法律这种广泛调动政治社会资源且成本高昂的事物亦然，它通常具有较为显明的物质表现（比如议会礼堂、法院、检察院、警察局、监狱、律师事务所、法学院），经常要达到“庞大”的地步。[④] 这就要求法律具备经世致用的属性，时时留意自身的正当性，也要求法学观照公共生活，并且回归和回应公共生活。在建筑的要素中，直接满足外在目的者显然系上层建筑部分，基础是扶持或者说辅佐上层建筑的手段（尽管是不可或缺的决定性手段）。可以这样说，建筑隐喻本身已经暗示：法律的目的主要来自外部的利益

---

① 参见［英］康卫、［英］罗恩尼什：《解读建筑：建筑学与建筑史导论》，刘家瑞译，电子工业出版社 2015 年版，第 48-49、51 页。

② 参见［美］霍姆斯：《法学论文集》，姚远译，商务印书馆 2021 年版，第 45、72、104、192、197、201、203 页。

③ 黑格尔说：“要注意到气候、地位和四周的自然风景，在结合目的来考虑这一切因素之中，创造出一个自由的统一的整体，这就是建筑的普遍课题，建筑师的才智就在对这个课题的完满解决上见出。”［德］黑格尔：《美学》第 3 卷（上册），朱光潜译，载《朱光潜全集》第 15 卷，安徽教育出版社 1990 年，第 60 页。

④ 对法律文明当然也可以适用与建筑隐喻同属艺术品隐喻的雕像隐喻、音乐隐喻、绘画隐喻、诗歌隐喻等，但由于这些东西的材料所占据的感性空间极为有限甚或稍纵即逝，不能充分呈现法律文明的物质特征（虽然法律文明绝不限于物质层面）。

和决断，这提醒我们关注一种同“经济决定论”恰好相反的潜在思想方向，即经济是实现法律秩序和政治统治的物质保障。欠缺基础的上层建筑是孱弱的，而欠缺上层建筑的基础则是迷茫的。这一事实本不稀奇，但却可能令人感到震惊：原先关于马克思建筑隐喻的解说，从来强调的都是基础决定上层建筑，总是给“经济决定论”的指责留下口实，甚至恩格斯当年也感到有必要为此表示歉意：“青年们有时过分看重经济方面，这有一部分是马克思和我应当负责的。我们在反驳我们的论敌时，常常不得不强调被他们否认的主要原则，并且不是始终都有时间、地点和机会来给其他参与相互作用的因素以应有的重视。”[①] 但马克思通过建筑隐喻暗中传达的另一层意思，却在历史上被有意无意地遮蔽起来，即基础要求存在上层建筑，否则就成了“烂尾楼”；[②] 上层建筑规定着——为避免中文术语争议，这里不说“决定着”(但二者对应的德文单词是一样的）——基础的位置、材质、规模、样式、施工等。进而言之，原先强调的是基础立足于客观规律而决定着上层建筑，这里强调的是上层建筑立足于目的考量而规定着基础；原先强调的是客观力量的优先性，这里强调的是主观力量的支配性。可见，建筑隐喻本身或已比较妥善地统一了人类活动的双重属性：人一只脚踏在必然王国之内，另一只脚踏在自由王国之内。

此外，依特定目的落成的建筑，尤其以群体形式出现时，经常能够有力地（但未必是自觉地）彰显某种格局或形势，由此，建筑就可能成为表征时代状况主导势力的重要景观。例如，在希腊城邦中地位显赫的神庙，体现出希腊神话中的诸神世界乃是雅典人的真实生活场景，体现出祭祀和神谕的不容侵犯的崇高性。中世纪城市的地标性建筑当属教堂和城堡，这体现出教会和贵族已成为封建权力结构的主要支柱。兴建于路易十四时代的凡尔赛宫，

---

① 1890年9月21—22日恩格斯致约瑟夫·布洛赫，载《马克思恩格斯文集》第10卷，人民出版社2009年版，第593页。

② 分析的马克思主义代表人物科恩（G. A. Cohen），同样考虑到基础需要上层建筑的情况，但他头脑中的意象与本章大不相同：四根分别夯入地里的等高柱子即使在微风中也可能摇晃，而一旦架设屋顶，将四根柱子固定在一起，则风力较大时亦稳固。科恩认为这是马克思建筑隐喻的恰当对应画面。参见［英］I. 伯纳德·科恩：《卡尔·马克思的历史理论——一种辩护》，段忠桥译，高等教育出版社2008年版，第265-266页。

标志着法国王权的极盛状态，而它在1789年法国大革命之后的迅速荒废，也反映出法国主权权威的骤然移转（1789年《人权宣言》便是这一事态的官方宣告）。受到工业革命洗礼的19世纪，见证着工业中心建筑群的崛起和无产阶级贫民窟的涌现，见证着工厂烟囱纷纷凌驾于教堂尖顶之上，套用《共产党宣言》的话讲，资产阶级“按照自己的面貌为自己创造出一个世界”。至于在现代大都市，主宰天际线的显然是鳞次栉比的摩天大楼（与之相应，密集的铁路公路交通网则主宰着地平线①），这体现出商业和金融业在当今世界已然跃升为统治力量。② 霍姆斯大法官的一段著名教诲，或许是对这种可以迁移到法律领域的时代象征性的最佳注脚：“把法律单纯视作伟大的人类学文件，并按此立场研究法律，这完全恰如其分。我们不妨通过法律来查明如下事情：哪些社会理想强盛到足以达成其最终表达形式的地步？各种主流理想随着时代更迭而发生了怎样的变化？我们在研究法律时，不妨将之视为人类观念的形态学操演和转变过程操演。出于诸如此类目的而追求的研究，便成为最严格意义上的科学。从牧师的真相检验（即神判的奇迹）、军人的真相检验（即决斗审）到陪审团的民主裁决，这一转变过程多么引人入胜！”③ 建筑隐喻暗示我们，一般而言，法律目的不是法律的内生物，具备自给自足体系形态的法律实为法学家之意识形态。或许有感于当时一批法学家正在或即将沉湎于法律科学的迷梦，马克思在《德意志意识形态》里面专门加写了一段手稿，把法学家归入“意识形态家”的行列（当然，他是指19世纪的德国法学家，此乃书稿名称“德意志意识形态”的题中之义）。④

关于何种隐喻更适宜描述历史唯物主义法学原理，精通思想史的庞德有

① 关于作为现代性缩影的交通方式改造的马克思主义观察，参见［德］沃尔夫冈·希弗尔布施：《铁道之旅：19世纪空间与时间的工业化》，金毅译，上海人民出版社2018年版。

② 参见［英］康卫、［英］罗恩尼什：《解读建筑：建筑学与建筑史导论》，刘家瑞译，电子工业出版社2015年版，第19、39页；《马克思恩格斯文集》第2卷，人民出版社2009年版，第36页。

③ ［美］霍姆斯：《法学论文集》，姚远译，商务印书馆2021年版，第189-190页。

④ 参见《马克思恩格斯文集》第1卷，人民出版社2009年版，第586页。所谓法学家意识形态的核心，就是要从法的关系本身来理解法的关系，这正是1859年《序言》在表述建筑隐喻之前明确批判过的一种思路。

一段论述可以深化我们的思考：应当“从一种建筑物的角度去思考问题——该建筑物乃是人类为了满足自身的欲求而建造的，尔后人类又为了满足其日益扩大或日益变化的欲求甚或日益变化的时尚不断地对它进行修理、改造、重建并不断地给它添砖加瓦”①。马克思的建筑隐喻深具恰当的平衡感，引导着我们既关注客观规律和外部环境，又关注缔造过程，既关注传统和传承，又关注后人的新需要和续造，既关注作为主体的人的境况和把控，又关注结构和功能的安排。建筑隐喻让读者从原先理解事物的惯用参照系中惊醒过来，其有待挖掘的意涵这样丰富，的确印证了梅林的说法，即马克思在说明他所要说明的问题时，总是给读者留有余地，让他们自己去进行有益的思考。② 毫无疑问，我们需要认真考察和评价那些居于法学理论中的隐喻语言，剖析它们背后隐藏着的思维倾向，正视哲学社会科学话语中固有的修辞现象。我们将发现，对法学研究产生重要影响的理论思潮，往往在其核心地带采取隐喻形式的表述。这种语言学现象乍看之下令人错愕，但细细想来，每种法学隐喻都恰如其分承载着一定的理论范式或者至少是观察视角，而这些隐喻连同其象征含义一道融化为我们思维方式不可或缺的组成部分。它们在无形之间深刻制约着我们的表达方式和话语偏好，进而以语言为中介和杠杆，决定着我们从何种角度观察和评判事物，决定着我们能看到什么、看不到什么，决定着我们趋于达成的共识和容易犯下的错误。

最后应当说明的是，从修辞的视角看，若要确保宣传工作的成效，就应当努力避免因为误用或滥用而引发的隐喻概念系统紊乱。1859 年《序言》在同一自然段内近乎相邻的位置，即交错运用有机体隐喻和建筑隐喻，这一现象似乎在修辞学上造成了二者关系的解释难题，如果我们像流行叙事那样对于二者的不同内涵不加区分的话。对修辞敏感的研究者已为此提出若干解释

① ［美］罗斯科·庞德：《法律史解释》，邓正来译，中国法制出版社 2002 年版，第 30 页。
② 参见［德］弗·梅林：《马克思传》，樊集译，人民出版社 1965 年版，第 295 页。

方案。[①] 在笔者看来，有机体隐喻更侧重历史的维度，亦即作为社会子系统的法同其社会母体之间关系的历时性方面。事实上，从古希腊哲学以来，有机体隐喻就伴随着动态性、过程性、周期性的观念。建筑隐喻的侧重点则转向结构的维度，具体说来即转向现代市民社会的横断面、共时性的方面。随着工业力量迅速崛起并推动着现代异化劳动和贫困现象全面展开，随着建立在工业国和农业国之间的新型殖民关系重塑了全球面貌，随着资本的逻辑逐渐成为统摄一切领域的逻辑，经济基础对法律政治上层建筑的决定性作用，以前所未有的鲜明形式彰显于现代市民社会。这种新的社会阶段就是马克思为建筑隐喻选定的经典原型，也是他的政治经济学批判工作的首要对象。结构是有其历史的（“随着经济基础的变更，全部庞大的上层建筑也或慢或快地发生变革”），否则一时的事物关系就容易冒充为永恒的自然规律；历史也是有其结构的（1859 年《序言》对“经济的社会形态”的五分法），否则人们容易误以为社会发展进程的连续和断裂不过是大人物任意发号施令的结果。笔者认为，这就是马克思兼采两种隐喻且能保持协调的根本理由——他为此宁愿让两种隐喻所在的那个自然段在篇幅占比上严重失衡——也是两种隐喻精织而成的历史唯物主义法学原理所传达的核心要义。

① 有人认为，这表明历史唯物主义内部存在着外显为隐喻分化的隐蔽理论张力，即目的论与因果论、辩证论与决定论的相互关系问题。有人认为，这表明马克思希望弱化隐喻本身固有地趋向的一种思维支配力，防范它的实体化和定势化，正如有机体隐喻在黑格尔法哲学中表现出来的那样。还有人认为，建筑隐喻属于特殊规定，有机体隐喻属于代表着辩证整体观的一般规定，二者实质上彼此互补、和谐统一，共同促成有关人类复杂社会情境的全面理解。

第二编　方法的重构

诚如现代法社会学鼻祖埃利希所言，“一切研究之要务在于寻找到与其研究对象相适应的研究方法”[①]。方法就像委拉斯开兹的名画《宫中侍女》里面的真正主角那样，是几乎不可见的在场者，但却透过微茫的线索持续提醒人们，它乃是贯穿全部构图元素的灵魂。[②] 方法是马克思法律思想中不可忽视的构成要素，方法层面的分野远比具体结论层面的竞争更为根本，它是马克思主义区别于非马克思主义的关键。方法问题位于启蒙思想家陆续建构的各种近代哲学体系的核心。[③] 身为启蒙运动之子，马克思（以及他的亲密战友恩格斯）自然为恰当的研究方法赋予了科学上的重要地位。这种地位不仅体现于自身观点的正面阐述，也体现于研究和批判工作的着眼点。

我们看到，《〈资本论〉第二版跋》（1873年）的后半部分完全在探讨方法问题，其中谈到“人们对《资本论》中应用的方法理解得很差”（原文即有强调），因为该方法竟然引发了种种相互抵牾的评论意见。马克思甚至不厌其烦地援引一位俄国学者的长篇论述，并赞扬该学者“把他称为我的研究方法

---

① ［奥］埃利希：《法社会学原理》，舒国滢译，中国大百科全书出版社2009年版，第8页。

② 对这种构图技巧的精彩评析，参见［法］米歇尔·福柯：《词与物》（修订译本），莫伟民译，上海三联书店2016年版，第3-17页。

③ 参见［美］罗伊·波特主编：《剑桥科学史（第四卷）：18世纪科学》，方在庆 主译，大象出版社2010年版，第699页。

的东西描述得这样恰当"①。恩格斯关于马克思发表的首部体系化著作《政治经济学批判·第一分册》的书评，其大部分内容都在向读者介绍马克思的独特方法：用于分析、诠释和表达事物发展规律的这一整套方法（总称"辩证方法"）来自黑格尔，但不是来自黑格尔方法的"现有的形式"(vorliegenden Form)，并且，该方法的制定"其意义不亚于唯物主义基本观点"②。这篇书评的内容安排和重点设置，无疑得到过马克思的事先授意，且同马克思在1872年写进《资本论》法文版中的一句话形成照应，即"我所使用的分析方法至今还没有人在经济问题上运用过"③。

我们看到，马克思在批判他在德意志文化圈内最主要的理论对手黑格尔的时候，以及在批判他在法兰西文化圈内最主要的理论对手蒲鲁东的时候，方法问题都是首当其冲的突破口。《黑格尔法哲学批判》手稿（1843年）谈道：在黑格尔那里，"正确的方法被颠倒了。最简单的东西被描绘成最复杂的东西，而最复杂的东西又被描绘成最简单的东西。应当成为出发点的东西变成了神秘的结果，而应当成为合乎理性的结果的东西却成了神秘的出发点"④。《哲学的贫困》（1847年）则指出蒲鲁东滥用和误用了黑格尔主义方法，而"在黑格尔看来，形而上学，整个哲学，是概括在方法里面的。所以我们必须设法弄清楚蒲鲁东先生那套……含糊不清的方法。因此，我们作了七个比较重要的说明"⑤。我们还看到，马克思在1858年1月16日致信恩格斯之时写道："我又把黑格尔的《逻辑学》浏览了一遍，这在材料加工的方法上帮了我很大的忙。如果以后再有工夫做这类工作的话，我很愿意用两三个印张把黑

① 参见《马克思恩格斯全集》第43卷，人民出版社2016年第2版，第845-848页。值得注意的是，对他人理论主张（而非事实材料）的这种上千字的连续引证，在马克思公开发表的著作中极其罕见。

② 参见《马克思恩格斯文集》第2卷，人民出版社2009年版，第601、603页。

③ 《马克思恩格斯全集》第43卷，人民出版社2016年第2版，第13页。

④ 《马克思恩格斯全集》第3卷，人民出版社2002年第2版，第52页。这句译文中的"方法"对应的德文词汇不是"Methode"而是"Weg"，涉及道路隐喻。

⑤ 参见《马克思恩格斯文集》第1卷，人民出版社2009年版，第598页。或许与此相关的事实是，青年黑格尔派成员、阿诺德·卢格在1845年已经提出，方法乃是黑格尔整个体系的秘密之所在。参见［捷］金德里希·泽勒尼：《马克思的逻辑》，荣新海、肖振远译，中共中央党校科研办公室1986年编印（党校系统内部发行参考），第195页。

格尔所发现、但同时又加以神秘化的方法中所存在的合理的东西阐述一番，使一般人都能够理解。"[①] 可见，马克思确曾有撰写方法问题专论的计划，可惜他没有完成。在我看来，除精力和环境不允许之外，这主要是由于他期待读者根据他的研究成果自行发掘相应方法，并且认为这是读者能够胜任和应该胜任的事情。[②]

本编即在法律和权利研究领域执行马克思理论遗嘱的一番尝试。这番尝试无疑得益于马克思本人的治学方法。他善于追本溯源，通过努力搜集参考文献、澄清历史演变、还原理论依据，使自己的研究工作更加扎实、批判工作更有穿透力。他的研究博采众长，不仅取法于公认的"三大来源"，而且其参考文献显示出令人震撼的丰富性。以《克罗茨纳赫笔记》和《巴黎笔记》为代表的一批文本，充分展示了他是如何具体地选取读物、制作笔记、取舍摘录、编订索引和迸发灵感的。他的研究始终有的放矢，这一方面体现在他针对（至少在知识界内部）产生广泛影响的人物或群体（比如黑格尔、康德、谢林、圣西门、傅立叶、蒲鲁东、拉萨尔、魁奈、斯密、萨伊、西斯蒙第、李嘉图、李斯特、边沁、历史法学派、青年黑格尔派），另一方面体现在他针对一个地区（比如莱茵省）、一个国家（比如普鲁士或法兰西）或世界范围的重大课题（比如代议制、启蒙、理性国家、平等化、贫困、人口、革命、人权、犯罪、暴力、私有制、资本、异化劳动、经济竞争、市民社会、无产阶级、资产阶级、封建地产、工业化、剥削、剩余价值、社会主义、共产主义、意识形态、工人运动）。马克思深知，重要的是推翻获得同时代普遍接受的意见，而非驳倒单纯的一家之言。马克思在形成自己的科学观点时，首先

---

① 参见《马克思恩格斯文集》第10卷，人民出版社2009年版，第143页，原文即有强调。

② 马克思一如许多思想家那样，对预设的受众有特殊的严格要求。例如，1859年《序言》开篇伊始写道："我把已经起草的一篇总的导言压下了，因为仔细想来，我觉得预先说出正要证明的结论总是有妨害的，读者如果真想跟着我走，就要下定决心，从个别上升到一般。"马克思既已决定不在此处发表这篇"总的导言"，而读者当然也不可能知道这份材料的存在，那么马克思何必多此一举透露这段花絮呢？显然是因为他希望以此敬告甚或警告那些漫不经心、投机取巧的读者，让他们明白：跟上作者的思路是一件需要"下定决心"的事情，也就是说，是一件相当艰辛的、但尚未超出识字人群理解力的事情。参见《马克思恩格斯文集》第2卷，人民出版社2009年版，第588页。在《资本论》的不同版本中，马克思进一步寄望于想求得新知因而愿意自主思考的读者，明确且反复地嘱咐读者不要"急于追求结论"，不要仅仅盯着自己"直接关心的问题"。参见《马克思恩格斯全集》第43卷，人民出版社2016年第2版，第13、17页。

借助前人确立的既定概念要素，然后经过一定的加工整理，为之赋予新的内涵、厘定新的前提或者添加新的语境，使之逐渐转为科学社会主义的固有概念，最终收到别开生面的论证效果，这也正是前述三项工作的落脚点。[①]

笔者在此展示的理论尝试具有文献学基础上的鲜明重构性质：这一方面要求精读马克思的文本，覆盖但不局限于直接处理权利问题的语段，向这些文本持续发问，推敲它们背后所依据的方法，不断迫使耳熟能详的东西重新陌生化，进而不断唤起惊异感，为拟定新的框架提供线索，另一方面要求尽量在每个重要环节出示来自马克思主义经典作家方面的文献证据，[②] 尽量援用那些跟马克思一脉相承的跨学科思想资源，以防重构工作在不知不觉间蜕变为一种任意自外强加的解释。“马克思的整个世界观不是教义，而是方法。它提供的不是现成的教条，而是进一步研究的出发点和供这种研究使用的方法。”[③] ——恩格斯的这一经典教诲，构成本编时刻秉承的指南。马克思主义法学研究无论是“照着讲”还是“接着讲”，都将从方法论研究中受益匪浅。

---

① 参见姚远：《马克思的治学方法》，载《澳门法学》2020 年第 3 期。

② 如果说马克思的生活史是不可复制的，那么他的阅读史至少是我们有可能稍微接近的。在笔者看来，只有首先拉近知识结构从而拉近理论视野，才能最大限度避免读者对作者的误解和偏见。

③ 《马克思恩格斯文集》第 10 卷，人民出版社 2009 年版，第 691 页。

第四章

马克思法律与权利研究中的对象选择方法

（现代）权利不仅跟义务一道构成（现代）法的基本范畴，而且被不少学者视为法律思想领域最具本位意义的话题。权利的现象和实质很早就引起马克思的密切关注，属于马克思法律思想中极具显示度的“构成要件”。从16世纪到19世纪，在宗教改革、工业革命和政治革命的接连作用下，权利的现代形态加速兴起，并经由欧陆法学界草创的“主观权利”概念获得其理论表达，逐渐突破了古典时期罗马法的思想脉络。[①] 透过这些在交往和对抗中奔突涌流的权利景象，马克思洞察到正在降临的现代性的本质和征兆。马克思据以发展的权利理论（至少是其中某些关键成分），经过一大批国内外学者各不相同的检视或复兴，得以参与当代法哲学、政治哲学和道德哲学的对话，

① 参见［法］维莱：《主观权利理论与罗马法体系》，巢志雄译，载《苏州大学学报（法学版）》2021年第2期，第146-148页。按照维莱之见，有些现代学者甚至以颇具误导性的方式，用“主观权利”理论来重新解释罗马法的本来体系。当然，维莱并不否认古代法哲学的确为“主观权利”概念的生成提供了一定空间。

历史唯物主义由此在客观上得到深化和丰富。[①] 因此，本编的后续章节拟以马克思的权利研究为侧重和范例，重构性地探究马克思法律思想世界的方法维度。

本编主题的厘定，还特别立足于笔者对既有相关研究成果的总体判断。现有文献无疑帮助我们系统梳理了马克思直接言及权利问题时的结论要点，例如习惯权利和法定权利的关系、权利与特权的二元论、权利与自由的内在关联、权利主体的性质和类型、所有权的事实基础和社会意义、资产阶级式自然权利的原子论—利己论前提、权利与义务的对立统一、权利的平等性、权利对社会的经济结构和相应文化发展的依赖、权利关系的历史演变，等等。其中，人权这种特定权利形态具有高度的政治性，故而马克思的人权思想尤其引起研究者瞩目。发表于《德法年鉴》创刊号的《论犹太人问题》一文，[②] 无疑构成相关论争的焦点。我们看到，马克思的批评者和支持者为此展开了

---

① 国内权威期刊《哲学研究》对马克思权利思想表现出来的浓厚兴趣令人瞩目，例如文兵：《超越“市民社会”：重思权利与权力的关系》，载《哲学研究》2019 年第 3 期；欧阳英：《马克思的权利观、正义观与生产力观》，载《哲学研究》2019 年第 8 期；王峰明：《经济关系与分配正义——〈哥达纲领批判〉中马克思的“权利—正义观”辨析》，载《哲学研究》2019 年第 8 期；高广旭：《财产权批判与正义——马克思对黑格尔正义观的批判与超越》，载《哲学研究》2019 年第 9 期；方博：《私人所有权与社会结构不正义——以“林木盗窃法问题”为例》，载《哲学研究》2021 年第 3 期；黄建军：《劳动所有权原则的历史界域与双重规律》，载《哲学研究》2022 年第 8 期；张文喜：《马克思对黑格尔知识财产权思想的扬弃》，载《哲学研究》2022 年第 10 期。

国外研究文献例如：Luis Kutner，“The Human Rights of Karl Marx”，in *North Dakota Law Review*，Vol. 55，1979，pp. 39-60；Betty A. Sichel，“Karl Marx and the Rights of Man”，in *Philosophy and Phenomenological Research*，Vol. 32，No. 3，1972，pp. 355-360；Leszek Kolakowski，“Marxism and Human Rights”，in *Daedalus*，Vol. 112，No. 4，1983，pp. 81-92；Robert A. Kocis，“An Unresolved Tension in Marx's Critique of Justice and Rights”，in *Political Studies*，Vol. 34，No. 3，1986，pp. 406-422；George G. Brenkert，“Marx and Human Rights”，in *Journal of the History of Philosophy*，Vol. 24，No. 1，1986，pp. 55-77；Stephen A. Brown，“The Problem with Marx on Rights”，in *Journal of Human Rights*，Vol. 2，No. 4，2003，pp. 517-522；Ruth Levitas，“Beyond Bourgeois Right：Freedom，Equality and Utopia in Marx and Morris”，in *The European Legacy*，Vol. 9，No. 5，2004，pp. 605-618；李惠斌、李义天编：《马克思与正义理论》，中国人民大学出版社 2010 年版；［美］英格拉姆：《权利与特权——马克思和〈论犹太人问题〉》，李旸、林进平译，载《国外理论动态》2015 年第 11 期；Daniel Bensaïd，*The Dispossessed*：*Karl Marx's Debates on Wood Theft and the Right of the Poor*，translated by Robert Nicholas，University of Minnesota Press，2021。

② 关于《论犹太人问题》（及其直接关联文献），参见李彬彬：《思想的传承与决裂——以“犹太人问题”为中心的考察》，中国人民大学出版社 2015 年版；林进平：《马克思〈论犹太人问题〉研究读本》，中央编译出版社 2016 年版；聂锦芳、李彬彬编：《马克思思想发展历程中的“犹太人问题”》，中国人民大学出版社 2017 年版。

旷日持久的激烈交锋。批评者们认为马克思简单粗暴地否定人的基本权利与合理诉求，并宣称这是历史唯物主义高扬经济基础、贬低观念上层建筑的逻辑后果。更有甚者还将《论犹太人问题》跟反犹主义联系起来，声称马克思基于反宗教立场自然而然敌视自己的犹太血统，而鉴于纳粹政权对犹太人的大屠杀构成20世纪最震撼人心的人权灾难，该叙事严重挑战了马克思主义的道德形象。相反，支持者们将马克思的批判对象严格限定于18、19世纪的资产阶级权利形式，主张社会主义条件下必然存在着价值内涵焕然一新的人权类型，就此而言，马克思已在《德法年鉴》提出相应的（具有康德主义色彩的）呼吁，即“必须推翻那些使人成为被侮辱、被奴役、被遗弃和被蔑视的东西的一切关系”。[①] 有的支持者还力图进一步证明，历史唯物主义绝不会吞没人的固有价值和能动力量，否则将背离马克思实践哲学的一贯主张，更何况人权和人权法亦可反过来规制社会生活中的非人道现象。

不消说，凡此种种的命题及其相关争论的清单还可以拉到很长。但与此同时应当看到，研究者往往局限于以这样那样的方式解释、限定、连缀、整合马克思论及权利问题的零散结论，很少有意识地挖掘隐藏在那些结论背后的、相对超然于特定时空素材的因而更容易迁移至当代权利研究中的方法。当然，这方面存在一些明显例外。但构成例外的论述更多立足于唯物辩证法的基本原理以及《〈政治经济学批判〉导言》，是社会科学一般方法论原则在权利研究领域的应用。笔者的工作方向有所不同，试图从《论犹太人问题》重构其背后的具体方法。马克思这篇文章素被公认为其权利批判理论——更一般地说，法律意识形态批判理论——的代表作和马克思主义人权理论的奠基作，尽管它尚未完全达致唯物史观的思想高度，或者说唯物史观只在其中初露端倪。例如，杜兹纳指出：“马克思和马克思主义在人权的理论和批判方面做出了根本贡献。……要理解马克思那细致微妙的人权研究进路，我们须将其置于马克思思想的广阔视域内。最佳的出发点就是他在早期论文《论犹

---

① 参见《马克思恩格斯全集》第3卷，人民出版社2002年第2版，第207-208页。有学者考察过此类论述与康德式伦理学之间的联系，参见［美］菲利普·J. 卡因：《青年马克思与康德式伦理学》，载姚远编译：《马克思与德国古典法哲学》，法律出版社2024年版，第186-206页。

太人问题》中对法国《人权和公民权宣言》的评论。”[①] 赫伯特也主张：“马克思对权利概念的本质和功能的最具批判性的言辞出现在他 1843 年写的《论犹太人问题》一文中。”[②]

本章将努力回答以下未受充分关注的前提性问题：犹太人因其宗教信仰而招致的权利困境自启蒙时代以来就经常受到世人关注，特别是在 1842—1843 年的德国，相关讨论文献比比皆是，马克思为何要专门批判鲍威尔而非其他人的著作？难道是因为鲍威尔论述得特别糟糕么，可马克思为何要在很糟糕的东西上面浪费宝贵的精力呢？那么，难道因为鲍威尔的著作是最新材料么？如此说来，马克思在 1843 年不去批判刚刚发表的萨维尼《当代罗马法体系》，反倒把黑格尔《法哲学原理》（1820 年初版，1833 年甘斯编订再版）作为评注底本，又当如何解释呢？《论犹太人问题》既然是关于鲍威尔的书评（更准确地说是两份书评的组合），那么这在多大程度上左右着马克思文中的权利研究？此外，犹太人的解放本来首先涉及“公民权利”，其次涉及“人的权利”，马克思为何仿佛避重就轻，对前者一笔带过（说参加政治共同体的权利属于“政治自由”的范畴），而对后者大书特书、视之为有待研究的关键？既然讨论德意志的犹太人问题解决方案，马克思为何对本民族历史上的相关法律规章视而不见，甚至跳过拿破仑时代广泛惠及犹太人的著名改革，反倒去追溯 18 世纪北美和法国的权利文件？马克思是否曾经说明自己的选择标准？如果这种说明并不充分或者并不明朗的话，我们可否在《论犹太人问题》的前后关联文本中发现某些解释思路？此类鲜见于既有文献的问题意识，均涉及研究对象的选择方法。这是马克思法律与权利研究方法的第一环节，也是本章的讨论主题。

---

① Costas Douzinas, *The End of Human Rights: Critical Legal Thought at the Turn of the Century*, Hart Publishing, 2000, p. 158.

② ［美］加里·B. 赫伯特：《权利哲学史》，黄涛、王涛译，华东师范大学出版社 2020 年版，第 382 页。

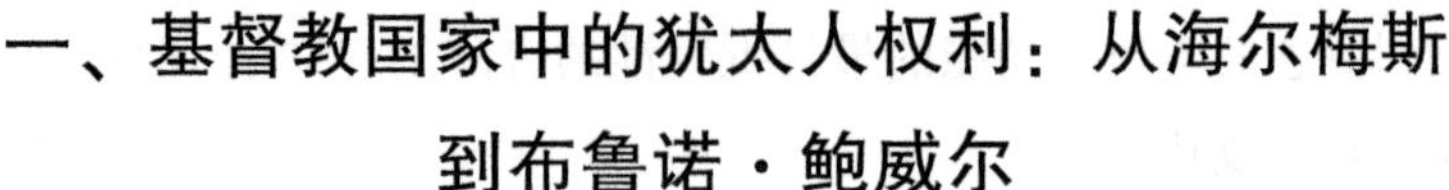

一、基督教国家中的犹太人权利：从海尔梅斯到布鲁诺·鲍威尔

现在重新从马克思的《论犹太人问题》出发。犹太人问题是欧洲历史上的重大事项，既牵连久远又错综复杂，涉及法律、宗教、民族、政治、经济、社会、文化等方面，但在官方层面突出地表现为犹太人的权利是否以及在多大范围内获得承认的问题。犹太人的解放事业是欧洲启蒙时代权利话语的构成要素和重要动力，例如，由于1789年《人权和公民权宣言》措辞模糊，该问题曾在法国大革命时期成为1791年宪法的争议背景之一。从这种重量级的问题切入，更便于马克思看清现代生活的诸般症结。

（一）德国知识界的犹太人问题大论辩

就马克思的时代而言，犹太人问题在1842—1843年间突然成为德国知识界的热门话题，是由于1840年即位的普鲁士国王弗里德里希·威廉四世在1841年12月13日颁布的一道《内阁敕令》，该敕令要求全国以波森地区为样板，建立犹太人同业公会，与此同时不允许犹太人担任公务、取得名誉职务、服兵役，从而将犹太人排除在国家生活之外，以免经由漫长历史过程发展出来的犹太教特殊本质扰乱基督教德国的正常生活。国王对犹太人的明令排挤，立刻引爆国内舆论界。正如《1844年经济学哲学手稿》的创作受到了当时报刊论战的触动，《论犹太人问题》的情况亦如此。我们可将其中一些代表性的报刊文献列举如下（篇名从略）（见表1）：①

表1

作者	发表时间	报刊名称
赫斯（Moses Hess）	1842年3月15日	《莱茵报》
赫斯	1842年5月21日	《莱茵报》

① 列表内容汇总整理自李彬彬：《思想的传承与决裂——以“犹太人问题”为中心的考察》，中国人民大学出版社2015年版，第38-39、46页。

（续表）

作者	发表时间	报刊名称
卡罗韦（F. W. Carové）	1842 年 5 月 22 日、24 日、26 日连载	《莱茵报》
赫斯	1842 年 5 月 29 日	《莱茵报》
赫斯	1842 年 5 月 31 日	《莱茵报》
赫斯	1842 年 6 月 4 日	《莱茵报》
赫斯	1842 年 6 月 29 日、7 月 11 日、8 月 10 日连载	《莱茵报》
海尔梅斯（K. H. Hermes）	1842 年 7 月 6 日	《科隆日报》
菲利普逊（Ludwig Philippson）	1842 年 7 月 18 日	《犹太教总汇报》
海尔梅斯	1842 年 7 月 30 日	《科隆日报》
柯尼希（G. F. König）	1842 年 8 月 8 日	《莱茵报》
瑙威尔克（Karl Nauwerck）	1842 年 8 月 9 日	《莱茵报》
瑙威尔克	1842 年 8 月 14 日	《莱茵报》
柯尼希	1842 年 8 月 19 日	《莱茵报》
菲利普逊	1842 年 8 月 20 日	《犹太教总汇报》
海尔梅斯	1842 年 8 月 23 日	《科隆日报》
菲利普逊	1842 年 11 月 12 日	《犹太教总汇报》
鲍威尔（Bruno Bauer）	1842 年 11 月 17-26 日	《德国科学和艺术年鉴》
鲍威尔	1843 年 7 月	《来自瑞士的二十一印张》
马克思	1844 年 2 月	《德法年鉴》

在当时的争论中，《科隆日报》主编、普鲁士政府的卫道士海尔梅斯格外扎眼。他逆舆论潮流而动，竭力为《内阁敕令》辩护叫好。这不仅招致犹太人理论阵地《犹太教总汇报》主编菲利普逊的反击，而且代表进步势力的《莱茵报》也在 1842 年夏秋季推出一系列文章驳斥海尔梅斯。马克思原先拟定的批判对象正是这位反动主角海尔梅斯，关于后者那套保守的“基督教国家”观念，我们可从马克思的《〈科隆日报〉第 179

号的社论》(《莱茵报》1842年7月)那里略知一二。[①] 在1842年8、9月间,马克思致信《莱茵报》理事达哥贝尔特·奥本海姆(Dagobert Oppenheim),开门见山地索要“海尔梅斯所有反对犹太人的文章”(亦即我们列表中的三篇文章),并声称自己将会“尽快”回复一篇文章,该文纵然不能彻底解决犹太人问题,也力争将其“纳入另一条轨道”[②]。把犹太人解放事业最臭名昭著的反对者作为靶子,这本身就意味着我们很难像某些西方学者那样把马克思归入反犹主义者的行列。如果说批判海尔梅斯是一种并不奇怪的选择,那么所谓“纳入另一条轨道”又是何意?或者说,原先的争论是在什么轨道上展开的呢?事实上,那些争论有时完全是没有实质内容的情感宣泄或意气用事,即便在一些言之有物的场合,也经常局限于如下议题:法律和权利的基础是理性还是偏见?完善的理性国家难以实现,这一事实是否意味着德国的美好未来必须诉诸基督教?坚持基督教的信仰,是否必定要求压制犹太人、不为其授予市民权利?德国可以从其他国家对待犹太人的政策那里学到什么?犹太人的犯罪率以及由此判定的道德水准是否高于基督徒?犹太人和德国人这两重身份是否绝不相容?“基督教国家”到底意味着什么?宗教判断和道德判断是否可以画等号?[③] 这类议题当然是构思《论犹太人问题》的出发点,但我们发现马克思并未纠缠于此,要么点到为止,要么干脆只字不提。

我们知道,《论犹太人问题》最终选定的批判对象不是海尔梅斯,而是布鲁诺·鲍威尔。这一事实至关重要。此处需要我们深思的,不是《论犹太人

① 参见《马克思恩格斯全集》第1卷,人民出版社1995年第2版,第206-228页。从博士论文时期到《莱茵报》时期,马克思都不放过借古讽今、含沙射影的机会,批判这位跟“众神的侍者”海尔梅斯(Hermes即希腊神话中的“赫尔墨斯”)恰好同名的普鲁士御用文人。

② 参见《马克思恩格斯全集》第47卷,人民出版社2004年第2版,第34页。

③ 参见李彬彬:《思想的传承与决裂——以“犹太人问题”为中心的考察》,中国人民大学出版社2015年版,第40-45、47-48页。

问题》的实际落笔时间和完稿时间，[①] 而是马克思写作切入点的调整本身。[②] 给奥本海姆去信的时候，马克思已经完成或行将完成作为唯物史观重要策源地的《克罗茨纳赫笔记》。[③] 在这一阶段的马克思看来，先前的讨论文献没有在理论层面与历史层面深入剖析犹太人在基督教国家的命运和权利，因而显得缺乏教益，亟须加以改造。于是我们必须认真追问：马克思后来读到鲍威

---

① 对该问题的简要说明，参见李彬彬：《思想的传承与决裂——以“犹太人问题”为中心的考察》，中国人民大学出版社 2015 年版，第 132-134 页。李彬彬试图推翻 $MEGA^2$ 编者对《论犹太人问题》写作时间的考证，并得出这样的结论：“事实上，马克思到达巴黎之前已经完成或者至少接近完成《论犹太人问题》几乎是可以肯定的。”

至于马克思是否在更早的时候思考过犹太人问题，更不属于需要在此查考的事情。笔者只能说，由于马克思家庭出身的缘故，不排除这样的可能性。马克思的父亲在 1815 年莱茵地区重归普鲁士之际，曾向总督冯·塞斯递交《关于〈1808 年 3 月 17 日拿破仑法令〉的若干意见》，请求废除针对犹太人的歧视性法律，但此事不了了之。1818 年（即马克思出生那年），普鲁士通过了一部旨在延续 1808 年精神、禁止犹太人担任公职（除非有国王特许）的法令，该法令一直实施到 1843 年。老马克思当时为拿到律师执照，不得不放弃犹太教信仰，皈依新教路德宗，并把名字从“希尔舍”改为“亨利希”。参见林进平：《马克思〈论犹太人问题〉研究读本》，中央编译出版社 2016 年版，第 244 页。

② 正如我们不仅要思考马克思为何批判蒲鲁东（蒲鲁东学说是法国社会主义与黑格尔主义联姻的一种具有广泛影响力的典型）、如何批判蒲鲁东以及具体得出哪些有价值的正面见解，更要揣摩马克思为何批判 1846 年的《贫困的哲学》，而不把 1840 年的《什么是所有权》定为首要着眼点。

③ 参见［苏］莫洛索夫：《1843—1844 年马克思对世界史的研究是唯物史观形成的来源之一》，刘啤星译，载杨金海主编：《马克思主义研究资料》第 11 卷，中央编译出版社 2015 年版，第 589-622 页。五册《克罗茨纳赫笔记》的撰写时间大致如下。第Ⅰ册、第Ⅱ册的小部分内容、第Ⅲ册、第Ⅳ册的大部分内容：1843 年 7 月；第Ⅴ册：1843 年 7 月底 8 月初；第Ⅱ册和第Ⅳ册的剩余内容：1843 年 8 月。这批笔记使用自购纸张对折缝合而成的自制笔记本，按一定方式予以编码，每册也没有统一的尺寸、篇幅或书写工具，比如第Ⅰ册有 60 页，原纸张是 340mm×207mm，而第Ⅲ册有 40 页，原纸张是 230mm×350mm。$MEGA^2$ 的编者这样概括《克罗茨纳赫笔记》的三大议题：（1）所有制问题，涉及“所有制的产生及其在人类历史的不同时代——古代社会、封建社会和马克思所生活的时代——的发展，所有制的各种形式，所有制关系和政治关系的联系，所有制关系对国家和整个社会制度的影响”；（2）阶级问题，涉及“阶级的形成、阶级和等级的特权的性质以及封建等级转化为市民社会的阶级结构”；（3）宪法问题，涉及“立法权和执行权的问题、与专制主义的产生相联的官僚制度及其形成问题、官吏同王权之间的相互关系问题、王室特权问题、代议制和人民主权问题”。而所有这些材料，似乎都因为法国大革命问题（包括它的起源、进程和结局）而被赋予统一的灵魂。参见［苏］鲁缅采娃：《关于克罗茨纳赫笔记》，刘漠云、李俊聪译，载《马列主义研究资料》1983 年第 6 辑，第 75-83 页。

尔的《犹太人问题》和《当代犹太人和基督徒获得自由的能力》之后，[①] 为何决定以批判地回应这二者的形式参与德国知识界的那场大辩论？须知，严肃的专题批判固然代表着某种思想上的对立（如果还没达到决裂程度的话），但同时也往往携带着某种敬意，从而暗暗构成对一位思想者的褒奖。“十分愚昧、庸俗和迂腐”的海尔梅斯，担当着基督教国家及其“庸人们的代言人”[②]，被证明在犹太人问题上不配领受这一褒奖。鲍威尔相继问世的论犹太人问题的著作，正是马克思苦苦寻觅的典型对象。介入论战的时机终于成熟了。鲍威尔的观点何以成为新的典型，因而更值得批判？马克思以罕见于其公开发表著作中的直抒胸臆的赞赏，向读者扼要表明了自己对该问题的回答："鲍威尔批判了迄今为止关于犹太人的解放问题的提法和解决方案以后，又以新的方式提出了这个问题。他问道：应当得到解放的犹太人和应该解放犹太人的基督教国家，二者的特性是什么？他通过对犹太宗教的批判回答了这个问题，他分析了犹太教和基督教的宗教对立，他说明了基督教国家的本质，——他把这一切都做得大胆、尖锐、机智、透彻，而且文笔贴切、洗练和雄健有力。”[③]

（二）转向批判布鲁诺·鲍威尔的深层理由

研究对象的选取和变换，总是因应着一定的问题意识。要寻求转向布鲁诺·鲍威尔的深层理由，我们就要设法澄清青年马克思的批判性研究计划，而后者在笔者看来直接体现为他的批判对象类型学。但必须指出的是，谬误不是无用的废弃物，而是通往真理的阶梯。（1）基督教国家的哲学卫道士，

① 《犹太人问题》（*Die Judenfrage*）即最初连载于 1842 年 11 月 17—26 日的《德国科学和艺术年鉴》的文章，该刊物由卢格负责，当时的出版地已从哈雷迁到德累斯顿。《犹太人问题》后经扩充（增写“第七章 消除最后的幻觉”），1843 年 3 月在不伦瑞克出版单行本。马克思 1843 年 3 月 13 日从科隆写信给卢格，说鲍威尔关于犹太人问题的观点“太抽象”，此时他或许还没读到当月在不伦瑞克出版的增订本。当然，笔者并不认为增订本能够改变马克思的评价，因为所谓“太抽象”非指内容不够充实，而是指原则不够务实。参见《马克思恩格斯全集》第 47 页，人民出版社 2004 年第 2 版，第 54 页。论文《当代犹太人和基督徒获得自由的能力》（*Die Fähigkeit der heutigen Juden und Christen frei zu werden*），即列表里收录于海尔维格主编的《来自瑞士的二十一印张》（第 56-71 页）的文章。汉译者通常将标题中的“heutig”译为“现代［的］”，这就无法区别于“modern”，后者乃是理解《〈黑格尔法哲学批判〉导言》的关键。

② 参见《马克思恩格斯全集》第 47 卷，人民出版社 2004 年第 2 版，第 32 页。

③ 《马克思恩格斯全集》第 3 卷，人民出版社 2002 年第 2 版，第 164-165 页。

涉及晚年谢林和伊曼纽尔·赫尔曼·冯·费希特（I. H. von Fichte），主要参见《德谟克利特的自然哲学和伊壁鸠鲁的自然哲学的差别》和《〈科隆日报〉第179号的社论》。(2) 普鲁士政治法律现状的直接捍卫者和诠释者，涉及古斯塔夫·胡果（Gustav Hugo）、萨维尼（Savigny）、哈勒（Carl Ludwig von Haller）、施塔尔（Friedrich Julius Stahl）、莱奥（Heinrich Leo）、兰克（Leopold Ranke）、《科隆日报》编辑海尔梅斯（Karl Heinrich Hermes），主要参见《评普鲁士最近的书报检查令》《第六届莱茵省议会的辩论（第一篇论文）》和《历史法学派的哲学宣言》。① (3) 古代—中世纪传统与现代潮流的调和者，涉及黑格尔（马克思在德国范围内最敬重的理论对手），主要参见《黑格尔法哲学批判》。(4) 已经触及现代性，但因神学—哲学前提所限而终究流于空谈的德国激进知识分子，涉及青年黑格尔派，主要参见《神圣家族》和《德意志意识形态》。马克思曾与他们携手抗击第三类意识形态批判对象的思想支配，“在暴风雨即将来临的德国天空上写下了‘弥尼、弥尼、提客勒、乌法珥新［语出《旧约》，意为：气数已尽，在劫难逃］’”②。(5) 现代性的政治形式，以法国大革命为代表，主要参见《论犹太人问题》和《关于现代国家的著作的计划草稿》。马克思的分析着眼于革命进程的意识形态样本，即“人权宣言”系列文件。(6) 现代性的经济形式，以国民经济学或政治经济学（这是同一门学问在不同国家、不同阶段的称谓）为代表，主要参见《1844年经济学哲学手稿》《巴黎笔记》和《评李斯特》。仅就《1844年经济学哲学手稿》的论证策略而言，马克思不是径直抨击经济学家的私有制前设

---

① 《历史法学派的哲学宣言》用比较隐晦的文字，将第（1）（2）类批判对象编织进同一个反动意识形态谱系：“随着时间的推移和文化的发展，历史学派的这棵原生的谱系树已被神秘的烟雾所遮盖；浪漫派用幻想修剪它，思辨又把自己的特性嫁接给它；无数学术果实都从这棵树上被摇落下来，晒干，并且被加以夸大地存放在宽阔的德国学术库房中。……应当把哈勒、施塔尔、莱奥及其同伙的法律理论和历史理论看作只不过是胡果的自然法的旧版翻新。”马克思为避免读者不了解自己的醉翁之意，在这段话之前挖苦地谈到“判明胡果的继承者能不能承担当代的立法者的使命”，并且强调了“胡果的继承者”和“当代的立法者的使命”这两处字眼。参见《马克思恩格斯全集》第1卷，人民出版社1995年第2版，第238页。

② 参见杨金海主编：《马克思主义研究资料》第27卷，中央编译出版社2015年版，第314页。

(此为外在批判)，而是采取内在批判的手法，① 这明显有别于恩格斯的《国民经济学批判大纲》。(7) 作为现代性之自我超越尝试的现代社会主义与共产主义，主要参见《〈黑格尔法哲学批判〉导言》《1844年经济学哲学手稿》《〈外国杰出的社会主义者文丛〉计划》《德意志意识形态》和《共产党宣言》。②

可见，马克思在犹太人权利问题上转向批判布鲁诺·鲍威尔，意味着要从第(4)类对象那里找到分析和反思第(5)类对象的线索，意味着要在鲍威尔业已完成的工作基础上，将犹太人问题抽出作为"基督教国家"的德意志这个语境，使之真真正正(而不仅像鲍威尔自以为的那般)成为"一个大的普遍性问题的一部分"③，还意味着权利因素实质性参与了马克思融通"三大来源"的关键时期。马克思的伟大在相当程度上立足于理论对手的杰出和议题的重大，这一点是我们在研究中必须始终牢记于心的。在他看来，鲍威尔著作虽有明显缺陷，但却代表着关于犹太人问题的形而上学分析或神学论

---

① 马克思写道："我们是从国民经济学的各个前提出发的。我们采用了它的语言和它的规律。我们把私有财产，把劳动、资本、土地的互相分离，工资、资本利润、地租的互相分离以及分工、竞争、交换价值概念等等当做前提。"可以说，马克思从经济学本身出发，用它自己的语言提出它无法承受的结论("这是从国民经济学家的阐发中得出的，尽管他并不知道这一点")：比如劳动虽被宣布为财富的源泉，因而看起来备受推崇，劳动者却被降低为"最贱的商品"，因而劳动在现有条件下实际上是"有害的、招致灾难的"。参见［德］马克思：《1844年经济学哲学手稿(附有按照手稿写作顺序编排的文本)》，人民出版社2014年版，第162-163、168、197页。

② 马克思在1842年底的时候，就认真研读过蒲鲁东、德萨米、勒鲁和孔西得朗的著作。在旅居法兰西文化地理圈的时期，马克思不仅同当地的无产者团体频繁接触，还继续广泛涉猎社会主义文献。《1844年经济学哲学手稿》即反映出马克思当时的相关阅读成果：他显然已经非常熟悉傅立叶、圣西门、卡贝、欧文、赫斯、恩格斯、比雷等人的观点，能够进行援引和分析。此外，《〈外国杰出的社会主义者文丛〉计划》是马克思拟定的有趣翻译计划。该计划本身虽然最终没有落实——恩格斯曾为此译出《傅立叶论商业的片断》——但能够呈现出马克思的关注点。其中提到13组名单：(1) 摩莱里、马布利、巴贝夫、邦纳罗蒂；(2) 霍尔巴赫、傅立叶；(3) 社会小组(Cercle soc.)、阿贝尔(Hébert)、勒鲁、勒克莱尔克(Leclerc)；(4) 边沁、葛德文；(5) 爱尔维修、圣西门；(6) 欧文、拉兰德(Lalande)；(7) 孔西得朗；(8) 学派的著作(Die Schriften der Schule)；(9)《生产者》(Producteur)、《地球报》(Globe)；(10) 卡贝；(11) 德萨米、盖伊(Gay)；(12)《博爱》(Fraternité)、平等论者(l'égalitaire)、人道主义者(l'humanitaire)；(13) 蒲鲁东。参见［苏联］弗·阿多拉茨基主编：《马克思年表》，张慧卿、李亚卿译，人民出版社1982年版，第22页；《马克思恩格斯全集》第42卷，人民出版社1979年第1版，第272页；*Marx-Engels-Gesamtausgabe*, Ⅳ/3, Dietz Verlag Berlin, 1998, p. 14。

③ 参见［德］布鲁诺·鲍威尔：《犹太人问题》，李彬彬译，载聂锦芳、李彬彬编：《马克思思想发展历程中的"犹太人问题"》，中国人民大学出版社2017年版，第34页。从这个角度可以说，《〈黑格尔法哲学批判〉导言》的内容构成《论犹太人问题》的前提。因为前者始终面向德国本身的事务展开讨论，不仅起笔处和收笔处明确限定于德国，就连其中看起来最具普遍性的无产阶级革命愿景，(至少在文章的语境中)其实也是围绕着德国解放形势的一种勾勒。

证的顶峰。不仅如此，鲍威尔还在《犹太人问题》中专辟两节，分别探讨了“市民社会”以及“人权和基督教国家”。当然，仅就篇幅而论，这两节只占115页单行本原著中的区区4页纸，[①] 都属于一笔带过的东西，但其意义对马克思来说非同小可。“主要的困难不是答案，而是问题。因此，真正的批判要分析的不是答案，而是问题。”[②] 我们看到，马克思对这两节内容情有独钟，均作出专门回应，比如他抄录了“市民社会”节的一大段话，并提到该节是根据“黑格尔法哲学的基本要点”拟定的。[③] 我们甚至可以说，《论犹太人问题》最精彩的理论发挥都是从这两节引申出来的。它们全部呼应着马克思在同一时期郑重宣布的研究转向：“对天国的批判变成对尘世的批判，对宗教的批判变成对法的批判，对神学的批判变成对政治的批判。”[④]

犹太人问题（以及刑讯问题、新教徒问题、奴隶制问题、妇女问题等等），本就是1789年《宣言》颁布之后席卷法国舆论界的热门权利话题，鲍威尔的以下论述更为马克思提供了不可多得的探讨契机，他由此脱离专门针对鲍威尔的应景写作，转向自己一以贯之的深层关怀：

“对基督教世界来说，人权思想只是上一世纪才被发现的。这种思想不是人天生就有的，相反，只是人在同迄今培育着他的那些历史传统进行斗争中争得的。因此，人权不是自然界的赠品，也不是迄今为止的历史遗赠

① 参见聂锦芳、李彬彬编：《马克思思想发展历程中的“犹太人问题”》，中国人民大学出版社2017年版，第页38-39、47-48页。

② 《马克思恩格斯全集》第1卷，人民出版社1995年第2版，第203页。

③ 参见《马克思恩格斯全集》第3卷，人民出版社2002年第2版，第174页。鲍威尔写道：“正是市民社会的基础，即保证市民社会的持续存在和保障市民社会的必然性的那种需要，使它的持续存在经常受到威胁，保持了它的不稳固要素，产生了那种处于经常更迭中的贫穷和富有、困顿和繁荣的混合物，总之产生更迭。”就是说，需要是市民社会的利己的推动力，也是社会内部分化的根据。参见聂锦芳、李彬彬编：《马克思思想发展历程中的“犹太人问题”》，中国人民大学出版社2017年版，第38页。黑格尔的表述则是：“从一方面说，特殊性自为地既然尽量在一切方面满足它的需要、偶然的任性和主观的偏好，在它的这些享受中也毁坏了自己本身，破坏了自己的实体性概念。从另一方面说，必然需要和偶然需要的满足是偶然的，因为这种满足会无止境地引起新的欲望，而且它完全倚赖外在偶然性与任性，同时它又受到普遍性权力的限制。”［德］黑格尔：《法哲学原理》，邓安庆译，人民出版社2016年版，第331页。市民社会中的特殊性与普遍性的辩证法深受黑格尔关注，而鲍威尔对之未予置评。

④ 《马克思恩格斯全集》第3卷，人民出版社2002年第2版，第200页。“对法的批判”亦译“对权利的批判”。

物，而是通过同出生的偶然性和历史上一代一代留传下来的特权的斗争赢得的奖赏……那么犹太人是否真的能够享有这种权利呢？只要他还是犹太人，那么使他成为犹太人的那种狭隘本质就一定会压倒那种把他作为人而同别人结合起来的人的本质，一定会使他同非犹太人分隔开来。"[①]

在被马克思不厌其烦引用的这段重要论述里，鲍威尔显示出对于人权的某种热切幻想。引起马克思特别兴趣的是，这种幻想非仅为鲍威尔所独有，而是法国大革命爆发以来的时代流行幻想，即认为人权是特权的对立面，其内核是"把他作为人而同别人结合起来的人的本质"。揭示这种幻想的意识形态属性及其背后真实的社会根基，遂成为马克思值得致力的研究目标。这也十分契合马克思为《德法年鉴》制定的办刊宗旨。

不难看到，鲍威尔为犹太人问题开放的思想空间，是1842年夏秋季的报刊论辩不可比拟的，因而的确属于适格批判对象。那么，未被指名道姓的海尔梅斯们，是否就可以因此心安理得地耸耸肩膀，摆出一副事不关已的姿态，甚至有些幸灾乐祸呢？不！这里笔者要借用《资本论》的提法，向这些人士高声呼喊：你们可以而且应该从鲍威尔的际遇中获得教益（正如"一个国家可以而且应该从另一个国家的历史中获得教益"），因为"这正是说的阁下的事情！"[②] 换言之，对更加发达的典型对象的研究，同时有助于说明在那些落后的、已被发达对象扬弃和涵摄的类型中仅仅保持为征兆的因素。研究对象的选择背后不仅涉及一系列关于社会事实和思考重心的认识，更隐含着一种明智的提问能力或审慎的问题意识。马克思对典型批判对象的重新厘定包藏着问题的新提法，而问题的新提法本身往往已经包藏着解决问题的某种可能性，先前的报刊论辩内容也将随着旧提法的失效而被连根拔起。就此而言，马克思事实上批判地继承了鲍威尔在《犹太人问题》中的一种认识，即"一

---

① ［德］鲍威尔：《犹太人问题》，载聂锦芳、李彬彬编：《马克思思想发展历程中的"犹太人问题"》，中国人民大学出版社2017年版，第47页。值得注意的是，该引文的最后那句话马克思接连引用了两遍，这种现象在马克思的写作中是比较罕见的。因此可以推知，那句话所透露出来的误解或幻觉是如何加以强调都不为过的。

② 参见《马克思恩格斯全集》第43卷，人民出版社2016年第2版，第17、18页。

开始，我们要正确地提出问题，同时消除过去的那些错误提法”[①]。笔者需要立刻指出的是，这里的新旧更替毕竟是有限度的，因为同一道发表于《德法年鉴》创刊号的、作为一项宏大研究计划之自由预告的《〈黑格尔法哲学批判〉导言》相比，《论犹太人问题》在形式上是书评，这就要求马克思在很大程度上紧扣原著内容，否则会有跑题的嫌疑。[②] 有鉴于此，《论犹太人问题》在写法上不够自由，必须设法沿着鲍威尔原著已然提供的、哪怕看起来并不起眼的思想线索向前推进。由于不能偏离这条延长线，也不能挣脱犹太人问题这一主题本身的纠缠，《论犹太人问题》中的权利理论必然是不完整的和有所偏倚的，这就进一步确证了重构性研究的必要性与合法性。

二、犹太人问题的类型化和典型权利现象的浮现

如果说前面讨论的是《论犹太人问题》整体批判对象的选择问题，那么我们接下来就要继续考察这篇文章的内部论证过程中的对象选择问题。事情首先涉及犹太人问题的国别类型化处理。

（一）犹太人问题的国别类型

我们看到，马克思依托于广泛的学术涉猎，高屋建瓴地向读者指出，犹太人的权利承认问题在不同的基督教社会有着不同的性质，或者毋宁说它好像一个有机体，在不同环境中采取不同的生命表现形式。在德意志这个无政治国家（kein politischer Staat）的松散邦联，它是纯粹的神学问题（theologische Frage），因为那里的犹太人跟国家主要处于宗教对立（religiösen Gegen-

① 参见聂锦芳、李彬彬编：《马克思思想发展历程中的“犹太人问题”》，中国人民大学出版社2017年版，第34页。马克思未来将以更加高明、更加严格的方式运用它。例如，《资本论》第2卷写道：“因为这个问题提出了特殊困难，而且直到现在还没有为政治经济学家研究过，所以我们要逐个考察一切可能的（至少看起来是可能的）解决问题的办法，更确切地说，一切可能的提出问题的办法。”《马克思恩格斯全集》第45卷，人民出版社2003年第2版，第508页。

② 《德法年鉴》的封皮已在《论犹太人问题》这行标题下面列明所评著作的信息。第一篇书评构成文章的第一部分，针对着《犹太人问题》，另一篇书评构成文章的第二部分，针对着《当代犹太人和基督徒获得自由的能力》。《〈黑格尔法哲学批判〉导言》写法则十分自由，自由到全文除了标题之外，在共计49个自然段里居然只有一句话（在第26段）提到黑格尔的名字，以至于读者可能感觉马克思离题万里。

satz）之中。在法国这个立宪国家（konstitutionellen Staat），它是立宪主义（Konstitutionalismus）的问题，因为那里的政治解放不彻底（Halbheit），犹太人跟国家的关系保有宗教对立的外观（Schein）。在北美的某些自由州，[①] 它则是真正世俗的问题（wirklich weltlichen Frage），因为那里的政治国家足够发达，而且政治解放业已完成。[②] 如果翻阅鲍威尔的小册子《犹太人问题》，我们会发现，他已向马克思先行示范了如何调查犹太人权利问题的国别差异，而且乍一看比马克思做得更加周到。鲍威尔梳理了犹太人在德意志、西班牙、波兰和（不同时期的）法国等的境遇，甚至从文献来源方面进一步区分了奥地利、符腾堡、巴伐利亚、汉诺威、巴登等德意志邦联成员国的犹太人问题材料。其中，1843 年增补的关于《奥地利的犹太人》一书和巴登众议院 1831 年辩论的转述和考察尤为详尽。但细细品来，还是马克思的处理更胜一筹。这绝不是简单地由于马克思比鲍威尔多掌握了欧洲之外的北美地区的事实，而是由于马克思采用了比鲍威尔更科学的类型化方法。

鲍威尔的类型化既不明朗也不深刻，在表面上按照国别因素或民族因素划分，在深层上按照宗教特性划分，这意味着他的讨论仍然囿于（神学）意识形态的方式。相反，马克思希望突破神学视角的问题意识和问题表述，把神学问题改造为世俗问题。他不是在犹太教与基督教的宗教关系中，而是在宗教与政治的世俗关系中审视犹太人权利的基础。他把政治国家的发展状况作为衡量的尺度，从而把犹太人权利问题的外部环境划分为三种类型：（1）所谓的“基督教国家”（政治国家尚未形成）；（2）带有国教外观的“立宪国家”（政治国家比较发达）；（3）“自由国家”（政治国家十足发达）。随后，依据在海尔梅斯和鲍威尔之间取舍的相似理由，马克思把目光转向北美，以便说明作为研究起点的德国状况（《论犹太人问题》开篇始终在强调“德国的”犹太人问题）。正是在北美的部分自由州那里，马克思看到了宗教对国家的关系所采取的“本来的、纯粹的形式”。北美虽然还是笃信宗教的国家，但那里没有国教，也不存在大多数人认可的宗教。这样，北美的情况就被当作

① “Freistaat”一词在《论犹太人问题》中译本里面有三种译法：“自由州”“自由国家”“共和国”。

② 参见《马克思恩格斯全集》第 3 卷，人民出版社 2002 年第 2 版，第 169 页。

典型个案（“北美各州只是一个例子”），用于帮助人们回答“完成了的政治解放怎样对待宗教”这一问题。[①]

沿着这样的思路推进下去，按照读者的一般预期，马克思将会主要讨论涉及宗教信仰方面的人权事务的北美自由州立宪文件，进而从立法角度圆满完成关于政治国家十足发达地区的考察。马克思也的确从博蒙的著作《玛丽，或美国的奴隶制》中，转引了《宾夕法尼亚宪法》第9条第3款和《新罕布什尔宪法》第5、6条的法译本，亦即规定“良心自由”(die Gewissensfreiheit) 的权利或曰“信仰的特权”(das Privilegium des Glaubens，借用鲍威尔的提法) 的条款。[②] 这些条文所表征的“政治解放”，是“人的解放”在迄今为止的世界秩序范围之内的最终形式，亦即作为“人的解放”的真正实践形式的那个环节，尽管尚未达到一般而言（überhaupt）“人的解放”的最终形式。[③] 这样，北美自由州面临的问题，也就是政治解放方案的实际局限之所在。本来，到北美权利因素这一暂定典型对象登场的时刻，事情似乎也可以顺理成章地画上句号了。但我们稍感意外地觉察到，马克思将法国权利因素（具体说来即法国“人权宣言”）悄悄纳入了自己的论证——在展示良心自由方面的人权的“本真形态”(anthentischen Gestalt) 时，他要求读者去检视“它们［即人权］的发现者北美人和法国人”所拥有的人权形态。[④] 众所周知，1789年8月26日通过、随后成为1791年《宪法》绪论的《人权和公民权宣言》，是法国“人权宣言”谱系中

---

① 参见《马克思恩格斯全集》第3卷，人民出版社2002年第2版，第168-169页。

② 良心自由既是一切自由里面最具决定性的，从而常被称为自由体系的试金石，也是北美殖民地在西方历史上首开先河地（就是说，早于所有欧洲国家）予以正式确立的东西。如此看来，马克思的选点显示了他的敏锐。

③ 参见《马克思恩格斯全集》第3卷，人民出版社2002年第2版，第174页。这里，“政治解放”(der politische Emanzipation) 和“人的解放”(der menschlichen Emanzipation) 首先是以犹太人为主题的，这一事实常被忽视。初始的完整问题表述应该是这样的：犹太人究竟是借助政治手段或在政治层面从宗教困局中解放出来（即国家宣布宗教信仰归属于市民社会的私人事务，跟政治生活脱钩），还是以合乎人道的或切合人本身的方式从宗教困局中解放出来（即普遍采取无神论立场，但这只是第一步，其完成要等到人的固有社会力量被组织起来的阶段）？

④ 参见《马克思恩格斯全集》第3卷，人民出版社2002年第2版，第181页，强调处为笔者所加。马克思的判断符合托克维尔在《1789年前后法国社会政治状况》（1836年）一文中的论断，即“人们在18世纪才第一次听到谈论普遍的人类权利，人人能把它们作为合法的、不可改变的遗产要求平等享受；听人谈到普遍的自然权利，每个公民都应加以利用”。［法］托克维尔：《旧制度与大革命》，冯棠译，商务印书馆1992年版，第309页。

的母体，后续版本的宣言皆由此增删演化而来。该宣言是制宪议会在革命爆发后通过的第一份重要文件，旨在构建崭新的法国宪法秩序的基石。它纵有诸般不足，[①] 依旧难掩1789年的革命光芒。有趣的是，马克思不加区分地援引法国"人权宣言"的各种版本，包括1789年/1791年《人权和公民权宣言》、1793年《人权和公民权宣言》、1795年《人和公民的权利与义务宣言》。换言之，马克思有意忽略各版宣言之间在文字表述方面的重要政治变化，之所以说有意忽略，因为马克思明明提到1793年宪法是"最激进的宪法"，但他在引用1793年版本的第2条"平等、自由、安全、财产"之后，径自按照自由—财产—平等—安全的顺序展开讨论，对二者的表面差异无动于衷，未给出任何解释。[②]

（二）法国"人权宣言"作为《论犹太人问题》最终的典型对象[③]

我们看到，法国权利因素伴随着《论犹太人问题》论证高潮的爆发而后来居上，成为马克思最终选定的研究对象，以至于在第一篇书评的后半部分完全盖过北美权利因素，而后者几乎从此销声匿迹，只是到第二篇书评那里，才以充其量可称为改头换面的方式，借着有关"犹太精神"[④] 的讨论重新出现。我们要如何解释这种非同寻常的论证过程呢？

---

① 1789年《宣言》包括两段前言和17条正文，其内容本身的推敲和商榷过程可以说比较仓促，充满了妥协性、戏剧性和偶然性。甚至为何不多不少正好17条，都是因议会代表心态变化造成的巧合。参见王建学主编：《1789年人权和公民权宣言的思想渊源之争》，法律出版社2013年版，第100-158页。

② 参见《马克思恩格斯文集》第1卷，人民出版社2009年版，第40-43页。马克思甚至有意忽略法国人权的理论和实践之间的显著矛盾：在说起"人权宣言"的规定遭到革命实践频繁践踏之后，他竟然宣称"实践只是例外，理论才是通则"。

③ 之所以使用"人权宣言"而非《人权宣言》或《人权和公民权宣言》（*Déclaration des Droits de l'Homme et du Citoyen*），一是因为马克思往往并不特指某份文件，他关心的是能够反映法国革命时代特点的一种文件类型；二是因为马克思主要讨论其中的"人权"或者说作为市民社会成员的权利部分，并因此多次将之简称为"人权宣言"。例如："正如现代国家是由于自身的发展而挣脱旧的政治桎梏的市民社会的产物，而今它又通过人权宣言承认自己的出生地和自己的基础。"《马克思恩格斯文集》第1卷，人民出版社2009年版，第313页。强调处为马克思所加。

④ "Judenthum"一词在中译本里面被译成"犹太教"或者"犹太精神"。该词在德文中还有"商贩"的意思，因为犹太人在数百年间一直被禁止参与工业和农业，仅可维持传统的商人或金融家角色（即掌握着"金钱势力"）。这样看来，对马克思的反犹主义指控更加无从谈起，他不过是以双关语方式在叙述"Judenthum"一词在物质生活关系中的常规含义。更何况反犹主义在19世纪的欧美乃是文化落后的标志。参见林进平：《马克思〈论犹太人问题〉研究读本》，中央编译出版社2016年版，第22、257页。由此可知，基于犹太人问题语境限定的现代性批判主要触及交换领域，而不便达到生产、特别是工业生产的领域。主要围绕工业问题展开的反思，首先须到《1844年经济学哲学手稿》那里去寻找（当然这并不意味着那里未考察交换问题）。商业交往和工业生产之间的顺位颠倒，可以说构成了马克思巴黎时期思想发展的一条内在线索。

使法国“人权宣言”从西方人权文件谱系中脱颖而出的独特性，是《论犹太人问题》为之赋予优先地位的主要前提。这种独特性首先涉及法国“人权宣言”和北美自由州立宪文件之间的比较。应当指出的是，马克思具有进行此番比较的知识储备。他精读过当时比较权威的美国研究专家的代表作，包括托克维尔的《论美国的民主》、博蒙的《玛丽，或美国的奴隶制》和托马斯·汉密尔顿的《美国人和美国风俗习惯》。马克思熟悉拉法耶特（Lafayette）的情况，还在摘录笔记里列上了赞凯桑（Zinkeisen）的《拉法耶特》等相关参考文献，知道拉法耶特既是制宪议会领袖、国民自卫军总司令、立宪派首脑，又与美国国父华盛顿交情甚深，曾志愿率众投身美国独立战争，衣锦还乡后被拥为英雄，成为法美两国友好交流的象征。而1789年《人权宣言》的重要原型正是拉法耶特在当年1月拟定并在7月11日宣读的草案，正是这份草案正式将制定“人权宣言”一事提上制宪议会的议事日程。① 此外，马克思私人藏书里有迪福（P. -A. Dufau）、杜韦尔日耶（J. -B. Duvergier）、加代（J. Guadet）合编的《欧洲和南北美洲各国宪法、宪章和基本法汇编》（*Collection des constitutions, chartes et lois fondamentales des peuples de l'Europe et des deux Amériques*），② 这使马克思能够直接掌握大量的宪法性文件一手资料。

诚然，法国“人权宣言”和北美立宪文件不乏相通之处，有着相当程度的可比性。这当然也是得以展开比较法研究的先决条件。首先，马克思认为，革命后的法国和北美都属于“自由国家”“作为国家的国家”“发达的现代国家”，在历史类型谱系上与古代国家、东方国家、封建国家、基督教国家等等相对。这两个地方之所以差不多同时发现人权的本真形态，是由于两国在某种程度上相近的物质生活方式。据博蒙的描述，在美国“这个生意人的种

---

① 参见［德］马克思：《克罗茨纳赫笔记（第四本）》，载《马列著作编译资料》第11辑，第63页。需要说明的是，当时的宣言草案不止拉法耶特这一份，而且拉法耶特草案比较单薄，但其铿锵有力的条文式表达为1789年宣言所采用。有些人的草案则是推理论证式的，更加细致也更加严谨，但似乎不合时宜，一方面是因为制宪议会还有许多其他重要事项要商议，缺乏足够的时间，另一方面是因为模糊扼要的措辞更有利于不同利益集团搁置争议、达成共识。

② 参见《马克思恩格斯全集》第3卷，人民出版社2002年第2版，第657页；《马克思早期思想研究译文集》，熊子云、张念东译，重庆出版社1983年版，第139页。马克思在研读该书第1卷时，对法国的1793年宪法和1795年宪法作出许多勾画和批注，而未将这种做法应用于1791年宪法，这是因为《克罗茨纳赫笔记》已有1791年宪法的摘录。

族”，社会生活已简化为商业交往并且高度繁荣，一切起于产业又回归产业，到处是“冷冰冰的算计和干巴巴的数字”，以至于“人际关系只有一个目标：钱；只有一个目的：变得有钱”①。这幅图景简直是马克思在巴黎批判的资本主义异化形象的真实对应物。法国虽不像美国这样彻底沉迷于物质中心主义，但市民社会和资产阶级的力量正在迅速壮大，并冲击着包括教士和贵族在内的大土地所有者的传统特权地位。这背后的客观经济运动恰如《1844 年经济学哲学手稿》所阐明的那样，笼罩在封建土地所有制之上的浪漫灵光和温情外观必将消失，作为初始私有财产的地产“必然完全卷入私有财产的运动而成为商品”，土地所有制同其地产之间“一切人格的关系”必然终止，“地产的根源，即卑鄙的自私自利，也必然以其无耻的形式表现出来”②。

其次，拉法耶特的宣言草案似乎构成这两地文件的纽带。据拉法耶特本人回忆，该草案的起草受惠于北美立宪文件（尤其是弗吉尼亚的文件），甚至（很可能）得到过美国开国元勋托马斯·杰斐逊的亲自指导。无论事实究竟如何，拉法耶特确有条件参考北美，这不仅因为他那独一无二的角色和人脉，还因为制宪议会召开之前早有北美立宪文件（包括《独立宣言》和多个州的宪法）的多种法译本行世。③ 只消一睹拉法耶特宣言草案的风采，任何人都不

---

① 参见［法］博蒙：《玛丽，或美国的奴隶制》，裴亚琴译，上海世纪出版集团 2006 年版，第 44、45、124、126、131、138、146 页。博蒙这部著作堪称 19 世纪上半叶美国市民社会的百科全书，虽然采用了小说的体裁，内容却是高度严肃的社会学考察，属于准纪实文学。

② 参见《马克思恩格斯全集》第 3 卷，人民出版社 2002 年第 2 版，第 261-262 页。

③ 参见 Georg Jellinek, *The Declaration of the Rights of Man and of Citizens: A Contribution to Modern Constitutional History*, trans. Farrand, Henry Holt and Company, 1901, pp. 14, 17-18, 24；［美］林·亨特：《人权的发明：一部历史》，沈占春译，商务印书馆 2011 年版，第 94 页；［英］乔纳森·伊斯雷尔：《法国大革命思想史：从〈人的权利〉到罗伯斯庇尔的革命观念》，米兰译，民主与建设出版社 2020 年版，第 77、82、83、85 页。但法国学者布特米认为，拉法耶特当年呈交宣言草案时，意味深长地回避谈及北美渊源，多年后却说自己起草时从弗吉尼亚的立宪文件得到灵感，这显系经过篡改的事后解释，不足为据。参见王建学主编：《1789 年人权和公民权宣言的思想渊源之争》，法律出版社 2013 年版，第 59 页。

难从中捕捉到北美的影子，也不难洞察到1789年《宣言》的雏形。[①]

最后，法国“人权宣言”和北美立宪文件在宗旨基调上相近，都沾染了18世纪启蒙时代自然权利论的鲜明色彩（后又得到1948年《世界人权宣言》的继承和发扬）。在这个意义上，我们可以认同法国学者布特米的主张，即二者“都不来自于其国家的精神，而是由其时代精神所孕育的，具有几乎同质的观念，以一种抽象的类型来表达，也就是18世纪的模式”。[②] 这使得二者明显远离英国《大宪章》，其间的差距有些类似于《普鲁士一般邦法典》与《德国民法典》的差距，体现出人类立法理念和立法技术的进步。

但对马克思而言，法国“人权宣言”和北美立宪文件的实质意义差别（而非单纯表述形式上的差别）更关键。这些差别甚至在二者使用表面相若的措辞时依然存在，因为政治社会语境制约着词义。[③] 正是这些差别导致二者在《论犹太人问题》的叙述中最终分道扬镳，以下试分为两点详加阐明。

1. 普世主义的意识形态

如果说美国人初步拟定了现代权利话语的语法，那么法国人则大大巩固和完善了这种语法：相比充斥于北美立宪文件的、谨小慎微和条分缕析的、

---

① 鉴于当时的紧张局势，抱持高度使命感的拉法耶特认为，倘若制宪议会时日无多，通过制定宣言，革命原则至少还有望留存一些历史痕迹供后人参阅或凭吊。参见［美］潘恩：《潘恩选集》，马清槐等译，商务印书馆1981年版，第130页。拉法耶特宣称出于两层理由起草宣言并希望抛砖引玉：唤起并发展人人心中蕴藏着的自然情感，毕竟熟悉自由才会热爱自由，希求自由才会变得自由；明确表达那些作为一切制度之根基的永恒真理，并担当国民代表的忠实导引。宣言的价值在于真实和精确，须传达每个人的所知所感。参见 Lynn Hunt (ed.), *The French Revolution and Human Rights: A Brief Documentary History*, Bedford/St. Martin's, 1996, pp. 72-73.

② ［法］埃米尔·布特米：《〈人权和公民权宣言〉与耶利内克先生》，王建学译，载王建学主编：《1789年人权和公民权宣言的思想渊源之争》，法律出版社2013年版，第62页。在这篇发表于1902年的经典论文里，布特米向德国学者耶利内克关于法国“人权宣言”思想渊源的经典解释发起挑战。

③ 马克思通过博蒙的社会学小说《玛丽》认识到，北美立宪文件明文规定的人人自由平等，到处遭到社会风俗的抵制和歪曲。黑奴制在南方依然广泛存续，就连获得解放的北方黑人也仅仅得到空头支票，成为遭到隔离的低等阶层。即使到了19世纪，种族歧视的社会偏见依然没有根本好转，北方黑人有时竟然走投无路到要去南方避难。故事男主人公卢道维克痛苦而又无奈地说：“我发现自己面对的偏见是那么强大，那么不可动摇；它遍布所有阶层，支配着美国，没有任何反对它的声音；毫不留情，毫无怜悯，没有丝毫悔恨地把它的牺牲品压成碎片……［即使在废奴州］那种偏见的力量完完全全保留下来了。在这件事上，必须将风俗与法律区分开来。”因血统不纯而受迫害的女主人公玛丽，在临死之前凄凉而绝望地诉说着“受诅咒的种族，低贱的血统，不可变更的命运”。参见［法］博蒙：《玛丽，或美国的奴隶制》，裴亚琴译，上海世纪出版集团2006年版，第8、11、87-88、150、202页。

法律人风格的禁止性规定（高频词是“不得……”），气势如虹、直截了当的法国“人权宣言”更像出自质朴果敢的哲学家之手，专注于表达起到教育作用的普世主义观念，亦即法的普遍本质性规定，因此也被时人视为代表着所谓“形而上学的—哲学的统治”。[①] 美国人当然重视自己的立宪文件，但其所看重的是它们的实验性、试错性和司法适用性。相反，一如在既往的文学和艺术领域那样，法国人追求“人权宣言”的雄伟、典雅和不朽，力图据此成为世界的教育者和引领者。如果说马克思联合恩格斯在1845—1846年批判了由费尔巴哈、布鲁诺·鲍威尔、施蒂纳和各式各样自诩为“真正的社会主义”的先知所表征的德意志意识形态，那么马克思本人则在《论犹太人问题》及其关联文本中批判了以法国“人权宣言”为代表的法兰西意识形态。这种意识形态以普遍化的哲学语言，隐含地表示了超越主权界限的世界市场的降临，和超越民族国家史的世界历史的生成，但同时也带有比北美更炽烈、更深切的意识形态性质。

不像北美立宪文件那样通常在开篇以比较平和的口吻，陈述立法主体的情况和本法所追求的主要目标，法国“人权宣言”——且以1789年《宣言》为例——开篇痛陈立法缘起即“对于人权的忽视与轻蔑乃是公共灾祸与政府腐化（des malheurs publics et de la corruption des Gouvernements）的唯一原因”。[②] 这里被点名控诉的“公共灾祸与政府腐化”，除了前文谈到的上流社会荒淫生活外，还包括密札（lettres de cachet）与国家监狱[③]、刑讯逼供、官

---

① 参见［英］乔纳森·伊斯雷尔：《法国大革命思想史：从〈人的权利〉到罗伯斯庇尔的革命观念》，米兰译，民主与建设出版社2020年版，第71、76-82页；Jonathan Israel, *Revolutionary Ideas: An Intellectual History of the French Revolution from The Rights of Man to Robespierre*, Princeton University Press, 2014, pp. 72, 77-84。

② 参见王建学主编：《1789年人权和公民权宣言的思想渊源之争》，法律出版社2013年版，第1页。

③ 参见《马克思恩格斯全集》第43卷，人民出版社1982年版，第16、539页；［美］罗伯特·达恩顿：《旧制度时期的地下文学》，刘军译，中国人民大学出版社2012年版，第111、137页；《马克思恩格斯全集》第1卷，人民出版社1995年第2版，第148页。值得一提的是，《密札与国家监狱》是米拉波（Mirabeau）在大革命之前的一部坊间畅销书的标题。

职买卖[①]、苛捐杂税（比如什一税）等现象。并非当事人的我们大概难以想象，制宪议会的代表们在草拟和审议《宣言》之时是怎样的豪情万丈，因为他们相信自己虽然出自不同的等级、在意不同的利益，但都在以上帝天主/至高存在/最高主宰/至尊者之名，为人类代言，为世界立法，庄严宣告“人类自然的、不可让渡的和神圣的权利”[②]。这种铿锵有力的普世主义情怀——它以独特方式与宪法爱国主义结合起来，[③] 成为法国大革命的文化—情感动力——似乎是北美立宪文件缺乏的东西。用当时法国人的观点来概括，即“美国宪法是为富人制定的，而法国宪法则要为所有人而制定”“法国宪法和法律据以设计的那些原则……要比指导美国人的那些原则更纯洁、更精确、更深刻”[④]。“人权宣言”所蕴含的那些富于煽动性和渲染性的因素，一层一层地迅速激荡开去，于是有了“权利呼唤权利，自由引发自由”的浩然景象。[⑤] 法国人民在宣言颁布出来的时候必定奔走呼告、热血沸腾，因为宣言是靠着许多世代的血和泪换来的。

以上情况跟革命在大洋两岸的各自背景和任务密切相关。虽然美国和法国在革命之前皆受到工商业资本主义力量的席卷，但两国革命者所面对的社会等级秩序问题截然不同。当时的美国被认为坐拥两件无价之宝，即崭新而文明的社会和国民（美国人生来处于“成熟时代的启蒙之光的照耀之下”）以及广袤而未开发的处女地。撇去种族问题不谈，美国不存在欧洲意义上的

---

① 官职买卖曾被一度视为缓解法兰西政府财政压力的必要的恶，甚至被看作对抗国王和权臣肆意选任官员的一种保障，但法国大革命彻底翻转了这一认识。参见威廉·多伊尔：《1770—1850 年公权腐败概念的变迁》，载［美］伊曼纽尔·克雷克、［美］威廉·切斯特尔·乔丹编《腐败史》（上册），邱涛等译，中国方正出版社 2016 年版，第 113-133 页。

② 值得一提的是，罗伯斯比尔为抵制大革命时期愈演愈烈的无神论倾向，隆重推行“最高主宰崇拜节”(Culte de l'être suprême)。

③ 在革命岁月，政府甚至专门要求把法国宪法和“人权宣言”作为国民政治教育的核心读物，这可以说标志着 18 世纪逐步显现的法国教育世俗化——即教育不再为了彼岸的救赎，而致力于为祖国培养公民——进程的顶峰。参见［法］加布里埃尔·孔佩雷：《教育学史》，张瑜、王强译，山东教育出版社 2013 年版，第 208-209、230、257、259、282、303 页。

④ 转引自［法］索雷尔：《进步的幻象》，吕文江译，上海人民出版社 2003 年版，第 222-223 页。

⑤ 参见［法］弗朗索瓦·基佐：《欧洲代议制政府的历史起源》，张清津、袁淑娟译，复旦大学出版社 2008 年版，第 386 页。

等级制。民风相对淳朴单调，“虽然有人钱多，有人钱少，但所有人在等级上都是毫无差别的”，两情相悦的青年男女因为社会差别而被迫分手的故事比较罕见。纵然偶尔有些人因继承家产和受过良好教育而显出贵族风度，但其数量微不足道。① 美国革命的核心问题是殖民地与宗主国的关系，也就是说，究竟是恢复到先前殖民地与宗主国之间的良序互动，抑或从根本上突破这一权力架构而实现民族独立。美国国内政局并未因为独立而骤变，并且由于民主信念在国民心中根深蒂固，美国的政治腐败远没有法国那样积重难返。

反观法国这个等级森严的欧洲老牌国家，在旧制度末期积弊甚深，统治阶级罔顾公益而荒淫无道、奢侈轻佻、独断专横，社会经济状况虽然未必实际恶劣到令人难以忍受的地步，有些指标甚至可以说不失繁荣（尤其在大城市），但市民阶级和困苦愤慨的底层迫切渴望推翻压迫、一扫沉疴。随着一系列叛乱事件及其背后的敏感和恐惧，巴黎人民对于国王的崇敬和爱戴在 18 世纪后半叶渐趋黯淡。须知，法国大革命就是在巴黎（而非受压迫比较深重的农村地区）爆发的。此外，大革命之前的法国民间流传着一些由底层文人炮制的、描绘上流社会荒淫生活的读物，对此马克思大概有所听闻，《克罗茨纳赫笔记》摘录的参考书目里就收有《路易十五的私生活》（*Vie privée de Louis XV*）之类的匿名作品。不难想见，在当年读者的心目中，宫廷权贵和高级教士的形象将是（让我们此处套用马克思的话）“下流、残忍、挥霍、淫逸、寡廉鲜耻、无法无天和大逆不道”②。就这样在违禁书籍的悄然腐蚀之下，在启蒙哲人著作的公开打击之下，既有的统治权威和等级秩序摇摇欲坠，作为政治危机晴雨表的权利话语在社会成员间四处涌动。

---

① 参见［法］博蒙：《玛丽，或美国的奴隶制》，裴亚琴译，上海世纪出版集团 2006 年版，第 28、30、122、129 页。

② 参见［法］阿莱特·法尔热、［法］雅克·勒韦：《谣言如何威胁政府：法国大革命前的儿童失踪事件》，杨磊译，浙江大学出版社 2017 年版，第 48、98、100、109 页；［德］马克思：《克罗茨纳赫笔记（第四本）》，载《马列著作编译资料》第 11 辑，第 62 页；《马克思恩格斯全集》第 3 卷，人民出版社 2002 年第 2 版，第 286 页。多亏文化史学者达恩顿（Robert Darnton）解读纳沙泰尔印刷公司文件的努力，我们才得以真正揭开 18 世纪法国地下文学世界的面纱（包括革命前夜的重要禁书清单），参见［美］罗伯特·达恩顿：《旧制度时期的地下文学》，刘军译，中国人民大学出版社 2012 年版。与此相关，马克思曾在《历史法学派的哲学宣言》里，谈论过 18 世纪、尤其是法国旧制度时期的“轻佻”，参见《马克思恩格斯全集》第 1 卷，人民出版社 1995 年第 2 版，第 229、232 页。

如果说北美人只需反抗宗主国的暴政和偏见，那么法国人则要同时向国王的专制、政治不平等、贵族的骄纵、宗教的不宽容、封建主义弊病等几乎笼罩整个旧欧洲的因素开战。一言以蔽之，“法国革命要比美国革命更为完整”，谋求各种社会关系格局的更激烈变革。[①] 马克思需要的正是法国这种多难兴邦、浴火重生的榜样。对于尚在基督教国家氛围中挣扎的德国解放事业和初见端倪的无产阶级革命事业，也只有远超十足的庸人世界、“重新使人恢复为人的法国革命”才具备明显的借鉴意义和示范效应。[②] 大概正是基于这些考虑，《〈黑格尔法哲学批判〉导言》惦念的不是“1776 年”或“1787 年”(美国纪年)，而是“1789 年”(法国纪年)。鲍威尔《犹太人问题》的开场白，看起来非常适于叙述 1789 年的高光时刻：“‘自由，人权，解放，终结千百年的不公正’是非常重大的权利和义务，以至于每个正派的人都对其心向神往，事实上，单是这些词汇就已经足以使它们拥护的事业流行开来。过于常见的是，人们认为只需要一些文字——这些文字与神圣符号一样，任何人都不能反对它们，除非他们想被视为非人、嘲笑者或者专制的同道中人——就已经赢得了一项事业。”[③] 或许正是这段话促使马克思在《论犹太人问题》中落脚于“人权宣言”的批判。

2. 现代文明的二元结构

不同于北美立宪文件里通常呈现的单一主体（比如《美利坚合众国宪法》标志性的“we the people”），法国的“人权宣言”在标题上直接区分了双重

---

① 参见［法］孔多塞：《人类精神进步史表纲要》，何兆武、何冰译，生活·读书·新知三联书店 1998 年版，第 150 页。

② 参见《马克思恩格斯全集》第 47 卷，人民出版社 2004 年第 2 版，第 57 页。马克思对法国大革命的总体判断，似乎追随了黑格尔及其门徒的见解。黑格尔把 1789 年称为“光辉灿烂的精神黎明”，那时的“一切有识之士都分享着新纪元的欢欣”“一股精神的热诚激荡着整个世界，仿佛现在头一遭实现了圣俗两界的和解”。布鲁诺·鲍威尔曾在计划与马克思合著的《对黑格尔这位无神论者和反基督教者的末日审判的号声》里面，也把法国大革命看作“无神论哲学的作品”“最伟大的历史事件”“对人类的拯救”。参见 Hegel, *Elements of the Philosophy of Right*, ed. Wood, Cambridge University Press, 1991, pp. 380, 397, 480; Hegel, *The Philosophy of History*, trans. Sibree, The Colonial Press, 1900, p. 447；赖升禄、冯申编译：《布鲁诺·鲍威尔言论选》，载《马列主义研究资料》1982 年第 6 辑，第 61 页。

③ ［德］布鲁诺·鲍威尔：《犹太人问题》，李彬彬译，载聂锦芳、李彬彬编：《马克思思想发展历程中的“犹太人问题”》，中国人民大学出版社 2017 年版，第 32 页。

主体，即“homme”(人) 和“citoyen”(公民)。“人的权利”和“公民权利”并列在一起的这种提法虽已广为人知——它来自社会契约论所区分的前政治状态中的人（本来意义上 的人）和政治状态中的人（政治人）——但并非不证自明的东西。因为按照字面意思，“人”无疑包括“公民”在内，无疑是外延更大的范畴。于是我们看到，马克思就此追问：“与 citoyen 不同的这个 homme 究竟是什么人呢？不是别人，就是市民社会的成员。为什么市民社会的成员称作‘人’，只称作‘人’，为什么他的权利称作人权呢？我们用什么来解释这个事实呢？”① 像这样连续发问的现象，在马克思笔下颇为罕见。该现象表明，马克思此处在意的并不是行将给出的答案（当然答案也很重要），而是奋力唤醒读者的惊异和思索。如果我们再考虑到“人权宣言”在整个革命期间虽然调整过标题，比如 1795 年《宣言》在“权利”后面加上了“义务”，或者像德古热（Olympe de Gouges）的小册子那样把“（男）人”和“(男) 公民”替换为“女人”和“女公民”(标题即“Déclaration des droits de la femme et de la citoyenne”),② 但主体的双重结构却保持不变，那就意味着马克思确实抓住了法国“人权宣言”的实质方面。

再者，既然法国“人权宣言”构成法兰西意识形态的典范，那么马克思必定要深究这种意识形态跟现代社会生活事实的关系，特别是对这种事实的曲折反映和虚幻回应。马克思看到，作为现代法兰西国家母体的政治革命，把市民社会视作自己的自然基础（这也就意味着政治国家自视为人造事物），并以“人权宣言”这种国家规范性文件的形式宣布自己的这一自然基础，同时也宣布自己的二元化的内部结构及其位阶等级。“人权宣言”的标题次序、内容安排以及革命者的实际说辞，都同时表明“homme”优先于“citoyen”，人的权利优先于公民权利，市民社会优先于政治国家。有鉴于此，马克思总是倾向于将《人权和公民权宣言》简称为“人权宣言”，该简称凸显了宣言

---

① 《马克思恩格斯全集》第 3 卷，人民出版社 2002 年第 2 版，第 182 页。

② 《宣言》将女性排除在外，涉及当时立法者关于政治能力问题的考量。他们认为，正确的政治生活方式不应罔顾个体的能力差别，政治权利的不当扩散会导致政治权利的削弱，应当授予的是有能力妥善行使的一切权利。总而言之，先有能力，后谈权利；能力独立于权利，权利取决于能力。这显然是一种出自时代局限的时代偏见，因为女性要发展她们那种根据理性和正义而采取政治行动的能力，就需要有相应的权利保障。

里最典型的主题。只有这样才能解释如下事实，即马克思处理“人权宣言”之时，仿佛忘记了跟法国大革命中的犹太人解放事业直接联系起来的首先是公民权利（droits du citoyen），[①] 匆匆解释了公民权利的情况之后就把它们搁在一边，专心致志地研究起“droits de l'homme”（人的权利）。因此，总的看来，相比北美立宪文件，法国“人权宣言”从权利主体层面自觉反映了现代文明的二元论秩序，从而让马克思更有机会探究市民社会和政治国家的对立统一关系。

当然，作为法国社会历史著作的严肃阅读者，马克思深知：现代文明的二元结构并不直接源自18世纪末激荡欧美的政治革命，更不是黑格尔《法哲学原理》或法国“人权宣言”所缔造的东西，而是有其漫长的酝酿过程。这种二元结构，至少就欧洲而言，是从16世纪开始浮现，并在18世纪大踏步走向成熟的。[②] 新的法律和权利理论必须充分顾及这种社会基础的变迁。[③] 马克思对该问题的关注，在一定程度上受到“法兰西思潮”（令马克思感到苦恼的“另一方面”的疑问）的激引。换言之，构成《黑格尔法哲学批判》之核心的市民社会与政治国家的关系问题，与其说是黑格尔法哲学内生的固有问题，不如说是在诸多外部因素（当然也包括法兰西因素）的合力塑造之下进入马克思批判性问题意识核心地带的。何况鉴于概念辩证法本身的性质，很难说该问题在《法哲学原理》那里被黑格尔本人赋予了突出的特殊地位。

对法国人权话语的批判，为马克思的法律研究提供了一种超脱黑格尔主义语境的可能性。这种可能性内嵌于市民社会与政治国家关系问题的出发点之中，也内嵌于马克思思想发展的脉络之中，我们恐怕不能把它仅仅归于外在的逻辑、新鲜事物的偶然刺激或者即兴而起的议论。当黑格尔用德文词汇

---

① 参见［美］林·亨特：《人权的发明：一部历史》，沈占春译，商务印书馆2011年版，第109－110页。之所以说“仿佛忘记”，是因为马克思明知这一事实。《论犹太人问题》开篇第一句话就告诉读者：“他们渴望什么样的解放？公民的解放，政治解放。”参见《马克思恩格斯全集》第3卷，人民出版社2002年第2版，第163页。有鉴于此，马克思的处理方式更加发人深省。

② 参见《马克思恩格斯全集》第30卷，人民出版社1995年第2版，第22页。

③ 看来，马克思在有所扬弃的意义上承继了托克维尔的以下论断：“一个全新的社会，要有一门新的政治科学。”［美］托克维尔：《论美国的民主》上卷，董果良译，商务印书馆1988年版，第8页。

“der bürgerlichen Gesellschaft”概括那使得二元结构成其为二元结构的新生物质生活关系时，他只是效仿了18世纪的术语先例而已。马克思就这样从法国“人权宣言”的标题辨析切入，成功地为叙述现代文明秩序及其背后的世界历史过程创造了契机，而这些议题正是将所谓犹太人问题提升为当代普遍问题的关键，如果借用《〈黑格尔法哲学批判〉导言》中的提法，即确保马克思的批判“接触到了当代所谓的问题之所在［that is the question］的那些问题的中心”①。

三、马克思何以优先关注法国“人权宣言”
——结合《克罗茨纳赫笔记》的补充说明

以1789年《宣言》为代表的法国“人权宣言”系列，当然不是什么横空出世的东西。正如马克思承认得自黑格尔的教诲那样，人权概念（更遑论其正式表达）不是天生就有的，而是历史地产生的。② 如果说前面通过同北美自由州立宪文件的比较，解释了法国“人权宣言”在《论犹太人问题》里面上升为最终典型对象的理据，那么笔者接下来将更多联系马克思1843年夏天完成的《克罗茨纳赫笔记》，补充说明他何以优先关注法国“人权宣言”。这套笔记是马克思借着驻留克罗茨纳赫与燕妮共度蜜月的机会，广泛涉猎政治和历史著作而写就的材料，其中首次同时提及法国大革命及其“人权宣言”。法国大革命问题被置于这批笔记的中心，马克思由此同该问题结下不解之缘。法国大革命是马克思反思革命、民主、启蒙、阶级斗争、暴力、激情、宪法、人民、政治国家与市民社会二元结构等议题的主要灵感来源。受到启蒙运动和社会主义双重思潮的熏陶，却无奈困囿于德国庸人世界的马克思，迫切需

---

① 参见《马克思恩格斯全集》第3卷，人民出版社2002年第2版，第205页。马克思的言说常常属于当代学界一度批判过的宏大叙事，然而，宏大叙事自有其不可取代的理论功能。俞金尧教授提出：“宏大叙事具有时代性，不同的时代对宏大叙事会有不同的需求。”参见俞金尧：《大变局时代历史学重建宏大叙事的责任》，载《探索与争鸣》2021年第10期，第20页。

② 参见《马克思恩格斯文集》第1卷，人民出版社2009年版，第313页。借助历史研究对制度和观念进行谱系定位的方法，马克思本人运用得炉火纯青，参见姚远：《马克思的文本阅读方法》，载《当代国外马克思主义评论》第13辑，第185-186页。

要汲取法国大革命时代的思想遗产，一窥新世界之堂奥。接下来的补充说明仍将采取比较法的方式，只不过比较对象更换为常被视作西方人权奠基性文件的英国《大宪章》，以及大革命之前法国三级会议召开之际的陈情书。我们将继续发现，被当今人权（法）史当作连续的传统来书写的欧美列国早期法律文件，对马克思而言其实存在着范畴界定上的某种断裂。

（一）法国“人权宣言”与英国《大宪章》

1.《大宪章》概况以及马克思的资料掌握情况

英王约翰被迫签署的那份《大宪章》（*Magna Carta*，1215 年），被人们视为英国立宪君主制的基石。它包括序言和 63 条正文，致力于保障贵族和自由民（freeman，这里排除农奴，等于“自由地产保有人”）的财产和人身安全，其中没有抽象的道德—法律原则表述，规定权利的方式多采用“不得……除非……”的句式，用以限制王权，表明臣民权利的非恩赐属性。按照受牵制的国王特权来划分的话，《大宪章》大致包括如下内容：（1）对国王军事权力的限制；（2）对国王司法权力的限制；（3）对国王警察权力的限制；（4）对国王财政权力的限制；（5）为宪章整体的强制执行提供法律制裁。这份具有明显决疑论风格的文件拖沓冗长，针对多种权力滥用而提供了具体救济，这既显示出对于体制改革的牢固信念，也是王权和反对势力之间利益角逐、反复权衡的写照。它如同种种封建时代君臣关系的文件一样，带有法令—王室特许—公开条约—私人合同的混合属性。单从法律史的角度讲，《大宪章》第 39 条尤其名震天下：“凡自由民除经其贵族依法判决或遵照内国法律之规定外，不得加以扣留、监禁、没收其财产、褫夺其法律保护权，或加以放逐、伤害、搜索或逮捕。”这一条后来演变为现代的“正当程序原则”。若从内容和执行程序两方面考察《大宪章》的渊源，根据麦克奇尼的观点：“就像英国的宪法一样，大宪章具有混合的渊源……但从盎格鲁—撒克逊国王们的誓词和令状开始，并经亨利一世之宪章延续下来的传统脉络，则是不能被忽视的。”①

① 参见法学教材编辑部《外国法制史》编写组：《外国法制史资料选编》（上册），北京大学出版社 1982 年版，第 254 页；［英］威廉·夏普·麦克奇尼：《大宪章的历史导读》，李红海编译，中国政法大学出版社 2016 年版，第 135、147-150 页。

这一切马克思都相当熟悉，证据是《克罗茨纳赫笔记》第Ⅳ册所记载的关于约翰·林加德（John Lingard）七卷本《罗马人第一次入侵以来的英国史》（*Geschichte von England seit dem ersten Einfalle der Römer*）的摘录笔记。该笔记篇幅为16页，共160段大部分不长不短的摘录，其中摘自第2、3卷的内容最多。第2卷的笔记里面提到，亨利一世（1100—1135）在位时期就有《自由宪章》，当时的要求包括向教会归还旧日特权、封臣出嫁女儿的相关事项、世袭领地摆脱丹麦货币、废除罚款等。然而，斯蒂凡（1135—1154）治下新建126个城堡（此前已有不少），城堡的占有者们依仗墙垣和壕沟的庇护而无法无天、肆意掠夺，甚至动用酷刑牟取财产，英国人民陷入极其悲苦的境况。在亨利二世（1154—1189）主政期间，大领主遭到全面迫害，国王嫉恨一切不来源于或不听命于自己的权力，限制封臣的特权，分割封臣的领地，将豪门的女性继承人嫁给等级更低的人。王国法院成为掌握在国王手里的卑鄙报复工具，司法腐败严重，“全部审判职能都是国王投机活动的对象”。理查一世（1189—1199）的王冠也是“沾满了鲜血”，他用人民生活的贫困化换得自己的胜利，通过不正当行为攫取金钱。

第3卷的笔记接着提到，于是有了约翰（1199—1216）签署的《大宪章》，后面还谈到亨利三世（1216—1272）对《大宪章》的两次删改。笔记把1215年《大宪章》条款分为12项主题，司法改革问题涉及第4项的最高民事法院办公地点问题、第5项的司法官员选任问题和第6项的正当程序问题。马克思似乎并不特别看重现代人倍加推崇的第39条，因为整个第6项主题都没有马克思标注的强调处。[①] 此外，马克思在这里先摘录的是单独成段的第40条，又另起一段合并摘录第39条和其他相关条款。这种做法当然部分受制于林加德原著的写作情况，即第3卷第60页先处理第40条，第61页才处理第39条。但如果考虑到《克罗茨纳赫笔记》第Ⅳ册在摘录时随处可见的页码跳跃和穿插现象，就能够推知马克思并不打算深究《大宪章》中的正当程序问题。相反，马克思对于教会以及王室封臣组成的咨议会在英国的政治

① 参见［德］马克思：《克罗茨纳赫笔记（第四本）（续）》，载《马列著作编译资料》第12辑，人民出版社1980年版，第44-47页。

社会地位反倒更有兴趣，并在摘录时予以强调。

2. 马克思如何看待法国“人权宣言”与英国《大宪章》的关系

那么我们如何联系法国“人权宣言”来理解马克思对待英国《大宪章》的态度呢？他认为《大宪章》跟“人权宣言”没有明确关联，毋宁说分属不同的话语体系。让我们首先用事实说话。与林加德《英国史》同属《克罗茨纳赫笔记》第Ⅳ册的还有8部著作的摘录笔记，依次是：施米特的《法国史》、夏多布里昂的《1830年7月以来的法国概况》（*Ansichten über Frankreich seit dem Juli* 1830，法文原版标题为《论复辟时期与选举君主制度》）及其续篇《关于放逐查理十世及其家族的新建议》（*Die neue Proposition in Bezug auf die Verbannung Karls X. und seiner Familie*）、朗西佐勒（Karl Wilhelm von Lancizolle）的《论七月事件的起源、性质和结局》（*Ueber Ursachen, Character und Folgen der Julitage*）、瓦克斯穆特（Wilhelm Wachsmuth）的《革命时代的法国史》（*Geschichte Frankreichs im Revolutionszeitalter*）、兰克的《宗教改革时代的德国史》（*Deutsche Geschichte im Zeitalter der Reformation*）、兰克刊行的《历史—政治杂志》（*Historisch-politische Zeitschrift*）、盖尔（*Erik Geijer*）的《瑞典史》（*Geschichte Schwedens*）。在第Ⅳ册笔记的最后，配有马克思专门编制的便利日后研究的主题索引，这是他的常用手法。引起我们注意的是，该主题索引仅仅覆盖了施米特、夏多布里昂、朗西佐勒和瓦克斯穆特的著作。这绝不是什么疏漏，因为第Ⅱ册笔记所附的主题索引即覆盖全册内容。马克思的做法不仅确认了他在这个阶段对法国史、特别是法国革命史的优先兴趣，[①] 更重要的是，也意味着英国史（包括其中的《大宪章》源流史）、德国史和瑞典史在他心目中同属另一序列，即作为据以理解法国大革命主要成就的世界历史意义的外围语境。

其次，根据英国《大宪章》在马克思笔记中的出场位置和具体内容，我们不妨这样推断：马克思很可能将《大宪章》的本质视为（英国）“封建主

---

① 参见《马克思1843年克罗茨纳赫摘录笔记》，曾宪森、熊子云译，载《马恩列斯研究资料汇编》1981年卷，第10-11、14页；《马克思早期思想研究译文集》，熊子云、张念东译，重庆出版社1983年版，第65-68页。马克思的这种优先兴趣，除上面提到的《克罗茨纳赫笔记》第Ⅳ册之外，还明显可见于第Ⅱ册。实际上，马克思只在第Ⅱ册和第Ⅳ册编有主题索引。

义”的自我确认和自我维护的象征，而以法国大革命为代表的政治革命被看作主要标志着具有封建主义性质的“旧社会的解体”①。如果借用基佐的一处论断，我们可以认为迫使约翰王签署《大宪章》的那些反叛贵族“在捍卫自由/特许权的时候，单纯出于他们自己的利益考虑，非为遵循任何关于正义和一般权利的道德观念”②。这就是说，将英国《大宪章》与法国“人权宣言”相提并论，在马克思看来恐怕不啻对后者的一种侮辱。在此尤其引人注意的是，马克思在摘录林加德的著作时，对于原作者给予《大宪章》的如下总体定位完全无动于衷，以至于只字不提：《大宪章》的条款在数世纪的时光中被视为“我们国民自由的守护神（the palladium of our national freedom）”，它们制约封建权威的滥用，为英国立法奠定新的基石，为抵抗国王的暴政提供正当理由；但《大宪章》并不旨在构建一部新法典，甚至也不打算教诲根本的立法原则或者改进英国法律体系，其主要力图矫正王权的某些滥用现象并为此提供一系列救济。③

此外，须知在马克思眼中，《大宪章》及其社会基础远远落后于英国1648年革命及其对应物。看一看他如何结合法国大革命来评价1648年革命，有助于我们进一步澄清问题。马克思在《资产阶级和反革命》里面的相关论述是这样的鞭辟入里，又是这样的提纲挈领，值得我们详加援引：“1648年，资产阶级和新贵族结成同盟反对君主制，反对封建贵族，反对居于统治地位的教会。……1648年革命和1789年革命……宣告了欧洲新社会的政治制度。资产阶级在这两次革命中获得了胜利；然而，当时资产阶级的胜利意味着新社会制度的胜利，资产阶级所有制对封建所有制的胜利，民族对地方主义的胜利，竞争对行会制度的胜利，遗产分割制对长子继承制的胜利，土地所有

---

① 参见《马克思恩格斯全集》第3卷，人民出版社2002年第2版，第186页。

② 参见［法］基佐：《欧洲代议制政府的历史起源》，张清津、袁淑娟译，复旦大学出版社2008年版，第148-149页，译文根据原著有改动。

③ 参见 John Lingard, *A History of England from the First Invasion by the Romans*, vol. 3, J. Mawman, 1823, pp. 62, 73. 关于林加德的英国史研究，法国著名史学家、阶级斗争学说主要先驱人物基佐（François P. G. Guizot，1787—1874）曾在1826年这样评论：“他在写书的时候，只借助于原始的文献，立意只将他要描写的时代永远摆在眼前，而下最大决心避开一切系统理论……他的主要优点是他仔细考察了事实，而且在值得称许的秩序之下，汇编并处理了这些事实。”参见［法］基佐：《一六四〇年英国革命史》，伍光建译，商务印书馆1985年版，第12页。

者支配土地对土地所有者隶属于土地的胜利，启蒙运动对迷信的胜利，家庭对宗族的胜利，勤劳对游手好闲的胜利，资产阶级权利对中世纪特权的胜利。1648 年革命是 17 世纪对 16 世纪的革命，1789 年革命是 18 世纪对 17 世纪的胜利。"① 也就是说，1648 年革命已经超越了《大宪章》所表征的旧秩序，而 1789 年革命又超越了同属新秩序的 1648 年革命，并在一定意义上提供了据以澄清 1648 年革命意义的重要历史机缘，因此是典范中的典范。

最后，鉴于二者出现在《克罗茨纳赫笔记》的同一册里面，如果它们之间果有可以识别的传承关系，马克思不会不在评注或主题索引中给出提示。事实是怎样的呢？他未就《大宪章》写下任何评注。与此同时，尽管他在摘录时强调过"自由宪章"这个字眼，但它并未进入主题索引。唯一与之沾边的索引主题是"英国宪制"(Englische Verfassung)，但"英国宪制"位于索引的第四栏，而"人权"(Menschenrechte）和"1791 年宪法"(Constitution von 1791）却在第二栏。"英国宪制"对应着摘自朗西佐勒原书第 3 页的论述，即"君主制在英国丝毫不是国家首脑的［职能的］怪影，［它］既不是虚假的人民主权转移的结果，也不是所谓国家权力合理分配的结果；相反，它［是］强有力的、受到高度尊敬的、十分现实的，因而实质上是以自己的权利为基础的王权。英国议会并不以敌对的态度同王权相对立，也不为了想象出来的、没有现实的秤杆和支点就达到的平衡而附属于王权……相反，英国议会实质上是各个所谓封建等级的团体，它由一定的土地所有者和一定的乡镇……组

① 《马克思恩格斯文集》第 2 卷，人民出版社 2009 年版，第 73-74 页。马克思这段颇有名气的论述，可能受到基佐的启发。后者认为："两个革命在外表上相似，但仍然可以辨出巨大的不同；但同样地可以说，二者虽有不同，仍然隐藏着更加深刻的相似之处……由于同样的原因，即封建贵族、教会和皇权的衰落，两个革命都致力于同样的任务，即公众在公众事务中必须取得支配地位；它们都为争取自由而反对绝对权力，为争取平等而反对特权，为争取进步和普遍利益而反对居高位者的个人利益……总之，两个革命是如此值得相提并论，甚至我们可以说，如果第二个革命不曾在历史上发生过，那么我们就无法彻底了解第一个革命。"参见［法］基佐：《一六四〇年英国革命史》，伍光建译，商务印书馆 1985 年版，第 8-10 页。值得注意的是，基佐和马克思共同的智识来源圣西门曾在 1814 年指出，英国革命和法国革命就其标志性事件而言均可划分为五个阶段，"法国大革命的所有热情、所有疯狂、所有恐怖，都再现了英国革命"。参见［法］夏尔-奥利维耶·卡博内尔：《圣西门的欧洲观》，李倩译，北京大学出版社 2016 年版，第 72-75 页。

成”①。若说这段话跟《大宪章》有关，那是相当牵强的。实际上，跟“英国宪制”同在第四栏的索引主题是“合法性”(Legitimität)、“选举”(Wahl)、“代议制宪制”(Repräsentativverfassung)、“人民主权”(Souveraineté du peuple)、“下院”(Unterhaus)、“贵族”(Pairie) 和“上院”(Oberhaus)。② 这些概念的指涉范围显然才与前述朗西佐勒的文本一脉相承。

可见，英国《大宪章》和法国“人权宣言”在马克思心目中简直属于相对立的两个范畴，几乎没有可比性。如果说同为两份文件的主题词的“自由”，在前者那里的含义许多时候竟然近似于“特权”，③ 从而同后者原本的理论追求划清了界限，那么想必马克思对此并不感到意外吧。

（二）法国“人权宣言”与大革命之前的陈情书

1. 陈情书里面的人权话语及其由来

“陈情书”(cahiers de doléances) 是法国三级会议各等级陈述自身诉求并请求改善处境的一种文书。“人权宣言”直接受到本国陈情书的激励和启发，这是顺理成章的事情。1789 年 5 月 5 日，法国因财政危机——这很大程度上是支援美国独立战争所致——召开三级会议，距离上次三级会议（1614 年）已相隔超过一个半世纪。作为会议的筹备事宜，国王路易十六要求教士、贵族和第三等级各自选出参会代表并提交陈情书。1789 年 2 月至 4 月间，“不可剥夺的人权”“不可侵犯的自由人的人权”“人和公民的尊严和权利”等措辞在陈情书中大量涌现。其中不少陈情书、尤其是来自贵族等级的陈情书，明确要求将起草、审查和颁布权利宣言提上议事日程。人权话语在革命前夕的

① 参见［德］马克思：《克罗茨纳赫笔记（第四本）》，载《马列著作编译资料》第 11 辑，第 53 页。强调处为马克思笔记原文所有。

② 参见［德］马克思：《克罗茨纳赫笔记（第四本）（续）》，载《马列著作编译资料》第 12 辑，第 68 页；*Marx-Engels-Gesamtausgabe*, Ⅳ/2, Dietz Verlag Berlin, 1981, pp. 116-117, 221. 有趣的是，第Ⅳ册笔记索引第四栏中的“人民主权”和“贵族”，马克思是用法文书写的。该索引主题里面的这类法文拼写还有“公社”(Communen)、“市政权力”(pouvoir municipales)、“资产阶级”(Bourgeoisie)、“固定地租”(rentes perpétuelles)。此外，第Ⅱ册笔记索引里面的重要法文单词例如：“三级会议”(Etats généraux)、“中间集团”(Corps intermédiaire)、“封建制度”(régime féodal)、“官僚制”(Bureaucratie)、“制宪议会”(assemblée constituante)、“代议制”(Représentation)、“平等化”(Egalisation) 等等。马克思的拼写方式表明了这些概念在他那里的法国渊源。

③ 参见蔺志强：《“自由”还是“特权”：〈大宪章〉“Libertas”考辨》，载《历史研究》2016 年第 3 期，第 178-187 页。

这种迅速形成和扩散，在法国是有其历史渊源的。“人权”一词最初涉及人与神的差别（人权 vs 神权），在 18 世纪下半叶法国启蒙运动的语境中以其新义广为流传，曾经出现在伏尔泰、卢梭、狄德罗、霍尔巴赫、孔多塞、米拉波等人的笔下，并随着卡拉斯（Jean Calas）事件引发的刑事司法改革浪潮而激荡开来，贝卡里亚《论犯罪与刑罚》1766 年法译本将原书第 11 章的“人权”移至导论的做法就是其中的重要插曲。① 可见，人权话语或者一般而言的权利话语往往活跃在社会危机时刻，是社会变迁度和精英意识觉醒度的晴雨表。

2. “人权宣言”与陈情书的差别

不可否认，“人权宣言”和陈情书在内容上有承继关系，并且都洋溢着社会有识之士的变革激情。但二者在性质上实不可同日而语。“陈情书”意味着各等级臣民乞灵于国王的仁慈和恩典，它是王权的小修小补，是法国旧制度范围内的一贯的自我调整措施，甚至不像同属封建文书的《大宪章》那样携带着迫使国王就范的力量对比表征。相反，“宣言”这种形式本身就其定义来说就意味着，法国人将获得一种焕然一新的主权形态，即民族国家夺取了本来由国王承担的主权权威，而且迫切需要通过正式的国家立法文件加以确定并昭告天下。“宣言”素来同主权移转或主权重构问题密切相关，就此目的而言，“宪章”“法案”“请愿书”“陈情书”等等称谓显然缺乏应有的分量。② 可以说，“人权宣言”是旧制度的死亡证和现代国家的出生证。

其次，陈情书代表了市民社会中的权利观念表达，“人权宣言”则属于国家主权立法。如果说陈情书扮演的角色是要求从封建特权转向市民权利，那么“人权宣言”扮演的角色就是把民间的法意识、法观念、法感情上升为法律的形式，并为其赋予国家强制力（而非国王权威）。因此二者的关系究其实质而言，即所谓“法（ius/droit/Recht）与法律（lex/loi/Gesetz）的二元论”。

① 详见［美］林·亨特：《人权的发明：一部历史》，沈占春译，商务印书馆 2011 年版，第 49-79、94-95 页。马克思在阅读法国史的时候，已经注意到围绕酷刑问题的刑事司法人道改革争论，参见［德］马克思：《克罗茨纳赫笔记（第四本）》，载《马列著作编译资料》第 11 辑，第 60 页。

② 参见［美］林·亨特：《人权的发明：一部历史》，沈占春译，商务印书馆 2011 年版，第 83-84 页。

正是根据这种为自然法学派、法国重农学派[①]、黑格尔法哲学和德国历史法学派[②]——这些是青年马克思法律思想的基本底色——共同接受的二元论，马克思才在《论犹太人问题》里面把法国人和美国人称为人权之本真形态的“发现者”(Entdecker)，而非“创造者”。该理论在马克思的《莱茵报》时期已有先例，《关于林木盗窃法的辩论》一文即讨论过等级制度下的“特权—法—法律”的三元谱系，以及贵族习惯法和贫民习惯法在利益内容上的对立、国家法律对特权者的偏袒从而有违法律形式本身的一般要求、利益的识别和承认等等。[③] 这样看来，西耶斯确实值得马克思重视，毕竟西耶斯既澄清了旧制度及其特权利益前提，也澄清了现代政治法律及其第三等级前提，就是说，他为我们这里谈到的二元论或者三元谱系提供了自觉的理论基础。[④] 但与1842年相比，巴黎时期的马克思不仅看到法取代特权而上升为“人权宣言”这一法律形式，还看到“人权宣言”列出的一项项据称能够妥善解决实际物质利益问题的、经过道德包装的、光鲜亮丽的权利，不过是变换了主体的、经由国家立法承认的新型特权。它们既然被默认属于“bourgeois”(资产者/市民)，也就无关乎那个“并非市民社会阶级的市民社会阶级”(即无产阶级)，[⑤] “人权宣言”的意识形态幻觉由此得到深刻揭露。换言之，当我们超出资产阶级的立场时，就会发觉“人权宣言”与陈情书的性质区分将变得不再那么关键和显著。这种考量是马克思阅读法国空想社会主义文献之后的重要收获。

再者，如果说陈情书是王权与臣民的矛盾关系在旧体制内的解决或调和渠道，那么“人权宣言”则是大革命新催生的立法中心主义和法律狂热的产

---

① 魁奈曾言，我们只说负责汇编的“立法者”(Législateur)，从不敢说负责创造的“造法者”(Législfacteur)。参见［法］皮埃尔·罗桑瓦龙：《法兰西政治模式》，高振华译，生活·读书·新知三联书店2012年版，第58-59页。

② 马克思确实批判过德国历史法学派，但其批判主要指向该派的反现代性旨趣，而并不触及这里提及的二元论。实际上，正是历史法学派教导马克思从立法者的卑微角色移开，转而关注法律背后的社会文化力量。

③ 相关问题在20世纪80年代曾经引起学界争论，参见公丕祥：《论法与法律的区别——与李肃、潘跃新同志商榷》，载《法学研究》1987年第4期；李肃、潘跃新：《法与法律的概念应该严格区分——从马克思、恩格斯法学思想的演变看法与法律概念的内涵》，载《法学研究》1987年第1期。

④ 参见《马克思恩格斯文集》第1卷，人民出版社2009年版，第256页；［法］西耶斯：《论特权 第三等级是什么?》，冯棠译，商务印书馆1990年版。

⑤ 参见《马克思恩格斯全集》第3卷，人民出版社2002年第2版，第213页。

物，后来轰轰烈烈的拿破仑法典编纂活动实与之一脉相承。马克思在 1843 年《黑格尔法哲学批判》里面即指出："立法权完成了法国的革命。在立法权就其特殊性来说作为统治要素出现的地方，它完成了伟大的根本的普遍的革命。正因为立法权代表人民，代表类意志，所以它进行斗争，反对的不是一般的国家制度，而是反对特殊的陈旧的国家制度。"① 正是法国大革命的立法中心主义及其对于王权和行政权的贬低，而非黑格尔《法哲学原理》本身的内容比例失衡，可以合理解释该手稿的如下令人困惑的事实：马克思评注立法权的篇幅，差不多是评注王权和行政权的篇幅总和的两倍！从国王手里夺得了主权的立法机构——首先是制宪议会，后来是立法议会、国民公会——感受到自身的蓬勃朝气、新生力量和远大抱负，希望通过国家立法（当然首先是制定宪法）完成法国的政治改造和社会改造，并据此担当现时代的世界立法者。这反映出革命时代的立法权企图包揽政治职能的强烈意志，它是革命法哲学的最主要推动力。

须知，制宪议会的许多成员都是法律界人士或者接受过正式的法律教育，该事实具有象征意义。1791 年宪法将立法机关的一切决断称为"法律"，这看似平平常常；但如果我们考虑到法文里面的"法律"(Loi）和日常所说的"法则""规律"其实是同一个词，就难免惊讶于大革命时代立法者的自信(如果说不是自负的话)：一种造物主式的立法者的想象和自我想象。在革命者看来，"民族·法律·国王"三位一体，而法律居于中心地位。革命期间所铸货币上镌刻着"法律之治"的字样，工匠们常费尽心思美化法律一词的三个字母，以法律为主题的协会——比如，雅各宾俱乐部的本名就是"宪法之友会"——或节日也接二连三出现，时人甚至到了言必称法律的地步。有三股强有力的思潮交织在一起，共同支撑着这种法律狂热或曰法律拜物教：一是同强劲的司法职业文化联系在一起的自由主义，认为法律是自由的保障或化身，法官是光明的集体；二是同 18 世纪中叶的重农主义联系在一起的理性主义，认为必须尊重作为普遍理性代名词的"显而易见的道理"，努力确立理性国家或者国家机器的理性化；三是 1789 年《宣言》直接予以确认的民主主

① 参见《马克思恩格斯全集》第 3 卷，人民出版社 2002 年第 2 版，第 73 页。

义，认为法律是公意的表达，崇敬法律与崇敬人民之间具有内在一致性。[①] 1789 年《宣言》的 17 条正文里面，共有 7 条在陈述法律（亦即立法）的功能和中心地位，这并不令人感到意外。或许真正令人诧异的是，整篇宣言只字不提国王、教士、教会和贵族这些自古以来的法国政治权力支柱![②] 虽然没有明言废黜国王，但这种明显有意的冷落和空白几乎可以起到同样的效果。把这样的宣言作为日后共和宪法的绪论,[③] 并借助于官方力量在全国广为教育宣传，其对旧制度残余力量的颠覆作用可想而知。

四、马克思研究对象选择方法的思想渊源

我们已经看到，马克思在法律和权利研究中采取了类型化处理或分类学方案，并由此在可比较的研究对象的范围内创设了某种理想秩序或序列，明确了研究对象的轻重缓急，从而最终定下应予优先关注的研究对象。实际上，这样的操作在马克思巴黎时期的文本文献中并非孤例。

（一）来自马克思巴黎时期文本文献的相似例证

与《论犹太人问题》同期撰写的《〈黑格尔法哲学批判〉导言》，运用了相似的研究对象选择方法。与前者在鲍威尔基础上建立的“通则”和“例外”这对范畴相呼应的是,[④] 后者区分了所谓的“副本”和“原本”这两种类型。马克思研究德国的情况的时候，主要批判以黑格尔学说为表率的德国国家哲学和法哲学（即副本），而非德国现状本身（即原本）。因为正是在德

---

① 参见［法］皮埃尔·罗桑瓦龙：《法兰西政治模式》，高振华译，生活·读书·新知三联书店 2012 年版，第 54-68 页。

② 宪法委员会原本准备了四份文件，即《人权宣言》《国民权利宣言》《国王权利宣言》和《法国政府下的公民权利宣言》。最终，《国王权利宣言》被摒弃。参见［美］林·亨特：《人权的发明：一部历史》，沈占春译，商务印书馆 2011 年版，第 98 页。

③ “人权宣言”和新宪法的逻辑关系问题——即“人权宣言”应当置于宪法之前作为其基础，还是置于宪法之后作为其结论，应当先行制定，还是等待宪法告成之后制定——是 1789 年《宣言》制定过程中十分关键的先决议题之一。其他关键的先决议题还包括：应否创制义务宣言以对应权利宣言、宣言宜采用条文式还是论述式等等。

④ 参见《马克思恩格斯全集》第 3 卷，人民出版社 2002 年第 2 版，第 163、166、173、186 页。我们看到，马克思把鲍威尔的“违反本质和通则的一种暂时的例外”这句话援引了两遍。这样的概念来源更加显明了《论犹太人问题》的书评性质。

国，“副本”比“原本”更先进、更发达从而具有优先性，是对后者在观念上的延续和扬弃，是“唯一与正式的当代现实保持在同等水平上的德国历史”，因此，对“副本”的批判包含着对“原本”的批判。这种舍近求远的迂回研究路径很容易给读者造成一种错觉，即马克思并无现实关怀。马克思看来也意识到这一问题，因此，他专门以极为激烈的文字和标点——感叹号可是不轻易出现在理论著作中的——表达自己对似乎本该成为首要研究对象的“原本”的态度：“向德国制度开火！一定要开火！这种制度虽然低于历史水平，低于任何批判，但依然是批判的对象，正像一个低于做人的水平的罪犯，依然是刽子手的对象一样。……这种制度本身不是值得重视的对象，而是既应当受到鄙视同时又已经受到鄙视的存在状态。”① 这反过来要求读者深思马克思的问题意识，和由这种问题意识规定的特定研究对象的选择理据。马克思的方法暗示我们：“事实”(Fakt/Faktum) 或“现状”(status quo) 并不就是“现实”(Wirklichkeit)，“事实”当中有一些残缺的、畸形的、落伍的、倏忽即逝的因素，单纯对“事实”的积累和关注并不建立任何合乎理性的东西。也就是说，选择不恰当的研究对象可能降低理论的原则高度，而原则高度是理论的生机之所系。

马克思的研究对象选择方法不是横空出世的东西，至少在他巴黎时期涉猎的文献中已有先例可循。这里我们不能不提到 19 世纪上半叶的法国著名思想家基佐和托克维尔。作为法国复辟时期首屈一指的史学家和唯物史观的重要源头，基佐曾在 1828 年的“欧洲文明史”课程里面指出，相比于原则单调的古代文明，近现代欧洲文明因其内部要素的多样性而受益匪浅，在这广阔的历史地理舞台上，展现着“一切体制、一切社会组织实验的样本”，而相比于英国，法国的“政治实验可以说更浩大、更完备”，因此造成法国更加绚烂多彩的政治观念和政治学说。② 他又在随后讲授的“法国文明史”课程里面进

① 参见《马克思恩格斯全集》第 3 卷，人民出版社 2002 年第 2 版，第 200、202、205 页。

② 参见 François Guizot, *The History of Civilization in Europe*, translated by William Hazlitt, edited and with an introduction by Larry Siedentop, Liberty Fund, 2013, pp. 32, 255；［法］基佐：《欧洲文明史：自罗马帝国败落起到法国革命》，程洪逵、沅芷译，商务印书馆 2005 年版，第 25、247-248 页，译文有改动。

一步指出，就近现代欧洲文明而言，法国在文明的两大构成要素——社会状态的进展和精神状态的进展——的同步性和交互性方面“最完美、最有感染力”。这绝不是单凭民族自尊心和爱国主义得出的结论，而是源自一位严谨的史学家对多国文明形态的宏观比较：基佐相继说明了英国文明、德国文明、意大利文明和西班牙文明的一般状况，发现两方面的文明因素在这些地方确实存在着力量悬殊、两不相干甚或止步不前的情形。因此，法国文明构成“整个欧洲命运的一个典型”，“最能代表整个欧洲的历史”，“比任何其他国家更为忠实地重现了文明的普遍的典型和基本思想”，适宜作为首要的专题研究对象。①

我们再来看看托克维尔的《论美国的民主》（或译《民主在美国》）。②该书延续了基佐文明史研究的“社会”进路。它告诉我们，作为社会革命的民主革命正在整个基督教世界进行着，在不同的国家有不同的表现形式。他在先前走访调查的基础上，尤其区分了他最关心的法国和美国的情况。民主革命在法国那里以一种暴虐的、任意的、狂野的、喧嚣的、令人猝不及防的方式席卷一切，“凡能打倒的打倒之，不能打倒的动摇之”，旧日的王权威严和伦理纽带被迅速摧毁，法权的尊严却未得到真正确立。民主革命在美国那里“发展得最完满和最和平”，是以“简易的方式”实现的，似乎差不多接近其“自然极限”，跟法国的情况相比，仿佛没有经历革命就收取了革命的成效，从而构成值得优先关注的对象。因此，托克维尔决定首先观察、记录和

① 参见［法］基佐：《法国文明史：自罗马帝国败落起》第 1 卷，沅芷、伊信译，商务印书馆 1993 年版，第 7-19 页。商务印书馆推出的四卷本《法国文明史》中译本，其底本是 1908 年由 George Bell and Sons 出版社推出的四卷本英译本，内容安排跟法文初版不同。法文版第 1 卷对应着中译本的第 1-12 讲，第 2 卷对应着第 13-24 讲，第 3 卷对应着第 25-30 讲以及现载中译本第 4 卷的七份“编年史表”，第 4 卷对应着第 31-42 讲，第 5 卷对应着第 43-49 讲和“历史的例证”。参见 Guizot, *Histoire de la civilisation en France*, T. 1-5, Paris, 1829—1832。

② 我们知道，《论犹太人问题》引证了托克维尔的《论美国的民主》，尽管马克思未留下对应的读书笔记（也就是说，马克思在写作时直接使用了手里的原著，亦即阅读时间和写作时间相隔不久）。常常不为人知的是，托克维尔的这部著作在黑格尔主义之外同样提供了市民社会与政治国家二元结构的鲜明实例。按照博蒙的说明，一道构思并在 1835 年一道出版的《玛丽，或美国的奴隶制》与《论美国的民主》上卷，分别讨论美国的市民社会风俗（核心是种族矛盾）和政治法律架构，参见［法］博蒙：《玛丽，或美国的奴隶制》，裴亚琴译，上海人民出版社 2006 年版，第 11 页。不过，托克维尔在 1840 年发表的《论美国的民主》下卷打破了这种学术分工，在博蒙的基础上进一步全面讨论了美国的市民社会状况（这也在一定程度上限缩了博蒙著作的意义）。就是说，托克维尔自己的上下卷就对应着政治国家与市民社会的二分。

评述民主在美国的情况。但这绝不是要去歌颂美式民主，相反，他仅仅希望借此弄清“民主本身的形象，还有它的意向、特性、偏见和激情”。[①]

多年之后，马克思在另一语境中，以隐喻的形式将研究对象的主次顺序概括为“人体解剖学（Anatomie des Menschen）对于猴体解剖学（Anatomie des Affen）是一把钥匙”[②]。这处表述使人不禁联想起黑格尔《自然哲学》中的两段话：“在完善的动物中，在人的有机体中，这些过程发育得最充分、最清楚；因此，在这种最高级的有机体内一般就有一种普遍的原型/类型（Typus），只有在这种原型/类型中，并且只有根据这种原型/类型，才能认识和阐明不发达的有机体的意义。”“为了理解低级阶段，我们就必须认识发达的有机体。因为发达的有机体是不发达的有机体的尺度和原型/类型；由于发达的有机体内的一切都已到达其发达的活动水平，所以很清楚，只有根据这种有机体才能认识不发达的东西。”[③] 这里所探讨的研究方法，甚至在《资本论》那里依然发挥着不可替代的作用：“物理学家是在自然过程表现得最简明（in der prägnantesten Form）、最少受干扰的地方考察自然过程的，或者，如有

---

① 参见［美］托克维尔：《论美国的民主》上卷，董果良译，商务印书馆 1988 年版，第 7、9、11、13、15、16 页。有趣的是，在托克维尔所想象的终极民主社会中，“公民的自由联合将会取代贵族的个人权威”，人人相互平等、相互信赖、相互尊重。这一愿景跟马克思后来的设想似有暗合之处。

② 参见《马克思恩格斯全集》第 30 卷，人民出版社 1995 年第 2 版，第 46-47 页，译文有改动。考虑到马克思写下这段话时，达尔文尚未发表《物种起源》（1859 年 11 月 24 日初版，1860 年 1 月 7 日第 2 版），马克思大概无意表达一种我们现已熟知的生物线性进化谱系（马克思在 1864 年 6 月 25 日的一封信里，也提到达尔文得出的人类起源于猴子这一结论）。黑格尔 1830 年的以下观点或许能够说明马克思的理解：“人不是从动物形成的，动物也不是从植物形成的，每种生物一下子就完全是其所是的东西。在这样的个体身上也有进化；当它方才诞生时，它还不完全，但确有现实的可能性，成为它会变成的一切。”参见［德］黑格尔：《自然哲学》，梁志学等译，商务印书馆 1980 年版，第 392 页。

仔细读来我们会发现，马克思所比较的与其说是作为自然物的人体和猴体，不如说更多的是比较解剖学范围内的人体解剖学和猴体解剖学。他所熟悉的法国启蒙思想家深知猴和人在解剖学上的巨大相似性，并且断言在迄今为止已知的动物中，没有哪种动物在外表和内部构造方面均如此显著地与人类相若。参见［法］拉·梅特里：《人是机器》，顾寿观译，商务印书馆 1959 年版，第 29 页。事情毋宁说是这样的：到马克思那个时代为止，人体解剖学作为“发展最早、论证最充分的形态学”，长期保持为猴体解剖学的理论标准和实践圭臬。只有按照 19 世纪后期发展起来的更新的研究成果，人们才应该把马克思的表述颠倒过来，即猴体解剖学是人体解剖学的一把钥匙，因为人体被视为“灵长类形体典型结构的变种和特异化”。参见［德］沃尔夫冈·弗里茨·豪格主编：《马克思主义历史考证大辞典》第 1 卷，俞可平等编译，商务印书馆 2018 年版，第 190-191 页（福尔克·舒里希撰写的“Anatomie”词条第 1 节）；《马克思恩格斯全集》第 30 卷，人民出版社 1975 年版，第 662 页。

③ ［德］黑格尔：《自然哲学》，梁志学等译，商务印书馆 1980 年版，第 500、585 页，译文有改动。

可能，是在保证过程以其纯粹流程（den reinen Vorgang）进行的条件下从事实验（Experimente）的。我要在本书研究的，是资本主义生产方式以及和它相适应的生产关系和交换关系。到现在为止，这种生产方式的典型地点是英国。因此，我在理论阐述上主要用英国作为例证。"① 换言之，一旦变更典型对象（正如资本主义生产方式的典型地点改为其他国家），相应的研究成果的面貌——如果说不是原理本身的话——也将随之发生变化。② 典型对象的设置深刻规定着理论的阐述，这是马克思法律与权利研究"布局阶段"的关键一步棋。

（二）类型与秩序

这套方法的背后有更深层的思想依据。从马克思心驰神往的17、18世纪启蒙时代到马克思所置身的19世纪中叶，研究对象的类型化或者分类学问题始终是欧洲科学的一个核心问题，而"方法"一词——法文méthode、德文Methode、英文method，它们来自拉丁文methodus——甚至在很长时间内主要就是指基于类型化的秩序形成、体系建构或条理塑造。"方法"是科学的灵魂，它不仅令已知世界清晰化，而且帮助打开通往未知世界的门户。

---

① 《马克思恩格斯全集》第42卷，人民出版社2016年第2版，第14页，译文有改动，强调处为笔者所加。这段话在法文版里被改写为："物理学家为了认识自然过程，或者是在现象表现得最鲜明（la forme la plus accusée）、最少受干扰时观察这些现象，或者是在尽可能保证现象按自身规律性（régularité）展开的条件下从事实验。我要在本书研究的，是资本主义生产方式以及和它相适应的生产关系和交换关系。英国是这种生产的典型地点。因此，我从这个国家借用了主要的事实和实例作为阐述我的理论的例证。"《马克思恩格斯全集》第43卷，人民出版社2016年第2版，第17页，译文有改动，强调处为笔者所加。鉴于按照驰名18世纪的钱伯斯《百科全书》的知识分类图，"physics"相当于"natural philosophy"，这里提到的"物理学家"有可能泛指自然研究者，因而比我们熟知的当代意思范围更广。参见［美］罗伊·波特主编：《剑桥科学史（第四卷）：18世纪科学》，方在庆等译，大象出版社2010年版，第223页。

② 比如，《德意志意识形态》手稿在批判"真正的社会主义"的历史编纂学的时候，将圣西门生平简介作为"典型例子"（ein klassisches Exempel），通过逐句耐心比对圣西门的自传材料、雷博（Louis Reybaud）对圣西门自传的摘录、施泰因对雷博的引述、格律恩（Karl Grün）在施泰因和雷博基础上的再加工（从而造出"镶嵌艺术品"），表明格律恩"连一本圣西门主义者的著作也没有读过"。这种比对工作甚至精细到连标点符号的位置都不放过的地步。不消说，如果改换此处的典型例子，马克思恩格斯这部分手稿的书写也会很不一样。参见《马克思恩格斯全集》第3卷，人民出版社1960年版，第582-587、601页。

像狄德罗和达朗贝尔编修《百科全书》[①] ——相当于中世纪《神学大全》的现代对应物——这样的理论活动，首先就必须在对象的分类问题上深思熟虑。在那篇蜚声世界的、作为百科全书派精神宣言的《〈百科全书〉序言》（1751年）中，达朗贝尔豪情满怀地谈到，一套完善的《百科全书》是“对过去时代的知识的总结”，是使人类知识不至于在时间中或社会变动中消亡的、起保管作用的殿堂，这样后代人就有望免除我们面对大量散佚的古代知识所生出的无限遗憾，甚至只需要去更新版本即可。为了有效地涵盖和组织科学、艺术、工艺领域的普遍原理与主要细节知识，百科全书派遵循弗朗西斯·培根的科学原则，依照精神活动的形而上学顺序编制了一幅百科知识树形图，亦即人类总体知识的分类表。他们选择的分类方法旨在适合“知识的百科全书式的排列”和“知识自身的谱系”。不过，他们无意垄断知识体系的类型化方案，甚至不敢肯定他们提出了最优方案。也就是说，类型化方案的知识基础总是可以更新的，人们大可设想别样的知识树，正如世界地图可以有多种投影法。[②] 至于博物馆和动植物园的运营这类实践活动，它们缔造了专为研究者提供素材的人工空间，其中的空间排列布置本身就已构成类型化工作的基本经验，[③] 作为拥有琳琅满目藏品的博物馆或展览馆（最著名的当属马克思后来朝夕相处的大英博物馆）的常客，马克思想必非常熟悉这一点吧。

经由类型的设置和排列而建构秩序图景，其最经典操作体现在欧洲启蒙运动以来的自然史研究，特别是其中的“自然从不跳跃”这一核心准则（亦称“连续律”），以及与之密切相关的“存在之链”(the Chain of Being）这一

---

① 《百科全书》共35卷，历时30年出齐：(1）文字部分包括正篇17卷、补篇4卷；(2）图册部分包括正篇11卷、补篇1卷；(3）索引部分共2卷。其中，狄德罗居功至伟，贡献了超过1000个的词条。

② 参见［法］达朗贝尔：《启蒙运动的纲领：〈百科全书〉序言》，徐前进译，上海人民出版社2020年版，第4、46、47、48、50、78、117、118、124页。自法国大革命以来，达朗贝尔这篇《序言》就是法国教育部门规定的必读作品，故而应属于马克思的常规涉猎范围，参见［美］沃格林：《政治观念史稿·卷八：危机和人的启示》(修订版)，刘景联译，华东师范大学出版社2019年版，第89页。圣西门在1810年强调，《百科全书》的职责在于系统地汇总人类业已习得的知识，并提出新方法“加速文明的发展”。这就把《百科全书》编纂史和一般欧洲文明史联系起来了。参见［法］圣西门：《圣西门选集》第3卷，董果良、赵鸣远译，商务印书馆1985年版，第133页。

③ 参见蒋澈：《从方法到系统：近代欧洲自然志对自然的重构》，商务印书馆2019年版，第65页。

自然界构图（《资本论》叙述的正是资本主义世界的“存在之链”）。[①] 自然史（拉丁文 historia naturalis、法文 histoire naturelle、德文 Naturgeschichte、英文 natural history，又译“博物学”“自然志”“博物志”）是马克思知识结构中常被人忽视的组成部分。

把自然史同马克思摆在一起，乍看之下风马牛不相及，其实二者渊源甚深。早在马克思念大学的时期，家人就多次叮嘱他切莫忽视自然史，而鉴于当时的自然哲学和自然史在主题上高度重合，他的《关于伊壁鸠鲁哲学的笔记》《自然哲学提纲》以及在此基础上撰写的博士论文，也算以特殊的形式回应了家人的劝勉。[②] 马克思不仅在 1842 年的《莱茵报》文章中屡次提及“自然史”的概念，[③] 而且终其一生保有对自然史成果的关注。例如，马克思在 1851 年《路易·波拿巴的雾月十八日》里面首次提出的术语“社会形态”(Gesellchaftsformation，其中 formation 即地质学上的“地层构造”)，以及《给维·伊·查苏利奇的复信》所移用的“原生类型/第一纪”“次生类型/第二纪”“再次生类型/第三纪”等术语，其灵感均源于作为自然史重要分支的地质学（涉及沉积岩的分类学部分）。[④] 就自然史与马克思研究方法的内在联

① 参见［法］皮埃尔·阿多：《伊西斯的面纱：自然的观念史随笔》，张卜天译，华东师范大学出版社 2019 年第 2 版，第 268 页。在 19 世纪之前，自然的形象多为严格理性的，后来，例如在尼采的笔下，出现了挥霍无度的自然形象。

② 参见《马克思恩格斯全集》第 47 卷，人民出版社 2004 年第 2 版，第 552、556 页。例如，自然科学与神话的关系、“自然科学的观察方法”和“思辨的观察方法”的二分、作为“自我意识的自然科学”的原子论与作为“一般的、经验的自然研究”的原子论的异同，都是马克思博士论文的核心内容，同时也是欧洲自然史研究的关键议题。参见《马克思恩格斯全集》第 1 卷，人民出版社 1995 年第 2 版，第 58-59、64、79、96 页。曾有学者论及马克思的自然史观念，但与笔者解释方向不同。参见刘森林：《回归自然与超越自然：重思“自然历史过程”》，载《哲学研究》2016 年第 7 期；徐娟：《马克思和维特根斯坦的“自然史”观比较》，载《哲学研究》2016 年第 7 期。

③ 参见《马克思恩格斯全集》第 1 卷，人民出版社 1995 年第 2 版，第 194、248、339、413 页。

④ 马克思的一系列“地质学笔记”主要写于 1851 年和 1878 年，分布于五册笔记本，详见鲁克俭：《国外马克思学概况及对中国马克思学研究的启示》，载《马克思主义与现实》2007 年第 1 期，第 99-100 页；王俊博：《论〈给维·伊·查苏利奇的复信〉的社会形态演进理论——基于“地质学笔记”的重构》，载《马克思主义与现实》2019 年第 3 期，第 69-70 页。国内有学者曾经论及马克思的“自然史”观念，但未触及我们这里讨论的层面，参见徐涓：《马克思和维特根斯坦的“自然史”观比较》，载《哲学研究》2016 年第 7 期。此外，马克思最欣赏的大文豪之一歌德，就是自然史的行家里手，有植物学和动物学的论著行世（黑格尔《自然哲学》即有相关引证和讨论）。马克思还曾欲将《资本论》题献达尔文这位 19 世纪中叶最伟大的自然史学者，而且由此引发一桩历史公案，参见张增一、李亚宁：《达尔文与〈资本论〉：澄清一个历史误传》，载《自然辩证法研究》2009 年第 9 期。

系而言，他的政治经济学批判著作为我们提供了关键证据。《1844 年经济学哲学手稿》有云："历史本身是自然史的一个现实部分（ein wirklicher Theil der Naturgeschichte）"，于是自然科学和人的科学将合而为一；"历史是人的真正的自然史（die wahre Naturgeschichte des Menschen）"。马克思还在最后这句话旁边标注了强调级更高的记号，并紧接着表示"关于这一点以后还要回过来谈"①。实际上，《1844 年经济学哲学手稿》著名的自然主义观点、对人与动物的区分的论述等等，可被认为直接或间接地源于自然史，马克思甚至在相应场合谈及大地创造说和地球构造学的对立、创世说和自然发生说的对立。先前的考证结论主要将这些思想跟黑格尔《自然哲学》以及费尔巴哈哲学联系起来，这是不够的。

马克思对自然史的若干重要分支的实际兴趣，甚至直接反映在他常用的核心隐喻和理论模型中。到了《资本论》那里，作为研究方法原型的自然史更加明确了，1867 年德文《第一版序言》这样写道："我的观点是把经济的社会形态的发展理解为一种自然史的过程（naturgeschichtlichen Prozeß）。"②这句话在法文版（1872 年）的表述是："我的观点是：社会经济形态的发展同自然的进程和自然的历史是相似的（assimilable à la marche de la nature et à son histoire）。"③ 可以说，实现社会科学与自然史研究的会通，是马克思许多年来的一贯思路（实际上也是启蒙哲学的重要立场之一）。这样的思路在社会科学奠基期是不难理解的，因为在方法上追随和发展自然科学研究，乃是当时社会科学捍卫自身科学性的典型方式。④

既然自然史可以说构成马克思科学研究的关键方法论模型，那么简单回

① 参见［德］马克思：《1844 年经济学哲学手稿（附有按照手稿写作顺序编排的文本）》，人民出版社 2014 年版，第 239-240、270 页。

② 《马克思恩格斯全集》第 42 卷，人民出版社 2016 年第 2 版，第 16 页，强调处是马克思所加。《马克思恩格斯文集》中译本无此强调。

③ 《马克思恩格斯全集》第 43 卷，人民出版社 2016 年第 2 版，第 19 页，强调处是马克思所加。1872 年德文《第二版跋》还曾以肯定的态度引用他人的如下评价："马克思把社会运动看做受一定规律支配的自然史过程。"《马克思恩格斯文集》第 5 卷，人民出版社 2009 年版，第 21 页。

④ 社会科学在方法上对自然科学的遵循，在不同阶段有不同侧重。比如在 17 世纪，格劳秀斯和霍布斯等人的"新科学"表现为一种"社会物理学"(亦可称为机械论的社会观)，他们按照物理学中的原子论模型理解作为社会构成要素的个体。参见［俄］叶·阿·科斯敏斯基：《中世纪史学史》，郭守田等译，商务印书馆 2012 年版，第 226-232 页。

顾该领域（特别是在方法层面）的相关发展情况或许不是不合宜的。欧洲的自然史研究传统源远流长、博大精深，古希腊的亚里士多德和古罗马的普林尼均为出类拔萃的古代先驱。普林尼的37卷本《自然史》（约公元77年完稿）作为该领域的第一部百科全书，在中世纪和近代早期被各派人士尊为自然知识的权威来源，以至于普林尼被称为拉丁世界的亚里士多德。在这部典范之作里，普林尼以自然和生命为主题，通过查阅2000卷资料和收集多达20000个事例，相继探讨了天文学、地理学、人类学、动物学、植物学、农林园艺学、医药学、工艺学、矿物学等知识门类，这些均属于希腊人所谓的“全面教育”，可见他的确有理由自视为唯一从各方面赞美“大自然，万物之母”的罗马公民。但书中所载内容及其分类主要基于当时的常识、见闻和传言，往往缺乏实验支撑，因而在现代人看来更像是一本正经的笑谈集。① 1500年后，被马克思奉为“整个现代实验科学的真正始祖”、唯物主义的“第一个创始人”的弗朗西斯·培根（尽管他的自然观本身还不是唯物主义的），② 主张自然史是其学术改造计划的必要部分，认为对自然史的记录加以全面且有条理的汇总，能够有力地弥补（更吸引当代研究者关注的）归纳推理和实验方法的不足，因而构成现代科学的真正基础。③

如果说自然史学者一度只是搜集、列举和描述有关自然物的一切可以获得的信息，不必特别注意信息的可靠性、协调性和分类标准（毕竟本地常识够用），那么，随着自然物被移出原初环境、成为官方或私人的藏品，更重要的是，随着欧洲资本主义列强在全球范围内掠夺、殖民和扩张，以及统治者

① 参见［古罗马］普林尼：《自然史》，李铁匠译，上海三联书店2018年版，第2、3、6、7、404页。

② 参见《马克思恩格斯文集》第1卷，人民出版社2009年版，第331页。需要说明的是，培根所倡导的现代实验科学，实为先前时代的初级力学、简单实验方法和自然魔法——魔法被16世纪人视为“最卓越的自然哲学”，甚至活跃到德国浪漫主义时代——相互趋近融合的产物，“自然爱隐藏”或“自然的秘密”的观念是贯穿其中的一条主线。马克思知道，培根式的自然观随着工业时代的到来而发生根本变化（“祛魅”），此种变化在18、19世纪成为席勒、诺瓦利斯、荷尔德林等人的吟咏主题。马克思对人与自然关系的理解，是欣欣向荣的工业化—技术化和原有的审美化的混合产物。参见［法］皮埃尔·阿多：《伊西斯的面纱：自然的观念史随笔》，张卜天译，华东师范大学出版社2019年第2版，第119-128、145、160、162、170-171、174、191、211页。

③ 参见［美］罗伊·波特主编：《剑桥科学史（第四卷）：18世纪科学》，方在庆 主译，大象出版社2010年版，第702页。

和商业人士对探寻和采集新兴经济作物的鼓励，每年都有成千上万种新型的动物、植物和矿物（当然还有价值连城的文物）涌入欧洲人的视野，结果，不同地方的常识开始相互抵牾，既有的分类和命名方案捉襟见肘甚至土崩瓦解，建构崭新的类型化秩序遂成为紧迫的时代课题。于是我们看到，17 世纪后半叶以来，欧洲学界起码在自然史分类方法问题上爆发过三场论战，各种体系“你方唱罢我登场”。其中一位故事主角约翰·雷（John Ray），坦诚交代了当时自然史研究的局限：“亲爱的读者，请勿期待能找到一种完全完成的、有着数学式精确的方法，能够把植物排列到各属，同时一切的种不留异常或例外。……我也不敢承诺一种比事物的本性所能容纳的还要更加完善和精良的方法。因为这不是一个人的一生所能完成的事情，只可以尽可能精确地利用手头的东西来做，而这些东西当然不能完全适合于这样的事业。”① 到了 18 世纪，自然史经过林奈（Linnaeus）和布封（Buffon）之手，一跃成为重量级的科学部门，为唯物主义自然哲学大厦添砖加瓦，② 这也就是马克思较为熟悉的那种自然史。其中，学医出身的林奈所作的贡献，③ 跟我们这里的论题尤为相关。他在 1735 年的《自然体系》（*Systema naturae*）里面开宗明义地写道：“智慧的第一步是认识事物本身，这一观念在于正确认识对象；而对象是通过有系统地分类并恰当地命名来被区分、被了解的。因此，分类和命名

---

① 参见 John Ray, *Methodus plantarum nova*, London: Impensis Henrici Faithorne & Joannis Kersey, 1682, pp. iii-vi，强调处为原文所加，转引自蒋澈：《从方法到系统：近代欧洲自然志对自然的重构》，商务印书馆 2019 年版，第 150 页。林奈在《植物学哲学》（Philosophia botanica）里面罗列了三场论战的参与者名单和书目，后世称为“分类学之战”（taxonomic wars），详见《从方法到系统：近代欧洲自然志对自然的重构》，第 120-167 页。

② 参见恩格斯在巴黎同马克思会晤期间（1844 年 8 月底、9 月初）发表在巴黎《前进报》的《英国状况 十八世纪》，载《马克思恩格斯全集》第 3 卷，人民出版社 2002 年第 2 版，第 527 页。不久之后的《德意志意识形态》手稿，再次提到林奈（又译“林耐”）和裕苏（又译“茹协”）的植物学体系，参见《马克思恩格斯全集》第 3 卷，人民出版社 1960 年版，第 543 页。

③ 这样的学术背景，比如说，促使林奈偏好带有“性隐喻”（sexual metaphors）的命名形式。

将是我们科学的基础。”① 与先前流行的生物分类体系相比，林奈提出的（但并非他发明的）“双名法”(属名+种加词/种小名）大为简化从而更加实用，并让生物的名字更像是人物的名字。他还为术语的构造确立了语言学规则，例如，属名只可包含希腊词根或拉丁词根。② 不过，按照黑格尔的看法，法国植物学家裕苏（de Jussieu，1748—1836）在《自然状态中的植物序列》（1789年）中提出的自然分类体系，取代了林奈的“纯粹死板的、偏重知性的植物系统分类学”，而法国学者拉马克（Jean-Baptiste Lamarck，1744—1829）和居维叶（Georges Cuvier，1769—1832）则在动物分类学方面相继引领潮流。③ 方法的升华或者说高级化的方法就是体系，就是秩序。总的看来，18世纪后期以来的自然史研究，在依据理性确认的科学类型的基础上，致力于查明和描绘所谓“自然秩序”，而“自然秩序（ordre naturel / natural order）”正是马克思所理解的现代经济学初创阶段的意识形态根基，也是斯密所谓“看不见的手”在法国启蒙运动中的对应概念。④

（三）权利的经验素材

前述类型与秩序的最坚实基础当推实验室科学。如果我们把自然想象为一位爱好或倾向于隐藏的女神（此正是“自然的秘密”这个千年经典隐喻的题中之义），那么就像弗朗西斯·培根和居维叶所理解的那样，实验者相当于

---

① Carolus Linnaeus, *Systema naturae*: *Facsimile of the First Edition* (1735; Nieuwkoop: B. DeGraaf, 1964), p. 19，转引自［美］保罗·劳伦斯·法伯：《探寻自然的秩序：从林奈到E. O. 威尔逊的博物学传统》，杨莎译，商务印书馆2017年版，第5页。林奈这里的“自然体系”是跟“人工体系”相对的，他认为在透彻认识体系的一切内容之前，无从构造“自然体系”，此时“人工体系”的存在将是必要的。此外，请注意，“自然体系”在不同阵营的含义大不一样：对有神论者来说，它指向上帝在自然界的设计和创造；对无神论者来说，它指向客观自然规律的呈现。当然，站在黑格尔自然哲学的立场看，林奈的“自然体系”根本名不符实。

② 关于林奈学说的详细梳理，参见蒋澈：《从方法到系统：近代欧洲自然志对自然的重构》，商务印书馆2019年版，“第四章 林奈的systema概念”。

③ 参见［德］黑格尔：《自然哲学》，梁志学等译，商务印书馆1980年版，第590、647页。

④ 这一点尤其反映在被马克思称为“现代经济学的鼻祖”的重农学派那里，参见《马克思恩格斯全集》第30卷，人民出版社1995年第2版，第288页；《马克思恩格斯全集》第33卷，人民出版社2004年第2版，第15页。重农主义的法文名称是“physiocratie”，按其希腊词根的字面意思即“自然的统治”。

拷问自然以迫使其显露真相。[①] 然而，权利研究（至少在马克思那个时代）难以借助这种由研究者主动设计、介入和施行的实验，从而通过有序变换实验对象来客观地、精准地、中立地测量和证明相对明确、相对固定的因果关系。[②] 诚然，在19世纪上半叶，确实有些空想社会主义的狂热信徒搞过不同版本的乌托邦实验。[③] 但这在社会领域只是例外，卢梭的如下慨叹才表明通则："谁能对后面的问题做出一番好的解答，我认为，谁就可以说是我们这个时代的亚里士多德和普林尼：'须进行哪些实验，才能了解自然的人？在现今的社会中，须采用哪些方法，才能做这种实验？'……即使是最伟大的哲学家，也不可能伟大到敢来指导这一实验工作；即使是最强有力的国君，也不可能强有力到敢来进行这项实验。"[④] 因此，权利研究必须退而求其次，倚重在效果上至少部分地近似于人工实验的替代选项。马克思的确找到了替代选项。早在为《莱茵报》撰稿之初，他就在《第六届莱茵省议会的辩论（第一篇论文）》（大约成稿于1842年3月下旬至4月下旬）里面写道："自然科学家力求用实验在最纯粹的条件下再现自然现象。你们不需要做任何实验。你

---

① 参见［法］皮埃尔·阿多：《伊西斯的面纱：自然的观念史随笔》，张卜天译，华东师范大学出版社2019年第2版，第134-135页。列文虎克（A. van Leeuwenhoek，1632—1723）在宣布自己借助显微镜的观察结果时，即把标题定为《被揭开的自然秘密》（*Arcana naturae detecta*，1695年）。事实上，他的几乎全部著作——例如《解剖学，或事物的内部》（*Anatomia seu interiora rerum*，1687年）——的卷首插图，都涉及自然女神被（或者向）哲学（或者科学）揭开面纱的隐喻。列文虎克的做法绝非个案，往前至少可以追溯到布拉修斯（Gerardus Blasius）出版于1681年的《动物解剖》（*Anatome Animalium*），并且随后流行于17、18世纪的科学书籍。有趣的是，在各方面力量的共同影响下，自然女神成为法国大革命时期狂热崇拜的对象。参见《伊西斯的面纱》，第332-336、342-345、382页。

② 关于社会科学到底算不算科学，以及它们能否履行科学的常规使命，知识界长期存在争议，由此影响到科研机构的设置和国家科学基金的分配。参见［美］I. 伯纳德·科恩：《自然科学与社会科学的互动》，张卜天译，商务印书馆2016年版，第三章"社会科学、自然科学与公共政策——I. 伯纳德·科恩与哈维·布鲁克斯对谈"。

③ 参见［法］让-克里斯蒂安·珀蒂菲斯：《十九世纪乌托邦共同体的生活》，梁志斐、周铁山译，上海人民出版社2007年版。

④ ［法］卢梭：《论人与人之间不平等的起因和基础》，李平沤译，商务印书馆2007年版，第35页。可以看到，卢梭自觉地将自己的研究跟古代自然史研究联系起来。

们可以在北美找到新闻出版自由的最纯粹、最合乎事物本性的自然现象。”① 这意味着权利研究者必须充分占有可靠的或至少是可信的权利经验素材（当然其中最重要的是典型素材），“分析它的各种发展形式（Entwicklungsformen），探寻这些形式的内在联系（inneres Band）”。② 唯有足够翔实、足够丰富的权利经验素材，才可能囊括足够多样的权利类型，才可能为最大限度地趋近实验观察提供便利，才可能为进行有分寸的比较留下足够的空间。比较是人类知识的重要来源，正如布封所言：“我们越是掌握可以通过其不同侧面，通过其独特性进行比较的东西，我们就越是有办法了解它们，而且也越容易综合看法，借以得出我们的结论。”③ 当然，这里存在着人类不可突破的界限，即经验世界本身没有止境，④ 无法绝对完全地收集、整理和归纳权利的经验素材。我们不必追求绝对完备性，只需要根据业已掌握的情况大致判定适合当前研究目标的典型权利现象。毕竟，社会科学叙述的首要东西是类型，而非个体。倘若研究对象被还原为一定的类型，其呈现的东西就能得到精确辨识；相反，倘若人们只能逐一地、孤立地描述个别对象，社会科学就无从谈起了。⑤

---

① 《马克思恩格斯全集》第1卷，人民出版社1995年第2版，第182页。这段话所展现的研究对象选择方法，跟后来《资本论》的相关提法简直如出一辙。马克思的这种思想跟当代社会科学（特别是经济学）中的“自然实验”概念有一定联系。关于“自然实验”在历史研究中的机理和限度的说明，详见［美］贾雷德·戴蒙德、［美］詹姆斯·A. 罗宾逊：《历史的自然实验》，李增刚等译，中国人民大学出版社2020年版。2021年度的诺贝尔经济学奖就涉及这个问题。

② 参见《马克思恩格斯全集》第43卷，人民出版社2016年第2版，第847页。

③ ［法］布封：《自然史》，陈筱卿译，译林出版社2013年版，第65页。布封甚至提出，比较是知识的唯一来源：“虽然我们很少去考虑我们的知识来源，但我们很容易便发现我们只能通过比较的方法去了解它。但凡绝对无法比较的东西，那便是完全无法理解的东西，上帝就是我们在此所能提供的一个明显的例子。”

④ 我们应该还记得马克思博士论文里提过的一则轶闻：古希腊的早期自然哲学家德谟克利特，因为对经验知识的无限广阔深感绝望而自废双目。参见《马克思恩格斯全集》第1卷，人民出版社1995年第2版，第25页。

⑤ 参见［法］涂尔干：《涂尔干文集·第8卷（政治社会学卷）：孟德斯鸠与卢梭 社会主义与圣西门》，渠敬东主编，李鲁宁、赵立玮译，商务印书馆2020年版，第11-12页。法律科学当然也不例外。没有社会行为的充分类型化，就没有法律概念、法律规则和法律原则的高度抽象化。立法者的任务正在于“例示性地描述各种类型”。参见［德］考夫曼：《类推与“事物本质”：兼论类型理论》，吴从周译，学林文化事业有限公司1999年版，第115、119页。

我们看到，马克思不仅在克罗茨纳赫时期涉猎或摘录了英国各个时期的《自由宪章》、法国大革命前夕提出人权议题的陈情书、法国1791年《宪法》（含1789年《人权和公民权宣言》）等，从而有条件在一定范围内展开有关它们的性质和主题的比较，马克思还在旅居巴黎期间购入了《欧洲和南北美洲各国宪法、宪章和基本法汇编》、毕舍和卢-拉维涅合编的《法国革命议会史，或1789—1815年的国民议会日志》，[①] 以及博蒙的《玛丽，或美国的奴隶制》（该书为《论犹太人问题》提供了部分北美自由州的宪法条文）。主要鉴于马克思在巴黎才得到包括这些书籍在内的一系列资料，从而能够完成《论犹太人问题》一文，特别是其中关于“人的权利”的批判性讨论，因此，《马克思恩格斯全集》历史考证版编委会判定这篇文章写于巴黎，时间不早于1843年10月中旬（亦即马克思抵达巴黎的日期）。当然，这些只是现代权利现象的文件存在（正如金银币是货币的金属存在），如果借用《论犹太人问题》中的术语，它们仅仅表明或承载着权利的“理论”。

正如我们可以把法的形态分为“纸面上的法”(law in paper) 和“行动中的法”(law in action)，研究者同样可在权利现象的文件存在之外观照该现象的社会存在。那“征服了马拉的笔、恐怖主义者的断头台、拿破仑的剑，以及钉在十字架上的耶稣受难像和波旁王朝的纯血统”的资产阶级的利益关系、资产阶级时代的生活实践、资产阶级世界的生命表现，就是现代权利现象的社会存在，套用《神圣家族》中的提法，此时此刻“人权已经不再仅仅作为一种理论而存在了”[②]。甚至巴尔扎克的《人间喜剧》系列、欧仁·苏的《巴黎的秘密》[③] 等备受马克思关注的小说，也可进一步被视为（首先与法国

① 这套多卷本议会辩论记录甚为权威，就连反对编纂者解释立场的同时代学者都不得不加以认真利用。《论犹太人问题》援引过其中的第28卷。参见［法］傅勒：《马克思与法国大革命》，朱学平译，华东师范大学出版社2016年版，第25页。

② 参见《马克思恩格斯文集》第1卷，人民出版社2009年版，第287、325页。

③ 马克思在《神圣家族》第五章和第八章专门评论了这部轰动巴黎的长篇小说，参见《马克思恩格斯全集》第2卷，人民出版社1957年第1版，第68-70、76-78、83-87、89、93、94、97、210、212、215、218、230-233、236-240、243、251、256-258页。一部文学作品获得这样密集而连续的引用，在马克思的著作中是绝无仅有的事情，但这跟《巴黎的秘密》在当年的热销程度是般配的。正如当代学者很难想象斯宾塞在19世纪英语知识界的崇高地位，当代学者也很难想象欧仁·苏在1844年是巴黎家喻户晓的人物。

"人权宣言"相对应的）这种社会存在的虚构形态，但这种虚构性因为它们自身强烈的现实主义气质而被大大缓和。它们通过塑造一定的人物类型和情境类型（在巴尔扎克那里甚至表现为全景式的描绘），帮助马克思深刻理解现实关系中的现代权利现象——它们有资格成为权利的文学实验。如果说政治经济学研究就是"市民社会的解剖学"，那么这种解剖学同时有利于澄清现代权利的"社会生理学"。从这个意义上讲，权利理论虽然在表面上并不位于马克思成熟时期思想的中心地带，但其实一直深藏在政治经济学批判工作的基底，构成马克思理论发展的隐蔽问题意识线索。当《〈政治经济学批判〉序言》将所有权关系称为"生产关系的法律用语"时，前述论断似乎获得了某种印证。

法国革命者认为"必须以人权的形式承认和批准现代资产阶级社会，即工业、普遍竞争、自由地追求自己目的的私人利益、无政府状态、自我异化的自然个性和精神个性的社会"①。此乃马克思对法国"人权宣言"的批判性研究的整体出发点，因而也为马克思的人权观念设定了不可回避的解读语境。诚然，1789 年《宣言》"这部如此狂热地急就而成的文献，以其磅礴的气势和简明易懂的风格而令人震惊"，而且法国革命者完全可能在某些方面展示出超越同时代经验关系的意识。② 可是，法归根结底没有它自己的历史。在马克思看来，法国"人权宣言"是一种赫赫有名的标志和象征。如果说法国大革命是现代国家起源的表现，那么"人权宣言"就是作为世界历史事件的法国大革命的意识形态漂浮物，是大革命亲历者的自我意识和自我认知的外观，是地地道道的政治现代性本身（即所谓"政治启蒙"）的意识形态典范。从观念谱系上讲，法国"人权宣言"既超越了开历史倒车的意识形态，也超越了谋求旧制度与现代性合理折衷的意识形态。

---

① 句中强调处为马克思所加，参见《马克思恩格斯文集》第 1 卷，人民出版社 2009 年版，第 324 页。

② ［美］林·亨特：《人权的发明：一部历史》，沈占春译，商务印书馆 2011 年版，第 4 页；《马克思恩格斯文集》第 1 卷，人民出版社 2009 年版，第 576 页。

它作为政治现代化的里程碑式的成果，注定要同现代性其他维度上的意识形态结合在一起才能得到完整透彻的理解，也注定要被超越了资本主义现代性的、真正达到“人的高度”的意识形态即社会主义所超越。“人权宣言”的价值和限度被归结于此。

在马克思那里，对基督教的批判内在包含着对犹太教乃至宗教本身的批判，对黑格尔国家理论的批判内在包含着对整个黑格尔法哲学的批判，对黑格尔的批判内在包含着对德国法政意识的整个形式乃至全部所谓“梦想的历史”的批判，对弗里德里希·威廉四世基督教国家建设方案的批判内在包含着对残存于现代世界中的一切旧制度的批判，对发达的（例如英国的）市民社会的批判内在包含着对欠发达的（例如德国的）市民社会乃至现代市民社会本身的批判。同样道理，在《论犹太人问题》及其关联文本中，对鲍威尔“犹太人问题”思想的批判内在包含着对海尔梅斯文章、乃至囿于宗教视野的一切相关争论文献的批判，对法国革命的批判内在包含着对英国革命、美国革命乃至现代政治革命本身的批判，对“droits de l'homme”的批判内在包含着对“droits du citoyen”乃至系列权利宣言文件整体的批判，对法国权利话语的批判内在包含着对美国权利话语乃至整个现代权利话语的批判。当然，马克思所要求的不是否定作为自然权利的人权话语本身，而是倡导“有原则高度的实践”，伸张超资产阶级立场的新观念，即体察无产阶级困境、要求无产阶级权利、顾及无产阶级尊严的新社会观念。[①] 一言以蔽之，在马克思看来，无论就法学研究、哲学研究、宗教研究、政治研究、经济研究、社会研究抑或文艺研究而言，批判地审视最发达的典型对象相当于批判地审视全部对象序列（尽管在此并不必然预设某种线性的历史图式，正如马克思不曾预设北美立宪文件中的权利形式必将发展为法国“人权宣言”的形式）。典型研究对象的选取是马克思法律与权利研究方法中举足轻重的第一步，它直接规定着

① 参见《马克思恩格斯文集》第1卷，人民出版社2009年版，第11、17页。当时已知的权利话语形式因其固有的历史脉络，不适于以其原有意义表达这些新观念及其背后的新时代基础。但马克思没有把精力过多地放在创制新的术语上，而是专注于分析旧社会形态的实际结构和革命前景，并洞察新社会的曙光。也就是说，马克思开明而又审慎地保留了通用的人权话语的关键词，但力求在新的脉络中为之赋予新的内涵。

后续的方向和可能的结论。马克思正是经由关于现代资产阶级权利的批判性探究，转向考察权利现象背后的文明结构，并且在世界历史过程中深度把握政治革命的性质和后果。[①]

① 有鉴于此，当代的权利哲学家也需要认真考量一般理论的经验原型（比如“法的一般理论”的经验原型其实是私法），新兴权利现象的研究者也需要选取真正具有现实性（而非单纯的事实性）的权利现象，以便合理重构理论与实践的关系。

第五章

短时段与长时段：重构马克思视野中的权利的历史性

现时代被中外学者庄严宣告为“权利的时代”。在其中，社会关系（特别是交换关系）的运动往往表现为个体权利的创设、变形与消灭。实定权利体系的显著发展，或者应然权利的实定化进程，被视为整个现代法律文明史的尺度和缩影。① 在致力于理解现时代的权利现象的时候，马克思没有借助一般权利模型的理论建构和要素分析，而是诉诸经验中的特定典型权利，以便深刻领会权利的历史性。这种典型权利，如前所述，正是作为《论犹太人问题》首要批判对象的法国“人权宣言”。《论犹太人问题》也正由于此番批判，成为马克思主义权利学说、特别是人权学说的一座里程碑。我们应当在学界研究成果的基础上，设法弄清马克思何以能够看出那些资产阶级权利的利己主义原则及其社会结构前提，进而弄清他是藉由何种契机和方式确立相应的观察角度的，唯其如此，方可真正确保马克思不失为我们的同时代人。

我们的目光不再单单停留于《论犹太人问题》，这篇有关鲍威尔的书评受制于书评本身的客观要求，无法就现代权利问题展开全面探讨。我们要回到马克思的克罗茨纳赫—巴黎—布鲁塞尔时期，在先前未经审查之处寻找事实

① 参见公丕祥：《法制现代化的理论逻辑（修订版）》，商务印书馆2021年版，第227、230页。

线索，基于这些事实调整和重构阐释框架，为事实序列注入新的意义。① 从1843年至1846年，意识形态问题——马克思的相关提法包括“外观”(Schein，或译“映像”)、“梦想的历史”(Traumgeschichte)、“意识领域”(Bewußtsein) 等——明确上升为马克思的核心关注点，并成为马克思分析现实关系的切入点。旧制度的意识形态、立宪君主制的意识形态、资产阶级革命的意识形态、现代市民社会的意识形态和无产阶级的意识形态，相继进入马克思的研究视野，而且彼此环环相扣，法国“人权宣言”也在其中有自己的位置。马克思在意的不是“人权宣言”本身的具体规定和条款表述，而是它的原则。无论是法国大革命，还是1789年《宣言》的颁布，它们单纯作为重大政治历史行动并不是值得重视的东西，关键在于它们承载的普遍意义和它们代表的现实关系的历史运动方向。②

笔者认为，马克思对法国“人权宣言”的批判性分析，得益于他在研究中先后采取的短时段和长时段视角，这便构成本章的讨论主题。长时段通常跟远因研究联系起来，更多地趋向于以世纪为跨度考虑问题；而短时段通常跟近因研究联系起来，更多地趋向于在事件发生的当时情境里面考虑问题。③当然，这里所谓的长时段和短时段乃是相对的概念，而且它们在根本上相互参照、相互依存，共同促成一种理性的判断。不难想见，把“人权宣言”理解为拉法耶特、西耶斯、米拉波等人的宣言草案的集成，或者理解为1789年8月制宪议会整体审议过程的成果，或者理解为1787年“显贵会议”召开之后若干年发展的结果，或者理解为18世纪60年代刑事司法人道化倡议以来数十载的改革成就，或者理解为18世纪法国启蒙政治哲学的政治映现，或者理解为整个17、18世纪欧洲启蒙文化的最终成果，或者理解为早期现代以来的市民社会工商业诉求的法律表达——这些显然意味着“人权宣言”呈现出

---

① 参见［美］林·亨特：《历史学为什么重要》，李果译，北京大学出版社2020年版，第45-46页。

② 参见《马克思恩格斯文集》第1卷，人民出版社2009年版，第540、809页；《马克思恩格斯文集》第2卷，人民出版社2009年版，第213页。

③ 法国年鉴学派史学家布罗代尔，从各种时段的历史研究里面大致区分出三个类型（或者说是三种研究偏好），即事件的历史（短时段）、局势的历史（中时段）、结构的历史（长时段），但它们之间并没有严格的定量的区分。就本章的目标而言，我们只需要区分短时段和长时段这两极。

截然不同的面貌，就好比我们分别以毫秒、秒、小时、日、月、年、世纪、朝代为尺度来观看，见到的人类生活图景必然难以相提并论。

像权利这样的有限事物，其历史性——这是历史唯物主义的题中之义——首先指向时间，意味着要在流变进程中把握事物的形式和实质，展示事物那有限的坚固持久性。被置于时间中的权利，仿佛被流逝的江河席卷而去。[①] 时间揭露了那些"抹杀一切历史差别"、将受制于特定发展阶段的权利形式误解为"自然"权利的理论幻觉，[②] 使全部事物（特别是隐藏着的东西）对理性来说变得显明，古代欧洲人由此参悟出一则谚语："真理是时间之女"（Veritas filia temporis）。[③] 历史唯物主义方法的运用（以及在某种意义上，任何历史解释的展开），在相当程度上涉及所谓"时段的辩证法"。这要求设置一定的时间坐标和选用特定长度的时间段，即对客观的、同质的、分分秒秒均匀流逝的自然时间作出人为分割、建构和重新整合。设定时段就是采用与之相适应的特定解释模式，而马克思的权利研究或可归结为在权利现象和解释模式之间的往返顾盼。

一、短时段视野中的法国"人权宣言"：以大革命时代立法者的原意为中心

马克思对法国革命史及其主要亲历者的人权言论的浓厚兴趣，广泛反映在他抵达巴黎前后写下的关键论著中。比如在《黑格尔法哲学批判》手稿中，马克思谈到法国是"[代表着] 政治教养的国度"（dem Land der politischen Bildung），正是在那里，"立法权造就了法国大革命；一般而言，在立法权就其特殊性来说作为统治要素出现的地方，它造就了伟大的、有机的、普遍的革

① 参见［德］黑格尔：《自然哲学》，梁志学等译，商务印书馆 1980 年版，第 24、49–50 页。

② 参见《马克思恩格斯全集》第 30 卷，人民出版社 1995 年第 2 版，第 47 页。《克罗茨纳赫笔记》摘录了《人权宣言》第 2 条：国家的目的是保障人的"自然的和不受时效约束的权利"（*des droits naturels et imprescriptibles*，强调处为马克思所加），参见 *Marx/Engels Gesamtausgabe*（*MEGA*），Ⅳ/2，Dietz Verlag，1981，S. 170。

③ 参见［法］皮埃尔·阿多：《伊西斯的面纱：自然的观念史随笔》，张卜天译，华东师范大学出版社 2019 年第 2 版，第 247–248 页。

命”，“只有法国大革命才完成了从政治等级到社会等级的转变过程……这样就完成了政治生活同市民社会的分离”①。在《〈黑格尔法哲学批判〉导言》中，马克思为“低于历史水平”的德国构想特殊革命道路时，直接对标和参照法国大革命所建立的尺度。他谈道：“即使我否定了 1843 年的德国制度，但是按照法国的纪年，我也不会处在 1789 年，更不会是处在当代的焦点”，“在法国，部分解放是普遍解放的基础。……在法国，全部自由必须由逐步解放的现实性产生。……在法国，人民中的每个阶级都是政治上的理想主义者，它首先并不感到自己是个特殊阶级，而是整个社会需要的代表。因此，解放者的角色在戏剧性的运动中依次由法国人民的各个不同阶级担任”，最后，“一切内在条件一旦成熟，德国的复活日就会由高卢雄鸡的高鸣来宣布”②。最后这则隐喻的经典程度，堪比黑格尔的“密涅瓦的猫头鹰在黄昏起飞”。马克思在提示我们：法国大革命及其直接催生的新社会思潮，乃是德国未来革命高光时刻的预告、序幕和先声（雄鸡报晓的特殊象征义）。③ 这样看来，对法国大革命、“人权宣言”和它们的思想遗产继承者（即 19 世纪上半叶的社

① 参见《马克思恩格斯全集》第 3 卷，人民出版社 2002 年第 2 版，第 73、100、149 页，译文有改动。事实上，黑格尔《法哲学原理》（1821 年）提供的理性国家形象乃是对法国大革命的直接回应。他力求结合德意志民族的特色和传统，为 1814 年刚刚赢得解放的普鲁士重建一种比较坚固的社会纽带，而这种社会纽带的理论重建工作在法国主要是由圣西门、傅立叶、蒲鲁东等人完成的。在这个意义上也可以说，黑格尔国家学说在德国做着空想社会主义者在法国所做的相似工作，这就更能解释马克思的手稿为何始于国家部分而非市民社会部分的评注。

② 参见《马克思恩格斯文集》第 1 卷，人民出版社 2009 年版，第 5、6、16、18 页。

③ “高卢雄鸡”是法兰西第一共和国国旗上的形象，但这里恐怕不是说德国解放的号角由法兰西第一共和国吹响。毋宁说，这里所喻指的高卢人，按照马克思所熟知的法国史学界的流行叙事，是人民（或者圣西门所谓实业阶级，即我们所谓资产阶级+无产阶级，他们分别对应着当时法国的社会主义和共产主义）的祖先，其征服者法兰克人则是贵族的祖先。这种叙事主要始于 18 世纪法国学者布兰维里耶（Henry de Boulainvilliers）的以战争作为一切权力基础的历史—政治话语，后来可见于圣西门、基佐、巴尔扎克等人的著作。参见张锦：《马克思、布兰维里耶与生物学种族主义——论福柯“胜利者史学”的谱系》，载《外国文学评论》2019 年第 1 期，第 202-203、212-216 页。例如，基佐最著名的小册子之一《论复辟时期以来的法国政府》（*Du gouvernement de la France depuis la restauration*，1820）这样写道：“十三个世纪以来，法兰西内含两个民族，即战胜的民族和战败的民族。十三个世纪以来，战败的民族一直在斗争，以便撕开战胜的民族所强加的镣铐。我们的历史就是这场斗争的历史。如今，决定性的战役已经打响，它被称为革命。”转引自 Augustin Thierry, *Récits des temps mérovingiens*, tome premier, Paris, 1842, p. 225。当然，马克思高卢雄鸡隐喻的直接出处，是海涅的“高卢雄鸡如今再次啼叫，而德意志境内也已破晓”。参见《马克思恩格斯全集》第 3 卷，人民出版社 2002 年第 2 版，第 661 页。

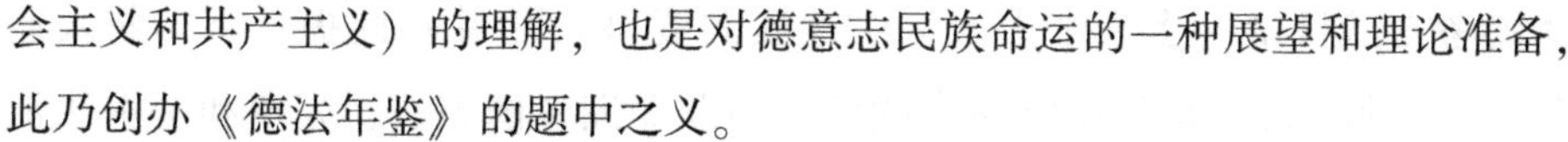

会主义和共产主义）的理解，也是对德意志民族命运的一种展望和理论准备，此乃创办《德法年鉴》的题中之义。

（一）初始向导与史料基础

我们看到，马克思首先是从短时段入手考察法国“人权宣言”的，这倒也符合历史研究的常见次序。在这个阶段给马克思担任初始向导的，是瓦克斯穆特的《革命时代的法国史》。马克思的《克罗茨纳赫笔记》第Ⅳ册（1843年7、8月），即含有源自该书第1、2卷的66段长短不一的摘录。总体看来，第Ⅳ册笔记本有一些值得留意的特点。（1）极其关心事实，兼顾官方事实记载和私人事实记载，特别是法令的内容（这属于制度事实），以及包括革命亲历者在内的历史人物的具体言论（这属于言词事实）。（2）几乎完全无视原作者本人——有的是自由派，有的是保守派，有的甚至是为普鲁士专制作辩护的极端保守派，但无一例外均为业内权威著作家——的政治立场、叙事倾向和价值判断，比如林加德对英国《大宪章》的溢美之词。（3）一方面是似乎表征着粗略阅读的大幅度跳页现象，另一方面是精细到连原著的注释和参考文献都不放过的地步，显得收放自如。比如摘录《革命时代的法国史》第1卷的时候，马克思从第168页一下跳到第320页，紧接着再跳到第500页，与此同时却仔细抄写了第203页、第255页、第334页的脚注。

马克思比较详细地（但并非完整地）抄录了法国1791年宪法，当然，首先包括作为该宪法序言的1789年《人权宣言》。与此相关，“人权”（Menschenrechte）和“1791年宪法”（Constitution von 1791）出现在他为第Ⅳ册笔记本编制的索引中，足见其重视程度。这两个词条构成单独的一组关键词，连续书写在笔记本的页面下方，对应页码范围仅限于瓦克斯穆特的著作。由著作标题和相关摘录内容可知，瓦克斯穆特是在短时段的视野中处理法国“人权宣言”的。整套《克罗茨纳赫笔记》都显示出对于大革命及其人权文件这个议题的浓厚兴趣。马克思非同寻常地摘录了瓦克斯穆特著作中的117

条参考文献目录（多为个人回忆录性质的资料），[①] 并在此提示下，购入迪福、杜韦尔日耶、加代编辑的《欧洲和南北美洲各国宪法、宪章和基本法汇编》，以及毕舍、卢-拉维涅编辑的《法国革命议会史，或1789—1815年的国民会议日志》，二者在《论犹太人问题》里面均有引用。马克思在研读前一套书的第1卷时，对法国1793年宪法和1795年宪法作出许多勾画和批注，但未将这种做法应用于1791年宪法，因为《克罗茨纳赫笔记》已有相应摘录（这也提醒我们，当条件允许时，应将马克思的摘录笔记和藏书批注结合起来把握问题）。这套书有助于马克思在近代欧美的立宪文件序列中，把握法国"人权宣言"的一般性和特殊性。相比之下，后一套书更加重要，它是19世纪中叶最权威的法国革命史一手文献集成，马克思由此能够在议会辩论档案的语境细节中（即所谓立法史资料），查明革命时代立法者（包括各位议会议员、特别是制宪领袖）的原初意旨和问题思考。不消说，这后一套书大大补强了瓦克斯穆特业已提供的短时段考察，将大量干瘪的历史编纂学叙事还原为生动的修辞、丰富的言论和精确的文书。

以当年实际参与和影响法律创制的群体为中心的短时段考察，是最直观也最顺理成章的"人权宣言"研究进路。恰如涂尔干反问的那样，"在政治、法律和宗教制度中，难道还有比那些统治国家、起草法律、确立宗教典礼的人的人格更显眼、更醒目的事物吗？于是乎，君主、立法者、预言家的个人意志似乎就成了所有社会生活得以滋生的源泉"[②]。无论基于革命立法者原意

---

① 其中跟法律研究关联度较高的例如：拉博姆（Labaume）的《法国革命的君主制史和立宪史》（*hist. monarchique et constitutionnelle de la révol. française*）、夏多布里昂（Chateaubriand）的《论革命》（*essai sur la révolution*）、亚历山大·拉美特（Alex. Lameth）的《制宪议会史》（*hist. de l'assemblée constit.*）、伊桑贝尔（Isambert）的《古代法律汇纂》（*Recueil des anciennes lois*）、拉法耶特（Lafayette）的《回忆录》（*Mém.*）、布里索（Brissot）的《刑法理论》（*théorie des lois crimin.*）、布列韦尔（Brewer）的《法国法院组织史》（*Geschichte der franz. Gerichtsverfassung*）、西耶斯（Sieyès）的《三级会议史》（*Histoire des états-généraux*）和《什么是第三等级　论特权》（*Qu'est-ce que le tiers état und Essai sur les privilèges*）、迪韦吉耶（Duvergier）的《法律大全》（*Collection complète des lois etc.*）、穆尼埃（Mounier）的《论三级会议》（*sur les états généraux*）、《沙特莱的刑事预审程式》（*Procédure criminelle instruite au Chatelet*）、《巴士底狱揭秘》（*la Bastille dévoilée*）、《国民议会的主教代表就僧侣组织原则的说明》（*Exposition des principes sur la constitution du clergé par les évêques députés à l'assemblé nationale*）、《罗兰夫人回忆录》（*Mém. de Mad. Roland*）。

② ［法］涂尔干：《涂尔干文集·第8卷（政治社会学卷）：孟德斯鸠与卢梭 社会主义与圣西门》，渠敬东主编，李鲁宁、赵立玮译，商务印书馆2020年版，第14页。

的解释方法是否充分，它毕竟构成马克思“人权宣言”研究的第一步。这一步是理性的法律研究不能绕开的步骤，它帮助人们了解条文的立法目标和确切用途，从而为迈向“开明的怀疑精神”，为慎重的法律反思提供基本的契机。马克思始终认真对待创制者/作者的原意，尽管他从来不拘泥于原意，经常将其作为发展批判性观点的起始条件。①

被认真记录并受到瓦克斯穆特关注的法国大革命时期的议会辩论，是整个欧洲启蒙时代公共辩论的顶峰和典范，而《人权宣言》（以及由此导引出来的法国宪法）堪称其最重要的文化成果，也是马克思据以检视法兰西启蒙精神的典型文本（同样，黑格尔《法哲学原理》被马克思视为德意志法政意识的缩影）。正如制宪者已经注意到的那样，有别于主要由个人（托马斯·杰斐逊）起草并由小型委员会审定的1776年美国《独立宣言》，法国《人权宣言》有着远为丰富的草案作为底本，源自更加繁复、更加艰苦的议会辩论，追求成为其他民族仰慕效法的“理性与智慧的典则”(un code de raison et sagesse)。在1789年7月14日巴士底狱陷落之后的几周内，特别是由于外省发生持续多日的农民暴动（7月20日至8月11日，史称“大恐慌”），革命进程充满戏剧性：不仅《人权宣言》的制定被正式提上议事日程，而且绵延数世纪的封建制度及其特权体系在法国被一举废除（始于8月4日），多少世代的被压迫者的梦想就这么实现了。可以想见，作为考察基准的时间段被限定得越短暂、越局促，我们在历史中就会看到越多的行动者的意识、意志、意图和意外，总之，就有越多的主观选择和偶然因素在汹涌奔突，就有越多的

① 比如我们看到，在1843年批判黑格尔法哲学的时候，抑或在1844年批判政治经济学的时候，马克思都没有撇开原著而强加自己的批判。相反，他会把原作者的言论跟文本（经由分析的反推）悖论性地呈现的思想内容两相对照，最终收到恰如其分的内在批判效果。比如，亚当·斯密称自己的学说旨在说明富国利民的手段，从而求得更多的社会幸福。但马克思在《1844年经济学哲学手稿》中，通过分析工人在斯密提到的三种社会状态（即衰落状态、增长状态和停滞状态）之下的命运，得出以下结论：“既然按照斯密的意见，大多数人遭受痛苦的社会是不幸福的，社会的最富裕状态会造成大多数人遭受这种痛苦，而且国民经济学……是要导致这种最富裕状态，那么国民经济学的目的也就是社会的不幸。”参见［德］马克思：《1844年经济学哲学手稿（附有按照手稿写作顺序编排的文本）》，人民出版社2014年版，第153-163页。不消说，这种苏格拉底式的批判要比径直给出正面阐述的效果好得多。马克思始终拒绝任何教条主义态度，他曾说：“我们不是教条地以新原理面向世界：真理在这里，下跪吧！”相反，他希望通过批判旧的思想世界，而水到渠成地揭开新思想世界的面纱。《马克思恩格斯全集》第47卷，人民出版社2004年第2版，第66页。

时代幻想在诱惑我们，而那些独立于个别行动者的深层决定性因素也就湮没得越彻底，以至于简直成为不可思议的事情。①

马克思通过阅读《法国革命议会史，或1789—1815年的国民会议日志》，知道《人权宣言》的实际制定过程涉及温和派和激进派之间的拉锯战，剧情可谓曲折婉转。议会最初成立的八人委员会由穆尼埃（Mounier）、西耶斯（Sieyès）、贝尔加斯（Bergasse）、勒沙普利埃（Le Chapelier）、拉利—托勒达勒（Lally-Tollendal）、克莱蒙—托内尔（Clermont-Tonnère）、塔列朗（Talleyrand）和波尔多大主教组成，而辩论的主要引领者和贡献者实际上是西耶斯、穆尼埃、拉法耶特、米拉波（Mirabeau），以及布里索（Brissot）、拉博（Rabaut）、沃尔内（Volney）、孔多塞（Condorcet）等人。到8月中旬为止，有多份宣言草案提交审议，② 经过一番激烈角逐，英式草案和美式草案纷纷败下阵来。新的五人委员会很快成立，成员包括米拉波、德穆尼埃（Démeunier）、朗格勒主教和两名法律人。在其强有力的智囊团的帮助下，米拉波掌握主动权，他在8月17日代表五人委员会向大会作报告，并提交一份经过修订的宣言草案（共19条）。此外，偏保守的“第六处”的宣言草案也在后期审议阶段发挥重要作用。个中曲折在所不论，最后颁布的定本是各政治党派之间相互妥协的结果。但人们不难发现，“哲学党”显然占据上风：国民议会没有采纳法国思想界（例如孟德斯鸠、伏尔泰、“百科全书派”）一度热诚追随的英伦模式，而是师法18世纪，师法那些作为18世纪社会基础的根本且绝对的概念。③

1789年《人权宣言》的审议过程用时不足一个月，应该说是比较仓促的。国民议会成员自“网球厅宣誓”(不制定出王国宪法绝不解散）以来，所做的第一件事不是像其他新生政权那样颁布报复性的法令，而是忙于制定作

---

① 参见［英］柯林伍德：《自然的观念》，吴国盛、柯映红译，华夏出版社1999年版，第27页。与时间段的选取密切相关的是空间范围。

② 当时宣言草案的数量统计结论存在争议，其中14份的篇目列举参见张奚若：《人权宣言的来源问题》，王建学校订，载王建学主编：《1789年人权和公民权宣言的思想渊源之争》，法律出版社2013年版，第115页。

③ 参见［法］米涅：《法国革命史：从1789年到1814年》，北京编译社译，商务印书馆1977年版，第58页。

为未来法国宪制基础的《人权宣言》。他们（例如拉法耶特）考虑，万一国民议会惨遭灭顶之灾，至少自身的纲领和原则能有机会公之于世，为同时代人和后续世代所借鉴。[①] 不像 18 世纪之前的所谓革命那样仅仅换掉一批统治者，或者稍稍改变国家的局部状况，因而难以对革命诞生地之外的地区造成多少影响，法国革命者相信，零敲碎打、修修补补并不能让原本错误的事物变得正确。他们要借助“人权宣言”，为法国乃至整个欧洲的法律秩序重新奠基，这当然是将自下而上的发展成果加以确认的自上而下法治现代化的重要一环：不仅国民作为人和作为公民的权利得到明文宣示（即不再仰赖国王的恩赐），而且国王、僧侣和贵族的基于等级制的传统政治法律地位受到激进改造。从此，法律的正当性不再由国王人格的权威来保障，不再由巴黎高等法院的登记来保障，而由国家议会所代表的普遍意志（la volonté générale，又译“公意”）来保障，由法律对人民权利的全心全意的维护来保障——无论能否被接受，旧日的王权论—司法论的话语终究让位于崭新的意志论—权利论的话语。[②]

马克思通过阅读《欧洲和南北美洲各国宪法、宪章和基本法汇编》可知，同按照法言法语书写的北美立宪文件相比，法国“人权宣言”洋溢着纯真勇毅、气冲霄汉的哲学格调，将现代人喜闻乐见的自由语法和平等情结发挥得淋漓尽致。这一点在当时流行的宣言草案中已见分晓。例如，“两个世界的英雄”拉法耶特（又译“拉法叶特”）认为，“要热爱自由，只消知悉自由就够了，要得到解放，只消追求解放就够了”(这句箴言令潘恩心醉神迷，以至于他反复称引)，因此一份人权宣言务必以将“人人知晓的、人人感受到的事情”昭告天下。他的草案（共 10 条）采取铿锵有力的简约条文形式，其中庄严宣布：“自然使人人自由且平等”(第一条)，“人人生而享有不可让与和永

① 参见［美］潘恩：《潘恩选集》，马清槐等译，商务印书馆 1981 年版，第 130、155、182、184、216 页。

② 汇聚于巴黎的、信奉民主共和的文人所推动的公共领域转型，伴随着并且深化了这种话语革新。正如英国学者伊斯雷尔所指出的那样，“通过口口相传，这些观念逐渐在文化水平低下的大众当中普及开来。这是一种前所未有的权力表现形式，它完全通过演讲、小册子、剧院和报纸而得以实现”。参见［英］乔纳森·伊斯雷尔：《法国大革命思想史：从〈人的权利〉到罗伯斯庇尔的革命观念》，米兰译，民主与建设出版社 2020 年版，第 72 页。

远存在的权利，其中包括：表达一切意见的自由；照看其荣誉和生命的权利；财产的权利，包括对其人身、营业和才干的完整支配；以一切可能的方式交流思想；追求幸福；以及反抗压迫”(第二条)，“整个主权的本源乃存在于国民”(第五条)，“任何政府的唯一目的在于公共福祉”(第七条)，等等。[①] 这种文风直接为后来正式通过的《人权宣言》所秉承，再加上拉法耶特本人在当时的崇高威望，以至于常有论者以为《人权宣言》出自拉法耶特之手。西耶斯在1789年7月下旬提交的宣言草案（共32条）同样极负盛名，其中郑重地提出：“一切社会只能是所有结合者之间契约的自由作品”(第一条)，“政治社会的目标只能是所有人的最大福利”(第二条)，“一切人在运用其个人天资才干方面是自由的，只以不损害他人为唯一条件”(第四条)，“公民的自由、财产和安全必然存在于对一切损害行为的最高社会防卫中”(第九条)，“在法律面前，一切人都不亚于他人；法律完全无差别地保护一切人”(第十六条)，“法律只能是公意的表达”(第二十六条)，等等。[②]

（二）作为短时段观察重点的国民公会时期及其财产权思想

但我们发现，马克思并没有沿着《人权宣言》—宣言草案—启蒙运动的常规思路向前追溯，而是把短时段的观察重点放在国民公会时期。根据卢格在1844年5月到7月的报道，马克思在1844年上半年曾经持续地、极为勤勉

---

① 参见 Lynn Hunt (ed.), *The French Revolution and Human Rights: A Brief Documentary History*, Bedford/St. Martin's, 1996, pp. 72–73；《拉法叶特人权宣言草案》，王建学译，“明德公法”微信公众号2017年9月6日推送文章，最后浏览日期是2021年10月28日。

② 参见［法］西耶斯：《论人权和公民权》，王建学译，载《宪政与行政法治评论》第7卷，第138–151页。与拉法耶特草案不同的是，西耶斯草案不仅在条文上更丰富更细腻，而且其前置的理由陈述也采用以下更加严谨的推理过程：人的需要→人的手段及其运用方式→两种人际关系（正当的和不正当的）→社会状态与社会结合→自由的概念、范围和保障→宪法、制宪权和宪制权→民权和政治权利→公民的政治分类（积极公民和消极公民）→人民作为一切权力和权威的最终源头。可惜，风起云涌的革命浪潮，并不允许制宪议会耗费太多精力去以这种严格推导的形式论证“人权宣言”。这里值得一提的是，马克思首次见识劳动所有权学说，或许不是通过直接研读约翰·洛克的文本，而是通过在巴黎时期了解西耶斯在洛克基础上发展的系列精辟思想：（1）“对人身的所有，乃是权利中之首要者”；（2）“从这一原始权利中发展出对行为的支配和对劳动的支配”；（3）“对外部物品的所有，或真正的财产权，同样只是个人对其人身进行支配的结果和延伸”；（4）“我的劳动是属于我的，一直是我的：我把我的劳动嵌入这一物品，赋予这一物品，这一物品就成为我的，正如任何人的劳动都如此一样”；（5）“这一物品之所以更应当属于我，是因为我比他人对它更享有第一占有者的权利”；（6）“这些条件足以使我将这一物品作为我的排他性财产”，而“社会状态通过公约的力量，即某种合法承认，而进一步增强了我的财产”。参见《论人权和公民权》，第142–143页。

地研读他广为搜集的国民公会史料;[①] 据推测在 2 月至 5 月底，此后突然中断,[②] 转向写作《1844 年经济学哲学手稿》，又在该手稿进行过程中穿插完成的《评一个普鲁士人的〈普鲁士国王和社会改革〉一文》（1844 年 7 月 31 日）强势回归。例如，卢格在 1844 年 5 月 15 日致费尔巴哈的信中提到，“马克思……想写国民公会史，他收集了许多有关的材料并且提出了十分有益的观点。他再一次放下了黑格尔法哲学批判。他想利用在巴黎逗留的机会来写那部著作，这是完全正确的”[③]。现存的《巴黎笔记》就始于有关雅各宾派分子、国民公会议员勒瓦瑟尔的《回忆录》的摘录笔记。此外马克思还研究了法国革命时期的重要报刊。他的法国大革命研究看来取得了相当的进展，此事在激进流亡分子中已是公开的秘密。[④] 而我们知道，在国民公会时期，《人权宣言》已经不再像 1789 年那样光彩夺目、凝聚人心，似乎已经远离了革命政治的中心关切，毋宁说，国民公会的政治实践时而公然践踏着自己所宣布的人权原则，以至于《人权宣言》不仅成为摆设，甚至成为无声的讽刺和叹息。

现在我们要问：在为理解现代国家及其现代权利形式提供最重要语境的

---

① 参见［苏］鲁缅采娃:《关于巴黎笔记》，卢晓萍、章丽莉译，载《马列主义研究资料》1983 年第 4 辑，第 40-41 页。

② 关于法国革命史、特别是国民公会史研究的中断原因，学界莫衷一是。弗朗索瓦·傅勒认为:“马克思的最重要工作将是献身于现代经济学以及它的超级实验室，即英国历史。青年马克思赋予市民社会的现实以特权，认为它优先于它的各种政治形式，这使他很快就偏离了现代国家的系统研究。或许这就是他为何一直没写他在巴黎时想过的论述国民公会的著作的原因。无论如何，正是这一点使他对法国革命的历史分析停留在暗示和不完全的层面。”［法］傅勒:《马克思与法国大革命》，朱学平译，华东师范大学出版社 2016 年版，第 35 页。笔者认为，政治经济学研究是在另一种形式下延续着法国革命史研究的主题，包括所有制结构、经济关系的运动、阶级意识等。因此，马克思放弃写作国民公会史，与其说是因为理论目标发生转移，不如说是因为巴黎时期开始的政治经济学批判已在更深层面（意外地）完成了他的原定理论目标。

③ 参见杨金海主编:《马克思主义研究资料》第 11 卷，中央编译出版社 2015 年版，第 528-529 页。

④ 在从巴黎转战布鲁塞尔前后的札记中，马克思先后写下“现代国家起源的历史或者法国革命”(*Die Entstehungsgeschichte des modernen Staats oder die französische Revolution*)、“人权的宣布和国家的宪法”(Die *Proclamation der Menschenrechte* und die Constitution des Staats) 和“革命——现代国家起源的历史”(Die *Revolution* = *Entstehungsgeschichte des modernen Staats*)。参见《马克思恩格斯全集》第 42 卷，人民出版社 1979 年第 1 版，第 237-238、273 页; *Marx-Engels-Gesamtausgabe*, IV / 3, Dietz Verlag Berlin, 1998, pp. 11, 19。引文的强调处为原文所有。

法国大革命中，马克思为何聚焦于激荡的国民公会时期？笔者认为答案在于他的如下判断：法国大革命是“政治理智的经典时代”(die *klassische* Periode des politischen Verstandes)，而“国民公会是政治能量、政治权力和政治理智的顶点”①。换言之，国民公会时期是法国大革命的巅峰，那里的党派斗争和政治信条更能彰显革命时代的一切荣耀、一切幻念和一切荒诞。虽然有人曾在1791年预言“现在是革命的时代，在这个时代里任何事情都可能发生”②，但大概没有谁能料到革命进程在国民公会时期遭遇的重大坎坷吧。狄更斯在《双城记》(1859年) 开篇的回顾，在笔者看来应该很对马克思的胃口，尤其适用于国民公会史：“那是最好的年月，那是最坏的年月，那是智慧的时代，那是愚蠢的时代，那是信仰的新纪元，那是怀疑的新纪元，那是光明的季节，那是黑暗的季节，那是希望的春天，那是绝望的冬天，我们将拥有一切，我们将一无所有，我们直接上天堂，我们直接下地狱。”③

如果要选出一个人代表国民公会时期，非罗伯斯比尔 (1758—1794，又译“罗伯斯庇尔”) 莫属。此人最显著地体现出马克思所谓“政治理智”(它是法兰西政治意识形态的范例)，即仅仅在政治的限度之内、根据抽象国家整体的观点思考事情和采取措施的取向。特别是在他统治的后期，罗伯斯比尔旗帜鲜明地宣扬希腊罗马式的共和美德，希望借此在业已促成的物质界革命的基础上，推动道德界和政治界的革命，巩固和维系法兰西共和国。他宣称，美德是“共和国的本质”“共和国的总的动力”，“没有恐怖，美德是软弱无力的”，恐怖乃是“美德的一种体现”，是“迅速的、严峻的、不屈不挠的正义”。他以美德之名，向一切“不道德的东西”或“使人堕落的东西”宣战。他将立法者应当着力加强的法国政治生活首要准则，归结为以一切国民活动

① 《马克思恩格斯全集》第3卷，人民出版社2002年第2版，第385、387页，译文有改动，强调处是马克思所加。国民公会曾经一度敢于通过下达命令的方式（而非系统改革的方式）消灭赤贫现象，虽然它在下令之前经过一番还算慎重的调查和筹备，但马克思挖苦道，最终的结果不过是“世界上又多了一道命令”。

② ［美］潘恩：《潘恩选集》，马清槐等译，商务印书馆1981年版，第218页。这句话位于1791年发表的《人权论》第一部分的最后一个自然段。

③ ［英］狄更斯：《双城记》，石永礼、赵文娟译，人民文学出版社1993年版，第1页。

"支持平等和发展美德"[①]。罗伯斯比尔对权利问题的理解，代表着基于地道的政治理智的权利观，它构成马克思研究法国"人权宣言"之时的关键参考对象。

创制于国民公会时期的、被马克思称为"最激进的宪法"的1793年宪法，[②]其序言即从1789年《人权宣言》的17条扩充至35条的1793年《人权宣言》，其审议所用的底本正是罗伯斯比尔在1793年4月24日国民公会发言时提交的宣言草案（共38条）。诚然，1793年《人权宣言》是法国大革命中最大胆的，它敢把"平等"列为人们首要的"自然的、不受时效约束的权利"(主要参见第二条，亦参见第三、四、五条)，优先于此前更受瞩目的"自由""安全"和"财产"，并按照这个逻辑在第二十六至三十五条进一步明确规定政府官员相对于人民的从属地位，以及人民反抗僭越和推翻压迫(起义）的权利。[③]

马克思在《论犹太人问题》中对"droits de l'homme"本身的批判性分析，也正是从1793年《人权宣言》第二条出发的。但有趣的是，马克思的处理方式又分明令我们感到，他对前述激进性视若无睹。他似乎自始就在暗示读者：1793年《人权宣言》并没有大家以为的那般非同寻常。黑格尔派自然都知道，黑格尔本人曾在《法哲学原理》中谈及法国大革命的自由原则，说这种自由因为流于抽象性，而在实践中蜕变为否定和拒斥一切具体法制的雅各宾派恐怖统治，携带着毁灭的狂热。[④]那么可以说，如果有什么现存制度连横扫一切、荡涤一切的国民公会（以及罗伯斯比尔）都不想彻底改造，反而有意识地竭力加以保留和维护，这类制度也就最能帮助马克思跳脱大革命时代令其心驰神往的动人细节——借用电视连续剧《三国演义》主题曲所吟唱的那样，"黯淡了刀光剑影，远去了鼓角铮鸣，眼前飞扬着一个个，鲜活的面

---

① 参见王养冲、陈崇武选编：《罗伯斯比尔选集》，华东师范大学出版社1989年版，第222、223、232、235、244、249、253页。

② 参见《马克思恩格斯文集》第1卷，人民出版社2009年版，第40页。

③ 参见周威编译：《法兰西宪法典全译》，法律出版社2016年版，第45-48页。

④ 参见［德］黑格尔：《法哲学原理》，范扬、张企泰译，商务印书馆1961年版，第15、255页；姚远：《重访黑格尔的现代法治国理论》，载《南京大学法律评论》2013年秋季卷，法律出版社2013年版，第38页。

容”——最能体现法国“人权宣言”的坚如磐石的真正本质。马克思发现，“人的权利”中的财产权（更确切地说，私有财产权）正是这样的东西！我们看到，对财产问题的关注在马克思的“瓦克斯穆特摘录笔记”中随处可见。比如，他在摘录《人权宣言》第二条的时候，仅仅强调了四项所谓的基本“自然”权利中的财产权。与此相应，第十七条的摘录专门强调了条文中的“财产”这一字眼。至于多次以强调形式出现在摘录笔记中的“积极公民”一词，更是一种基于财产而划定和创设的政治身份。[①]

这里还是让我们回到罗伯斯比尔。他的立场当然比大革命初期的制宪者更激进，他已经认识到，不受约束的私有财产权是难以获得证成的，唯有正当的私有财产才受法律保护。问题在于，他仍然决意保留私有制。在1792年12月2日关于粮食立法的国民公会发言中，他明确指出："社会的第一项法律是保证所有社会成员拥有生存手段的法律，所有其他的法律都从属于这一项法律；确立或者确保财产权，只是为了加强社会的第一项法律。”[②] 在1793年4月24日关于修订“人权宣言”的国民公会发言中，他表示要“首先提出”涉及财产问题的条文，要“忠实规定所有权的原则”，即其宣言草案的第六至第九条（他称之为“真理”），这些条款在确认财产权的同时，也要求公民在行使财产权的时候尊重他人的权利，不得损害他人的安全、自由、生存和财产。这次发言中的以下措辞或许最能说明问题：“希望我的话不致吓坏任何人。只看重黄金的卑鄙之徒，我不想触动你们的宝藏，不管它是从什么肮脏地方得来的。……财产的极端悬殊是许多灾难和犯罪的根源。但是我们坚决相信，财产的平等只是一种空想。……迫使人们尊重贫穷，比起销毁财富要重要得多。”[③] 最终通过的1793年《人权宣言》看来吸收了罗伯斯比尔的意见，它的第十六条规定：“财产权是每个公民任意地享有和处分他的资产、他

① 参见［德］马克思：《克罗茨纳赫笔记（第四本）》，刘啤星译，载《马列著作编译资料》第11辑，第60-61页；［德］马克思：《克罗茨纳赫笔记（第四本）》（续），刘啤星译，载《马列著作编译资料》第12辑，第27-31页。

② 王养冲、陈崇武选编：《罗伯斯比尔选集》，华东师范大学出版社1989年版，第104页。

③ 参见［法］罗伯斯比尔：《革命法制和审判》，赵涵舆译，商务印书馆1965年版，第142-144页。

的收入、他的劳动成果和勤勉成果的权利。”[①] 这一条相比 1789 年《人权宣言》第十七条，在一定程度上降低了财产权的地位（1789 年称财产权是“不可侵犯的和神圣的权利”），而且明确界定了正当财产的范围，但财产权本身始终未受到根本动摇。《论犹太人问题》同样援引了 1793 年《人权宣言》第十六条。值得注意的是，马克思连续援引了三遍，而且每遍都强调了句中的修饰语“任意地”(à son gré)。[②] 他仿佛在暗示读者：充斥着这种利己主义原则的私有财产权，与其他因素一道构成市民社会的根基，竟得到革命政治领导集团堂而皇之地容纳。

二、柳暗花明：转向长时段的现代权利考察

虽然法国大革命是过去 250 年间最富戏剧性的革命风暴和政治试验场之一，但马克思并不打算流连于令人眼花缭乱的短时段细节。这些细节一如同时代的美国革命的细节，不能有力地给出关于现代权利现象的令人满意的整体解释，不能清晰地显现个体无法抗拒也无法左右的、不以个体意志为转移的那些力量。法国革命时代的辩论史资料好比大型儿童拼图游戏中的诸般碎片，它们只有跟作为指南的整幅图案联系起来，才能被放在恰当的位置上，从而得到妥善理解。成百上千种声音直接构成的不是交响乐而是喧嚣，因为它们缺乏无声但有力的纽带，同样，单纯事实要素——每届议会每名议员围绕各类权利问题的日复一日的发言和提案——的大量积聚，并不会自动地显示真正现实的东西，后者需要研究者去芜存菁的概念化把握（此处涉及“Fakt”和“Wirklichkeit”的二分）。于是，马克思努力地拉伸考察的时间段（当然，这本身并不抑制对于短时段现象和对于个体活动的敏感性）。这种拉伸过程的后来结果，就是催生了马克思著名的历史分期理论。比如，按照 1859 年《序言》的提法，“经济的社会形态”(der ökonomischen Gesellschafts-formation）的前进阶段大致分为亚细亚生产方式、希腊罗马生产方式、封建生

① 周威编译：《法兰西宪法典全译》，法律出版社 2016 年版，第 46 页。译文有改动。

② 参见《马克思恩格斯文集》第 1 卷，人民出版社 2009 年版，第 41 页。

产方式、现代资产阶级生产方式和超越“人的社会的前历史”(Vorgeschichte der menschlichen Gesellschaft)的新生产方式(即社会主义生产方式)。[①] 当然，此种分期服务于政治经济学批判的目标，其划分标准并不是权利现象的发展，因此不便直接适用于本章的讨论。但它暗示我们，至少要在整个资产阶级时代寻找法国“人权宣言”的前因后果。[②]

（一）视野拉伸的契机与必要性

短时段的历史考察颇为自然，在马克思生活的年代可谓大行其道(实际上在我们的时代依然如故)。例如，按照《路易·波拿巴的雾月十八日》1869年第2版序言的说法，作为叙述路易·波拿巴1851年12月2日政变的专题著作，法国作家雨果(Victor-Marie Hugo)的《小拿破仑》(*Napoleon le petit*, 1852年版)就把这场风波描绘成一道晴天霹雳，视其为完全出自某个核心人物的暴行，仿佛此人发挥着世界历史上空前强大的、巨人般的主观能动性。[③] 照此看来，视野的大幅度拉伸、从短时段向长时段的转换、对近距离观察盲

---

① 参见《马克思恩格斯文集》第2卷，人民出版社2009年版，第592页，译文有改动。此外，按照《1857—1858年经济学手稿》的提法，“社会形式”(Gesellschaftsformen)的三阶段分为“人的依赖关系”(persönliche Abhängigkeitsverhältnisse)、“以物的依赖性为基础的人的独立性”(persönliche Unabhängigkeit auf sachlicher Abhängigkeit gegründet)和“建立在个人全面发展(die universelle Entwickelung)和他们共同的、社会的生产能力成为从属于他们的社会财富(gesellschaftlichen Vermögens)这一基础上的自由个性(freie Individualität)”。参见《马克思恩格斯全集》第30卷，人民出版社1995年第2版，第107-108页。学界曾经争论所谓“三阶段论”和“五阶段论”是否存在矛盾。在笔者看来，两种理论并不是在谈同一个问题：前者关注的是使人与人相互联系起来的形式，或者说从个体转为集体的组织形式，这是上位问题，而后者关注的是经济结构这个下位问题。

此外值得说明的是，流行叙事认为马克思的社会发展阶段论取法于苏格兰启蒙运动，比如斯密按照生产方式的角度所描绘的四阶段论(狩猎阶段、游牧阶段、农业阶段、工商业阶段)。可是，马克思更加熟悉的法国复辟时期自由派同样关注社会发展阶段论，以及作为其划分标准的生存方式，甚至在社会学分析的基础上进而关注政府形式问题，特别是政府形式变化和社会结构变化之间的内在联系问题，这就跟马克思的取向更加吻合。参见[英]拉里·西登托普:《托克维尔传》，林猛译，商务印书馆2013年版，第30页。

② 马克思实际上参与了18世纪末以来关于法国大革命性质的大辩论。举其要者，以柏克为代表的一些学者批评法国大革命是与政治传统或自然秩序的彻底决裂，是抽象性政治模式的创生，各种恶果和乱象必定导源于此。以托克维尔为代表的另一些学者试图采取一种类似于历史社会学的解释进路，将大革命放在长时段法国史的范畴内进行考察，认为大革命的主要因素已经包藏在法国旧制度的躯壳中，不能将二者截然分割。从马克思的角度看，前一种立场过度聚焦于重大政治历史事件本身，后一种立场的拥护者相较前者有所进步，没有拿英国的标准苛责法国，但经常只是就法国而谈法国，没有摆脱“法国例外论”的思维定式。

③ 参见《马克思恩格斯文集》第2卷，人民出版社2009年版，第465-466页。

区的克服，是需要某种契机的。这契机应当是经由内在矛盾的暴露和提炼而建立的，不应当是某种自外强加的东西。不能拿“既采短时段，勿忘长时段”这样简单化的预定二元框架套在当前主题上，否则该框架容易蜕变为抽象公式——若借用《黑格尔法哲学批判》中的措辞，即以“逻辑本身的事物”取代“事物本身的逻辑”，使有待观察的现实权利现象“消散于抽象的思想”，终究有损于理论的解释力。相反，基于时段辩证法的“真正的批判”，不仅要揭示短时段中可见的现存矛盾，而且要通过转向长时段去解释这些矛盾，了解它们的形成过程和必然性。①

马克思聚焦于国民公会，聚焦于罗伯斯比尔，最后聚焦于1793年《人权宣言》（它被要求供奉在政治场所的显要位置和列为国民教育的主要科目），意在从最激烈最集中地呈现出来的东西那里，找出那深藏在事变背后的关键线索。我们知道，国民公会时期的罗伯斯比尔表现出一种唯意志论的政治激越，甚或政治癫狂。“政治的原则就是意志”，政治理智越是发挥到淋漓尽致，就越服膺意志的无所不能，就越难以分清“意志的自然界限和精神界限”②。可以说罗伯斯比尔完美诠释了这一点。他甚至敢为法兰西日益现代化的市民社会身躯，安置一颗或多或少追比古代共和国的政治头颅。③ 有鉴于此，马克思一再提请读者注意的如下悖论性事实，恰恰构成转向关于“人权宣言”的长时段考察的主要契机：1793年的国民公会，那个依然富有最为昂扬的政治热忱，本该要求全面革除利己主义和推崇大无畏献身精神，甚至不惜转向恐怖统治的革命政权，竟然通过作为新式法律体系效力开端的宪法序言，公开宣布自己的目的在于保障包括私有财产权在内的一系列“droits de l’homme”。也就是说，它公开宣布那对应于私法—公法二元论的、本来相互分裂且在原则上相互对立的“droits de l’homme”与“droits du citoyen”同属宪法上的基本权利，公开宣布像天国那般高高在上且独立自持的政治共同体——这样的

① 参见《马克思恩格斯全集》第3卷，人民出版社2002年第2版，第19、22、114页。

② 参见《马克思恩格斯全集》第3卷，人民出版社2002年第2版，第387页。

③ 马克思肯定能够注意到此种脱节现象，因为他在评注黑格尔法哲学的时候已经指出类似现象：“在理性的机体中，不可能头是铁的，而身体却是肉的。”参见《马克思恩格斯全集》第3卷，人民出版社2002年第2版，第48-49页。

政治共同体本身就是一种现代现象——只是服务于市民社会生活的手段，公开宣布看起来高风亮节的“citoyen”要臣服于看起来自私自利的“homme”。该如何解释这些“令人困惑不解的”或曰“谜一般的”(räthselhaft) 事实呢?[①] 这个问题在根本上规定着马克思的长时段权利考察，它是理解现时代的重要枢纽。

如果说以上涉及史实方面的视角切换契机的话，那么人们或许不易注意到的是，马克思运用长时段考察“人权宣言”还有地理—空间意义上的契机，即他主动选择的流亡第一站乃是法国首都巴黎。一如伦敦是亲身观察资本主义生产方式从而开展政治经济学批判的近便地点，巴黎则是马克思洞悉法国大革命和“人权宣言”的意义的近便地点。[②] 试问：假如《论犹太人问题》以及《神圣家族》中的相应续篇写于伦敦、柏林或者纽约，那么马克思会不会按照现有方式讨论法国“人权宣言”呢？恐怕不会。在 19 世纪 40 年代的巴黎，法国大革命的许多亲历者只是不久前才相继逝去，甚至有人还在世。法国虽然历经波旁王朝的复辟和七月王朝的统治，但有关大革命的国民记忆依旧较为清晰，革命留下的烙印在革命远去之后持久延续着，更何况还有革命议会、政治俱乐部和先贤祠的遗迹时刻默默诉说着往昔的风云。当马克思抵达巴黎的时候，距离《人权宣言》颁行已逾半个世纪。这样的时代间隔，使他有可能看清法国“人权宣言”的内容是否真如其制定者所声称的那样构成“无可置疑的真理”，有可能看清其中什么算作所谓的“通则”，什么又算作所谓的“例外”。巴黎这座自带哲学与政治水乳交融氛围的“新世界的新首府”[③]，这座因为劳动阶级移民潮而在 19 世纪上半叶近乎空前绝后地迅速膨胀

---

① 参见《马克思恩格斯文集》第 1 卷，人民出版社 2009 年版，第 42-43 页。

② 法国大革命不是发生在贵族特权更显著的地区（例如旺代），而是发生在似乎远离封建制度压迫的巴黎，不仅如此，当巴黎人在容忍雅各宾派专政的时候，旺代农民反而在支持王权。这些事实引人深思。戴雪对此提出的解释是：“革命决不总是起于压迫的加剧或新的压迫”，人们激烈的愤怒情绪和反抗行为“更多地是由于既存制度与人们的欲望之间的反差日渐明显”。参见［英］戴雪：《公共舆论的力量：19 世纪英国的法律与公共舆论》，戴鹏飞译，世纪出版集团 · 上海人民出版社 2014 年版，第 23-24 页。

③ 参见《马克思恩格斯全集》第 47 卷，人民出版社 2004 年第 2 版，第 63 页。

的、饱受各方权利冲突之困扰的国际大都会，[①] 比马克思当时熟悉的其他任何城市更加深切地感受到旧制度和新文明之间的激烈碰撞，也更加深切地嵌入资本主义数百年来开创的汹涌澎湃的世界历史潮流。在马克思的面前，市民社会正焕发着勃勃生机，这里"人权已经不再仅仅作为一种理论而存在了"，根据事物的果实溯及既往地判断事物本身的时机成熟了。[②]

权利研究中的长时段考察不仅是可能的，甚至是必要的。此处首先涉及马克思的一层十分重要的考虑因素，即权利现象同其社会基础之间的联系常常并非同步的、严格对应的，而是有着一定范围的难以准确预判的时间差。正如1859年《序言》所指明的那样，这种时间差的客观存在，主要是由于在多重内部因素和相关机制的介入下，经由立法表达的权利话语只是随着社会基础的变更而或快或慢地发生变革，二者难以保持步调一致。与之相关，英国宪法学家戴雪曾经谈到一种常被忽略的法律现象，即由于立法机关中的议员通常是大龄成功人士，他们的思想更多反映着流行于老一辈的公共舆论，常常跟不上年轻群体所表现的新兴思维方式和生活方式，从而造成法律的代际偏差现象。"人权宣言"的情况亦不例外。强烈左右着立法活动、在法律文件中得到全面贯彻的思潮，其社会影响力很可能已经开始下滑，以及不断受到来自思想世界的挑战。[③] 再者，权利现象有其特定的传播方式，它有时会超出本地区甚或本民族的局限，而跟世界范围内的精神生活勾连起来。例如北

① 法国学者马尔尚指出："假若只用一个特征来概括19世纪的巴黎城市史，势必提到首都令人惊讶的人口激增现象。这种新的人口现象引发了诸多问题：交通堵塞、贫困、首都的新权力、一个世纪以来因频繁的革命和体制变动而造成的舆论混乱……一个大城市的规模迅速扩大并打破了原有的框架，这在法国是史无前例的。贫穷与富裕的反差比任何时期都明显和危险。"参见［法］贝纳德·马尔尚：《巴黎城市史（19—20世纪）》，谢洁莹译，社会科学文献出版社2013年版，第1页。读者亦可参阅布罗代尔对路易·舍伐利埃（Louis Chevalier）《19世纪上半叶巴黎的劳动阶级和危险阶级》（1958年）的书评，载［法］费尔南·布罗代尔：《论历史》（上），刘北成、周立红译，北京大学出版社2021年版，参见第188-201页。与巴黎人口激增相对的是，在1804年颁布的《拿破仑民法典》确立平等继承权之后，法国农村人口的生育率开始下降，因为他们要通过自觉的计划生育限制子女数量，确保每个继承人分到的家族地产都够维持后续的自给自足生活，参见［英］科林·琼斯：《剑桥插图法国史》，杨保筠、刘雪红译，世界知识出版社2004年版，第200页。

② 参见《马克思恩格斯文集》第1卷，人民出版社2009年版，第325页。

③ 参见［英］戴雪：《公共舆论的力量：19世纪英国的法律与公共舆论》，戴鹏飞译，世纪出版集团·上海人民出版社2014年版，第62-63页。

美立宪文件向法国制宪群体的渗透，从而跟其他地区业已形成或正在形成中的物质条件勾连起来，此即《德意志意识形态》手稿所叙述的现象：某地区的或某民族的历史转为“世界历史”①。要意识到并克服这种视差，要看清权利现象在更广大、更深远范围内的运动状况，要克制一度流行的那种生硬的、追求即时对应性的经济还原论，诉诸长时段观察便是关键的备选研究方案。

（二）马克思的长时段权利观察及其主要成果

马克思的两段话在此为我们宣示了他的取向。一段出自《莱茵报》上的《论离婚法草案》：“立法者应该把自己看作一个自然科学家。他不是在创造法律/规律（die Gesetze），不是在发明法律/规律，而仅仅是在表述法律/规律，他用有意识的实在法律（positiven Gesetzen）把精神关系的内在规律（die innern Gesetze）表现出来。”② 另一段出自1859年《序言》：“我们判断一个人不能以他对自己的看法为根据，同样，我们判断这样一个变革时代也不能以它的意识为根据。”③ 这两段话合在一起的直接意思是：立法者所立的法律在本质上不宜被看作主观意志的创造物，我们对立法的评判也不能以立法者的主观意志为根据。这进而意味着：若要洞悉“权利宣言”创制者的言辞所表征的真正原则，以及个体活动在历史中交叠而成的、超出个体预期的综合效果，亦即历史规律性（在一定程度上模仿“看不见的手”的所谓“历史合力论”），马克思就要采取某种长时段的考察方法，以便能够站在法国大革命这个事件本身之外看待问题。

“超越事件就意味着超越它借以寄寓的短时段，编年史的和新闻报道的时段，即那种能够让我们对过去的事件和生活获得生动感受的、人所能意识到的短暂时刻。这就意味着要探询，在高于事件流程的层次上是否存在着无意识的、或者某种程度上有意识的历史，但这种历史在很大程度上不被行动

---

① 与之相伴随的，是一种“普遍的、同质的、深层的时间概念”在现代世界的兴起。参见［美］林恩·亨特：《史学的时间之维》，熊月剑译，北京师范大学出版社2020年版，第36页。

② 《马克思恩格斯全集》第1卷，人民出版社1995年第2版，第347页，译文有改动。

③ 《马克思恩格斯文集》第2卷，人民出版社2009年版，第592页。这句话的上下文原本是在讨论社会革命现象，但是马克思的类比表明，他的立场同样能够移用于我们这里的讨论。

者……所意识。"[①] 如果套用《关于林木盗窃法的辩论》和《德意志意识形态》手稿中的措辞，那就可以认为：我们必须超越那种紧盯着“大型政治历史剧”(Haupt-und Staatsaktion) 的观察方式（以兰克史学为代表），[②] 超越以统治集团为中心的传统政治史亦即“国王、议会、战争和条约的历史”(这种历史是“政治家的学校”)，[③] 把目光从作为大型政治历史剧之耀眼主角的立法者那里缓缓移开，转向那些在他们背后沉潜地、内在地、长期地发挥作用的深层力量。不消说，这样恢宏的进路跟来自授业教师萨维尼的影响不无关联，尽管马克思并未信受德国历史法学派那种深受浪漫主义熏染的、难以查考的“民族精神”或“民族的共同信念”等概念。[④]

从短时段转向长时段，亦即从较有迷惑性的、以某些杰出人物命名的历史出发，探入远为广袤但并不如个体角色那样鲜明的领域，马克思才不至于成为那些过眼云烟般的、常由英雄之间分分合合构成的繁复事实网络的俘虏，才有机会重新审视和开掘先前阅读的一切“人权宣言”资料中真正稳定的因素（哪怕只是它们的某些端绪），才会发现亲手创造历史的人们“并不是随心所欲地创造，并不是在他们自己选定的条件下创造，而是在直接碰到的、既定的、从过去承继下来的条件下创造”[⑤]。对这时的马克思来说，罗伯斯比尔关于立法者形象的如下设想纯属幻觉：“立法者由于是通过一般法律处理事物……因而不会怀抱偏见。”[⑥] 相反，马克思深知，法国革命者的权利观念和

① ［法］费尔南·布罗代尔：《论历史》（上），刘北成、周立红译，北京大学出版社 2021 年版，第 85 页。

② 参见《马克思恩格斯全集》第 1 卷，人民出版社 1995 年第 2 版，第 240 页；《马克思恩格斯文集》第 1 卷，人民出版社 2009 年版，第 540、545 页。“大型政治历史剧”是启蒙时代在德国巡回剧团上演的剧种，中译者取该隐喻的引申义（但也抹去了隐喻本身），译为“重大政治历史事件”。

③ 参见［美］林·亨特：《历史学为什么重要》，李果译，北京大学出版社 2020 年版，第 80-81、97 页。

④ 参见［德］萨维尼：《历史法学派的基本思想（1814—1840 年）》，［德］艾里克·沃尔夫编，郑永流译，法律出版社 2009 年版，第 5、7、8 页。

⑤《马克思恩格斯文集》第 2 卷，人民出版社 2009 年版，第 470-471 页。恩格斯在《共产主义原理》中有一段相关的总结：“革命不能故意地、随心所欲地制造，革命在任何地方和任何时候都是完全不以单个政党和整个阶级的意志和领导为转移的各种情况的必然结果。”《马克思恩格斯文集》第 1 卷，人民出版社 2009 年版，第 685 页。

⑥ ［法］罗伯斯比尔：《革命法制和审判》，赵涵舆译，商务印书馆 1965 年版，第 31 页。

作为其正式表达的《人权宣言》，特别是其中的私有财产权规定，不过是“16世纪以来就作了准备、而在18世纪大踏步（Riesenschritte）走向成熟的”欧洲市民社会数百年发展史的一个总结果，不过是对其中层层沉淀、代代累积的权利诉求的规范定型加工。[①] 马克思所援引的、作为物质生活关系之概括命名的“市民社会”一词，之所以能够出现于18世纪后期，也是因为那时的财产关系业已摆脱古代和中世纪的共同体，而“人权宣言”相当于该阶段的财产关系的官方证书。《哲学的贫困》将这层联系提炼为一条我们耳熟能详的历史唯物主义法学命题：“只有毫无历史知识的人才不知道：君主们在任何时候都不得不服从经济条件，并且从来不能向经济条件发号施令。无论是政治的立法或市民的立法，都只是表明和记载经济关系的要求而已。”[②]

马克思对现代权利现象的长时段考察，首先公开出现在他完成且发表于巴黎的《论犹太人问题》中。[③] 诚然，他确实把法国“人权宣言”的创制，

---

① 参见《马克思恩格斯全集》第30卷，人民出版社1995年第2版，第22页。

② 《马克思恩格斯全集》第4卷，人民出版社1958年版，第121-122页。

③ 《黑格尔法哲学批判》对私有财产问题的批判性分析，为这一考察预先打下基础。马克思的出发点是以下法律史事实：罗马私法是私法的经典形态（klassischen Ausbildung），而日耳曼长子继承权（germanischen Majorat）是长子继承权的经典形态，罗马式和日耳曼式私有财产发展的全部差别在遗嘱任意性问题上显露无疑。马克思仿效19世纪法史学的风尚，通过对比罗马法和日耳曼法（二者分别以改头换面的形式嵌入黑格尔体系中的抽象法和国家法），揭示那作为黑格尔国家制度基础的地产（Grundbesitz，又译“土地占有”）和长子继承权——长子继承权乃是地产本性的外化——的鲜明非社会性，即不可进入市场流通（不可让渡、不可收买），也不可在子女中间分割，也就是说，私有财产的罗马属性（即可以任意占有、使用、收益、处分）受到国家法的压制。地产及附着于其上的长子继承权，由于这种非社会性而能够强行屏蔽现代经济运动的席卷，成为封建制度对抗资本主义生产方式的最后堡垒。作为本来意义上的私有财产的地产，变身为真正牢固的甚至石化的私有财产，成为能够反过来支配地主（贵族）乃至国家制度的独立自主因素，也就是说，私有财产的罗马属性在伦理的高级阶段又吊诡地得到恢复和伸张，转而悄悄地降服了政治国家。参见《马克思恩格斯全集》第3卷，人民出版社2002年第2版，第122-138页，译文有改动。对相关问题的进一步详细研究，参见朱学平：《私有财产的非社会性——马克思对私有财产的首次批判》，载《法治现代化研究》2018年第2期。马克思的这番比较法律文明史议论，显然得益于他既有的深厚法学素养。我们知道，他在波恩和柏林已经修过伯金（Eduard Böcking）、瓦尔特（Ferdinand Walter）、萨维尼等人的罗马法课程，至于瓦尔特、赫弗特尔（A. W. Heffter）、爱德华·甘斯等人的德意志法或普鲁士法课程，也势必常常涉及罗马法和日耳曼法的冲突与融合，这是不可绕开的时代主题。马克思的1843—1844年的私人藏书中也有相关主题的专著，例如《普鲁士邦法》、吉本（Gibbon）的《罗马帝国衰亡史》（德译本）、《国法大全》（Corpus juris）、迈克尔代（Mackeldey）的《罗马法教科书》、艾希霍恩（Eichhorn）的《德意志法教科书》。参见 *Marx/Engels Gesamtausgabe*（*MEGA*），Ⅳ/3，Akademie Verlag，1998，S. 6-7。再者，不消说，他在克罗茨纳赫时期广泛的历史—政治补充涉猎亦有助益。

理解为一种地地道道的现代政治生活方式的产物。但他为了初步解答前述“谜一般的”事实，甚至往前追溯封建世界朝向现代世界的漫长结构转型过程，以便理解政治国家与市民社会的分裂，或者说现代抽象政治生活的出场（唯有在这个历史前提之下，才能在现代意义上谈论法治的政治逻辑）。① 马克思指出，旧社会的基本特征在于“封建性”(Feudalität)，亦即层层叠叠的权力多元割据状态。在这个封建世界里，领主权、等级、同业公会构成封建意义上的（而非现代意义上的）政治生活形式。这些形式表明“普遍的国家权力”(die allgemeine Staatsmacht) 此时还隐伏在市民社会之内，还只表现为小规模统治集团的“特殊事务”，或者反过来说，此时的市民社会“直接”(unmittelbar) 具有政治性，私法和公法处于一种混合态。封建世界的生命周期可谓十分漫长。国家权力要显示名副其实的普遍性，须等到政治革命发生之后，其相关表现就是1789年国民议会接替三级会议，以整个法兰西民族（而非某个等级）代言人的名义掌控和行使国家主权。

基于长时段观察可知，大革命同时完成了两方面的历史任务，法国“人权宣言”的社会基础由此奠定。首先，市民社会被分解为“简单的组成部分”，即个体（die Individuen）和构成其生活内容的物质—精神要素。这就是说，市民社会的旧日纽带被强行撕裂，市民社会成员失去了他们传统的封建身份和人身依附关系，蜕变为单个的、彼此分隔的、利己的“homme”，亦即现代世界通过“droits de l'homme”加以承认的“homme”，相当于法文单词“bourgeois”(市民、资产者)。以契约关系为代表的法律关系遂成为市民社会关系的新常态（“社会契约论”的经验原型与此相关）。可以认为，那种在法国19世纪20年代政治大辩论时期被形容为“原子化”的社会进程愈演愈烈（这也构成马克思引用的托克维尔《论美国的民主》的核心问题意识之一）。比如，鲁瓦耶-科拉尔（Royer-Collard）在1822年初的经典演说中即指出：“经历革命之后，甚至公社这种自然的结社也宣告解体，所剩的惟有个体的人。这是史无前例的景象。从前人们只是在哲学家的著作里，才看到过一个

① 相比之下，“神圣家族”只是经由“神学的迂回”(dem Umwege der Theologie) 才走向“当代(gegenwärtigen) 历史运动”的。参见《马克思恩格斯文集》第1卷，人民出版社2009年版，第302页，译文有改动。

国家分解到这种地步，只剩下构成它的终极成员。中央集权是随社会原子化而产生的后果，不需要再另外去寻找它的源头。”①

如果说旧的市民社会遭遇的是分解，是裂变，那么，由于分散在封建社会各个死巷（Sackgassen）里面的政治精神汇聚起来，政治国家得以闯出隐伏状态，通过革命获得新生。此时，政治活动具有了现代意义，真正表现为普遍“国民事务”(Volksangelegenheit）的领域。马克思这样总结以法国大革命为表率的政治革命的双重成就：“国家的唯心主义的完成同时就是市民社会的唯物主义的完成。……政治国家的建立和市民社会分解为独立的个体——这些个体的关系通过法表现出来，正像等级制度中和行帮制度中的人的关系通过特权表现出来一样——是通过同一种行为实现的。”② 现代世界中的市民社会，即直到18世纪才真正浮出水面并得到命名的那个市民社会，对应着自然的、直接确定性的、感性的领域，它的主体是拥有（作为自然权利的）“droits de l'homme”的自然人（der natürliche Mensch），马克思把这种人看作“现实的人”(der wirkliche Mensch）的现代形态；③ 而现代世界中的政治国家，对应着有自我意识的、普遍性的、抽象的领域，它的主体是“citoyen”，亦即政治人（der politische Mensch），这种人只是“比喻意义上的、道德意义上的人格体”(allegorische，moralische Person），马克思将其看作“真正的人”(der wahre Mensch）的现代形态。达成双重效果的政治革命，在此过程中把市民社会及其人权视为“无须进一步论证的前提”，视为“自己的自然基础”。④ 以上便是马克思借助长时段考察求索的现代权利现象的谜底，它真正揭示了“droits de l'homme”和“droits du citoyen”这两类权利的先后次序与对立

① 转引自［英］拉里·西登托普：《托克维尔传》，林猛译，商务印书馆2013年版，第31页。这也意味着，虽然社会主义在历史上常跟对抗原子化现象的运动联系在一起，但马克思不必站在社会主义的立场上就可看到原子化问题。换言之，《论犹太人问题》的社会主义性质不及同期刊载的《〈黑格尔法哲学批判〉导言》那样鲜明。

② 参见《马克思恩格斯文集》第1卷，人民出版社2009年版，第44-45页，译文有改动。

③ 值得一提的是，《关于费尔巴哈的提纲》里面既然谈论的是“在其现实性上”的人的本质，那么也可以说，马克思首先指向市民社会成员意义上的人的本质。这样一来，“社会关系的总和”的所指也就更加清晰了。

④ 参见《马克思恩格斯文集》第1卷，人民出版社2009年版，第45-46页，译文有改动。中译本将法文单词homme、德文单词Mensch和Person都译成“人”，给阅读理解造成一定困难。

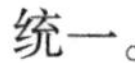

统一。

三、马克思长时段权利考察方法的思想渊源

我们现在想要追问的，不是马克思所叙述的二元社会结构本身及其出场，而是他何以能够意识到要从长时段把握现代权利现象的深意，与此同时又避免仅仅停留在单纯的思想文化范围内理解事情。我们看到，比如说，他没有沿着《人权宣言》向前追溯至狄德罗和伏尔泰等人的略显粗糙的权利观念。[①] 不是马克思没掌握这类材料，而是这样的追溯工作等于用所谓“人类精神的一般发展”解释法的关系，没有触及更为根本的物质生活关系（materiellen Lebensverhältnissen）层面，这正是布鲁诺·鲍威尔在讨论犹太人权利事务之际的主要缺憾。依布罗代尔之见，诚然，“马克思的天才及其影响的持久性的秘密，在于他第一个在历史长时段的基础上构造了真正的社会模式”。[②] 但马克思的这个“第一”决不是什么毫无先兆的创举，而是出于对前人思想成果的认真扬弃。马克思早在大学时代就开始关注历史著作，他甚至回忆说，自己是把老本行法学摆在哲学和历史后面的。这里的“历史”很可能既包括人类史，也包括自然史（又称自然志、博物学）——唯物主义在这双重历史领

---

① 狄德罗在为1755年《百科全书》第5卷撰写的“自然权利”词条中已经提出“权利是正义的基础或主要来源”，并要求人们“时常告诉自己：‘我是一个人，除了人之为人所具有的权利，我没有其他任何真正不可让渡的自然权利。’”。参见 Denis Diderot, *Political Writings*, translated and edited by John Hope Mason and Robert Wokler, Cambridge University Press, 1992, pp. 17, 20。狄德罗是马克思在《自白》中所确认的他最喜爱的散文作家之一。

伏尔泰也在围绕18世纪著名人权事件“卡拉斯冤案”而写作的《论宽容》（1763年）里面指出：“自然权利是自然给所有的人指定的权利”，“在任何情况下，人权只能建立在自然权利的基础上”，“人权和自然权利的重要原则、普遍原则在全世界都是：‘己所不欲，勿施于人’”。参见［法］伏尔泰：《论宽容》，蔡鸿滨译，商务印书馆2020年版，第30页。马克思在1842年向历史法学派指出，《拿破仑法典》“来源于伏尔泰、卢梭、孔多塞、米拉波、孟德斯鸠这一思想学派”。参见《马克思恩格斯全集》第1卷，人民出版社1995年版，第228页。可以看到，马克思在理解法国大革命的法权集大成之作的时候，为伏尔泰赋予了十分显赫的地位（马克思不是按照生卒年排序的）。最后需要说明的是，《论宽容》这本小册子在主题上类似于《论犹太人问题》一文，即信仰自由问题。马克思在构思这篇文章的时候，心中大概也惦念着《论宽容》吧，尽管文中没有留下相应的引证。

② ［法］费尔南·布罗代尔：《论历史》（上），刘北成、周立红译，北京大学出版社2021年版，第65页。

域的突破都是可以载入史册的事件——不过其当年的具体阅读书目大多已不可考。《黑格尔法哲学批判》的许多段落，表明他了解彼时流行的史学著作（比如1836年出版的施洛塞尔《法兰西帝国被推翻前的18、19世纪的历史》）及其引申讨论情况（比如1842年《德国年鉴》刊登的科本、埃德加·鲍威尔等人关于新近史学论著的书评）。[①]

我们亟须在此处探究的中心问题，是马克思那具有唯物主义性质的长时段考察方法的思想渊源。该渊源看来不在他耳熟能详的德国古典哲学、浪漫主义和历史法学派那里——例如黑格尔在《法哲学原理》第341—360节和（甘斯编订的）《历史哲学》中所提供的观念论立场的通史叙事——因为它们全都没能避免布鲁诺·鲍威尔的前述缺憾。该渊源看来也不在兰克所开辟的德国历史科学那里，因为马克思早就熟悉兰克的东西，《克罗茨纳赫笔记》也摘录过他的多份作品，但在《德意志意识形态》中依然表示，特别是跟世界最先进的法国历史编纂学成果相比，德国可以说还没出过一位真正的历史学家。[②]

（一）来自克罗茨纳赫时期的启示

本章所讨论的马克思长时段考察方法，首先应当追溯到他在克罗茨纳赫时期对欧洲列国史的研读。他本人把《克罗茨纳赫笔记》称作“历史—政治笔记”，且《论犹太人问题》多次援引这套笔记（令人困惑的反倒是同期的《黑格尔法哲学批判》没有出自这套笔记的直接引文），从而显示出二者的直接相关性。《克罗茨纳赫笔记》的首要意义，是帮助马克思在欧洲从中世纪到现代的漫长历史岁月中，看清政治国家和市民社会（及其法律关系）之间错综复杂的相互关系、特别是政治史对社会—经济—法律史的形形色色的影响，社会关系和所有制形式在各个特定时空下的不同历史性质，以及包藏着新兴资产阶级力量的城市公社在封建社会内部的崛起，从而凭借汇聚于国家法、所有制和等级—阶级关系这三大问题域的诸多史实，照亮了马克思迈向唯物史观的一段不可小觑的行程。马克思由此得出关键结论：私有财产支配着黑

---

① 参见杨金海主编：《马克思主义研究资料》第11卷，中央编译出版社2015年版，第439、596—597页。

② 参见《马克思恩格斯全集》第3卷，人民出版社1960年版，第32、459页。

格尔构想的国家制度，现代的代议制是私有财产统治地位的政治表现。① 如果没有这些理论准备工作，我们很难设想《论犹太人问题》能够作出游刃有余的长时段权利考察。

如果仔细观察《克罗茨纳赫笔记》，我们还会发现，正如马克思把法国"人权宣言"视为现代权利现象的典型，他同样将法国文明作为这套笔记的问题意识主线：法国提供了封建制度、君主专制和资产阶级政治革命的典型，法国的中世纪是等级制全盛期的缩影；贵族特权体系下的等级代表制向现代代议制的转换，是政治国家和市民社会分离进程的制度表现，法国大革命史——有人称之为马克思主义的一个来源——是现代国家诞生史的范例。有关《克罗茨纳赫笔记》的次序考证可以佐证以上判断。这套笔记是在 1843 年夏天分批制作的，首先（在 7 月）产生的是第Ⅰ册的全部、第Ⅱ册的前面部分（二者的内容是连续的，包含着源自亨利希《法国史》的前后共计 80 页的笔记）、第Ⅳ册的前面部分（摘录了施米特的《法国史》、夏多布里昂的《论复辟时期与选举君主制度》及其续篇、瓦克斯穆特的《革命时代的法国史》、兰克发表于《历史—政治杂志》第 1 卷的 5 篇文章等），它们几乎全部紧扣法国。马克思大约为了寻求进一步的佐证，沿着这些材料的脉络继续摘录了英国史、德国史、北美社会状况、威尼斯史、瑞典史等方面的名著，以及卢梭《社会契约论》（摘录 17 页，笔记篇幅排第二位）、孟德斯鸠《论法的精神》（摘录 15 页，笔记篇幅排第三位）、马基雅维利《李维史论》等政治学经典（当然其间还穿插着简短的法国现代史笔记）。而且，在全套笔记囊括的 24 种著作里（据查阅，其中 12 种可见于克罗茨纳赫高级中学图书馆的旧藏书），有 11 种直接关系到法国，特别是法国大革命的来龙去脉，这正为马克思深刻理解"人权宣言"铺就道路。同样能够说明问题的，还有马克思出于后续研究之便而为笔记编制的主题索引。这样的索引仅见于第Ⅱ册（此处实际含有第Ⅰ册的索引）和第Ⅳ册，不仅覆盖了前述全部 11 种著作，而且排除了主打英国情况的第Ⅲ册和主打德国、英国、北美情况的第Ⅴ册，甚至排除了第Ⅳ

① 参见杨金海主编：《马克思主义研究资料》第 11 卷，中央编译出版社 2015 年版，第 384-393 页。

册里面涉及德国、英国、瑞典的那部分，马克思的关注重点不言自明。①

鉴于《克罗茨纳赫笔记》的整体导向，鉴于本章重点分析的典型例证是法国“人权宣言”，我们有理由将目光进一步限缩在前述 11 种法国研究著作内（这一限缩也包含着文化地理方面的考虑因素）。其中，就此处的主题而言，最重要的当属亨利希（Christoph Gottlob Heinrich）的《法国史》（*Geschichte von Frankreich*. Erster Theil und Zweiter Theil. Leipzig，1802—1804），和施米特（Ernst Alexander Schmidt）的《法国史》（*Geschichte von Frankreich*. Band I. Hamburg，1835）。“亨利希笔记”性质较为特殊，它代表着马克思本阶段摘录工作的学徒期。其中到处都是来自原著前两卷（约 800 页）的比较精细的、几乎逐字逐句的繁琐编年摘要，从公元前 600 年到公元 1589 年，占据第Ⅰ册笔记本的全部和第Ⅱ册笔记本的近三分之一，篇幅共计 80 页。摘录相对于原著的比例相当高，而且几乎没有评注，这种情况在整套笔记中无出其右。② 如果说该笔记充分显示了马克思对法国史实的兴致和耐心，那么，“施米特笔记”则更有历史观和方法论的指示意义。此时，法国通史的编年知识框架算是已通过亨利希著作确立起来（第Ⅱ册笔记本甚至用一页自行整理出 14 世纪

---

① 参见鲁克俭：《走向文本研究的深处：基于 $MEGA^2$ 的马克思文献学清理研究》，中国社会科学出版社 2016 年版，第 44-50 页；《马克思 1843 年克罗茨纳赫摘录笔记》，曾宪森、熊子云译，载《马恩列斯研究资料汇编》1981 年卷，第 8-20 页；杨金海主编：《马克思主义研究资料》第 11 卷，中央编译出版社 2015 年版，第 430-431、442-443、453 页。

② 马克思学徒期笔记的另一例证，参见《关于伊壁鸠鲁哲学的笔记》对第欧根尼·拉尔修、塞克斯都·恩披里柯、普鲁塔克、卢克莱修、塞涅卡、西塞罗的摘录，其主体内容是希腊文和拉丁文的原文表述，甚至标记了准确页码。能以德语频繁地转述或译述非德语文献，是摘录笔记逐渐脱离学徒期的重要表现，比如马克思关于法国学者特拉西《观念学原理》（又译《意识形态原理》）第 4、5 册的摘录笔记，其中大量混合着法文和德文的书写。不过，真正表明马克思超越学徒期的摘录笔记，会充满或长或短的评注。当评注的篇幅较长时，便有可能上升到或者至少接近“手稿”的地位，例如著名的 1844 年“穆勒评注”。

应当指出的是，马克思留下的笔记本或记事本除了一般意义上的摘录笔记、评注和手稿，还经常留下其他重要的阶段性思考成果：藏书目录或参考书目、出版策划（比如 1845 年 3 月的《〈外国杰出的社会主义者文丛〉计划》）、手稿索引（比如 1843 年夏—1844 年秋编制的《〈黑格尔法哲学批判〉手稿索引》、1861 年 6—7 月编制的《我自己的笔记本的提要》）、笔记索引（比如《1857—1858 年经济学手稿》收录的《七个笔记本的索引（第一部分）》的两个稿本、1860 年初编制的《引文笔记索引》）、史料资讯表（比如《巴黎笔记》第Ⅷ册的《罗马史编年概要》）、论点提要（比如 1839 年的《自然哲学提要》、1844 年底的《黑格尔现象学的结构》、1844 年底或 1845 年初的《关于现代国家的著作的计划草稿》、1845 年春的《关于费尔巴哈的提纲》、1845 年 4 月左右的《笔记本中的札记》，此类材料的标题多为编者或译者所加）等。

以降法国历代国王年表)，马克思转而密切关注施米特对于同一主题的不同叙事，亦即史料的独特遴选角度和处理方法。马克思为第Ⅳ册笔记本冠以标题“法国史笔记”(Notizen zur französischen Geschichte)，而大量摘录亨利希《法国史》的第Ⅰ、Ⅱ册笔记本反倒没有这样的标题——这一有趣现象或许意味着，马克思只是到了第Ⅳ册笔记本这里，才以科学研究的精神对待法国史。于是在第Ⅳ册打头阵的“施米特笔记”，其地位可以说更加突出。“施米特笔记”一扫先前“亨利希笔记”的那种恭谨态度，摘录内容挥洒自如、大幅跳跃，而且明显聚焦于采邑制度或曰封地制度（das Beneficien- oder Lehnswesen)，以及城市公社（Communen，马克思还拼写为 Communio)：前者构成贵族制的基础（die Grundlage des Adels）和封建政治生活的形式（die Form des politischen Lebens)，后者跟中间等级（Mittelstand）的发轫和工商业的活跃息息相关。

马克思显然对施米特观点独特性的渊源饶有兴趣。① 他大规模摘抄了施米特著作的共计 80 条参考文献目录，甚至占去“施米特笔记”一半篇幅！遍览整套《克罗茨纳赫笔记》，这样的非常举动尚属首次（第二次也是最后一次便是对待瓦克斯穆特，同在第Ⅳ册笔记本)。而且，明显有别于瓦克斯穆特参考文献之处在于，施米特的 80 条参考文献基本上不含任何私人生活史记述，几乎全部是长时段历史资料。总的说来，其中两类著作较为显眼：一是各个时期的规范性文件集成（例如王国立法、圣旨、市政公文、习惯法、证书、宫

① 对他人思想渊源的兴趣在马克思笔下随处可见。比如，《神圣家族》在检讨大卫·施特劳斯与布鲁诺·鲍威尔的争论时，认为这可以归结为黑格尔体系中的斯宾诺莎主义因素（实体）和费希特主义因素（自我意识）之间的论战。二者当然各自超出了黑格尔体系，但也仅仅分别代表着黑格尔体系的单一维度。又比如，《评李斯特》手稿通过比对李斯特的引证，和西斯蒙第、路易·萨伊（Louis Say，本书第二章讨论的那位萨伊的兄弟)、费里埃（F.-L.-A. Ferrier）等人的原著，查明李斯特的曲解和虚伪。参见《马克思恩格斯全集》第 42 卷，人民出版社 1979 年版，第 242-248、268-271 页。

廷礼仪)，[①] 二是复辟时期法国历史编纂学家的名著，例如基佐的《法国史论集》(*Essais sur l'histoire de France*) 和《法国文明史》(*Histoire de la civilisation en France*)、梯叶里的《法国史信札》(*Lettres sur l'histoire de France*，马克思抄录书名两次) 和《诺曼人征服英格兰史》(*Histoire de la Conquête de l'Angleterre par les Normands*)。[②] 鉴于马克思在摘录的时候刻意跳过许多论及法律规范的内容，也鉴于他深知既定史实仅在研究进路转换的时候才会得到全新的用途和灵魂，带有强烈非国家中心论倾向的第二类文献更能吸引他的目光。甚至他所摘录的施米特关于加洛林王朝衰落原因的分析，干脆就是施米特从刚出版不久的《法国文明史》和《法国史信札》那里抄来的。[③] 如此说来，马克思对施米特本人叙述的摘录较为稀薄，或许是由于他不愿在德国"副本"上耗费时间，希望尽快直面其法国"原本"。根据马克思对待瓦克斯穆特参考文献的做法，我们不妨合理推知，马克思必定借着在巴黎和布鲁塞尔这两座法语都市研读法语资料极为便利的时机（正如他趁机在那边研究法国革命

① 例如：《勃艮第法典》(*Leges Burgundionum*)、《西哥特法典》(*Visigothorum*)、《萨利克法典》(*lex salica*)、《理普利安法典》(*lex ripuaria*)、萨维尼的《中世纪罗马法史》(*Geschichte des römischen Rechts im Mittelalter*)、雷努阿尔 (Raynouard) 的《罗马和三王朝统治时期法国市政法史》(*histoire du droit municipal en France, sous la domination romaine et sous les trois dynasties*)、格林 (Grimm) 的《德意志法律古迹》(*deutsche Rechtsalterthümer*)、艾希霍恩 (Eichhorn) 的《德意志的国家史和法律史》(*deutsche Staats- und Rechtsgeschichte*)、马尔库夫 (Marculf) 的《程式诉讼》 (*formulae*)、布列奎尼 (Brequigny) 的《关于法兰克王国事务的证书、公文、书信和其他文件》(*diplomate, chartae, epistolae et alia documenta ad res francicas*)、《皮埃尔·德·封丹给友人的建言，或论法兰西古代法》(*le conseil que Pierre de Fontaines donna à son ami ou traité de l'ancienne jurisprudence des François*)、《耶路撒冷法典》(*Assisen von Jerusalem*)、布吕塞尔 (Brussel) 的《关于 11、12、13、14 和 15 世纪法国采邑通行惯例的新研究》(*nouvel examen de l'usage général des fiefs en France pendant le XI, XII, XIII, XIV et XV siècle*)、菲利普斯 (Phillips) 的《英格兰王国史和法律史》 (*englische Reichs- und Rechtsgeschichte*)、许尔曼 (Hüllmann) 的《中世纪城市制度》(*Städtwesen des Mittelalters*)、莱贝尔 (Leber) 的《市政权的历史考证》(*histoire critique du pouvoir municipal*)。

② 参见 *Marx/Engels Gesamtausgabe* (*MEGA*), Ⅳ/2, Dietz Verlag, 1981, S. 146-152; ［德］马克思：《克罗茨纳赫笔记（第四本）》，刘晫星译，载《马列著作编译资料》第 11 辑，第 42-51 页。《克罗茨纳赫笔记》时不时地出现马克思的评注，其中最长的一段评注也出现在第Ⅳ册笔记本，内容涉及革命的意义、君主制、立宪政体、黑格尔的时代政治神学。这些显然是马克思探究法国大革命及其法权现象的重要切入点，在他 1843 年 3 月以降的理论创作中有所反映。

③ 参见杨金海主编：《马克思主义研究资料》第 11 卷，中央编译出版社 2015 年版，第 602 页。

史），[①] 通过各种途径掌握基佐和梯叶里的思想，[②] 这些思想将帮助马克思重新领会现代权利现象的意义。

（二）弗朗索瓦·基佐的影响

这里先谈谈基佐（Guizot，1787—1874）对马克思长时段考察的方法论影响。有许多理由促使我们从基佐开始。（1）基佐是法国复辟时期自由主义史学家的领袖，其欧洲文明史和法国文明史研究享有盛誉，他的名字在马克思的青年时代、特别是在法兰西文化地理圈如雷贯耳。（2）基佐的代表作、1829 年巴黎版法文五卷本《法国文明史》属于马克思的巴黎时期藏书（看来“施米特笔记”之后即有购书打算），按照马克思《1844—1847 年记事本》第 10 页的记载，编号 53，后来在《德意志意识形态》得到引用。[③]（3）《论犹太人问题》引证的托克维尔《论美国的民主》下卷，其“非政治的民主观”的方法论灵感直接源于基佐史学。[④]（4）1859 年《序言》有关巴黎—布鲁塞

① 参见［法］吕贝：《法国大革命对青年马克思思想形成的影响》，陆象淦译，载《第欧根尼》1992 年第 1 期，第 16-17 页。

② 在改革开放初期，我国学者曾经讨论过复辟时期史学家对历史唯物主义的影响和贡献，可以说业已触及此处的核心问题。参见何国文：《法国复辟时期资产阶级史学家的阶级斗争学说在历史观发展中的意义》，载《学术研究》1979 年第 1 期；杨耕：《论法国复辟时代历史学派的历史观及其与历史唯物主义的关系》，载《社会科学战线》1985 年第 4 期；李占一、李澄：《基佐、米涅、梯叶里的历史哲学与唯物史观的形成》，载《社会科学研究》1992 年第 1 期。但遗憾的是，当时的研究者没有参阅一手文献（例如《欧洲文明史》和《法国文明史》尚无中译本），主要依赖普列汉诺夫在《论一元论历史观之发展》第二章和专题论文《奥古斯丹·梯叶里和唯物史观》里面提供的讨论材料。

③ 该书目最早制作于 1844 年 8 月初。由于《记事本》第 1-8 页佚失（当前书目起始编号是 28），以及该书目制作时间的限制，我们不清楚马克思手中是否还有基佐的其他著作，或者与之相关的其他信息。参见 *Marx/Engels Gesamtausgabe*（*MEGA*），Ⅳ/3，Akademie Verlag，1998，S. 6；鲁克俭：《走向文本研究的深处：基于 $MEGA^2$ 的马克思文献学清理研究》，中国社会科学出版社 2016 年版，第 67 页；《马克思恩格斯全集》第 3 卷，人民出版社 1960 年版，第 241 页。《法国文明史》是基佐在巴黎大学开设的“现代史课程”的部分讲义，它的绪论其实就是著名的《欧洲文明史》。两门课程是前后相续的，后者是以法国为例更为精细地重述前者的基本结论。

④ 常常不为人知的是，在基佐的文明史著作出版后，托克维尔在 1829 年告诉博蒙，自己几乎用全部时间去阅读基佐。甚至在游历美国期间，他还专程托朋友寄来基佐的著作，以便更好地理解美国的民主社会状况。参见［英］拉里·西登托普：《托克维尔传》，林猛译，商务印书馆 2013 年版，第 36、83-84 页；倪玉珍：《托克维尔理解民主的独特视角：作为一种“社会状况”的民主》，载《社会学研究》2008 年第 3 期，第 79-82 页。

尔时期研究历程的回忆文字，暗示了马克思对基佐的特殊敬意。[①]（5）恩格斯在1894年1月25日写给博尔吉乌斯的信里提到，法国人基佐（以及梯叶里、米涅）的历史编纂学是马克思唯物史观的重要先驱。[②]

基佐提醒人们，不要高估法律同立法者有意识活动之间的联系，不要将法律简单归结为相应的政治秩序或政府行为。就此而言，基佐的研究具有鲜明的非国家倾向。[③] 基佐史学弘扬了圣西门的阶级分析方法，其一度认为法国史的主要内容就是第三等级与贵族的斗争史（法国大革命则是这场斗争的高潮），后来又进一步考察了第三等级内部势力的分裂和冲突。他一度主张，人们的身份地位和阶级关系首先取决于土地关系，后来又进一步指出，阶级斗争的基础涉及一切所有制关系。这样的观点帮助基佐开辟了崭新的文明史研究道路。[④] 他在1822年的《法国史论集》中，已经勾勒了新历史观：

> “大多数作者都希望通过研究政治制度，以理解一个社会的状况、文明的程度或文明的类型，然而更好的做法是通过研究社会以理解它的政治制度。政治制度在成为原因之前，首先作为结果而存在；社会首先产生了这些制度，而后才被制度改变。……社会，社会的构成，个人由其社会地位而决定的生活方式，各个阶级的关系，尤其人的身份，凡此种种，如果研究者希望理解一个民族是如何被统治的，都是需要首先引起关注的问题。要理解政治制度，首先必须理解不同的社会阶级及其相互

---

① 在这份极其简略的、简略到只能以隐喻形式概述科学原理且以介绍治学经过为主的序言中，马克思本来不必提及自己离开巴黎的原因是受到官方驱逐（例如，文中就没有交代自己离开德国的原因），更不必提及究竟是被谁下令驱逐的（例如，文中就没有交代下令查封《莱茵报》的是谁）。但马克思却专门提到下令者是当时掌管法国内政外交的“基佐先生”。鉴于马克思在写作该序言之前曾被四次驱逐，除了他对基佐的敬意，笔者实在想不出任何理由能够解释他在基佐之事上的“多嘴”。参见《马克思恩格斯文集》第2卷，人民出版社2009年版，第590–591、593页。

② 参见《马克思恩格斯文集》第10卷，人民出版社2009年版，第669页。

③ 参见［俄］普列汉诺夫：《奥古斯丹·梯叶里和唯物史观》（1895年），王荫庭译，载《马列主义研究资料》1982年第2辑，第8页。

④ 参见［英］汉默顿编：《西方名著提要：历史学部分》，何宁、赖元晋编译，商务印书馆1987年第2版，第382–385页。例如参见［法］基佐：《欧洲文明史：自罗马帝国败落起到法国革命》，程洪逵、沅芷译，商务印书馆2005年版，第52–53页。

关系；而要理解不同的社会阶级，就必须理解财产权的性质和关系。”①

此外，基佐还继承了伏尔泰的世界历史观。基佐的叙事始终保持较为开阔的跨国视野，他不是将欧洲文明追溯至任何个别国家，而是断言这种欧洲文明的脉络分散在欧洲各地；与此同时，基佐断言法国人在研究这一主题时具有典型优势，因为法国位于欧洲文明的中心和焦点，从别处兴起的文明力量往往途经法国的中转之后征服欧洲。②

以具有总纲性质的《欧洲文明史》（1828 年）为例，该书试图联系文明的生发，考察罗马帝国衰落以来的欧洲史。所谓“文明”是一种普遍存在的、潜移默化的、错综复杂的事实，是制度、商业、工业、战争、宗教、哲学、科学、文艺等一系列事实的归宿和总结。文明包括相辅相成的、互为映像的、缺一不可的、经常存在时间差的两个方面，即社会（物质生活）的发展和个人（精神生活）的发展。于是，文明史研究可根据侧重点而采取两种不同的方法，基佐开宗明义地限定自己的主题：“我所要研究的是外界事件的历史，是可见的社会世界的历史。”③ 就是说，基佐首先研究社会发展的方面，或者更确切地说，以有关个人心性发展的说明辅助有关社会关系发展的说明。比如在解释基督教对欧洲文明史的贡献时，他主要关注作为一个社会集团的教会，而非单纯的宗教信条。基佐区分了两种基本的文明类型，即立足于单一性的文明（包括希腊文明、罗马文明和古代亚洲文明）和立足于多样性的文明（即该书所考察的那 15 个世纪），后者源自形形色色的因素之间的相互缠

① 转引自［英］拉里·西登托普：《托克维尔传》，林猛译，商务印书馆 2013 年版，第 28 页。看来，埃利希法社会学的指导思想与之一脉相承：“在当代以及任何其他的时代，法的发展的重心既不在于立法，也不在于法学或司法判决，而在于社会本身。”［奥］埃利希：《法社会学原理》，舒国滢译，中国大百科全书出版社 2009 年版，“作者序”。

② 参见［法］基佐：《欧洲文明史：自罗马帝国败落起到法国革命》，程洪逵、沅芷译，商务印书馆 2005 年版，第 3、249 页。

③ 参见 François Guizot, *The History of Civilization in Europe*, translated by William Hazlitt, edited and with an introduction by Larry Siedentop, Liberty Fund, 2013, pp. 25；［法］基佐：《欧洲文明史：自罗马帝国败落起到法国革命》，程洪逵、沅芷译，商务印书馆 2005 年版，第 19 页，译文有改动，亦参见第 263 页。

斗、相互制约。[①] 如此这般的社会格局，再加上日耳曼蛮族为欧洲引入的、在几乎一切古代文明里都不为人知的、有别于政治自由或公民自由的那种对个人独立的热爱，逐渐催生了后世蔚为大观的自由，它正是法国“人权宣言”所宣布的那种自由的雏形。[②] “个体自由”(liberté individuelle) 与“公共权力”(pouvoir public) 作为政治合法性的双重要素，对应于13—16世纪发展出来的“人民”(原子化) 与“政府”(集权化) 这两大世界舞台主角的关系，乃是基佐用于分析现代欧洲文明的核心框架。马克思在《1844—1847年记事本》里面将其同“人权宣言”直接联系起来，转用于分析现代国家的创生史，而且按照《德意志意识形态》的一处提示，该框架跟我们更为熟悉的市民社会与政治国家二元论具有相通之处。[③]

从《论犹太人问题》关于政治革命的社会历史前提的论述来看，《欧洲文明史》的第四讲势必引起马克思的特别关注。这一讲的主题是勃兴于10世纪的封建制度，或者借用马克思的术语即“封建性”。可以说，基佐精辟地叙述了一切法权关系采取封建形式之后的效果。他认为前人的相关研究普遍忽视了“社会的物质条件”，忽视了“由新的事实、革命、新的社会状态引入人类生存方式的物质变化”。而且，为了达成更加精细的分析，他提议从封建社会

---

① 参见［法］基佐：《欧洲文明史：自罗马帝国败落起到法国革命》，程洪逵、沅芷译，商务印书馆2005年版，第27页。

② 值得一提的是，基佐在这里向读者郑重推荐了梯叶里的《诺曼人征服英格兰史》(1825年初版)，说该书是唯一能够充分展示蛮族精神状态的著作。参见［法］基佐：《欧洲文明史：自罗马帝国败落起到法国革命》，程洪逵、沅芷译，商务印书馆2005年版，第41-43页。梯叶里又在《诺曼人征服英格兰史》1830年“第三版前言”中，向人们热诚推荐了林加德 (Lingard) 的《英格兰史》，说该书对中世纪的研究严谨透彻，参见［法］奥古斯丁·梯叶里：《诺曼人征服英格兰史》，祝安利、文琳译，上海社会科学院出版社2019年版，“第三版前言”第2页。梯叶里在这篇前言里一共推荐了三部著作，对另外两部著作更多地强调主题的相关性，对林加德的著作更多地强调研究水准。而我们知道，马克思曾在《克罗茨纳赫笔记》第Ⅳ册摘录过林加德的这部七卷本名著，或许与此相关。此外，《欧洲文明史》还提到18、19世纪的欧洲刑事改革，并以边沁的著作为例，而我们也知道，马克思在巴黎时期读过边沁的《惩罚和奖赏的理论》，并将其列入一册《巴黎笔记》的封面目录（可惜对应内容佚失）。参见［法］基佐：《欧洲文明史：自罗马帝国败落起到法国革命》，程洪逵、沅芷译，商务印书馆2005年版，第118页；*Marx/Engels Gesamtausgabe* (*MEGA*)，Ⅳ/2，Dietz Verlag，1981，S. 473。

③ 参见《马克思恩格斯全集》第3卷，人民出版社1960年版，第469页；《马克思恩格斯全集》第42卷，人民出版社1979年版，第238页；*Marx/Engels Gesamtausgabe* (*MEGA*)，Ⅳ/3，Akademie Verlag，1998，S. 11；［法］基佐：《欧洲文明史：自罗马帝国败落起到法国革命》，程洪逵、沅芷译，商务印书馆2005年版，第151、164、181-182、257-258页。

最简单、最原始、最根本的要素入手，即封地占有者及其交往圈子，此乃“封建的分子”“整个封建社会的典型和详确形象”①，正如《论犹太人问题》同样从作为基本要素的“homme”和“citoyen”出发去分析现代法权关系。这又使我们意识到，《欧洲文明史》的第七讲对马克思来说同样关键，因为这一讲通过设想一位12世纪自治市镇的市民突然穿越至1789年法国大革命的现场，设想他将如何惊诧地看待（比方说）西耶斯的《第三等级是什么?》以及其中提到的“法兰西民族”，从而表明欧洲在七个世纪的岁月里经历了何种程度的社会结构变迁和身份秩序变迁。第七讲水到渠成地运用阶级分析方法发现：资产阶级的形成是市民获得当地选举权的必然结果，这个阶级是次第形成的，其成分在不同时代并非一致，最初主要包括小商人和小所有者，后来又吸收了律师、医生、文人和地方行政官员，从而渐趋发挥政治影响力；各社会阶级之间的斗争充斥着现代历史，由此创建现代欧洲的诞生空间，构成欧洲文明发展的强劲动力，等等。②

基佐的长时段分期方法，同样值得注意。他把《欧洲文明史》的主题分为三大阶段：（1）初创阶段，从罗马帝国衰亡到12世纪；（2）摸索阶段，从12世纪到16世纪；（3）严格意义上的发展阶段，自16世纪以来，而“16世纪是现代社会真正的开始”③。我们还记得，这第三阶段恰好对应着马克思权利研究较为关注的时期，亦即现代市民社会在16—19世纪逐步兴起的时期。可以看到，基佐的分期原则不拘泥于重大政治历史事件，不拘泥于伟人或英雄人物的统治，不拘泥于宗教的发展，而是着眼于欧洲社会生活诸要素之间的关系状态，这无疑具有重要的方法论进步意义。基佐的这些研究成果，教导马克思在漫长的时间进程和广阔的地理空间中，在浩荡的市民社会发展史

---

① 参见 François Guizot, *The History of Civilization in Europe*, translated by William Hazlitt, edited and with an introduction by Larry Siedentop, Liberty Fund, 2013, pp. 74-76；［法］基佐：《欧洲文明史：自罗马帝国败落起到法国革命》，程洪逵、沅芷译，商务印书馆2005年版，第70-72页，译文有改动。

② 参见 François Guizot, *The History of Civilization in Europe*, translated by William Hazlitt, edited and with an introduction by Larry Siedentop, Liberty Fund, 2013, pp. 144-145；［法］基佐：《欧洲文明史：自罗马帝国败落起到法国革命》，程洪逵、沅芷译，商务印书馆2005年版，第141-142页。

③ 参见 François Guizot, *The History of Civilization in* Europe, translated by William Hazlitt, edited and with an introduction by Larry Siedentop, Liberty Fund, 2013, pp. 155-156、202；［法］基佐：《欧洲文明史：自罗马帝国败落起到法国革命》，程洪逵、沅芷译，商务印书馆2005年版，第152-153、197页。

和阶级关系史中，去把握在18世纪末的法国大革命及其“人权宣言”那里汇聚和爆发的欧洲文明因素，去根据确切的历史事实发展可靠的新历史观（新型历史科学）。①

（三）梯叶里的影响

接下来我们谈谈被马克思称为“阶级斗争之父”的梯叶里（Thierry，1795—1856）。他是圣西门的首任秘书（1814—1817年在任，孔德是第二任秘书），其历史观秉承圣西门主义。圣西门思想对法国复辟时期历史编纂学的辐射性影响，直接依托于梯叶里的不懈努力。梯叶里与圣西门相识于1814年，二人的首度合作即被誉为欧盟早期构想的《论欧洲社会的改组》（*De la réorganisation de la société européenne*，1814年）。梯叶里不仅向马克思示范了历史研究中的阶级分析方法，而且是马克思所继受的圣西门工业思想的重要来源。马克思在1852年3月5日告诉魏德迈，查明现代社会中存在着阶级现象和阶级斗争，并非他本人的功劳，因为在他之前很久，以梯叶里为首的一批史学家已对既往的阶级史作出精彩叙述。1854年7月27日致恩格斯的书信巩固了此一论断。②

梯叶里在《法国史信札》（1820年初版，1827年第2版）一书中热情呼吁，应追随基佐、西斯蒙第和巴朗特联袂开辟的史学新路径。梯叶里意识到，先前的历史书写，例如维利院长1755年发表的《法兰西史》，仅仅聚焦于少数特权人物或宫廷统治阶层，宁可精心刻画浮华的宫廷庆典，也不去关心人民群众及其风俗、情感等等，因而尚无一部真正意义上的法国史。达尼埃尔神父首次教给我们研究法国史的真正方法，即史学家的首要品质不是忠于某

① 当然，我们不能说基佐先于马克思创立了唯物史观。相反，我们在基佐笔下见到许多靠近所谓唯心史观的论断，例如：“欧洲文明已经进入了永恒真理，进入了天意计划；它按照上帝的意图前进”，这被视为有关其优越性的“理性解释”；“社会的可见的状态取决于人的内心状态”；某位伟人出现在某一时代的原因以及他对世界发展的实际贡献，乃是“天意的秘密”；“藏身于强制力的偶然机缘背后并且规定着社会进程的，正是观念和道德因素”；命数（天意计划）是与自由且理智的人类劳作并存于文明史上的一个事实，它是科学和人类意志无从查考的东西，等等。参见 François Guizot, *The History of Civilization in Europe*, translated by William Hazlitt, edited and with an introduction by Larry Siedentop, Liberty Fund, 2013, pp. 35, 62, 64, 170, 204；［法］基佐：《欧洲文明史：自罗马帝国败落起到法国革命》，程洪逵、沅芷译，商务印书馆2005年版，第28、57、59-60、167、199页，译文有改动。

② 参见《马克思恩格斯全集》第49卷，人民出版社2016年第2版，第76、79、590页；周嘉昕编著：《〈1844年经济学哲学手稿〉导读》，江苏人民出版社2019年版，第84页。

种道德的或政治的意见，而是忠于历史本身，充分占有史料。梯叶里提醒读者免除法国史研究中的一些痼疾：比如误以为第三等级是在 1789 年才崛起的，甚至误以为有什么从天而降的、并非先辈浴血奋斗赢得的权利，又比如单单立足于法兰克人（这是对众多祖先的遗忘），再比如以今日的尺度衡量和想象古人的生活与观念（这就容易陷入时代错置的危险）。最后，在全书行将结束之际，梯叶里提议奋力打通法国社会史上的 12 世纪公社革命（公社成员后来称为“第三等级”）和 18 世纪的大革命，并预测市民社会力量的抗争和崛起势不可挡。①

《诺曼人征服英格兰史》（1825 年初版，1830 年第 3 版）更具体地指出，鉴于侵略战争是欧洲历史上很长时间内的主旋律，直接左右着后世的地缘政治格局、居民的姓名、等级和阶级的划分等重要事项，于是他准备将诺曼人对英格兰的征服作为一个具有超时空意义的典范，以便准确把握中世纪的历次侵略战争。在此过程中，梯叶里同样强调研究者必须跳脱自身所在时代的“观念、习俗和政治状态”（les idées, les mœurs et l'état politique）的限制，借助尽可能多的文献资料纵观全局，也同样强调不要将重大事件——他用马克思偏好的戏剧隐喻称之为“大戏”（grand drame）——错误地归因于个别人物的野心或其他偶然因素，也就是说，应当关注一般规律。梯叶里认为自己的方法有别于“现代史学家迄今运用的方法”（la méthode employée jusqu'ici par les historiens modernes），主张对征服的叙事不可结束于征服者自立为王的那一刻，后面还有被征服的人民源源不断的抵抗和挑战。征服虽然在原则上是暴力的、不正义的，但终究缔造了恢宏的欧洲文明，这也正是梯叶里该书的宗旨所在。②

梯叶里的《墨洛温王朝年代记》（*Récits des temps mérovingiens*）在出版之际（1840 年初版，1842 年第 2 版），前面配有篇幅极长的导言《有关法国历史的思考》（Considerations sur l'histoire de France），该导言实属梯叶里史学思

① 参见［法］奥古斯丁·梯叶里：《法国史信札》，许樾译，上海社会科学院出版社 2019 年版，序言第 2-4 页，正文第 2-3、12、14、21、29、30、43-46、269、280-281 页。

② 参见［法］奥古斯丁·梯叶里：《诺曼人征服英格兰史》，祝安利、文琳译，上海社会科学院出版社 2019 年版，第 1-5、页，译文有改动。

想集大成之作，其中有五个要点在笔者看来特别能够在方法论上启发青年马克思：

第一，留意1820年之前历史著作中的某些被遗忘甚或不自觉的真理萌芽。比如，费雷莱（Fréret）早在1714年就预告了一个世纪之后的史学革命，他号召现代人重拾古代史大家主要致力于刻画的那些“风俗（mœurs）的细节”。又比如，布兰维里耶从阶级斗争的视角判定，对高卢的征服是法兰西民族后来政治秩序和当前法国国情的基础。尽管他的论证本身多有错谬，甚至背离历史趋势，却正是他首次揭示并强调了这一趋势的存在，从而在不经意间开辟了通往事实真相的道路。再比如，布雷基尼（Bréquigny）虽有时代错置的错误，却堪称阐明第三等级起源的第一人，尽管他本人未必清楚地意识到自己观点的意义。

第二，聚焦19世纪二三十年代现身法国的新史学流派。夏多布里昂在1831年的《历史研究》（*Études historiques*）中，率先辨认出这个黄金时代的新流派，为之赋予“政治学派”（école politique）的美誉。该称号的意思不是说那批学者以政治国家为中心，而主要是说他们的“政治激情”（passion politique）能够唤起中立研究常常缺乏的见识甚至天才闪念。梯叶里不认为存在严格意义上的学派，但大家的确共同致力于澄清法兰西民族史的基本问题：民族的起源、日耳曼征服的政治后果和民间后果、查理曼的地位、封建制度、公社运动、王权的性质和作用、经由公社之兴衰反映的第三等级史、法国大革命等。在这批人里，梯叶里首推基佐的《法国史论集》《欧洲文明史》和《法国文明史》，这三部环环相扣的代表作一道构成“现代历史科学的最坚固基础和最忠实映现”。

第三，批判德国式的历史观。这种历史观乐于在每个事实中看到理念的印记，乐于在人类事件的进程中看到永恒的精神斗争，史学由此从分析和细心观察倒向多少有些草率的综合。民族的历史一旦受到“观念化的处理”，沦为“抽象物和公式”，就将失去生命力，“装模作样的先验方式方法”多半会阻碍史学的进步。要对历史作出综合当然不是不可以，但须有炉火纯青的技艺，否则极易陷入荒谬境地。

第四，关注第三等级和市民社会的发达史。梯叶里发现，跟18世纪的史学体系相比，19 世纪的新体系向法国史中的“罗马因素”或曰“罗马传统”（而非“日耳曼传统”）投以更多目光（《黑格尔法哲学批判》中的私有财产分析，同样涉及罗马因素和日耳曼因素的对比），这是不可逆转的总趋势。此一学术革命反映了 18 世纪末法国“社会革命”（révolution sociale）的伟大成果。罗马传统凌驾于日耳曼传统，在法律领域就表现为罗马法凌驾于日耳曼封建法。罗马传统指向源远流长的市民/资产阶级（bourgeoisie）传统，它意味着新史学更重视经由血统、语言、礼法而成为高卢—罗马人传承者的第三等级。第三等级诞生史上最为轰轰烈烈的部分，便是公社和市镇的历史，它们跟“市民社会”（société civile）和“市民生活”（vie civile）息息相关，构成 19 世纪法国社会秩序的最深根基。

第五，在此基础上认清法国“人权宣言”的历史渊源。制宪议会创制的法律文件虽然“在表面上具有纯哲学的性质”（purement philosophique en apparence），但其中隐藏着“某些历史因素”（quelque chose d'historique），即在法国现代生活条件下恢复罗马帝国遗留的“旧式市民秩序”（le vieux type d'ordre civil），它们是那些法律文件中“最坚实的部分”（la partie la plus solide），历经政局激烈动荡和宪法快速更迭而稳如泰山（马克思也在寻找这类因素，尽管找到的东西不一样）。梯叶里经由长时段考察而作出最后的郑重宣告：“1789 年的革命并未创设任何东西；我们今天的社会秩序不是制宪议会的思想凭空建立起来的；数百年的经验、历史的记忆、分散保存着的地方自由传统，经过人权的哲学理念（de l'idée philosophique des droits humains）认可之后，汇入我国宪法信条的伟大象征，其文字可变而精神长存。”①

（四）圣西门的影响

现在让我们转向马克思青年时期非常熟悉的圣西门（Claude-Henri de Saint-Simon，1760—1825）。位列空想社会主义三大家之首的他，乃是史学方法领域常被忽略的关键人物。其实，前述基佐和梯叶里的历史编纂学，在基本思想上承继和发扬了圣西门学说。“我们过去嘲笑他，现在仍然可以嘲笑

① 参见［法］奥古斯丁·梯叶里：《墨洛温王朝年代记》，黄广凌译，大象出版社 2018 年版，第 20、25、28、34-35、55、64-65、93-101、105-106、140-141 页，译文根据法文原著多有改动。

他，但是我们也能够——我认为我们应该——认真对待我们的这位研究对象。”① 厘清圣西门的历史观，我们才能更进一步理解马克思长时段考察方法的根基。圣西门一改他的老师百科全书派启蒙哲人对中世纪的轻蔑，努力辨认中世纪文明对现代制度和观念的意义（甚至希望从中寻得医治现代社会弊病的某些线索），这一点为基佐和梯叶里指明了方向，也部分地反映在马克思自克罗茨纳赫时期以来的文字中。

圣西门一生历经美国革命（因投身独立战争而自称合众国自由的共同奠基人之一）、法国革命、拿破仑帝制时期和复辟时期，但他努力接续和发展孔多塞的进路（比如乌托邦不在上古的黄金时代，而在人类的遥远未来，在历史的终点而非起点，这就否弃了启蒙时代关于原初自然状态的美好想象），② 从长时段的视角来把握同时代的动荡和剧变。圣西门同样不满于单纯作为史实堆积的历史，他要求把握其中的理论联系和一定次序。这便指向“规律性”的思想，此种思想乃是“圣西门体系的基本核心”③。但他认为欧洲尚无编撰得当的史籍，因为迄今为止的历史分期法（当然也包括孔多塞划分的十个时代）始终立足于“次要的或局部的事件类别”，只去留心政治的、宗教的或军事的事实，这是难以令人满意的。在他看来，前人的做法不仅以极不匀称的方式分割时间，而且没有遵从“人类理智发展的一般序列”（la série générale de développement de l'intelligence humaine）——圣西门提倡的这项标准同样使人联想起马克思所谓“人类精神的一般发展”。圣西门还指出，孔多塞固然堪称致力于书写人类精神史的第一人，可惜他受制于当时的政治环境、特别是革命狂热，不是按照事物的本来面目冷静衡量事物，反倒按照自己希望事物呈现的面目看待事物，结果，他为我们勾勒出来的与其说是历史，不如说是

---

① ［法］夏尔-奥利维耶·卡博内尔：《圣西门的欧洲观》，李倩译，北京大学出版社2016年版，前言第4页。

② 参见［美］西奥多·M. 波特、［美］多萝西·罗斯主编：《剑桥科学史（第七卷）：现代社会科学》，第七卷翻译委员会译，大象出版社2008年版，第61页。

③ ［苏］维·彼·沃尔金：《圣西门的社会学说》，董果良译，载《圣西门选集》第3卷，董果良、赵鸣远译，商务印书馆1985年版，第210-211页。但也应当看到的是，圣西门所谓发展的普遍规律，同时也相当于万能的神的支配，这在他看来是一体两面的事情，只不过前一方面主要涉及学者，后一方面主要涉及普通百姓。

长篇小说（roman）。圣西门在1807年建议（并且在1824年重申①），把苏格拉底——此人首次上升至“一般观点”（un point de vue général），被看作“方法”（包括先天方法和后天方法）的发明人——定为“古代史”（histoire ancienne）和“现代史”（histoire moderne）的分界线（呼应“古今之争”）。所谓“古代史”的第一阶段是从人类起源到摩西时代，第二阶段是从摩西时代到苏格拉底时代［在其中，物理主义（Physicisme）逐步彰显而一神论（Déisme）渐趋消弭］。所谓“现代史”更为圣西门所看重，其第一阶段是从苏格拉底时代到穆罕默德时代（大约历时1100年），第二阶段是从穆罕默德时代到18世纪（同样大约历时1100年）。到了1813年，圣西门进一步把“古代史”称为“准备工作的时代”（d'époque des travaux préliminaires），把“现代史”称为“臆测体系的组织的时代”（d'époque de l'organisation du système conjectural）。他要求将“现代史”四等分，且据此划分事实，以便显出历史的趣味和教益。当然，历史的分期本身从来不是目的，而主要为了证明圣西门本人正在开启第三个伟大时代，即“实证体系的组织的时代”（d'époque de l'organisation du système positif），其中的教养标准不在于是否熟谙希腊罗马著作，而在于是否通晓实证科学，亦即基于事实观察的科学。② 不消说，这些观点正是后来的孔德实证哲学及其历史分期法的基本要素。

如果说圣西门的前期观点更多具有鲜明的唯心史观色彩，那么，随着法国工业革命的持续推进和市民社会的日益活跃，随着跟自由派合作创办《论实业》杂志（1816年），他写于法国复辟时期的著作在保留长时段视角的同时，越发关注近代史中的实业基础和阶级因素，从而提出一系列较为透彻的、带有历史唯物主义性质的见解。如果说阶级的概念原先处在启蒙哲人视野的边缘，在圣西门这里则迅速上升为根本的东西。圣西门看到，有关“文明”（civilisation）进程的长时段观察（而非对于社会现状的表面分析），有利于分

---

① 参见［法］圣西门：《圣西门选集》第2卷，董果良译，商务印书馆1982年第2版，第246页及以下。

② 参见［法］圣西门：《圣西门选集》第3卷，董果良、赵鸣远译，商务印书馆1985年版，第33-41、89-93、143页，译文有改动；［法］圣西门：《圣西门选集》第1卷，王燕生等译，商务印书馆1979年第2版，第43、65-67、115、120页，译文有改动。

辨“正在消逝的过去的残余”和“正在成长的未来的萌芽”。如果观察的时段过短就容易出现误判（这被视为政治家的惯常毛病），因此他认为，作为现代社会形成期的中世纪是最恰当的观察出发点。同旧制度相适应的社会状况所发生的根本变化——在法国，具体说来，即世俗权力从贵族转入实业家（从封建军事体系过渡到实业体系），精神权力从僧侣转入学者（从信仰体系过渡到实证体系）——构成法国大革命的真正原因。至于大革命本身的业绩，倒不似一般设想中那么重要，它只是数百年衰落过程的自然完结而已。实业阶级（亦即人民）组成了“真正的社会”，几乎掌握着能够左右社会的全部“基本的实证力量”，他们的事业是“文明的实际中心和策源地”。但可惜的是，实业阶级不仅一直遭到体现贵族利益的法律秩序的压迫，而且当年也没有积极干预大革命的动态，把革命领导权拱手让给作为一个“中间阶级”的法学家集团（吉伦特派和雅各宾派的首脑皆属此类），结果，在大革命最狂暴的岁月统治法国的始终是法学家（恐怖制度就是他们的发明），他们那套形而上学的人权理论虽可唤起社会改善的愿望，却脱离了实业阶级的经验和利益。我们切莫急于把权利建立在过分狭隘的、短时段的基础上，否则恐要失去部分权利。《人权宣言》只是一种官方公布的行为罢了，无力解决自由问题。自由以实业为基础，乃是文明的一种逐步完善起来的成果。自由的完全确立有赖于实业的统治地位。根据“文明的现状”可以判定，应予解决的“最重要的问题”在于如何合理规定所有权——最主要的所有权即不动产所有权源自征服，亦即“强者为王的法则”(la loi du plus fort）——相关的法律可谓一个国家的“根本法”。最后，圣西门将自己的诉求凝练为一句标语（它不禁使人联想起西耶斯的名著《第三等级是什么?》）：“一切通过实业，一切为了实业。”① 这样，圣西门实际上就以大开大合的笔法，为我们重新阐释了法国“人权宣言”的历史背景与核心要义。

① 参见［法］圣西门：《圣西门选集》第 1 卷，王燕生等译，商务印书馆 1979 年第 2 版，第 156、182、186、188-191、195、217、228-229、231-232、250、255-256、260、262、264-266、269-270、273、276、298 页，译文有改动；［法］圣西门：《圣西门选集》第 3 卷，董果良、赵鸣远译，商务印书馆 1985 年版，第 147-148、150-151 页；Saint-Simon, *L'Industrie*, *Tome II*, 1817（*Œuvres de Claude-Henri de Saint-Simon*, Tome II, Slatkine Reprints, 1977）, p. 87。

值得进一步说明的是，在他于1823—1824年陆续发表的《实业家问答》（共四册）那里，前述散见于1817—1821年间的论点得到集大成的表达，而马克思在《1844年经济学哲学手稿》笔记本Ⅲ里面也援引了该书（但具体的阅读时间无从查考）。书中指出，法国不是孤立的国家，要在文明的地理学环境中看待它，要诉诸“文明地点的比较”。即就法国本身而言，在大革命之前，法兰西民族分为贵族阶级、资产阶级和实业阶级（请注意，圣西门认为“资产阶级”和“实业阶级”是对立的！），实业阶级被社会组织置于末位，但它必将占据首位，因为任何其他阶级离开它都无法生存。实业的意见是社会多数人的意见，实业的成就乃是最重要的成就；劳动乃是一切美德之源。实业制度向每个人提供最大限度的自由，为社会确保最大限度的安宁，是能够适应文明现状的唯一制度。文明是指人类理性的发展及其对自然的影响，文明的自然进程独立于所有政治法律举措，文明的状况规定着社会组织的性质和基本形式，政治法律举措对文明发展的或多或少的干预可被看成有益的社会实验，最优政制就是最适合于当时文明状况的制度。撇开文明的因素而孤立地考察政治法律秩序乃是荒谬的做法，因为政治法律秩序不过是“市民秩序”(de l’ordre civil，类似于马克思笔下的市民生活或市民社会）的表达。迄今为止的历史观的浅薄之处在于，人们醉心于种种巧合的事件与动人的结果，误以为立法者对文明拥有无限的创造力，结果只在重大事件中看到人的因素，而没有看到“以不可抗拒的力量作用于人的物（les choses qui les poussent avec une force irrésistible）”。套用戏剧隐喻——马克思也常以戏剧隐喻历史进程——来说，即人们未能从舞动的群影中辨认出低调但确实存在的角色。相反，人们应当设法从长时段的观察中，从各色现象的相互影响中找出社会发展的规律（这可以上溯到孟德斯鸠的哲学观念，尽管他尚未意识到文明的自然进程对一切政治法律现象的支配），而单纯的编年纪事算不上历史。这样一来，神学的或形而上学的“专断”(arbitraire）必定消逝，“物的统治取代了人的统治”(le gouvernement des choses remplace celui des hommes）。在长时段的研究中，有关诸时代的哲学分期是最重要的部分，甚至构成广义的研究计划本身，因为它规定着“所观察的事实的主要整理方法”，借以展示“文明发展史的一般情况”[①]。不难看到，后期的圣西门以文明的历史地理学视角聚焦于实业的这种研究动向——尽管由于“实业家=劳动者（travailleur）”的统一标签掩盖了劳资对立而显得肤浅——为后世的史学思想（包括马克思的唯物史观）开辟了道路。

（五）马克思长时段考察方法的18世纪法国先驱[②]

马克思在克罗茨纳赫—巴黎—布鲁塞尔时期习得的长时段考察方法，在根本上肇始于18世纪的法国。[③] 它以伏尔泰的《风俗论》为首座丰碑，途径布封、杜尔哥、孔多塞等人的传承，直到19世纪上半叶后继者那里发扬光大。以下，本章将按照正常历史顺序简要叙述，法国知识界有可能在（特别是长时段的）历史考察方法层面留给马克思何种智识遗产。

1. 伏尔泰（Voltaire，1694—1778）

马克思从小受到父亲的深刻熏陶，而据亲友回忆，老马克思是一位“伏尔泰的信徒”、一位能够“背诵伏尔泰和卢梭”的“真正的18世纪的‘法国人’”，伏尔泰也一直是马克思最钟爱的著作家之一。难怪到了1841年，当马克思已在波恩和柏林接受正宗德意志思想的数年洗礼之后，刚结识马克思不久的德国人莫泽斯·赫斯仍然一眼就能辨识出，以伏尔泰和卢梭为代表的

---

① 参见［法］圣西门：《圣西门选集》第2卷，董果良译，商务印书馆1982年第2版，第51-53、57、70-71、80、85、130-131、146、170-172、175、177、179-180、185-186、188、190、195、198-200、205、219、222-223、227-228、266、271-275页，译文有改动；Saint-Simon & Auguste Comte, *Catéchisme des industriels*, troisième cahier, 1824 (*Œuvres de Claude-Henri de Saint-Simon*, Tome IV, Slatkine Reprints, 1977), p. 98, 111, 131。需要说明的是，《实业家问答》的第3册题为《实证政治体系》（*Système de politique positive*），由孔德具体执笔，其中已从长时段角度提出人类知识体系历经的三种理论状态，或曰文明通史的三个主要时代：神学阶段、形而上学阶段、实证阶段，参见第74、124-127、161、201-202页。

② 从马克思创立唯物史观的实际过程来看，出自英国（比如弗格森、斯密）的影响是次生因素，它主要用于巩固法国因素的影响。

③ 17世纪的历史著作在马克思看来大概乏善可陈，时人要么就像博绪埃（Bossuet，又译“博絮埃”“波舒哀”）的《论普遍历史》那样用“十足的神学观点”叙事和分期，以华丽的文风（博绪埃跻身法语古典作家行列）和“带有道德说教的性质”的笔法叙述宗教史和帝国史（从创世写到查理曼统治时代），要么就像格劳秀斯、霍布斯、弥尔顿那样轻视历史，保持历史叙事与社会理论的脱节状态，认为历史乃是杂乱无章的偶然事实的集合，不配成为科学研究的对象。参见［俄］叶·阿·科斯敏斯基：《中世纪史学史》，郭守田等译，商务印书馆2012年版，第215-224、229、241、256-257页。

法兰西因素在他的精神气质中居于首位。① 这两位思想家对马克思的影响实在深远，以至于他曾把法国称为“伏尔泰和让·雅克·卢梭的国家”(the country of Voltaire and Jean Jacques Rousseau)。② 在马克思各个时期的文本中，对伏尔泰的小说、戏剧、史传、箴言和趣闻的引用可谓信手拈来、不胜枚举，我们有理由推定马克思对《风俗论》有相当的了解。他在1848年之前就收藏有伏尔泰的著作集，可惜后来连同傅立叶、歌德、赫尔德、18世纪经济学家、希腊古典作家、黑格尔的著作等等，因负责保管的同志被捕而遭到洗劫。③ 到了1878年底，前来拜访的《芝加哥论坛报》通讯员，又在马克思的书架上发现了他重新添置的伏尔泰著作，这也能够说明马克思对伏尔泰的偏好。④

《风俗论》动笔于1740年，其创作初衷是帮助他的情妇夏特莱夫人学习人类历史。先前的历史著作往往聚焦于帝王将相的文治武功，或者将一切事件归结为宗教因素，亦即归结为神意的安排。《风俗论》不是编年史或者世系录之类的东西，它试图满足文学的趣味、哲学的品位，但又排除目的论解说，大量删削“不能说明任何问题的细节”(例如令人生厌的战争细节、尔虞我诈的谈判场景)，强调“论事必须从大处着眼”，将需要、本能、境况奉为历史的基本动力，将法律、技艺、风尚作为主要的研究对象，这便触及了市民社会史的核心。该书力求尽量严格地——但在当时的条件下并不总能做到——区分真实可靠的东西和穿凿附会的东西，首次试图把无数条线索编织成一幅连贯的、清晰的、完整的画卷，从中整理出“人类精神的历史”⑤。该书从人类各民族的远古时期开始，一路描述到路易十四时代之前，其中一些观点和方法不乏历史唯物主义色彩，例如伏尔泰说：“首先要有铁匠、木匠、瓦匠、农夫，然后才会有利用闲暇进行思考的人。一切手工技艺的出现，无疑都要

① 参见中央编译局编：《回忆马克思》，人民出版社2005年版，第112、113、218、271页。

② 参见《马克思恩格斯全集》第13卷，人民出版社1962年版，第311页；*Marx/Engels Collected Works*, vol. 16, International Publishers, 1980, p. 267。原著是英文。

③ 参见《马克思恩格斯全集》第30卷，人民出版社1975年版，第159、711页。

④ 参见《马克思恩格斯全集》第45卷，人民出版社1985年版，第707-708页。

⑤ 参见［英］乔治·皮博迪·古奇：《十九世纪历史学与历史学家》（下册），耿淡如译，商务印书馆1989年版，第857页；［法］伏尔泰：《风俗论》（上册），梁守锵译，商务印书馆1994年版，“译者前言”第1-3页，正文第2、7-10、17页；［法］伏尔泰：《风俗论》（下册），谢戊申等译，商务印书馆1997年版，第522、524、527页。

比形而上学早若干世纪。”[①] 又如：“有三样东西不断影响着人们的思想：那就是：气候、政治和宗教。这个世界的奥秘，只能这样去解释。” “一切与人性紧密相连的事物在世界各地都是相似的；而一切可能取决于习俗的事物则各不相同，如果相似，那是某种巧合。”[②]

法国评论家朗松（Gustave Lanson）精辟地总结了《风俗论》历史研究方法的三大要点：第一，“要写人类思想和文化的历史，而不仅是国王们的历史”；第二，“要叙述贸易、风俗和工艺技术的变革，而不仅是叙述战争和条约”；第三，“要写世界的历史，而不仅仅是欧洲的历史”[③]。如果说前两点在伏尔泰的《路易十四时代》已有体现的话，那么，只是到了《风俗论》这里，第三点亦即世界主义立场才占据统领地位。伏尔泰的长时段研究代表着传统史鉴迈向历史科学的过渡阶段，被视为全部现代历史观的出发点。伏尔泰式的“进步”观念，后来经由自然科学（比如达尔文生物学）的浸染而变形为 19 世纪的“进化”观念。[④] 不过，其主旨依然是以光明、理性、启蒙为一方和以黑暗、粗暴、愚昧为另一方的二元论哲学框架，故而对马克思来说远远不够。

2. 布封（Buffon，1707—1788）

布封作为 18 世纪中后期启蒙思想家中的主要自然科学家，其著作当然构成青年马克思的自然课和自然哲学研究的重要资料。布封从法国启蒙运动的关键时期（1749 年）开始，积 40 年之功陆续完成他那超凡脱俗的 36 卷本《自然史》，而孟德斯鸠的《论法的精神》就在一年前（1748 年）问世，狄德罗和达朗贝尔则在两年后（1751 年）开始推出他们联袂主持的大规模《百科全书》。巴尔扎克的《人间喜剧》即试图成为布封《自然史》的文学对应物。经过布封的革新，自然史转变为唯物主义自然哲学的重要支撑。[⑤] 布封力图在亚里士多德和老普林尼这两大榜样的基础上，借助自己所掌管的极为丰富的

---

① ［法］伏尔泰：《风俗论》（上册），梁守锵译，商务印书馆 1994 年版，第 24 页。

② ［法］伏尔泰：《风俗论》（下册），谢戊申等译，商务印书馆 1997 年版，第 528、532 页。

③ ［法］朗松：《朗松文论选》，徐继曾译，百花文艺出版社 2009 年版，第 423 页。

④ 参见［英］罗宾·柯林伍德：《自然的观念》，吴国盛、柯映红译，华夏出版社 1999 年版，第 11 页。

⑤ 参见《马克思恩格斯全集》第 3 卷，人民出版社 2002 年第 2 版，第 527 页。

皇家藏品而展开广泛经验观察，为世人提供一种基于历史视角的完整自然图景。这是一种超长时段的历史视角，涉及完全不同的分期标准，因为研究对象远超人类史："大自然是与物质、空间和时间共存的，所以它的历史也就是所有物质、所有地点、所有时期的历史。……从整体来看，我们毫不怀疑今天的大自然与它开始时的形态，与它在后来的时间嬗变中的形态是大不一样的。我们正是将它的这些不同变化称为大自然的各个时期。"[①] 这里既要求研究者高屋建瓴，又要求研究者细致入微，尽管这两种能力似乎难以兼得。

布封告诫说，研究者如果在初始阶段"只带着某种观点，只按照某种程序和顺序去观察事物"，思想视野和认识水准将大大受限。实事求是乃研究得以顺利推进的关键品质：要避免谈论"不太有根据的事"，避免根据"不确定的事情"建构体系。在布封的研究计划里，重要的不再是分类学基础上的有序排列清单，而是可供人们辨认出自然关系、驱动力、地理分布和历史变革的宏观叙事，用他自己的话讲，其中"囊括着宇宙向我们展示的所有事物"[②]。该图景的核心动力不是《圣经》所反映的超自然力量，这跟伏尔泰的观点相一致；而是随着时空变换发挥作用的某种内在塑造力，是可以为人类理性所把握的自然规律，这又不同于伏尔泰的观点。布封通过运用相比于充斥着文学想象的文艺复兴时期同类研究更严格更科学的方法，努力揭示自然秩序的基本轮廓，并将自然设定为以自身为目的的事物。总之，布封的《自然史》相当于一部世俗的"创世纪"，它深刻改造了曾经长期滋养着欧洲自然史研究的基督教传统，甚至挑战了"造物是完美的"这一基本神学前提，正如巨嘴鸟的例子所显示的那样。[③]

布封的自然史代表着启蒙精神的雄心壮志，也为马克思深刻把握人与自然的关系奠定了思想基础，但科学知识本身的迅速更新使布封在 19 世纪显得有些过时了（尽管其方法的影响依然醒目）。当然，这与其说是布封的局限，

---

① ［法］布封：《自然史》，陈筱卿译，译林出版社 2013 年版，第 180 页。

② 参见［法］布封：《自然史》，陈筱卿译，译林出版社 2013 年版，第 1、3、6 页。

③ 参见［美］保罗 · 劳伦斯 · 法伯：《探寻自然的秩序：从林奈到 E. O. 威尔逊的博物学传统》，杨莎译，商务印书馆 2017 年版，第 11-21 页；［法］布封：《自然史》，陈筱卿译，译林出版社 2013 年版，第 116-120 页。

不如说是18世纪的局限。对社会科学而言或许更为要紧的是，布封将一种明显有别于林奈分类学体系的年代学或曰编年学的（chronological）因素引入自然史这个学科，历史序列遂成为组织自然数据的指导原则。这大大强化了“社会科学的历史化”，为广义上的发展理论——马克思的历史唯物主义当然属于此一行列——在19世纪上升为社会科学主流形式铺平道路。[①]

3. 杜尔哥（Turgot，1727—1781）

杜尔哥被称为“给法国革命引路的激进资产阶级大臣”[②]，在由欧仁·德尔（Eugène Daire）新编的1844年版《杜尔哥全集》第2卷里面，[③] 收录了他写于1750年的两份关乎长时段研究的手稿（当时伏尔泰的《风俗论》尚未出版），分别题为《政治地理学》（*Géographie politique*）和《普遍历史两论提纲》（*Plan de deux discours sur l'histoire universelle*）。前稿包括“一般观念”（Idées générales）和“政治地理学提纲草案”（Esquisse d'un plan de géographie politique），后稿包括“第一论的提纲，关于政府的形成和各民族的融合”（Plan du premier discours，sur la formation du gouvernement et le mélange des nations）和“第二论的提纲，以人类精神的进步为其主题”（Plan du second discours，dont l'objet sera les progrès de l'esprit humain）。[④]《政治地理学》指出：大地是人类自远古以来一切行为的剧场，其中的空间关系涉及地理因素，而时间关系涉及历史因素；政治地理是“历史的剖面图”，而生产的多样性和交通的便利性是据以理解一切政治地理关系的两大要点；人类的“生活方式”（manière de vivre）沿着狩猎、游牧、农耕的顺序相继更替，从中形成最初的统治形式，在此涉及动产所有权和土地所有权的问题；气候因素的影响既不应

① 参见［美］西奥多·M. 波特、［美］多萝西·罗斯主编：《剑桥科学史（第七卷）：现代社会科学》，第七卷翻译委员会译，大象出版社2008年版，第43页。

② 参见《马克思恩格斯全集》第33卷，人民出版社2004年第2版，第41页。

③ 在保存于俄罗斯国家社会政治史档案馆的《1844—1847年记事本》中写于巴黎的页面上，马克思提醒自己购买杜尔哥的著作。根据书价（12法郎）判断，应为《杜尔哥全集》而非他的任何著作单行本，毕竟《李嘉图全集》和《重农学派文集》也只需10法郎，参见 *Marx/Engels Gesamtausgabe*（*MEGA*），Ⅳ/3，Akademie Verlag，1998，S. 9，10，13。马克思（以及恩格斯）在日后的著作里，多次从1844年巴黎版的两卷本《杜尔哥全集》引证杜尔哥的言论。

④ 参见 *Œuvres de Turgot*（*nouvelle édition*），Tome Second，par Eugène Daire，Paris：Guillaumin，1844，p. 844。

被忽视，也不应被夸大，在理解人类事务时首先要穷尽一切道德原因，也可以说，在一切政治地理问题中首先要区分气候影响和形势效应。①

《普遍历史两论提纲》更加大气磅礴，考虑到作者时年 23 岁，实在令人叹为观止。其中试图“绘制人类图景，约略勾勒人类发展的历史次序，对一些重要的时代稍加笔墨”②。对此我们只消看看所涉议题即可知一二：民族的起源、猎人、牧人、农人、城市、首领、战争、内政、民族关系、统治形式、殖民地、版图、革命、妇女的作用、奴隶制、语言的起源、语言的融合、语言的定型、气候、科技进步、历史学、哲学、数学、逻辑学、形而上学、物理学、审美鉴赏力、雄辩术、诗艺、习俗等。总而言之，杜尔哥在这里将博绪埃（Bossuet）的《论普遍历史》（*Discours sur l'histoire universelle*，1681 年）奉为理论对手，通过批判地继承孟德斯鸠《论法的精神》的论证，以明显带有唯物主义倾向的方式重新解释了世界历史的演变。③ 这样的长时段考察后来被引入经济研究，凝结为国内学界比较熟悉的《关于财富的形成和分配的考察》（1766 年）。书中指出：耕种者和土地所有者的阶级划分并不是从来都有的，至少并不存在于社会组织尚未巩固、公共力量尚不健全的最初时代，不平等是一个逐步扩大的过程；奴隶制也不是从来就有的，它的诞生有其历史的原因和合理性，并且一度十分普遍；一般等价物的选定和货币的出现也有其特定的历史条件，使用货币的做法大大加速了社会进步，而且，每种商品在实质上都是货币，一切货币在实质上也都是商品。④ 不消说，上述思想成果均被吸收进马克思的研究工作中，要求马克思在看待权利现象时立足于事物的普遍联系，立足于相应的生活方式和发展阶段，立足于经济的或快或慢的历史进程，立足于不同的阶级分化状况。

---

① 参见刘小枫编：《从普遍历史到历史主义》，谭立铸等译，华夏出版社 2017 年版，第 101–105 页。

② 参见刘小枫编：《从普遍历史到历史主义》，谭立铸等译，华夏出版社 2017 年版，第 39–40 页。

③ 参见刘小枫编：《从普遍历史到历史主义》，谭立铸等译，华夏出版社 2017 年版，第 37–98 页。与权利问题相关的是，杜尔哥特别谈到奴隶没有他们自己的财物和荣誉，被剥夺了“人之为人的最起码的权利（des premiers droits de l'humanité）”，参见《从普遍历史到历史主义》，第 59 页；*Œuvres de Turgot*（*nouvelle édition*），Tome Second，par Eugène Daire，Paris：Guillaumin，1844，p. 660。

④ ［法］杜阁：《关于财富的形成和分配的考察》，南开大学经济系经济学说史教研组译，商务印书馆 1978 年版，第 17–20、26、38、41、47 页。

4. 孔多塞（Condorcet，1743—1794）

法国大革命的见证者孔多塞在1793年完稿、1795年死后发表的《人类精神进步史表纲要》，与他的老师杜尔哥的前述著作相比，就整体构图而言强化了哲学原则的指导，同时内容也更加翔实更加立体，洋溢着昂扬的乐观主义精神。如果说杜尔哥确立了文化发展研究的大致疆域，那么孔多塞则为文化发展研究提供了更为细化的“区划地图”。《人类精神进步史表纲要》不是一部单纯抱持考古兴趣的著作，而是有着强烈的现实关怀。它历史地梳理了各个国家、各个阶级、各个行业的人在各个时代的不同偏见是如何生成、如何风光、如何将社会重新拖入愚昧、如何最终被理性击溃的。可以说，一部人类理性能力不断发展的历史，既是一部普遍错误不断被克服的历史，也是一部作为这场宏大斗争背景的物质生活关系不断前进的历史。在此过程中，只要不遭遇灭顶之灾，人类就表现出一种近乎无限的可完善性，尽管其具体进程有快有慢——套用我们惯常的话语，即前途是光明的，道路是曲折的，其间已有某种辩证法的意味。这种历史研究显然有别于形而上学的考察方式，而受制于永恒的流变，呈现出变迁的秩序。孔多塞要为一门预见、指引和促成人类进步的科学奠定基础，要将读者引向“人的科学”的普遍真理。为此，他将这幅史表分为三大部分，即基于猜测或假说的史表、有文字记载的史表、留待未来世代进步的希望的史表，又为了叙述的方便，将其细分为十个时代。“绪论”这样概括了全书宗旨：“一切都告诉我们，我们正在触及人类一场宏伟的革命的时代。除了在它以前已经发生过的、并为它做好准备的那些革命的史表而外，还能有什么更适宜于启发我们在了解我们应该对它期待着什么，并向我们提供一份确切的指南能在它那些运动的激流之中引导着我们的呢?”①

就本章而言尤其重要的是，孔多塞在这番长时段考察之中，直接论及他对权利现象、特别是大革命亲历者极为关注的人权问题的理解，而这种理解（如果说确实存在的话）仅仅十分模糊地存在于伏尔泰、布封和杜尔哥的历史著作中。依孔多塞之见，人权观念作为一种呈现于特定时刻的结果，既“取决于此前各个时刻所提供的结果”，也“影响着随之而来的各个时代的结果”，

① ［法］孔多塞：《人类精神进步史表纲要》，何兆武、何冰译，生活·读书·新知三联书店1998年版，第10页。

它总与圣俗两界的欺骗、荒谬和压迫密切相关。这样一来，我们就能站在历史的高度把握1789年《人权宣言》的开篇，即“对于人权的无知、忽视与轻蔑乃是公共灾祸与政府腐化的唯一原因”[①]。孔多塞引导我们看到：希腊人已经对自己的权利有了一定的感受，但他们尚未加以深入探索，从而不能认清它们的性质和范围；罗马人对实定法的尊崇有助于保存“人的自然权利的某些观念”，但后来却又阻碍了这些观念的传播和生长；封建法有大量涉及统治阶级特权的条款，因而侮辱了人权，但封建法的某些制度留存了微弱的权利观念，“有朝一日会成为使人重新认识人权并重新建立人权的向导”；以英国《大宪章》为代表的一系列中世纪权利文件，构成“权利宣言——今天已被所有开明人士视为自由的基础——的起源”，但依然没有脱去封建的外壳——总的来说，前现代世界依其本性不可能追求建立基于理性、基于人人平等获取的自然权利、基于普遍正义原则、平等且自由的社会。这种社会状况是包括“人权宣言”在内的现代法的目标，这个目标只是到了法国大革命时期才在一定程度上得以实现。法国的有识之士看到，人是能够进行推理和获取道德观念的理智生物，人的这种形象是真正人权的根据；保障每个人的不受时效约束的自然权利是一切政治社会力量的唯一职责；思想与表达自由、工商业自由、刑事司法改良、宗教宽容等构成相互关联的公共启蒙事业。法国“人权宣言”是欧洲启蒙原则的集中反映，作为其母体的法国革命比美国革命更加彻底、更加完整，因为法国革命“要囊括社会的全部经济在内，要改变所有的社会关系，并且要深入到政治链条的最后环节里去，要深入到每一个人”[②]。

孔多塞当然为马克思的权利研究带去诸多灵感，但他的解释毕竟还局限于按照“人类精神的一般发展”理解现代权利现象的根据和方向。仅就此而言，孔多塞的解释跟国民公会外籍议员潘恩在《人权论》中的解释大同小异。只不过潘恩的考察范围更小（前后一百年左右），即通过回顾路易十四和路易十五时代的统治，以及其间显示“自由精神”或曰“政治上寻根追底的气氛”的法国思想探索（包括孟德斯鸠、伏尔泰、卢梭、重农学派等的著作），

① 参见［法］孔多塞：《人类精神进步史表纲要》，何兆武、何冰译，生活·读书·新知三联书店1998年版，第2页；王建学主编：《1789年人权和公民权宣言的思想渊源之争》，法律出版社2013年版，第1页。

② 参见［法］孔多塞：《人类精神进步史表纲要》，何兆武、何冰译，生活·读书·新知三联书店1998年版，第49、52、67、83、95、131、134、144、149-150、178页，译文有改动。

得出这样一个结论，即法国大革命及其《人权宣言》“好像是从混乱中迸发出来的新事物，其实只是在法国早已存在的思想革命的结果。国民的心理早已发生变化，事物的新秩序自然随着思想的新秩序应运而生”①。

习近平同志指出：“历史研究是一切社会科学的基础。”② 在马克思看来，前述思想家的劳作或许可以被批判，甚至可以被嘲讽，但它们毕竟已构成“为历史编纂学提供唯物主义基础的初步尝试”。他们认真对待历史的“世俗基础”，将人们的目光引向市民社会史、工业史和商业史——仅此足以赢得今人的欣赏——而不像当时盛行的德国史学著作那样，误以为唯有政治、神学或文学光环的加持才使得历史成其为历史。更重要的是，前述思想资源帮助马克思澄清了作为《人权宣言》创制者的“法学家和政治家的独特幻想”，特别是“法学幻想”(der juristischen Illusion）及其德国式的添油加醋，它尤其表现为：政治史和市民社会史在意识形态中消解为前赴后继的法律的统治史。③ 马克思对待前人著作的总体态度，可以用他在1868年写给劳拉·拉法格的一封信来说明：马克思自比一部吞噬书籍的机器，继而“以改变了的形式把它们抛进历史的垃圾箱”④。

将马克思最钦佩的英雄之一、德国科学家开普勒（Johannes Kepler，1571—1630）的一句名言放在此处是合适的：“在这方面阐明新东西的任何人，都不过是为他人开辟后续研究的道路而已。”⑤ 正是主要透过前述秉持唯

① 参见［美］潘恩：《潘恩选集》，马清槐等译，商务印书馆1981年版，第170-171页。

② 习近平：《习近平致中国社会科学院中国历史研究院成立的贺信》，载《历史研究》2019年第1期，第4页。

③ 参见《马克思恩格斯全集》第3卷，人民出版社1960年版，第32、379、411、413、421页。

④ 参见《马克思恩格斯全集》第32卷，人民出版社1974年版，第533页。

⑤ Johannes Kepler，*Optics*：*Paralipomena to Witelo & Optical Part of Astronomy*，translated by W. H. Donahue，Green Lion Press，2000，p. 5. 马克思在《自白》中，把罗马奴隶起义军领袖斯巴达克(Spartacus）和思想巨擘开普勒列为自己最仰慕的男英雄（Hero），而他心目中的巾帼英雄（Heroine）则是歌德代表作《浮士德》中的甘泪卿（Gretchen）。据MEGA[1]的发起人梁赞诺夫推测，马克思对开普勒的敬重可能涉及多方面的事由：开普勒用一片赤诚对待科学，拥有不受红尘牵绊的豁达品格，拒绝向权威当局妥协，一贫如洗而毕生不改其志。参见［苏］梁赞诺夫：《卡尔·马克思的〈自白〉》，宋洪训译，载《马列著作编译资料》1980年总第10辑，第57页。在《自然哲学》第270节，黑格尔用不少笔墨讨论开普勒的思想，认为他的“享有不朽声誉的发现”是“绝对自由运动的定律”，认为牛顿将“纯朴、崇高的”开普勒定律改述为“引力的反思形式”，从而掩盖了开普勒积27年之功而获得的成就。当然，黑格尔对牛顿的评价，恐怕跟德国人的民族主义情结不无关系。参见［德］黑格尔：《自然哲学》，梁志学等译，商务印书馆1980年版，第89-112页。

物主义基调的历史研究，马克思才得以在克罗茨纳赫—巴黎—布鲁塞尔时期习得历史唯物主义法学原理，才得以在流行的短时段视野之外进一步认识到：法国“人权宣言”这种规范性文件所正式宣告的那些以现代权利为基础的关系，并不简单地是自由、平等或其他类似理念在思想精英的心灵中像画卷般不断展开的结果，而其实扎根于物质的生活关系，深深嵌入18世纪后期至19世纪弥漫于社会各个角落的整体氛围。[①] 马克思努力查明和考量资产阶级基本权利体系的原则缺陷，（借用孔德的一句话）“不是希望弥补它们，而是为了避免对它们毫无理由的崇拜”。[②] 如果说政治经济学提供了“市民社会的解剖学”，那么可以说，近代法国人的历史研究成果提供了“市民社会的自然史”。

当然，这种自然史的核心不再是林奈式的精细类型学体系，而是一种布封式的恢宏风格。或许往往被人忽视的是，在马克思那个时代，经由《人间喜剧》（*La Comédie humaine*）[③] 显示出对于“现实关系”（主要指物质的生活关系）的深刻理解力的巴尔扎克（Honoré de Balzac，1799—1850），正是这种自然史在其文学形态上的绝佳示范者。马克思在法语世界流亡的时候（1843—1848年），正值巴尔扎克文学生涯的顶峰。同样出身法科的巴尔扎克确以布封为楷模，不仅在著述中数十次提到他的名字，而且还在《〈人间喜剧〉前言》（1842年7月，巴黎）的开篇部分写道：“既然布封竭力通过一部书来表现动物界的全貌，并为此写成了极为出色的作品，那么不是也应该给

---

① 参见［法］让-皮埃尔·里乌、［法］让-弗朗索瓦·西里内利主编：《法国文化史Ⅲ（启蒙与自由：十八世纪和十九世纪）》，朱静、许光华译，华东师范大学出版社2012年版。

② 参见冯玮编译：《科学·爱·秩序·进步——孔德〈实证主义概论〉精粹》，湖北人民出版社1989年版，第58页。

③ 《人间喜剧》的计划是渐次形成的。最开始，巴尔扎克只是零零散散地发表一些文学作品。后来，他的写作构思越来越具有系统性，并且意识到，自己的文学偶像司各特（Walter Scott，1771—1832）虽将小说提升至历史哲学的水准，但其遗憾在于未将自己的全部作品连缀成一个体系。他要完成司各特未竟的事业，以现代［法国］社会为主题去做司各特为中世纪所做的事情（有趣的是，不知是否受到巴尔扎克的启发，马克思同样反复阅读司各特的著作）。他在1833年签约并开始出版《十九世纪风俗研究》（计划12卷本），在1834年打算以《社会研究》（即《人间喜剧》的原型）为题汇编自己的全部作品。到1840年（时年41岁），巴尔扎克在致信出版商的时候首次提到《人间喜剧》这个总标题。1841年，他正式签订出版合同，拟在该标题项下发表自己的全部著作。1842年，《人间喜剧》第1卷出版，至1848年为止共出17卷。巴尔扎克在1844年7月曾经编制过一份《人间喜剧》总目录（与马克思写作《1844年经济学哲学手稿》恰好同步），收录著作分为三编，共计144部，最后实际完成97部（有个别的计划外增补）。

社会完成一部类似的著作吗?"① 巴尔扎克要求打破有关小说与历史之分野的传统偏见，坚信小说要在文学世界占有光荣的一席，则应该成为地地道道的"风俗史"(l'histoire des mœurs)，这恰是古代世界（埃及、波斯、希腊、罗马）的著作家们全然忽略的历史维度。也可以说，巴尔扎克在以文学形式从事历史学工作。来自恩格斯的高度评价，能在一定程度上佐证马克思的态度："他［即巴尔扎克］汇编了一部完整的法国社会的历史，我从这里，甚至在经济细节方面（诸如革命以后动产和不动产的重新分配）所学到的东西，也要比从当时所有职业的史学家、经济学家和统计学家那里学到的全部东西还要多。"② 在他的近百部作品中，个体性的诸方面（情感、激情、利益、算计）不断同社会性的诸方面（制度、法律、风俗、道德）展开斗争，被规定于《拿破仑法典》之中的那些权利的形式与实质（利益），以或平淡或激烈的形态在此纵横交错。善恶美丑的清单得到精心编制，两千多个人物的性格栩栩如生，社会上的重磅事件得到精彩再现，由文明发展导致的阶级分化随处显露（与之相伴随的是社会意识中的物质符号或审美品位的分化与融合现象，比如法国大革命带来的法权和服装的平行变革），情节和角色似乎获得独立的生命力而不断自我繁衍，伟大的典型以经常富于前瞻性的方式被创造出来(唯其如此方可超越动荡的社会生活本身)。这也是艺术家比严格的历史学家更自由的地方，前者拥有高于局部真实感的整体真实感。

如果说《人间喜剧》的第一编《风俗研究》旨在描写作为现成结果的一切社会现象，涉及"典型化的个性"，那么，第二编《哲学研究》则涉及"个性化的典型"，旨在阐明社会现象的原因或者人和社会赖以存续的条件，第三编《分析研究》的篇幅最短，力求揭示事情的原则或提炼若干自然法则。从实际过程来看，这是一项先分散而后综合的颇有章法的工作。巴尔扎克要描写"男人、女人和事物"，要描写人们为其思想赋予的"物质表现"(la représentation matérielle)，要借助乍看之下不太起眼的诸多细节联结而成的巍

---

① 金志平编选:《巴尔扎克精选集》，山东文艺出版社 1998 年版，第 5 页。

② 《马克思恩格斯文集》第 10 卷，人民出版社 2009 年版，第 571 页。与此同时笔者也深知，巴尔扎克（或许出于实用考量）对宗教和王权的重视、他为思想力量赋予的在社会世界中的首要地位等等，都使他远离历史唯物主义。

巍整体（其统一性的根据在于世界本身），树立一面气势磅礴的“尘世之镜”（speculum mundi）。[①] 因而他自认为有理由将其著作的总和命名为“La Comédie humaine”，这跟但丁的《神曲》（*Divina Commedia*）有遥相呼应之意。由此可见，《人间喜剧》在思想意图方面，不是跟《资本论》有异曲同工之妙吗？

至此我们已经看到，马克思在把法国“人权宣言”确定为有待考察的典型权利现象之后，为了在世界历史进程中把握它所表征的现代权利形式或现代权利话语的实质，在短时段观察和长时段观察之间作出了某种划分、选择和综合。市民社会的自然史，而非人类精神的一般发展史，乃是青年马克思在权利研究背后孜孜以求的东西。《论犹太人问题》对市民社会的所谓“犹太精神”亦即商业精神、生意人精神的历史批判分析，不过是市民社会自然史的一次局部预演。这样的历史叙事范例首先须到法国人那里去寻找，与之相应的历史观致力于展示一种长时段的、着眼于物质条件的、气象万千的宏观流动性，它是历史唯物主义权利研究中承前启后的重要一步。

---

① 参见金志平编选：《巴尔扎克精选集》，山东文艺出版社1998年版，第6、7、9、10、15、19、21、30、32、43、51、76页；[法] 安德烈·莫洛亚：《巴尔扎克传：普罗米修斯或巴尔扎克的一生》，艾珉、俞芷倩译，浙江大学出版社2014年版，第255-256、262、414-416、434页。

»第三编　时空的呈现

马克思法律思想的主要内容，形成于工业的文明和灾难加速降临于西欧生活世界的阶段。工业以及由其重新界定的现代生产生活方式（不妨称之为“工业现代性”），是马克思法律思想出场的首要时空背景，此即第三编的主题。马克思通过政治经济学批判（最初亦称国民经济学批判）的工作，向世人呈现了上述时空背景。这项工作正式奠基于著名的《1844 年经济学哲学手稿》。该手稿因其头绪纷繁的内容、跌宕起伏的出版史以及由此引发的激烈意识形态斗争，堪称马克思主义研究史上解读分歧最大、传奇色彩最浓的文本。[①] 由于现存手稿本身的残缺（虽然关于笔记Ⅱ实际散佚篇幅的认定还存在争议），由于其逻辑结构的表面混乱（许多论述被认为或多或少有“跑题”的嫌疑），学界对《1844 年经济学哲学手稿》主要构思或曰内在线索的讨论仍不够充分。第六章将重访该手稿中几经删改的序言，凭借精细的逐段追问和文本分析初步确立手稿的整体解释方向，毕竟该序言是整部手稿之内不可多得的第一手的指引。如果说第六章还具有准备工作的性质，那么第七章将通过实施复杂的文本重构技术，以及审视流行的异化论叙事的文本基础，最终把工业问题确立为整部手稿的核心问题，重置其的解释框架。于是，哲学话语被重新还原为经济学话语，这便于读者掌握马克思的经验出发点。

① 参见薛晓源、刘宁宁、汪海燕：《马克思〈1844 年经济学哲学手稿〉研究读本》，中央编译出版社 2017 年版，第 66 页。

第六章

重访《〈1844 年经济学哲学手稿〉序言》

按照实际写作顺序，序言不是草拟于全部手稿的开端（一如尤根·罗扬经由其开创性研究告诉我们的那样，手稿的写作没有预先制定的通盘规划或阐发方向），而是位于笔记本Ⅲ行将收尾的地方，处在“货币片断”之前。此时，手稿里面若干较为连贯的主体探讨已经结束，为读者澄清（或许更准确地说，设计）相关研究的内在理路的时机已经成熟。特别难得的是，我们有机会透过马克思在序言原稿上反复斟酌修改的痕迹，看到其关注点的变动。① 这篇序言同 1859《序言》中的著名回顾一道，并列为我们理解其克罗茨纳赫—巴黎时期思想发展的主要指南。《〈1844 年经济学哲学手稿〉序言》的产生时间不早于 1844 年 8 月 12 日，相当接近恩格斯到访巴黎的日期（8 月底至 9 月上旬，为期十天左右）。这样看来，这篇序言代表着马克思独自探索科学道路的最后时刻，马克思恩格斯合作时代行将拉开序幕，《神圣家族》（1844 年 9 月—11 月）的主题已在酝酿

① 如无特别说明，对马克思序言文本的引用均出自《马克思恩格斯全集》第 3 卷，人民出版社 2002 年第 2 版，第 219-222 页；*Marx-Engels-Gesamtausgabe*（*MEGA*），Ⅰ/2，Berlin：Akademie Verlag，2009，S. 314-317。有关《1844 年经济学哲学手稿》序言文字改动情况的说明，均参见鲁克俭：《走向文本研究的深处：基于 MEGA^2 的马克思文献学清理研究》，中国社会科学出版社 2016 年版，第 229-240 页。

之中，因而具有非同寻常的标志性意义。序言虽用乍看之下十分直白的方式，交代了巴黎时期经济学批判计划的构成要素和方法论基础、该计划同自己先前和此后的研究工作的特定关联、该计划实施过程所主要援引的智识资源、该计划对青年黑格尔派最新思想动向的扼要回应，但是细细读来，序言中竟然疑云密布、暗藏玄机，有时达到匪夷所思的程度。新的问题一经揭示，或者既有问题的提法一经改变，整部手稿的思想面貌或可随之更新。

一、疑云密布的四个自然段

（一）关于第一自然段

马克思本可开宗明义地讲述写作缘起，例如前期疑惑的累积、外部政治社会事件的刺激（比如里昂矿工和西里西亚织工的骚乱）、新方法论原则的某种奠基、晚近出版物或朋友间精神交往的启发（比如未能保存下来的那些同恩格斯的频繁书信往来）等等，为何却将读者立刻引向黑格尔法哲学批判（有趣的是，这里只字不提先前的《莱茵报》经历，或许马克思只是后来才认清其潜移默化的意义）？可见，二者必有内在关联，但马克思并没有直接点明这种关联，似乎不担心读者因为妄加猜测而发生误解。

由于提及《德法年鉴》，看来马克思首先是在具体指向《〈黑格尔法哲学批判〉导言》。但是查看这篇文章我们不难发现，所谓“法［学］和国家学”(Rechts und Staatswissenschaft）的议题只是其中一笔带过的东西，[①] 何以成为序言开篇强调的要点？或许，马克思想说“预告”和实施是两码事，那让我们看看《黑格尔法哲学批判》手稿吧。该手稿确实涉及法［学］和国家学，但国家学所占比重远超法［学］，从而跟马克思将法［学］置于国家学之前的排序隐隐构成紧张关系。而且，手稿虽然仅仅逐段评注了《法哲学原

① 在马克思的原稿中，“Rechts und Staatswissenschaft”是后来增补的成分，按照以下次序修改而成：“Rechts und Staatsphilosophie”(法和国家哲学）→“Jurisprudenz und Staatswissenschaft”(法学和国家学）→现在的表述。如此看来，中译本将“Recht”译成作为学问的“法学”，以便同“国家学”搭配，这一做法可能不适当地限缩了该词的含义。

理》国家学第一环节的主要段落，但毕竟把国家问题设为“第一突破口”(这种议题设置明显反映了当时德国知识界的中心关切)，这完全打乱了黑格尔原著的次序。不过，此处立即产生疑问的是，马克思说自己经过一番斟酌，打算“相继批判法、道德、政治等等（des Rechts，der Moral，Politik etc）”，这不是等于决意恢复黑格尔的本来次序么？显然，此处发生了计划的变更，这样的变更对于思想精进速度极快之人是稀松平常的事情。[①] 不妨回想一下马克思刚刚中断的法国大革命国民公会史研究，以及《神圣家族》在恩格斯 1844 年 9 月 6 日离开巴黎之后的写作调整。马克思也确有谈到计划的变更，但不是这方面的变更，而是认为不宜混合针对“思辨”(Spekulation)[②] 的批判和针对素材的批判（现存《黑格尔法哲学批判》手稿的靠前文字依然保留着这种混合)。马克思表示，观点的准确敏锐固然重要，叙述形式同样不可小觑。

但问题在于，黑格尔法哲学批判的叙述形式调整（即单部著作拆成若干专题小册子)，怎么会跟《1844 年经济学哲学手稿》扯上关系？难道马克思想告诉读者，该手稿是黑格尔法哲学批判的组成部分？然而，种种迹象表明这一推断难以直接成立。[③] 首先，该手稿里面只有“穆勒评注”在写法上最

---

① 马克思思想上的突飞猛进甚至超乎卢格的想象，以至于卢格从 1844 年初开始越来越难以理解马克思的观点和方法，特别是他到巴黎不久所完成的激进社会主义转向，这导致二人最终决裂（决裂的后果之一，就是卢格阻止福禄培尔出版《神圣家族》)。卢格似乎直到马克思发表《评一个普鲁士人的〈普鲁士国王和社会改革〉一文》，才搞清楚他们的原则差别已难以调和。尽管如此，卢格还是为我们留下了有关马克思思想发展的有价值报道。他在 1844 年 8 月 29 日的书信中提到，“他［即马克思］总是想写他最近读过的东西，但是随后往往又继续阅读并作新的摘要。……他有可能写完了一部相当了不起和相当深奥费解的著作，他把他所积累的全部材料都塞进了这部著作”。这里所说的著作应该就是《1844 年经济学哲学手稿》。参见杨金海主编：《马克思主义研究资料》第 33 卷，中央编译出版社 2015 年版，第 137-140 页；杨金海主编：《马克思主义研究资料》第 12 卷，中央编译出版社 2015 年版，第 274 页。

② 在原稿中，“思辨”本来写作“黑格尔哲学”(hegel'schen Philosophie)。这处改动似乎意味着马克思更加强调的是黑格尔在德国思维方式中的典型性。此外，原稿中的“最后”(schließlich）本来写作“首先”(erst)，这同样意味着计划的变更。

③ 与此相关，令人费解的是，马克思何以在 1844 年 8 月 11 日（行将草拟《1844 年经济学哲学手稿》序言之际）致信费尔巴哈时，宣称自己完成了黑格尔法哲学批判（但后来又有所加工)。《特里尔日报》驻巴黎记者随即在 8 月 12 日报道了此事，并预测书稿将于年内出版。参见《马克思恩格斯全集》第 47 卷，人民出版社 2004 年第 2 版，第 73 页；杨金海主编：《马克思主义研究资料》第 11 卷，中央编译出版社 2015 年版，第 470 页。

接近《黑格尔法哲学批判》（可惜评注的不是黑格尔文本，而且黑格尔也没有提到穆勒），其余大部分内容都没有采取“逐条摘录+对应批判”的方式。同一系列的作品在体例上如此各自为政，实难想象。其次，即便国民经济学是“市民社会的解剖学”，换言之，《1844 年经济学哲学手稿》拟兑现《黑格尔法哲学批判》关于日后详述市民社会问题的承诺，仍使人不解的是，《1844 年经济学哲学手稿》并没有处理同属《法哲学原理》市民社会部分的“司法”与“警察和同业公会”（《论犹太人问题》倒是讨论过同业公会问题）。就叙述形式的调整而言依然存疑的是，格言式叙述何以无法担当马克思构想的批判任务？在马克思所知的范围内，尤其是黑格尔的竞争者和批判者中，有谁采取过格言式写作？那些先例失败的原因何在，跟黑格尔体系本身的特点有没有关系？此外，本段末尾谈到国民经济学跟“国家、法、道德、市民生活等等”（Staat，Recht，Moral，bürgerlichem Leben etc）[①] 的联系，这里似乎再次打乱前面刚刚建立的分册主题顺序，而且，排在首位的“国家”在《1844 年经济学哲学手稿》中体现得最不明朗。

（二）关于第二自然段

开头两句的说法颇有趣味。既然“用不着首先……保证”，既然“不消说”，何必再行解释呢？此处似乎透露着某种讥讽、忧心或无奈的态度。第一句（两个半句共经过六遍修改！）的两处修饰语“完全经验的”和“认真的”（gewissenhaftes，亦可译成“本于良知的”），表明对国民经济学的批判研究存在多种方式，并且有的方式经不起学术上甚或道德上的推敲。这里删去的一段话立即告诉我们，马克思心中惦念的是布鲁诺·鲍威尔在《文学总汇报》（*Allgemeine Literatur-Zeitung*，第 1、4、8 期，1843 年 12 月、1844 年 3 月和 7 月）的言论，特别是以之为代表的满嘴空话的神学—抽象批判者向“实证的批判者”（dem positiven Kritiker，经过三遍改写）发出的非难。但我们是不是可以认为，删除的决定本身即表明马克思不希望读者把事情理解得这样狭窄？毕竟当时各个思想阵营的人士、甚至国民经济学界内部都发表过相应

① 这里最开始写作“国家和法”（Staat und Recht），“国家”依旧居首，而且看起来跟国民经济学关联度最高的“市民生活”居然是到第三次改动才加上的。

的批判意见，而这些情况是熟悉“Nationalökonomie”(既指向国民经济学文献，也指向国民经济事实）的读者们理应掌握的。[①] 第二句意味着，利用社会主义著作来批判国民经济学是顺理成章的事（光是简单的“不消说”就斟酌了三遍，足见马克思的慎重)。但是立刻引起我们困惑的是：鉴于施泰因的《当今法国的社会主义和共产主义》等著作广为传播，马克思自然熟知社会主义和共产主义的差别，那么共产主义思潮在序言明示的思想资源中缺位究竟有何意味？法国、英国、德国的出场排序十分考究，可能涉及重要性的次序、传播的次序或马克思的实际阅读次序。“und englischen”(和英国的）这两个单词是后来补上去的，是否意味着英国社会主义对马克思的影响远弱于法国社会主义？倘若如此，这跟恩格斯那边的情况形成强烈反差，但似乎的确符合马克思的实际情况，即他尚未精通英语，仅可借助法译本或德译本以及二手资料了解英国社会主义思想。

“利用”(benutzt）一词也十分考究（所在句子虽经两度改写，但这个关键词一直保留着)，在含义上至少跟“遵从”“继承”等词有微妙的但却是本质性的差别。此外，马克思身为德国人并且用德语写作《1844 年经济学哲学手稿》，竟要就利用德国社会主义著作的做法给出专门说明，真乃咄咄怪事。或许他在通过下一句话暗示，德国社会主义著作在内容的原创性和丰富性（原创性优先于丰富性）方面总体乏善可陈，只有个别文献值得一提。榜上有名者仅限魏特林、赫斯和恩格斯（这是序言里非常罕见的未作改动的句子，暗示马克思对该处文献列举毫不犹豫)。不过，魏特林的名字为何成为序言中唯一没有被强调的、相关表述最轻描淡写的人名呢？马克思只提到赫斯刊登在《来自瑞士的二十一印张》上的三篇论文，没有提到《论货币的本质》，主要原因可能是“货币片断”写于草拟序言之后。唯独恩格斯的论著是被具体点出标题并加以强调的，这一现象又当如何理解？在清点德国社会主义文献的背景下，马克思最后专门提请读者参阅载有他两篇文章和几封书信的《德法年鉴》（没有明说是其中的

① 原稿从“Nationalökonomischen Literatur”(国民经济学文献）改为“Nationalökonomie”(国民经济[学])，为这种扩张解释留下了余地，也意味着马克思关注事物本身。同时，我们也看到马克思隐含地表示了他对阅读资格和对话群体的某种限定。

哪些材料)，但同时补充强调那里的相关“要点”(die ersten Elemente) 表述得“十分概括”(in ganz allgemeiner Weise)。[①] 这是该刊物在序言中的第三次出场，它也是唯一被反复提及的著作。

(三) 关于第三自然段

本自然段的首句经过四遍改写，由此引进国民经济［学］批判的另一主要思想资源，即费尔巴哈哲学。由修改过程可知，所谓的“此外”(ausser-dem) 是指对国民经济［学］作出批判研究的著作家、特别是第二自然段提及的那些社会主义者之外。同时，该词和此处自然段的分割现象一道暗示，费尔巴哈哲学是一种性质迥异的、在该语境下很难想到的思想资源。马克思努力地斟酌甚至拓展费尔巴哈哲学的中介意义，把以之为依托的工作主题从“一切现代批判”(alle moderne Kritik)、“现代实证批判”(die moderne positive Kritik)、“德式实证批判”(die deutsche positive Kritik) 等转为“整个实证的批判”(die positive Kritik überhaupt)。以社会主义批判国民经济学的做法，在马克思写作的时代比比皆是。如果他只是利用社会主义资源，那么除了驾轻就熟的内在批判方法（正如《黑格尔法哲学批判》和《1844 年经济学哲学手稿》笔记本 I 所演示的那样)，他的贡献并不算特别出众，尤其是跟（具备丰富的工商业经验且已转向社会主义立场的）恩格斯的既有成果相比。

由于费尔巴哈因素的介入，马克思的批判工作骤然深化。但这里使人困惑的是：费尔巴哈不同于社会主义者，因其本人并不分享国民经济学的议题，甚至不太关注那充斥着利益纠葛的世俗物质生活关系问题，那么他的哲学何

① “要点”的对应文字经过四次调整，即“die ersten Elemente” → “die ersten Resultate”(首要结论) → “die Resultate”(结论) → “die ersten Gedanken”(首要思想)，最后又改回一开始的提法。“十分概括”是马克思后来增补的修饰语。另外，这里原先还有半句话，涉及马克思著作内在发展的说明，可惜历经反复改写之后删掉了。这些改动都表明，马克思非常看重《德法年鉴》和《1844 年经济学哲学手稿》的关系。

以能为国民经济［学］批判奠基呢？[①] 既然说费尔巴哈提供了“真正的”(wahre) 基础，那么是谁在提供虚幻的或不真的基础呢？鉴于“发现”(Entdeckungen) 一词隐含着意外收获的含义层次，“费尔巴哈的发现”这一措辞有无特别的考虑？[②] 马克思似将自己的批判工作归入“实证的 (positive) 批判”，更具体地说是“实证的人道主义的和自然主义的批判”[③]，那么这种批判方式有何特征？该如何理解这里所谓“实证的”，它跟第二自然段的“经验的”是同义词吗？如果是，马克思为何要用不同术语表示同一含义？“实证的”一词为什么在第二次出现的时候才被强调，是否意味着“人道主义的和自然主义的批判”并不都具有实证性？“人道主义的”(humanistische) 怎么能和“自然主义的”(naturalistische) 并列？[④] 或许此处的“人道主义”没有人们日常为之赋予的伦理意涵（即由于体察西斯蒙第和比雷所描绘的无产阶级苦难而生出的悲悯）？从“［属于］费尔巴哈的”(即费尔巴哈这个人的)，转变为形容词形式且被马克思强调的“费尔巴哈式的”(Feuerbachischen，该词在序言里一共出现三次，均被强调)，有何意味？

---

① 与之相关，马克思在 1844 年 8 月 11 日致信费尔巴哈，同样声称《未来哲学原理》和《信仰的本质》这两部论著“（我不知道是否有意地）为社会主义提供了哲学基础”，从而“无论如何要超过目前德国的全部著作”。不难想见，正当费尔巴哈本人多半感到莫名其妙之际，马克思进一步解释了该论断的根据：“建立在人们的现实差别基础上的人与人的统一，从抽象的天上降到现实的地上的人类这一概念，如果不是社会这一概念，那是什么呢？”参见《马克思恩格斯全集》第 47 卷，人民出版社 2004 年第 2 版，第 73–74 页。此处所谓现实的人类便是社会，正预示着后来《关于费尔巴哈的提纲》的那句名言：现实状态中的人的本质乃是一切社会关系的总和。笔者认为，书信引文中的插入语“我不知道是否有意地”是关键所在。费尔巴哈主要关注抽象的人或者人的抽象本质，而未曾批判地考察人的现实本质。信中所谓费尔巴哈的贡献，不过是马克思按照自己特有的方式转译出来的、有意超出费尔巴哈原旨的思想。此时此刻，费尔巴哈的原旨只是自在的东西，是有待发展为真正有机体（即新的体系）的细胞。《关于费尔巴哈的提纲》和《德意志意识形态》则将费尔巴哈“打回原形”，把马克思转译的东西和费尔巴哈原初的东西截然分开，并以前者批判后者。

② 原稿的相应文字经过多次调整，中心词修改次序如下：“Schriften”(著作) → “Entdeckungen” → “gewaltigen Entdeckungen”(强有力的发现) → “grossen Entdeckungen”(重大发现) → “wissenschaftlichen Entdeckungen”(科学发现) → “Entdeckungen”。此外，修饰语“erst”(首先) 几经斟酌之后，又被略去了。

③ 序言第三自然段的整个第二句都是后来补写的内容。

④ 马克思最开始的相关表述是“der consequente Naturalismus oder Humanismus，d. h. die wirkliche kritische Wissenschaft”(一贯的自然主义或人道主义，亦即现实的批判科学)。此处的“自然主义”和“人道主义”看来是可以互换的概念，这也符合《1844 年经济学哲学手稿》笔记本Ⅲ有关其中一方在达致完成形态之时便转化为另一方的论断。

马克思随后连用四个修饰语“扎实”“深刻”“广泛”“持久”来描述费尔巴哈，这种罕见的溢美之词意味着毫无保留的接受吗？如果我们还记得，《〈黑格尔法哲学批判〉导言》一方面认定黑格尔堪当德国法政哲学中体系最完备的代表人物，另一方面毫不留情、刨根问底地予以批判，那么我们不难想到，《1844 年经济学哲学手稿》或许并不代表所谓“马克思的费尔巴哈主义阶段”，除非我们在非常特殊的意义上把握费尔巴哈主义这个概念，视之为可以脱离甚或违逆费尔巴哈本人的费尔巴哈式思想。再者，“持久”(nachhaltiger) 这个修饰语是马克思后来补入的成分。这处补入有何用意呢？或许他想说，纵然青年黑格尔派掀起的天国—宗教—神学批判浪潮已经消退，纵然为历史效劳的哲学如今已经悄然更换其首要任务（即致力于揭示此岸世界的真实情况)，费尔巴哈式的研究经过某种转化之后，依然可以在崭新的问题域内产生“影响”或曰“效果”(Wirkung)？第三自然段最后一句话——这句话经过马克思多达七遍的修改——里面的“包含着”(enthalten，与之相对的是“有意识表达”)，被删除文字中的“悄悄地利用”(stillschweigend benutzt，与之相对的是“明确地引用”)、“可以说/看似”(scheint，与之相对的是“直接”或“显然”)，[①] 以及《1844 年经济学哲学手稿》对黑格尔著作、特别是此处列举的《现象学》和《逻辑学》所作的巧妙处理，[②] 都协同地指向这

---

① 这似乎继续暗示读者：费尔巴哈理论不是以其本来形态、而是作为某种变体渗透到他人的思想中的；他人也不是有意识地否认费尔巴哈的启发。

② 将《现象学》定位为黑格尔哲学的“真正诞生地和秘密”的做法，在青年黑格尔派内部早有先例。比如赫斯在《欧洲三头政治》(*Die europäische Triarchie*，1841 年）里面写道：“现象学成为黑格尔体系的源头。与此同时，现象学也是他的‘主观精神’的中心。并且由这一点，已经表明了黑格尔的哲学的本来领域在哪儿。……所谓精神现象学，就是凝缩的黑格尔体系。”［德］莫泽斯·赫斯：《赫斯精粹》，邓习议编译，南京大学出版社 2010 年版，第 13、15 页。如果借用《神圣家族》里面的表述，那就可以说黑格尔《现象学》虽然带有“思辨的原罪”，但还是“在许多方面提供了真实地评述人的关系的要素”。参见《马克思恩格斯文集》第 1 卷，人民出版社 2009 年版，第 358 页。后来，随着马克思逐步搁置异化论，他对《现象学》的相应改造工作也日渐失去兴趣。比如《德意志意识形态》手稿里面只在批判施蒂纳的场合有一次详细论及《现象学》，而且这次讨论也只是就事论事，不再具有重构的性质：“在‘现象学’这本黑格尔的圣经中，在‘圣书’中，个人首先转变为‘意识’，而世界转变为‘对象’，因此生活和历史的全部多样性都归结为‘意识’对‘对象’的各种关系。”《马克思恩格斯全集》第 3 卷，人民出版社 1960 年版，第 163 页。对此现象，我们还可以给出另外的说明：当黑格尔主义批判计划独立出来之后，马克思把精力更多地放在黑格尔哲学本身上，而不是放在朝向政治经济学批判的方法论迁移上。

种迁移运用费尔巴哈的激进可能性，从而产生“哲学的和反哲学的”(philosophische und antiphilosophische) 双重革命效果。

（四）关于第四自然段（最后一个自然段）

本自然段对于我们理解国民经济［学］批判和德国哲学批判在马克思那里的会通，亦即《1844 年经济学哲学手稿》本身的逻辑结构，及其同《神圣家族》乃至《德意志意识形态》的关系，具有十分重要的意义。开头的论断（或可简称为“必要性命题”）极具颠覆性：“我认为，本著作的最后一章，即对黑格尔的辩证法和整个哲学的剖析，是完全必要的，因为当代批判的神学家不仅没有完成这样的工作，甚至没有认识到它的必要性。”换言之，《1844 年经济学哲学手稿》笔记本Ⅲ的那些哲学讨论，无论如何不像一些读者以为的那样旁逸斜出。撇开罗扬已经发现的作为一种抢先行动的“本著作的最后一章”这类字眼不谈，[①] 马克思仿佛在跟读者开玩笑或者说梦话——被封为“批判的神学家”(den kritischen Theologen) 的布鲁诺·鲍威尔的工作不充分或者认识不到位，如何竟能构成手稿中容纳哲学论辩的正当理由？马克思一定深知“必要性命题”在表面上相当牵强和荒唐，所以他专门使用了“我认为”(hielt ich) 这一反常的强调措辞（类似措辞在整部手稿中仅此一处），言下之意是这里的关系和根据只有他才看得分明。马克思似乎不希望读者感到其观点失之臆断和偏颇，遂将原来位于段首的“Ich hielt”调整到句子中间相对不显眼的地方去了。但马克思所声称的内在关联到底是什么？解决这个问题，我们才有机会窥见手稿笔记本Ⅲ乃至整部手稿背后隐秘的体系构思。

或许，我们可从《1844 年经济学哲学手稿》对黑格尔《逻辑学》的特殊处理获得启发。《逻辑学》的辩证法论述，凝结着黑格尔哲学的要义；逻辑学贯穿于黑格尔辩证法始终，也约束着不断展开的青年黑格尔派运动——这是《1844 年经济学哲学手稿》转入黑格尔主义批判之际开宗明义的论断，最密切地照应着“必要性命题”。马克思很快写道：“逻辑学是精神的货币（das

① 参见［德］罗扬：《马克思主义—马克思—历史学——以所谓的〈1844 年经济学哲学手稿〉为例》，赵玉兰译，《政治经济学评论》2017 年第 4 期，第 164 页。

Geld des Geistes)，是人和自然界的思辨的、思想的价值（Gedankenwerth）。”①此句微言大义、非同小可，向我们悄悄传达了这样的意思：（黑格尔）逻辑学在精神世界的功能，相当于货币在世俗社会关系中的功能；（黑格尔）逻辑学和货币原本只是现实规定性或实体关系的抽象表现，却反过来成为价值尺度，成为评判标准，甚至脱离（“毫不相干地”）和取代现实规定性或实体关系本身，此谓异化，它们背后共享着同样的拜物教倾向和神圣化底色；对（黑格尔）逻辑学的论述可以深化关于货币的认识，同样，对货币的分析也可以助推关于（黑格尔）逻辑学的理解；《1844年经济学哲学手稿》的“货币片断”——按照实际写作顺序，这是整部手稿中紧接在“序言”之后的唯一部分——相当于揭示了（黑格尔）逻辑学的隐蔽本质和运作原理，比如“具有占有一切对象的特性，所以是最突出的对象”，构成“一切纽带的纽带”，能够“解开和联结”一切纽带，既是“地地道道的粘合剂”也是“通用的分离剂”，其中介效果是达到“一切事物的普遍的混淆和替换”②。有了这样的认识，“必要性命题”的唐突感消散大半。

需要提醒一下，《〈1844年经济学哲学手稿〉序言》在批判青年黑格尔派及其贫乏狭隘的特定学说之时，跟随后不久动笔的《神圣家族》所展示的手法稍有出入。马克思在这里（包括被删除的文字中）始终没有指名道姓，只是畅快淋漓地议论着“批判的神学家”、“神学的批判家”(der theologische Kritiker)、“神学的批判”(die theologische Kritik)，而且这些关键词在几经改动的上下文中保持不变。马克思明明引用的都是布鲁诺·鲍威尔《文学总汇报》上面的言论，③ 何不打开天窗说亮话？显然，马克思不是为了顾念布鲁诺·鲍威尔的情面，毕竟他的批评意见已经尖锐到稍显刻薄的程度，毕竟《论犹太人问题》本身已是宣之于众的批判。仅仅是因为《文学总汇报》对《德法年

① ［德］马克思：《1844年经济学哲学手稿（附有按照手稿写作顺序编排的文本）》，人民出版社2014年版，第248页。强调处为马克思所加。

② 参见［德］马克思：《1844年经济学哲学手稿（附有按照手稿写作顺序编排的文本）》，人民出版社2014年版，第292-298页。

③ 《文学总汇报》是月刊，主编是布鲁诺·鲍威尔，埃德加·鲍威尔是主要供稿人之一，出版方是他的弟弟埃格伯特·鲍威尔在1843年7月13日开办的沙洛顿堡出版社，从1843年12月出到次年10月。

鉴》的抨击同样没有指名道姓吗？兴许马克思奉行的批判原则是对事不对人，或者说只抓典型不抓个性？恩格斯《在马克思墓前的讲话》有一处总结似可佐证这样的推测，即“我可以大胆地说：他［即马克思］可能有过许多敌人，但未必有一个私敌”①。

此外，马克思着力分析了“批判的神学家”的两种值得商榷的做法。（1）“从作为权威的哲学的一定前提（bestimmten Voraussetzungen der Philosophie als einer Autorität）出发”。这里的“bestimmten”（一定的、被规定了的）原本写作“ungerechtfertigten”（“无正当理据的”，这一修饰语改加到“怯懦地”后面去了），大意是相应立场的证成理由就在其前提，但该前提本身并未获得证成；这里的“der Philosophie als”是后加的成分（后半句的“philosophischen”同样是增补的修饰语）。看来马克思有意强调，“批判的神学家”的前提是奉为权威的黑格尔哲学，他的出发点以及可能由此展开的基本结论已被这种哲学预先规定好了。（2）干脆撇开这些哲学前提，仅以“无意识的”（bewußtloser）方式表明前提对他的“奴役”或曰他对前提的“屈从”（Knechtschaft 兼有“奴役”“屈从”之意）。至此我们更加困惑：这两种做法无论对错，到底是怎样同国民经济学批判建立关联的呢？现存的国民经济学批判工作是不是采取过相同的不当倾向呢？马克思随后转向宏大历史尺度，甚至运用了生动的隐喻语言。通常说来，修辞手法的连贯应用意味着马克思的创作渐入佳境。② 他一方面看到“神学的批判”曾经作为一种真正的进步因素（ein wirkliches Moment des Fortschritts），另一方面认为历史对其作出审判的时刻已然来临（《〈黑格尔法哲学批判〉导言》对理论政治派的批判即为前奏），并宣称将在“另一个场合”详加介绍，即后来的《神圣家族》（其中

---

① 《马克思恩格斯文集》第 3 卷，人民出版社 2009 年版，第 603 页。

② 初稿一度出现隐喻概念系统的紊乱，即“漫画”（Karikatur，该隐喻被照搬入《神圣家族》序言）和“verfaulenden”（腐烂的）同时出现在一句话里。马克思后来将表达有机体隐喻的措辞移入下一句话，即我们现在看到的“溃烂区”和“腐烂过程”，并稍稍调整了中心词，以缓解阅读体验中的修辞断裂感（此句历经五次修改，第一稿和第二稿都没有采用隐喻）。在第四自然段最后一句话里，马克思通过补入“这个历史的涅墨西斯/复仇女神”（diese historische Nemesis），再次变换隐喻。这一切都能反映马克思优秀的语文功底。

利用了《1844年经济学哲学手稿》的部分成果）。[①] 那么，本自然段的讨论（包括删除的文字）在哪些方面与《神圣家族》对接呢？我们如何在这种连续性的基础上，评估马克思在巴黎时期的思想飞跃呢？

二、若干初步判断

通过归纳种种疑点和汇总相关事实，我们不妨作出若干初步判断，以便在某种程度上规定《1844年经济学哲学手稿》的诠释路向。我相信，这些要点即便不能完全回应前述反思，也有助于释明其中的大部分疑点。至于更详细的讨论，则留给本书第七章。

（一）主题

整篇序言自始至终都在传达这样一条信息，即国民经济［学］批判是《1844年经济学哲学手稿》的唯一中心主题，而社会主义著作家——这里排除尤其以巴贝夫为代表的共产主义者——显系这条道路的先驱。序言关于德国哲学的说明点到为止，删除的文字全是这方面的讨论和反讽，这意味着马克思担心哲学喧宾夺主，刻意维护手稿中心主题的唯一性。[②] 与此同时，删除的文字也表明马克思心中的哲学情结十分强烈，强烈到难以自已的地步。须知，有三个自然段存在删除，且其总篇幅跟保留下来的文字旗鼓相当！这预

---

① 马克思早在1844年6月就打算回击鲍威尔，但似乎受到赫斯的劝阻（后来他也改变了主意）。荣克则经常给马克思邮寄《文学总汇报》，并敦促他实施批判（燕妮也同意此举），马克思终于在8月下定决心。《神圣家族》的序言内容、章节安排和写作分工，应该是在马克思恩格斯会晤期间敲定的。在恩格斯告别巴黎之后，马克思独自续写《神圣家族》，最终在篇幅上达到22印张，完全突破了初始构想和约定的"一本小册子"（eine kleine Brochure），这让恩格斯颇感诧异。更令他不知所措的是，马克思最终将恩格斯署名在前（而恩格斯只花十天写了约莫1.5印张）。将"神圣家族"用作正标题，而将原先拟定的"批判的批判"转为副标题，是临近排印才定下的事，可能跟出版人勒文塔尔的建议有关。参见《马克思恩格斯全集》第47卷，人民出版社2004年第2版，第76、337、346、350-351页；《马克思恩格斯文集》第1卷，人民出版社2009年版，第794页；杨金海主编：《马克思主义研究资料》第12卷，中央编译出版社2015年版，第270-272、275、285-286页。

② ［物质］生产和劳动的原型就是工业（包括受到资本主义生产方式洗礼的农业），交往的原型就是商业（《论犹太人问题》引证的三部美国研究著作，均描绘过那里的商业社会景象和拜金主义）。异化劳动和交往异化的研究者不宜撇开市民社会史、工业史、商业史、自然科学史等，否则就没有达到马克思在序言第二自然段首向读者提出的要求。

示着《神圣家族》的写作已经刻不容缓。①

《1844年经济学哲学手稿》针对黑格尔和青年黑格尔派的长篇批判性考察不是"跑题"，而是国民经济［学］批判内在固有的要求，是马克思理论发展过程中的流溢成分。②。之所以如此，有两方面理由。（1）由于马克思将经过重构——即真正原则与具体表述的分离，或曰必然结论与实际结论的分离——的费尔巴哈感性论作为国民经济［学］批判的原则，此种感性论同时支撑着人道主义和自然主义，《1844年经济学哲学手稿》因此呈现出令阐释者每每流连忘返的高度哲学化的形态，③ 于是马克思有必要给出方法论原则的进一步澄清。这又特别涉及经他重构之后的黑格尔哲学和国民经济学的某种深层一致性，即所谓"黑格尔站在现代国民经济学家的立场上"④。（2）由于国民经济学家及其有力批判者（法国社会主义者中在这方面作出最卓越贡献的当属蒲鲁东）同自身前提的关系，和"批判的神学家"同其前提的关系存在一定的相似性。就这一方面而言，无论是国民经济学家还是蒲鲁东，他们

① 《神圣家族》和《德意志意识形态》在表面上都是批判青年黑格尔派的（后者的动因之一是鲍威尔1845年在《维干德季刊》上对《神圣家族》的回应），重要差别在于后者才真正算作马克思和恩格斯"共同（gemeinschaftlich）"阐明见解的结果。"共同"是不可忽略的修饰语。《德意志意识形态》就像《共产党宣言》那样，将马克思恩格斯的观点融为一体，你中有我、我中有你，无法分割。该手稿的现存文字书写虽然大都出自恩格斯之手，却处处带有马克思的思想印记。《神圣家族》虽然署名合著，实则基本可以归结为马克思的个人成果，章节上面的具体分工标注也表明这一点。先前的研究更多关注两部著作在思想高度上的差别，甚少留意写作形式上的差别。当然，笔者的意思绝不是说，两部著作在内容上的差别无关紧要。《神圣家族》已通过书名暗示，其重点是反思"批判的神学家"的神学思维在处理尘世事务上的力不从心（照应《1844年经济学哲学手稿》序言中删掉的文字）。到了《德意志意识形态》那里，批判面明显扩大了，特别是费尔巴哈被纳入批判对象，而费尔巴哈的哲学原则并不属于"神圣家族"。这就要求批判者调整工作重点，在部分延续先前思想成果的基础上谋划新的批判性分析框架。此时问题的要害已经不在于批判对象完全缺乏唯物性，而是唯物性不彻底。费尔巴哈哲学的唯物性，仅仅立足于不涉及社会关系的抽象个体，亦即单个人、可比之于原子的单个人，这也正是《论犹太人问题》提炼的市民社会成员形象，故而我们也就容易理解《关于费尔巴哈的提纲》第10条"旧唯物主义的立脚点是市民社会"这一论断的真谛。参见《马克思恩格斯文集》第1卷，人民出版社2009年版，第501-502页。

② 这样看来，不宜认为笔记本Ⅲ是《神圣家族》的准备材料，二者里面占据中心地位的文本毋宁说是《1844年经济学哲学手稿》。

③ 如果说在1843年之前，卢格率先示范了费尔巴哈式进路在政治哲学中的运用（那时国家问题占据马克思思想的中心，他自然密切关注卢格的理论动向），那么到了1844年，马克思本人则灵机一动，进而将其用于批判国民经济［学］。参见姚远编译：《马克思与德国古典法哲学》，法律出版社2024年版，第93-111页。

④ 《马克思恩格斯全集》第3卷，人民出版社2002年第2版，第320页。

的前提都是现代市民社会状况。该状况不仅规定着国民经济学所发现和推演的规律性结论，甚至也同样规定着蒲鲁东的批判，可以说“从国民经济学观点出发对国民经济学进行批判时所能做的一切，他都已经做了”①。但该状况自身的正当性要么被不加质疑地明确接受下来，即被奉为“权威”，于是乎“在国民经济学家看来，社会是市民社会”②，要么被不适当地撇开（态度可能是怯懦的，也可能是严正的），然后又以无意识的方式继续支配着研究者对物质生活关系的想象。毕竟对国民经济学的最初批判（包括经济学家阵营内的相互批判）“必然要拘泥于”这门科学的诸前提，但与此同时，马克思的超越又正是由于先前批判做过的一切才有可能。③

（二）文本群

《1844年经济学哲学手稿》是在连续变动着的研究计划语境中形成的一部计划外作品，我们应当将其置于比《巴黎笔记》范围更大的文本群中加以考察，至少包括从《德法年鉴》到《神圣家族》这一阶段的全部材料。这个文本群显示，相较于他在克罗茨纳赫时期的政治中心论，马克思在巴黎时期主要关注社会问题以及社会成员的权利问题（这至少直接削弱了《黑格尔法哲学批判》和《〈黑格尔法哲学批判〉导言》之间的衔接）。该事实反映了他充分吸收法兰西社会思潮之后形成的新视野（亦是对《莱茵报》时期疑问的一种回应）。他在写作《1844年经济学哲学手稿》期间发表的唯一作品，即《评一个普鲁士人的〈普鲁士国王和社会改革〉一文》（1844年8月7日、10日连载于巴黎《前进报》，即致信费尔巴哈前夕），非常清楚地阐明了此种问题意识转向。④

这里笔者想特别谈谈《德法年鉴》对解释《1844年经济学哲学手稿》的意义。马克思的《德法年鉴》文章属于社会主义脉络上的作品，其中包含着他的第一阶段政治经济学探索（1843年底至1844年初）的心得精要。按照马

① 《马克思恩格斯文集》第1卷，人民出版社2009年版，第257页。

② 《马克思恩格斯全集》第3卷，人民出版社2002年第2版，第353页。

③ 参见《马克思恩格斯文集》第1卷，人民出版社2009年版，第255页。

④ 例如参见［美］奥马利：《马克思的早期政治作品》，姚远译，载《当代国外马克思主义评论》总第16辑，第52-53页。

克思本人的指示，《1844 年经济学哲学手稿》乃是《德法年鉴》的经由悉心研读而可被识别出来的直接延续。由此看来，将《论犹太人问题》第一部分末尾所宣告的愿景理解为“市民社会吸收政治国家”或曰“政治国家复归市民社会”，似乎是值得商榷的主张。因为马克思已在《论犹太人问题》第二部分和《神圣家族》第六章公开阐明了市民社会的利己主义原则，又在《1844 年经济学哲学手稿》详细揭露了市民社会的悲惨图景（其大多数成员在任何社会状态下均无法避免不幸）。如果以为社会即市民社会，那么我们也就退回到马克思所批判的国民经济学家立场上了；如果以为能够吸收政治国家的市民社会是经过彻底改造的市民社会，那么我们就不应该再把它称为市民社会。在笔者看来，如果“市民社会”指向过去和现在，那么“社会”则指向未来，非常近似于“联合体”这个概念。

《1844 年经济学哲学手稿》与黑格尔法哲学批判计划密切相关，但恐怕还不属于所谓“独立的小册子”，至少有待形式上的统一加工。不过，手稿为物质生活关系及其决定性提供了关键论证，从而为批判黑格尔法哲学的“市民社会”部分、甚至后来正式签约撰写的《政治和国民经济学批判》做好了关键准备。① 毕竟按照马克思此时的理念，真正哲学的批判“不仅揭露这种制度中存在着的矛盾，而且解释这些矛盾，了解这些矛盾的形成过程和这些矛盾的必然性”②。恩格斯在《神圣家族》刚刚出版之际，也描述过马克思的批判习惯，即重点批判他人“体系的前提”而不是结论。③ 再者，如果我们意识到所有权关系（又译“财产关系”）是生产关系的法言法语，契约关系是交换关系的法言法语，所有权关系和契约关系又构成“法的关系”的主干，那么，《1844 年经济学哲学手稿》批判生产关系和交换关系，也就是从另一方面间接批判了法的关系（黑格尔“抽象法”的核心内容），而“萨伊摘录笔记”为马克思的这项工作奠定了最初基础。综上可见，马克思在 1844 年 8

① 《1844 年经济学哲学手稿》和《〈黑格尔法哲学批判〉导言》均属于朝着一定方向的准备工作，后者的这种性质尤其是通过其德文标题中的“Zur”反映出来的（不过中译本没有直译这个词）。我们看到，《神圣家族》或《资本论》的副标题关键词同样是“批判”(Kritik)，但并没有“Zur”这个词，这意味着书中内容已是批判本身的具体实施，而不是其准备工作。

② 《马克思恩格斯全集》第 3 卷，人民出版社 2002 年第 2 版，第 114 页。

③ 参见《马克思恩格斯全集》第 47 卷，人民出版社 2004 年第 2 版，第 351 页。

月 11 日宣称他基本完成了黑格尔法哲学批判，并不是毫无理由的。

(三) 方法

由于黑格尔法哲学批判、国民经济［学］批判、法国大革命史研究、社会主义文献阅读、对青年黑格尔派报刊论争的回应等多方面线索交汇于《1844 年经济学哲学手稿》，它也就成为一台非同寻常的庞大思想实验装置。这样的特殊性质自然对研究方法和叙述方法都提出了特殊要求。

首先，马克思要找到宏大研究计划中的抓手，以免茫无头绪，即在广泛涉猎的同时，面向典型对象集中发力。无论是《1844 年经济学哲学手稿》时期引证的萨伊和斯密的代表作、“批判的神学家”这一普遍化思想形象命名、作为政治理智之经典时代的法国大革命，还是《德法年鉴》批判的（作为德国法政意识之表率的）黑格尔《法哲学原理》、（人权文件史上的）法国“人权宣言”和（十九世纪犹太人权利论战中的）鲍威尔犹太人问题论述，抑或《神圣家族》着力讨论的、作为“基督教日耳曼原则（des christlich-germanischen Prinzips）”之最完备表现的《文学总汇报》言论，[①] 无一例外均为马克思认定的最能说明问题的典型例证。他补入《1844 年经济学哲学手稿》序言首句的“以……的形式”(unter der Form)，也隐含着这层意思——关键不在于某个人及其个性，而在于例子的典型性和代表性。[②]

其次，马克思在正确发展理论的同时，还必须随时注意叙述形式的合宜。这样的双重关注至少一直保持到《资本论》时期，并通过修辞因素（特别是隐喻和拟人）在科学著作中的恰当运用、“第二版跋”对研究方法和叙述方法的形式区分等等而予以公开宣告。《1844 年经济学哲学手稿》序言暗示我们，谢林的《自然法权的新演绎》、施勒格尔的《雅典娜神殿断片集》、费尔巴哈的《关于哲学改革的临时纲要》和《未来哲学原理》之类的格言式作品固然能够提供不少灵感，但或许呈现出“任意制造体系的外观”，无力承担批判黑

---

① 参见《马克思恩格斯文集》第 1 卷，人民出版社 2009 年版，第 253 页。

② 马克思的巴黎挚友海涅，也是按照重类型不重个性的方式理解思想史的。他写道：“柏拉图和亚里士多德！这不仅是两种体系而且也是两种不同人性的典型，他们自远古以来，就披着各种不同的外衣，或多或少地互相敌对着。”［德］海涅：《论德国宗教和哲学的历史》，海安译，商务印书馆 1974 年修订第 2 版，第 63 页。

格尔（法哲学）体系的重任。毕竟作为对象的黑格尔体系具有严整的辩证逻辑结构，其中包含着两千年西方哲学史的全部核心概念及其核心原则，将它们全部化为体系的环节。这就是说，黑格尔体系在既有哲学的范围内几乎没有弱点，可以“反弹”一切基于单一原则的挑战。而恰切的相关批判自然要取决于对象本身的性质。

最后，尤为重要的是，马克思须通过重构非同寻常的对应物衔接或类比迁移，跨越思想议题上的和文化地理学上的本来界限。他在写作《1844 年经济学哲学手稿》之前已有此动向，比如，把针对实体宗教的批判和针对虚拟宗教（即作为宗教领域的政治国家）的批判对接起来，把鲍威尔针对犹太教（Judenthum）的批判和博蒙等人针对“市民社会的犹太精神（Judenthum）”的批判对接起来。与此相似，《1844 年经济学哲学手稿》提到“平等不过是德国人所说的自我=自我译成法国的形式即政治的形式”，甚至把作为宗教自然史概念的“拜物教”转换为经济学发展阶段、经济关系形式及其相应主观意识形式的称谓。① 不难发现，这类迁移衔接手法（“稍微比较一下……就会发现”），特别有助于解决马克思在流亡巴黎时期的一项主要理论任务，即如何在异国——对他来说当然首先是法国，正如对那时的恩格斯来说首先是英国——文化情境中对待和转化德国文化、尤其是德国哲学，② 或者实现所谓的“法德科学联盟”。可以说，马克思正是在完成这项任务的过程中，逐渐找出贯通所谓“三大来源”的法门，开始成为我们所熟悉的那个马克思的。这类对应物衔接的存在甚至同时也暗示我们，《神圣家族》里面那些哲学的、文学的、法学的讨论，都可被看作在不同语境中更新和深化《1844 年经济学哲学手稿》既有内容的方法论操练。

---

① 参见《马克思恩格斯全集》第 3 卷，人民出版社 2002 年第 2 版，第 289、292、320-323、346、347 页。

② 魏特林的名字在手稿序言中未作强调，很可能是因为他明显排斥黑格尔哲学的背景，这是他与赫斯、恩格斯的根本区别之一。于是，魏特林的著作虽有自成一格的原创性和丰富内容，对达成马克思现阶段的理论目标来说只构成相对次要的范例。这里还应当指出的是，我们在解读《1844 年经济学哲学手稿》中的“货币片断”时，不仅要参照赫斯的《论货币的本质》，也要参考魏特林《和谐与自由的保证》的第一部分第八章。

第七章

作为马克思法律思想背景的工业世界：《1844年经济学哲学手稿》中心问题之重置

恢宏且漫长的解释史总是或明确或隐含地运用德国哲学，更确切地说，黑格尔和费尔巴哈哲学，作为测定《1844年经济学哲学手稿》思想水准的参照系。于是，该手稿越是拘泥于或者杂糅着黑格尔历史神学框架和费尔巴哈人本学的成分，在基本路线或内在结构上就越不成熟，越是充斥着可见的矛盾，反过来讲，该手稿越能以历史且唯物的立场对待经济现象或经济事实，就越科学，越能为后来的思想体系奠定基础。由于这种预先设定，研究者自然倾向于将异化论这一沾染着浓重哲学色彩的思想视为主线，着力弄清马克思的异化论及其不同阶段在多大程度上因循守旧，又在多大程度上推陈出新。因此《1844年经济学哲学手稿》经常留给世人这样的印象：国民经济学是马克思批判工作的出发点，但也仅仅是出发点，有时甚至像是某种契机或者由头，而哲学才是其中根本重要的东西。这种印象的确立有其合理性，毕竟马克思此前已在黑格尔主义氛围中浸淫多年，他将这种前理解引入那时刚启动不久的经济学研究是顺理成章的事情。然而，诚如马克思所言，“主要的困难不是答案，而是问题”①。我们在此有没有可能建立其他的观测坐标呢？

现在或许是时候正视《1844年经济学哲学手稿》序言草稿对读者提出的

① 《马克思恩格斯全集》第1卷，人民出版社1995年第2版，第203页。

要求了。马克思这样写道："我用不着向熟悉国民经济学的读者保证，我的结论是通过完全经验的、以对国民经济学进行认真的批判研究为基础的分析得出的。"① 这里有四个要点：（1）读者应当预先充分了解国民经济学；（2）分析工作的完全经验性；（3）研究所抱持的认真态度；（4）研究本身的批判性。前三点意味着有一些人，例如某些青年黑格尔派成员和某些空想社会主义者，虽然也钻研国民经济学，甚至发表过相关主题的著作，但由于在这个领域涉猎有限，或由于没有掌握足够的实证材料，或由于不屑于细细推敲经济学的各种观点，故而难免不得要领。第（4）点意味着，马克思研究工作的宗旨不是去单纯否定国民经济学（这种做法尤其在空想社会主义者中并不罕见），而是要澄清其前提、划定其界限。既然国民经济学是对现代市民社会的解剖和科学反映，那么，现代市民社会就构成国民经济学的先决条件和适用范围——只有充分把握那从根本上规定着现代市民社会的事物或力量的实际面貌，才能准确评估国民经济学以及马克思的相关批判研究。工业正是我们要找的这种事物或力量，工业问题也正是一个既关乎现代市民社会又关乎国民经济学的"核心问题"②。

若没有对工业问题的充分考察，《1844年经济学哲学手稿》就无法妥善兑现其拟定的理论意图。现有研究文献大多仅仅对该问题一笔带过，未能洞悉它对于理解该手稿的关键意义。实际上，在1844年，工业正在强有力地扫荡旧世界和开辟现代性的新尺度，这最典型地体现在英国和法国。马克思不仅在巴黎（1845年又有机会赴布鲁塞尔和曼彻斯特）目睹了工业时代的降临，而且主要通过法语学者和德语学者的报道，了解到工业问题在英国的最新情况。按照马克思当时的认识，工业现代性与政治现代性（由法国大革命及其"人权宣言"所代表）、哲学现代性（由德国古典哲学、特别是黑格尔法哲学所代表）一道，共同为人类（当然首先是欧洲人）定义了何为现代世界，或者说现代世界与前现代世界的根本分野。马克思作为一个如此重视站

① ［德］马克思：《1844年经济学哲学手稿（附有按照手稿写作顺序编排的文本）》，人民出版社2014年版，第289-290页。

② 参见周嘉昕编著：《〈1844年经济学哲学手稿〉导读》，江苏人民出版社2019年版，第67-68页。

在原则高度谈论事情的思想家，不可能不知道唯有经由工业问题才能把握住现代社会巨变的主线，不可能不知道“劳动”“生产”或“制造”只是随着工业现代性的到来而上升为人类生活的主要关键词，不可能不知道经济维度只是在工业时代才从幕后走到前台、真正彰显自己的决定性力量，不可能不知道历史意识和时间规划（例如工厂作息表、铁路时刻表）只是通过工业世界的形成而全面渗透到日常生活之中。

本章拟从工业问题的角度重新考察《1844年经济学哲学手稿》，这种考察分两步进行。第一步是梳理1844年文本群中浮现的若干线索，既涉及这部手稿和马克思的《德法年鉴》文章，也涉及马克思当时的密友恩格斯和格奥尔格·韦伯（Georg Weber，1816—1891）的材料。笔者认为，这些文本显示出某种协同性，一致指向工业问题这条主线，也就是说，该问题在《1844年经济学哲学手稿》那里并非横空出世的东西。第二步是重构该手稿中的工业形象，涉及工业部门在国民经济体系中的特殊性，和作为异化劳动发达形态的工业劳动。有必要在此指出的是，1983年（即MEGA²/Ⅰ/2出版的次年），在国际社会史研究所坐拥手稿原件的罗扬（Jürgen Rojahn）凭借其令人肃然起敬的考证和推断，要求消除交叉形成的各种马克思文本之间被人为划定的界限。[①] 自此以来，无论人们是否接受罗扬的某些或多或少激进的判定，将马克思的思想发展置于广阔的文本群中加以考察，已逐步成为学术界努力的方向，本章也正是带着这种方法论意识进入《1844年经济学哲学手稿》的。

一、1844年文本群中浮现的若干线索

我头脑中正酝酿着一个宏伟的题材，同这个题材相比，我以前所写的一切东西不过是儿戏。

——恩格斯

（一）马克思《1844年经济学哲学手稿》中的两处值得推敲的表述

第一处值得推敲的表述，在《1844年经济学哲学手稿》笔记本Ⅲ对笔记

① 参见［德］罗扬：《马克思主义—马克思—历史学——以所谓的〈1844年经济学哲学手稿〉为例》，赵玉兰译，载《政治经济学评论》2017年第4期。

本Ⅱ第XXXⅨ页的第二次补充的开篇。笔记本Ⅱ（马克思以罗马数字标注的页码截止于第XLⅢ页）虽有或多或少的散佚，但却无疑构成整部手稿的核心内容。这次补充的意义很特别，因为：（1）它是《1844年经济学哲学手稿》中的最后一次补充，补入之处位于笔记本Ⅱ相当靠后的地方，按通常的写作习惯，此处应该出现笔记本Ⅱ的阶段性思想总结，创作意图应该渐趋明朗，文献的融会贯通亦应达到较为完善的程度；（2）写在前面的第一次补充仅占四分之一页纸，马克思显然感到意犹未尽，经过一番酝酿之后再次补入，而这回补充的文字洋洋洒洒、篇幅悠长，事实上已经喧宾夺主。这次补充开宗明义地提出："自我异化的扬弃同自我异化走的是同一条道路。"马克思紧接着按照逻辑的次序（而非历史的次序）叙述了这条道路从"最初"到"最后"的各个发展阶段，共产主义构成这里的"最后"阶段亦即自我异化的扬弃阶段（马克思随后同样按照逻辑次序叙述了共产主义本身的各个环节，在此毋庸赘述）。这就意味着，共产主义之前的那倒数第二个阶段，必定是异化状况臻于极致从而完全暴露的阶段（而且这个阶段本身也可以像共产主义那样，进一步在内部划分为若干环节）。该阶段的相应表述是："圣西门则相反[即不像重农学派或傅立叶那样高扬农业劳动——笔者注]，他把工业劳动本身说成本质，因此他渴望工业家独占统治，渴望改善工人状况（St. Simon im Gegensatz die Industriearbeit als solche für das Wesen erklärt und nun auch die alleinige Herrschaft der Industriellen und die Verbesserung der Lage der Arbeiter begehrt）。"① 马克思的意思简洁明了：圣西门为工业赋予优先性，工业劳动与农业劳动相对，工业家和工人在这个意义上具有利益连带性。但事情恰恰在这里变得有些蹊跷。

之所以这样说，是因为马克思这里将工业和农业设为对立范畴，从而对工业作了狭义理解。可一旦翻查《马克思恩格斯全集》编者给出的材料依据，即圣西门的《实业家问答》（*Catéchisme des industriels*），我们立刻发现书中的"实业家"（跟马克思的"工业家"是同一个词）明明包含农业劳动者。该书

---

① 参见［德］马克思：《1844年经济学哲学手稿（附有按照手稿写作顺序编排的文本）》，人民出版社2014年版，第228页；*Marx-Engels-Gesamtausgabe*（*MEGA*），Ⅰ/2，Dietz Verlag，1982，S. 261。马克思在手稿中强调了"工业劳动"一词。

共4册，分别发表于1823年12月以及1824年的3月、4月和6月。实业家或实业阶级的人员构成问题，是该书自问自答的第一个问题。圣西门明确指出："实业家是从事生产（produire）或向各种社会成员提供一种或数种物质资料（moyens matériels）以满足他们的需要或生活爱好的人。可见，播种谷物或繁殖家禽的农民是实业家；马车制造匠、马蹄铁匠、制锁匠、细木工是实业家；制造鞋帽、麻布、呢绒和开司米的工厂主也是实业家；商人、货运马车夫和商船的海员同样是实业家。……他们构成三个大阶级（grandes classes），这三个阶级叫农民（cultivateurs）、工厂主（fabricants）和商人（négociants）。"① 依圣西门之见，这批人在历史上以十字军东征为契机而崛起，但直到18世纪之前还只是各自为政的集团。由于路易十四时代创设了银行业这一新兴实业部门，实业阶级获得了内部团结的机制，并开始掌控超越其他一切阶级总和的巨额财富。然而，实业阶级虽已构成法兰西民族的主体，但仍处于社会底层，因为当时的法国据说延续了军事本位的封建政体。圣西门的核心诉求是：在文明时代，军事职能应当让位于管理职能，因而实业阶级应当提升政治觉悟和群体团结，去占据法国社会的首要地位。②

---

① ［法］圣西门：《圣西门选集》第2卷，董果良译，商务印书馆1982年版，第51页；Saint-Simon, *Catéchisme des industriels*, premier cahier, Paris, 1823, p. 2。这处界定是人们"在《实业家问答》的第一页上就可以读到的"，后来的《德意志意识形态》手稿为了揭露格律恩对圣西门原著的无知，甚至专门指出这个事实，而且认为圣西门笔下的"实业家"包括作为其优先呼吁对象的"一切实业资本家"(sämtliche industrielle Kapitalisten)。由此推知，马克思对圣西门的界定一清二楚。参见《马克思恩格斯全集》第3卷，人民出版社1960年版，第594页。

② 参见［法］圣西门：《圣西门选集》第2卷，董果良译，商务印书馆1982年版，第51、52、58、63、64、66、67、70、71、77、83页。对实业家的这种界定，乃是圣西门的一贯态度，读者可以参阅他的《给一个美国人的信》（1817年）、《加强实业的政治力量和增加法国的财富的制宪措施》（1818年）、《论蜜蜂与胡蜂的不和或生产者与不事生产的消费者的彼此地位》（1819年）、《以促进欧洲社会改组为目的的哲学、科学和诗学研究》（1822年）等作品。

"实业阶级"虽然看起来很像我们通常所说的"资产阶级"(资产者)，但圣西门却给"资产者"(又称"中间阶级"）下了特殊定义：没有贵族血统的军人、非出名门的法律人、无特权的食利者。这三大集团的兴起背景分别是热兵器时代的军队成分改组、司法制度的专业化、地产分割造就的平民新贵。在法国大革命时代，据说"资产者"因势利导地鼓动实业阶级反对贵族，成功晋升为第一阶级，并且"为了自己的利益恢复了封建制度"。圣西门由此顺理成章地表示，实业阶级的当前任务就是同时推翻贵族和资产者的统治。参见同上书，第55、67-69页。如果我们从圣西门的立场看待法国大革命的所谓"资产阶级革命"定性，那么历史整个呈现出另一番景象了，尤其是当我们考虑到马克思恩格斯明确重述过圣西门的阶级三分法（以便反驳他人给圣西门妄加的阶级划分）：封建阶级、中间阶级和实业阶级（classes féodale, intermédiaire et industrielle）。不过，圣西门的阶级分析法并非一成不变，《德意志意识形态》手稿曾为我们勾勒出它的早期轮廓，顺便批判了施泰因的不够精确的转述。参见《马克思恩格斯全集》第3卷，人民出版社1960年版，第589、592页。

那么，我们必须追问：马克思为何在表述圣西门的观点时出现疏失？更确切地说，他究竟从何处意识到工业和农业的重要区分，并将工业优先性学说跟圣西门的名字联系在一起？① 实际情况可能是这样的：一方面，马克思通过德国经济学家李斯特，注意到工业本身相对于农业的特殊性和应予优先发展的战略意义，② 从而对工业问题变得极为敏感，另一方面，马克思又通过法国圣西门主义者，例如舍伐利埃（Michel Chevalier），注意到现代工业的成就和工人阶级的悲苦，③ 两种知识来源合力促成了最终的偏差。④ 马克思未必认

① 如果考虑到圣西门曾经提出的以下论断，那么此处的问题将显得更加棘手：农业比其他一切实业部门的总和还重要得多，农业人口是国内人数最多的阶级，土地收入是一切收入形式中最重要的。参见［法］圣西门：《圣西门选集》第1卷，王燕生等译，商务印书馆1979年第2版，第199-200页。

② 笔者的推断理由如下：（1）在现存《巴黎笔记》所摘录的著作中，只有李斯特的《政治经济学的国民体系》（1841年）重点讨论过工业和农业的本质差别问题，尽管李斯特主要是在"Manufactur"的范畴下展开讨论的；（2）为便于理解李斯特学说，马克思在摘录时专门将其与欧西安德尔（Heinrich Friedrich Osiander）的《公众对商业、工业和农业利益的失望，或对李斯特博士工业力哲学的阐释》（*Enttäuschung des Publikums über die Interessen des Handels, der Industrie und Landwirthschaft*）并列两栏对照书写，这样的待遇方式在《巴黎笔记》中绝无仅有，足见重视程度；（3）《〈黑格尔法哲学批判〉导言》曾在唯一论及工业发展问题的地方，以双关语"listige"(狡猾的）调侃李斯特（List）为振兴德国工业提出的经济设想，这种调侃其实从另一层面反映出马克思对他的高度关注。这种关注的直接后续结果就是，《1844年经济学哲学手稿》结束之后的下一份经济学手稿便是《评李斯特》，而且这一次马克思利用的是他专程购置的原著（耗资8法郎），而非《巴黎笔记》中的相关摘录，参见鲁克俭：《国外学者关于马克思〈评李斯特〉写作时间的文献学考证》，载《哲学动态》2012年第7期。按照恩格斯的回忆，李斯特是马克思在巴黎开始经济学研究之时熟悉的仅有的两位德国经济学家之一，参见《马克思恩格斯文集》第6卷，人民出版社2009年版，第11页。顺便值得一提的是，据马克思后来的考证，李斯特的学说源自（或者说剽窃自）拿破仑统治时代的法国海关官员费里埃，特别是后者的《论政府和贸易的相互关系》（1805年）："在李斯特的书中没有一个基本思想不是费里埃的著作已经说过而且是说得比较好的。"参见《马克思恩格斯全集》第42卷，人民出版社1979年版，第268页。

③ 参见［德］罗扬：《理论的诞生——以1844年笔记为例》，赵玉兰译，载《马克思主义与现实》2012年第2期，第15页。赫斯在《社会主义和共产主义》一文中，把舍伐利埃称为圣西门"最忠实的弟子"，参见［德］莫泽斯·赫斯：《赫斯精粹》，邓习议编译，南京大学出版社2010年版，第112页。这层关系马克思不会不清楚，因为《〈1844年经济学哲学手稿〉序言》曾向《来自瑞士的二十一印张》文集中的赫斯文章致敬，其中就有《社会主义和共产主义》。《德意志意识形态》手稿虽然对格律恩口诛笔伐、极尽嘲讽，对他有关前述关系的记述也没有表示异议。不过，前述关系并非始终维持着的，比如1841—1842年的舍伐利埃政治经济学著述就已经不再追随圣西门主义了。参见《马克思恩格斯全集》第3卷，人民出版社1960年版，第594、602页。

④ 这类偏差在《1844年经济学哲学手稿》中还有实例，比如马克思在笔记本Ⅰ第ⅩⅢ页"资本的利润"一栏写着"李嘉图在他的书（地租）中说"，参见［德］马克思：《1844年经济学哲学手稿（附有按照手稿写作顺序编排的文本）》，人民出版社2014年版，第183页。这可能表明马克思此时尚未阅读李嘉图的原著（他强调"李嘉图"的名字或许就是为了提醒自己抓紧查阅），仅仅读过他人对李嘉图学说的讨论。由于地租学说在李嘉图那里占有显要地位，马克思似乎误以为李嘉图的著作《政治经济学及赋税原理》是一部地租专论的书。

同二人的学术立场和未来方案（比如舍伐利埃要求用时代的道德观念调整国民经济，李斯特要求建立贸易壁垒和关税同盟），但这丝毫不妨碍马克思受益于他们对事情的观察和评判——毕竟马克思深知蒲鲁东的如下教诲："每一种谬误都有某种真正现实的东西作为自己的对象"，因而我们必定能在社会科学家的书里找出他们"不自觉地放在里面的真理"①。马克思写于1845年秋的《评李斯特》，有一段话或可巩固笔者在这里的判断："圣西门学派狂热赞美工业的生产力。它把工业唤起的力量同工业本身即同工业给这种力量所提供的目前的生存条件混为一谈了。当然，我们决不能把圣西门主义者同李斯特这个人或德国庸人等量齐观。"② 圣西门主义者跟李斯特肯定不同，但正因为双方都高扬工业的意义，才会让读者误以为他们志同道合，马克思的提醒也才不致流于空穴来风。

另一处值得推敲的表述在《〈1844年经济学哲学手稿〉序言》。马克思在那里明确宣称，自己在《德法年鉴》（1844年2月出版，由卢格和马克思联合主编）上面，"十分概括地提到过本著作的要点"③。也就是说，《德法年鉴》构成理解《1844年经济学哲学手稿》的关键先决条件，这是由马克思本人确认的事实。实际上，《德法年鉴》是这篇极为简短的"序言"（特别是其中保留下来的正文草稿部分）里面三度援引的作品。马克思没有在此具体指明《德法年鉴》中的篇目，不过我们有理由认为首先（但并不仅仅）指向《〈黑格尔法哲学批判〉导言》。第一，《〈1844年经济学哲学手稿〉序言》开篇首句即为"我在《德法年鉴》上曾预告要以黑格尔法哲学批判的形式对法学和国家学进行批判"。虽然该句引出的第一自然段的论证在笔者看来不甚明朗，但马克思显然在指示读者主要联系《〈黑格尔法哲学批判〉导言》来理解《1844年经济学哲学手稿》，这个总体意图还是相当清楚的。第二，马克

---

① 参见［法］蒲鲁东：《什么是所有权》，孙署冰译，商务印书馆1963年版，第51页；《马克思恩格斯全集》第2卷，人民出版社1957年版，第33页。这句话之所以给马克思留下较深印象，除了它出现在《什么是所有权》交代自身方法论的第一章之外，还因为马克思跟埃德加·鲍威尔（Edgar Bauer）论战时专门论及此处的含义。

② 《马克思恩格斯全集》第42卷，人民出版社1979年版，第259页。

③ 参见［德］马克思：《1844年经济学哲学手稿（附有按照手稿写作顺序编排的文本）》，人民出版社2014年版，第290页。

思在十五年之后的1859年《序言》中，同样暗示《〈黑格尔法哲学批判〉导言》构成自己巴黎时期研究工作的主要前奏。如果说《〈黑格尔法哲学批判〉导言》有什么地方直接论及作为《1844年经济学哲学手稿》主题的国民经济学批判，[①] 那必定主要包括下面两段话：

> “工业，一般而言的财富世界，对政治世界的关系，是现时代的主要问题之一（Das Verhältnis der Industrie，überhaupt der Welt des Reichtums，zu der politischen Welt ist ein Hauptproblem der modernen Zeit）。这个问题开始是以何种形式引起德国人的关注的呢？以保护关税、贸易限制制度、国民经济学的形式。”[②]
>
> “无产阶级只是通过喷薄而出的工业运动，对德国来说才开始形成（Das Proletariat beginnt erst durch die hereinbrechende *industrielle* Bewegung für Deutschland zu werden）；因为组成无产阶级的不是自然形成的而是人工制造的贫民，不是在社会的重担下机械地压出来的而是由于社会的急剧解体、特别是由于中间等级的解体而产生的群众。”[③]

可以看到，马克思在文中一方面不得不囿于“德国式的现代问题”的主题限制，另一方面又在努力揭示工业现代性的普遍原理，后者属于《〈1844年经济学哲学手稿〉序言》所说的“要点”，这是不会弄错的事情。相比之下，同样刊登于《德法年鉴》的《论犹太人问题》，旨在借助犹太人的解放这一契机，从客观和主观两个维度分析了封建主义向现代的

---

① 参见［苏］格·阿·巴加图利亚、［苏］维·索·维戈茨基：《马克思的经济学遗产》，马健行等译，贵州人民出版社1981年版，第189页。

② *Marx-Engels-Gesamtausgabe*（*MEGA*），Ⅰ/2，Dietz Verlag，1982，S. 174. 中译本的相应表述是：“工业以至于整个财富领域对政治领域的关系，是现代主要问题之一。”笔者倾向于认为“工业”和“一般而言的财富世界”是同位语。

③ *Marx-Engels-Gesamtausgabe*（*MEGA*），Ⅰ/2，Dietz Verlag，1982，S. 182. 中译本的相应表述是：“德国无产阶级只是通过兴起的工业运动才开始形成；因为组成无产阶级的不是自然形成的而是人工制造的贫民，不是在社会的重担下机械地压出来的而是由于社会的急剧解体、特别是由于中间等级的解体而产生的群众。”这种表述给人造成这样的印象，即已经存在所谓的“德国无产阶级”，实际上，整句话的主语是“无产者”，它在德国的形成情况还不完全明确，至少在1844年6月西里西亚织工起义之前远不如在英国和法国那里明确。

转型，其中的客观维度指向政治国家和市民社会的二分结构（文章第一部分），主观维度指向所谓“犹太精神”或商业精神（文章第二部分），亦即“商人的民族”的那种利己主义和金钱崇拜的心态。在笔者看来，《论犹太人问题》对应着18世纪的尺度（18世纪既是完成现代社会结构转型的世纪，也是“商业的世纪”，尽管商业在之后的世纪依然举足轻重），而《〈黑格尔法哲学批判〉导言》对应着19世纪的尺度（19世纪是工业的世纪和社会革命的世纪），于是，两篇文章在《德法年鉴》中的实际排印顺序就不难理解了，即《〈黑格尔法哲学批判〉导言》优先于《论犹太人问题》，尽管这跟成稿顺序无关，甚至可能恰好与之相反。[①] 当苏联学者声称“有充分的根据可以认为，《论犹太人问题》这篇文章本身就是对以草稿形式记录在《克罗茨纳赫笔记》中的全部工作的总结”的

---

① 林进平教授曾经指出：“不同文章在刊物中的排序，主要是依照逻辑顺序，而不是依照作者的写作时间。《〈黑格尔法哲学批判〉导言》排在《论犹太人问题》之前，可能说明前者在马克思看来在重要性上要优于后者，或如一些学者所说的，前者在思想上对后者有‘指导作用’。”参见林进平：《马克思〈论犹太人问题〉研究读本》，中央编译出版社2016年版，第28、59-61页。笔者需要对此作出补充说明。科尔纽在不同的语境中谈到，《德法年鉴》上马克思两篇文章的关系恰如恩格斯两篇文章的关系（参见［法］奥古斯特·科尔纽：《马克思恩格斯传（Ⅰ）：1818—1844》，刘丕坤等译，生活·读书·新知三联书店1963年版，第607页），这对笔者是个重要提示（尽管笔者对这种关系的理解与之完全不同）。因为根据《德法年鉴》的原始篇目可知，《〈黑格尔法哲学批判〉导言》和《国民经济学批判大纲》构成一组文章，都属于“朝向”(德文标题里使用了“zur”或“zu”）流行思想体系批判的某种先行准备或总体定向（“导言”或“大纲”）；《论犹太人问题》和《评托马斯·卡莱尔的〈过去和现在〉》构成另一组文章，在形式上都属于书评（就内容上的借题发挥而言，恩格斯不及马克思），封面目录上也在对应文章下方另起一行排印了所评书籍的原文信息，而按照《德法年鉴》的办刊方案（无论是卢格的版本还是马克思的版本），书评都放在最后一部分，理应置后排印。以上说法似乎否定了关于文章排印的逻辑次序判断，但我们应当进一步注意到，前一组文章里马克思的文章在前，后一组文章里恩格斯的文章在前，于是笔者的判断仍可得到印证，即工业和工人的主题优先于商业和商人的主题。参见 *Deutsch-Französische Jahrbücher*, herausgegeben von Arnold Ruge und Karl Marx, 1ste und 2te Lieferung, Paris 1844。

时候，他低估了《论犹太人问题》第二部分的意义。① 马克思在这一部分对“市民社会的犹太精神”、对“这个自私自利的世界”、对“原子式的相互敌对的个人的世界”、对“社会的犹太人狭隘性”的别开生面的批判，也属于《〈1844 年经济学哲学手稿〉序言》所说的“要点”，这同样是不会弄错的事情。只不过《论犹太人问题》的批判主要触及交换或交往领域的国民经济学问题，未触及生产领域的国民经济学问题。②

（二）马克思密友方面的一些需要留意的情况

再来看看马克思巴黎时期密友方面的一些情况。我们在此暂不讨论卢格和赫斯。众所周知，马克思和卢格虽在巴黎比邻而居，但二人在 1844 年 3 月（《德法年鉴》出版后不久）即已决裂。也是在这个月，赫斯从巴黎回到科隆，他和马克思当年似未保持书信往来，而且他所撰写的得到《1844 年经济学哲学手稿》首肯的几篇文章均已在此前发表或成稿。更何况无论卢格还是赫斯，都没有表现出深入探究工业经济事实的兴趣。有鉴于此，我们不便根据他们的情况推断马克思在 1844 年夏天的最新思想动向。这里重点谈谈恩格斯——他跟马克思是莱茵老乡——的情况，然后简要谈谈韦伯的情况，他们在此具有更明显的优先性。

按马克思的回忆，从《德法年鉴》刊发恩格斯的文章之后（即 1844 年 2

① 参见杨金海主编：《马克思主义研究资料》第 11 卷，中央编译出版社 2015 年版，第 616-617 页。鲁克俭教授关于《论犹太人问题》文献学问题的有趣猜想值得一提：“《论犹太人问题》第一、二部分不是连续写作的，很可能是马克思在到达巴黎之初先写了评鲍威尔《犹太人问题》的第一部分，然后写了《〈黑格尔法哲学批判〉导言》，最后写了《论犹太人问题》第二部分。”因为第一部分看起来像是马克思克罗茨纳赫手稿的直接延续，且与《〈黑格尔法哲学批判〉导言》主题相近，即宣告哲学共产主义，但尚未提出无产阶级历史使命的问题。参见鲁克俭：《走向文本研究的深处：基于 $MEGA^2$ 的马克思文献学清理研究》，中国社会科学出版社 2016 年版，第 371 页。

② 这里需要指出的是，就在《论犹太人问题》所评论的《犹太人问题》原著的结尾处，鲍威尔这样论及工业问题：“各种同业公会和行会虽然不接纳犹太人，或者仍然不同情他们，工业的大胆精神却在嘲笑这些中世纪设制的固执。旧事物的界限早就被新的运动超越了，旧的界限存在只能被称为理论的存在。”参见聂锦芳、李彬彬主编：《马克思思想发展历程中的“犹太人问题”》，中国人民大学出版社 2017 年版，第 120 页。

月)，他便同恩格斯“不断通信交换意见”①。但由于某些令人遗憾的缘故，马克思 1844 年致恩格斯的书信一封都没有保存下来，而恩格斯 1844 年 10 月之前致马克思的当年书信也未流传下来，这就是说，我们无法得知当年二人之间的讨论或者争论。但恩格斯的《德法年鉴》文章无疑有助于我们间接捕捉马克思的新动向。事实上，正是恩格斯那种明显能够弥补青年黑格尔派知识结构盲区的探讨，引起了马克思的关注，并强化了马克思那里已经隐约预感到的一些基本问题意识（但不能由此认为马克思先前并不在意政治经济学，只是因为受到恩格斯先行工作的刺激才决意开展相关研究）。② 恩格斯的《德法年鉴》文章理所当然地成为我们此处研究的切入点，以便打通去往《1844 年经济学哲学手稿》思想世界的道路。有两个问题值得注意：(1)《国民经济学批判大纲》(约写于 1843 年 9 月底或 10 月初—1844 年 1 月中旬）以及同样发表于《德法年鉴》的恩格斯另一篇文章《英国状况　评托马斯·卡莱尔的〈过去和现在〉1843 年伦敦版》(约写于 1843 年 10 月—1844 年 1 月中旬，以下简称《评卡莱尔》)，在何种意义上符合《德法年鉴》的办刊宗旨？(2) 恩格斯不仅跟马克思保持通信，而且在 1844 年 8 月 27 日至 9 月 6 日旅居巴黎期间拜访马克思（实际上就在马克思那里下榻），当时马克思《1844 年经济学哲学手稿》笔记本Ⅲ的写作已经接近尾声，③ 因此值得追问的是：恩格斯在同马克思会晤之后有何非同寻常的转变？

就本章的论证而言，我们可用工业问题一并作答。恩格斯是《德法年鉴》筹备阶段的受邀撰稿者之一（其他受邀人士包括费尔巴哈、海涅、赫斯、贝尔奈斯、福禄培尔、蒲鲁东、拉梅耐、拉马丁、勃朗、勒鲁、卡贝等德国人和法国人，不过最后只有德国作者提交了稿件）。对照卢格分别用德文和法文

---

① 参见《马克思恩格斯文集》第 2 卷，人民出版社 2009 年版，第 592 页。马克思在 1843 年 11 月 21 日致福禄培尔的信里，说已经拿到恩格斯投给《德法年鉴》的部分文稿，但没有具体说明是哪篇文章。参见《马克思恩格斯全集》第 47 卷，人民出版社 2004 年第 2 版，第 70 页。

② 卡弗正确地提醒我们，在这类问题上，单纯的突然转变和单纯的模仿追随都是不得要领的假设。我们只能说，恩格斯为马克思提供了关于政治经济学的入门捷径。参见［英］特雷尔·卡弗：《马克思与恩格斯：学术思想关系》，姜海波等译，中国人民大学出版社 2008 年版，第 36 页及以下。

③ 笔者认为，除了关于异化问题的讨论和关于德国哲学的长篇补充之外，《1844 年经济学哲学手稿》在方法和内容上究竟如何超越《国民经济学批判大纲》，仍是值得详细讨论的事情。

撰写的办刊方案以及马克思用法文撰写的办刊方案，我们可以看到，恩格斯的两篇文章既不是在评介莱茵河两岸（主要指德法两国）出版的书籍（《过去和现在》是在伦敦出版的英文著作），也不是在议论各类反动报刊或进步报刊的倾向、态度或公共影响。如果说恩格斯的文章符合《德法年鉴》的宗旨（创刊号发表“跑题”文章是难以想象的事情），那必定是因为其中讨论了“具有有益的或危险的影响的人物和学说，以及当前的政治问题，不论它们涉及的是宪法、政治经济学还是国家机构和道德风尚”（马克思的提法），或者说“有影响和有重要意义的人物和学说……目前大众关注的问题……宪法、立法、政治经济学、道德风尚和教育”（卢格德文版方案的提法）或“对社会的未来具有有益的或危险的影响的政治、宗教或社会学说”（卢格法文版方案的提法），并且契合“对震撼整个欧洲社会的各种问题作出哲学和政治的回答”（卢格法文版方案的提法）这个总目标。其实，《马克思恩格斯全集》的编者已经注意到，马克思和卢格在方案的表述上并不一致（这主要涉及方案的第2、3项），但在恩格斯文章所符合的方案第1项上恰恰比较一致。[①] 此外，在笔者看来，恩格斯的文章尤其符合卢格法文版方案的表述，即指向那些不仅震撼整个欧洲而且昭示德国和法国社会前途的事情，也就是说，恩格斯所考察的当前英国事务和产生重大影响的英国学说并不专属于英国，它们在很大程度上代表着德国社会和法国社会的未来。

我们先谈谈恩格斯的《评卡莱尔》，因为这篇文章与《德法年鉴》办刊宗旨的关联比较模糊，也因为它在发表之初赢得了超乎《国民经济学批判大纲》的声誉。[②]《过去和现在》（*Past and Present*），至少就其中为恩格斯看重的部分而言，将研究对象设定为英国的社会经济状况（而非英国的政治状况、法律状况、宗教状况或者道德状况）。作者卡莱尔试图对比英国的12世纪和19世纪，这种对比即便不是严格恪守、至少也是比较趋近托利党人的立场的。也就是说，卡莱尔敌视工业“这个英国社会的中枢”、这个为辉格党赋予财富和权力从而成为辉格党唯一立法目标的

① 参见《马克思恩格斯全集》第3卷，人民出版社2002年第2版，第215、662、663页。

② 参见《马克思恩格斯文集》第10卷，人民出版社2009年版，第18-19页。

手段，顶多退而求其次地谴责工业是“不可避免的祸害”，“以维护工厂工人反对工厂主为己任”。在恩格斯译出的书中“令人惊叹的精彩段落中最精彩的地方”，卡莱尔表示，卓有成效的英国工业虽然创造了“充裕的财富”，却在本国的1500万工人中间造就了庞大数量的赤贫者（卡莱尔提供了令人发指的佐证材料），与此同时，资本家（“劳动的先生”“工业海盗”）和土地占有者（“寄生的先生”）“也没有更幸福”。最后结果是，“在过剩的充盈中人民却死于饥饿”。于是，终于爆发了作为《过去和现在》写作契机的1842年8月曼彻斯特工人的大规模反抗行动，英国人再也无法回避“工人阶级的最后命运问题”。值得注意的是，恩格斯的叙述是有所取舍的，他跳过了《过去和现在》第一篇的后面几章和整个第二篇，直接切入题为“现代的工人”的第三篇。卡莱尔发现问题的关键在于惊人的工业生产过剩，这一点导致“到处是混乱，没有秩序，无政府状态，旧的社会联系瓦解，到处是精神空虚，思想贫乏和意志衰退。——这就是英国状况”。由此可见，卡莱尔至少“正视事实”并且“正确地理解了眼前的现状”。卡莱尔看到的事情正在为包括德国和法国在内的欧洲列国开辟新的纪元，但一转到未来社会的出路问题，他那套奇葩的见解就立刻表露无遗。他要求从祛除无神论入手，他从法国大革命和德国浪漫派文学那里看到了“新的精神领域”或者说“未来的宗教”的征兆，这种宗教崇拜劳动，视之具有“永恒的高尚性，甚至神圣性”，具有“不可估量的意义”，认为劳动就是生活，应在劳动中求得慰藉。顺理成章的是，他要求现在把劳动组织起来；而这种组织工作的真正落实有赖于“最卓越的人物”，这就联系到“英雄崇拜”的确立问题。恩格斯接下来根据青年黑格尔派的观点，更确切地说是费尔巴哈《关于哲学改革的临时纲要》和布鲁诺·鲍威尔《基督教真相》所表达的观点，批判了卡莱尔那种实质上是德国泛神论的思维方式。① 不过，这番批判对于判定宗教批判对德国而言基本已经结束的马克思来说，可能稍显乏味。

① 参见《马克思恩格斯全集》第3卷，人民出版社2002年第2版，第495-525页。卡莱尔此书早有中译本，因标题采用意译法而容易被人遗漏，参见［英］卡莱尔：《文明的忧思》，宁小银译，中国档案出版社1999年版。

无论是恩格斯还是马克思，后来都没有为这篇文章赋予像《国民经济学批判大纲》那样的显赫地位，但我们不能就此认定前者的主题不如后者的主题来得重要。造成这种际遇差别的关键原因在于：第一，前者关于工业灾难的讨论只是对卡莱尔观点的翻译或述评，恩格斯自己的正面论述较少，而卡莱尔的著作本身又不那么值得推崇，至少法国学者比雷的《论英法劳动阶级的贫困》（*De la misère des classes laborieuses en Angleterre et en France*）更加出色；第二，恩格斯次年发表的《英国工人阶级状况》在同一主题上完全超越了卡莱尔，从而使那篇评论降格为单纯的历史材料。

接下来让我们把目光投向恩格斯的《国民经济学批判大纲》。无论在《1844年经济学哲学手稿》序言草稿中，还是在1859年《序言》中，马克思都颇为赞赏恩格斯这篇文章：前者同时对恩格斯的名字及其作品的标题作出强调（仅恩格斯一人有此殊荣），后者称这篇文章是“天才大纲”（这次没有明示文章标题，倒是加注了“在《德法年鉴》上”）。[①] 这篇文章意味着马克思主义政治经济学真正发轫，而它所引发的探讨和争论亦不绝于耳，在此不必赘述。恩格斯在批判经济学范畴方面的筚路蓝缕之功，是无论如何不能被低估的，这一点毫无疑问。但其中为当代学者所看重的对于私有制和商业竞争的抨击与分析，在同时代的社会主义和共产主义文献中不难找到，只是恩格斯的文笔更加明快犀利，比较符合他所理解的生动而犀利的“现代风格”。有人声称：“由于这一著作及其中所阐述的论点，《德法年鉴》才作为最重要的和意义重大的里程碑之一载入马克思主义形成史的史册。”[②] 笔者对此不敢苟同。恩格斯在写作中充分结合了自己的从商经验，这当然是马克思和青年黑格尔派不具备的优势，但《国民经济学批判大纲》也过多拘泥于商业的视野。文中指出，国民经济学产生于“商人的彼此妒忌和贪婪”，是“商业扩展的自然结果”，取代了原先那套既简单又不科学的“生意经”；商业是私有制“最直接的结果”；价值是由商业设定的首个范畴；作为中心研究对象的竞争现象及其与垄断之间的辩证运动，被视为围

---

① 参见［德］马克思：《1844年经济学哲学手稿》（附有按照手稿写作顺序编排的文本），人民出版社2014年版，第290页；《马克思恩格斯文集》第2卷，人民出版社2009年版，第592页。

② ［苏］阿·伊·马雷什：《马克思主义政治经济学的形成》，刘品大等译，四川人民出版社1983年版，第66页。

绕供求关系相互适应过程而形成的商业事实，由此引发的周期性经济危机也被称为“商业危机”①。凡此种种，不一而足。

我们不妨看看马克思 1844 年对这篇文章的反应。据考证，马克思在《1844 年经济学哲学手稿》笔记本Ⅰ和笔记本Ⅱ之间摘录了《国民经济学批判大纲》，也就是说是在初次阅读这篇文章的半年之后，即马克思后来意识到恩格斯那里存在有待挖掘的元素。这次摘录行为在性质上类似于对黑格尔《精神现象学》最后一章“绝对知识”的摘录，旨在唤醒记忆和深化理解。这份摘要将恩格斯原文以分割线划定的 15 节内容（共计 62 个自然段），浓缩为两部分。第一部分比较长，主线是商业。马克思在开篇即对“商业（Handel）”一词作了强调，并通过整份摘要仅有的三个冒号，将商业摆在私有制统治下的经济运动过程的枢纽位置。第二部分比较短，主题是资本和劳动的关系。本部分没有强调任何地方，而且较少使用完整的句子，写下的多是短语型的索引，它们似乎暗示恩格斯这方面的讨论对马克思来说只具有一般的方向提示作用。《国民经济学批判大纲》摘要跟马克思关于麦克库洛赫、普雷沃、德·特拉西和詹姆斯·穆勒的摘要，同在《巴黎笔记》里面编号 B21 的那个笔记本上，位于麦克库洛赫摘要和普雷沃摘要之后、德·特拉西摘要和穆勒评注（这里是评注的后半部分，前半部分在档案编号 B23 的那个笔记本上）之前。但《国民经济学批判大纲》摘要比较特殊，因为它既没有出现在马克思标注的封面目录中，也没有被编上页码（其他摘要的页码是连续的，即 1—9、10—18）。在这个笔记本的封面左下方，有恩格斯纵向手书的下萨克森谚语“有人死就有人生”（Den einen zyn' blood / Is den anderen brood），可能写于 1844 年旅居巴黎期间（那时马克思向他出示过自己的笔记本）。这句谚语仿佛一则预言，昭示着马克思对恩格斯既有认识水平的超越（以及恩格斯

① 参见《马克思恩格斯全集》第 3 卷，人民出版社 2002 年第 2 版，第 442、446、449、461 页。

正在酝酿的自我超越)。[①]

那么，对这个阶段的马克思来说，《国民经济学批判大纲》有没有留下什么易被当代学者忽视的发展线索？请留意，这篇文章的倒数第二自然段强调了“尤尔博士（Dr. Ure）”，此人著有《工厂哲学：或论大不列颠工厂制度的科学、道德和商业的经济》（*The Philosophy of Manufactures: or An Exposition of the Scientific, Moral, and Commercial Economy of the Factory System of Great Britain*)。如果考虑到全文（《德法年鉴》上的排版共占29页）在长达26页的篇幅内只强调过两个人的名字，[②] 这处强调的分量可见一斑。正是在尤尔的启发下，恩格斯在结语处向读者预告：“考虑到机器的作用，我有了另一个比较远的题目即工厂制度；但是，现在我既不想也没有时间来讨论这个题目。”[③] 这则预告跟《评卡莱尔》末尾的以下预告相得益彰，并且在笔者看来共同支撑着马克思与之不断通信的兴致，即“写完这篇总的绪论以后，我还打算在本杂志的最近几期比较详细地谈一谈英国状况及其核心问题工人阶级的状况”[④]。不消说，《英国工人阶级状况》一书正是恩格斯兑现自己理论承诺的阶段性成果。

与此相关，颇能说明问题的是，恩格斯在结束巴黎之行的当月（1844年9月）立即着手撰写《英国工人阶级状况》。须知，该著作的准备期接近两年

---

① 参见《马克思恩格斯全集》第42卷，人民出版社1979年版，第3-4页；鲁克俭：《走向文本研究的深处：基于MEGA² 的马克思文献学清理研究》，中国社会科学出版社2016年版，第57、396、397、400、406页；[德] 罗扬：《马克思主义—马克思—历史学——以所谓的〈1844年经济学哲学手稿〉为例》，赵玉兰译，载《政治经济学评论》2017年第4期，第138-139页；*Marx-Engels-Gesamtausgabe* (*MEGA*), Ⅳ/2 (Apparat), Dietz Verlag, 1981, S. 781。姜海波教授为《国民经济学批判大纲》的15节内容编制的主题索引亦可供参考：“（1）政治经济学的产生和发展；（2）国民财富；（3）商业；（4）价值；（5）生产费用；（6）土地；（7）资本；（8）劳动；（9）竞争；（10）垄断；（11）商业危机；（12）人口；（13）财产集中；（14）道德；（15）科学技术。”参见姜海波：《恩格斯〈国民经济学批判大纲〉研究读本》，中央编译出版社2014年版，第71页。

② 另一位是著有《人口原理及其同人类幸福的关系》（*The Principles of Population, and Their Connection with Human Happiness*）的艾利生（Alison）。恩格斯关于此书的摘录笔记保存下来了，这也是唯一保存下来的青年恩格斯经济学笔记。

③ 《马克思恩格斯全集》第3卷，人民出版社2002年第2版，第473页。马克思后来在《1861—1863年经济学手稿》中写道：尤尔的《工厂哲学》和恩格斯的《英国工人阶级状况》“无疑都是关于工厂制度的著作中最好的”，它们主题相似，但立场有别。参见《马克思恩格斯全集》第37卷，人民出版社2019年第2版，第162页。

④ 《马克思恩格斯全集》第3卷，人民出版社2002年第2版，第524页。

（1842年11月至1844年8月），恩格斯利用住在英国的方便条件，深入工人聚居区实地走访调研，并且广泛搜集各种官方文件和资料。恩格斯花了半年多（1844年9月—1845年3月）才在德国巴门完成这部中等篇幅且重在经验描述的书稿，说明他此前并未真正动笔。可是，恩格斯本该早就动笔了（事务缠身似乎不构成充分理由），毕竟在曼彻斯特工作期间已有多篇堪称铺垫的文章问世，毕竟在英国写作这类主题的书籍显然具有随时补充当地素材的巨大便利。恩格斯的实际动笔时间紧跟在马恩巴黎会晤之后，出版时间（1845年5月，亦即3月杀青后没有立即付印）紧跟在马恩布鲁塞尔会晤（1845年4月）之后，这恐怕不是巧合：《英国工人阶级状况》的写作出版一定受到了马克思当面的强烈敦促和热情勉励（不难想象，恩格斯曾向马克思分享自己搜集的材料和完成的初稿）。

我们知道，《德法年鉴》在1844年2月出版第1、2期合订本之后停办。[①] 恩格斯没有机会在《德法年鉴》发表“英国状况”系列研究的续篇，但他确实在1月初至2月初紧接着一鼓作气地完成了《英国状况　十八世纪》。这篇文章属于恩格斯在1844—1847年构思的“英国社会史”研究的一部分，其核心内容就是描述现代工业在英国的降临及其社会后果。[②] 恩格斯指出，在作为“革命的世纪”的轰轰烈烈的18世纪，法国爆发了政治革命，德国爆发了哲学革命，而英国则在表面的风平浪静之下经历着更具深远影响的社会革命。他这样总结道：“18世纪在英国所引起的最重要的结果就是：由于工业革命，产生了无产阶级。”[③] 有趣的是，这篇文章在压了半年之后，在恩格斯赴巴黎造访马克思期间突然发表于巴黎的《前进报》（马克思从1844年夏天开始参与操办），[④] 在8月31日和9月4、7、11日（第70—73号）分四期连载。根

① 参见1844年4月7日《曼海姆晚报》刊登的《〈德法年鉴〉停刊起因》，载《马克思恩格斯全集》第3卷，人民出版社2002年第2版，第618页。

② 参见［德］霍尔斯特·乌尔利希：《恩格斯的青年时代——对恩格斯在1842—1845年世界观的发展所作的历史传记性研究》，马欣译，生活·读书·新知三联书店1980年版，第145页。

③ 《马克思恩格斯全集》第3卷，人民出版社2002年第2版，第546页。

④ 《前进报》创办于1844年1月，一周两期（每逢周三、周六出刊），当年12月停办。初始副标题是“巴黎艺术、科学、戏剧、音乐和社交生活信号”，1844年7月1日改为“巴黎德文报纸”。在马克思的影响下，该报纸从温和自由派报纸逐步转变为旗帜鲜明的革命报纸。参见《马克思恩格斯全集》第3卷，人民出版社2002年第2版，第799页。

据马克思的《评一个普鲁士人的〈普鲁士国王和社会改革〉一文》从投稿到用稿的间隔可以推知，《前进报》的用稿周期不长，这就意味着恩格斯的文章可能是在他抵达巴黎前后才由马克思牵线提交的，毕竟恩格斯此前主要的合作报刊是英国的欧文派机关报《新道德世界》和宪章派机关报《北极星报》，与《前进报》方面谈不上多少交情（结交该报编辑部也是恩格斯巴黎之行的目的之一）。

不仅如此，恩格斯的《英国状况 英国宪法》那时也早已拟就（约写于1844年2月中旬—3月中旬），被安排发表于1844年9月18、21、25、28日和10月5、16、19日的《前进报》。依写作次序发表当然无可厚非，但如果考虑到《德法年鉴》的情况（即刊载次序未必符合写作次序），那么至少在8月下旬的马克思和恩格斯看来，研究英国工业革命的文章优先于研究英国宪制结构（“是财产在进行统治”）的文章。此外，相比1843年和1844年早期，恩格斯在1844年5月下旬和6月份（《1844年经济学哲学手稿》笔记本Ⅰ的动笔时间）的作品呈现出关注焦点的某种偏转，这或许亦可反映正在与他不断通信交换意见的马克思方面的思想进展情况。我们看到，1843年5月和6月恩格斯在《瑞士共和主义者》发表的一组文章《伦敦来信》（共四篇），讨论的多是英国的政治事务（集会和游行）、法律事务（议会法案的审议）和教育事务（社会主义者的工人宣传和书刊印行）。1843年11月恩格斯在《新道德世界》发表的《大陆上社会改革的进展》（分“一、法国”与“二、德国和瑞士”两期连载），旨在向英国社会主义者介绍欧陆的同类学说，方便大家在相互了解的基础上求同存异。他认为，英国人通过实践得出的结论，与法国人通过政治和德国人通过哲学得出的结论不谋而合。这篇文章表明恩格斯比较熟悉欧陆社会主义的基本文献及其传播过程，但文中几乎完全没有结合欧陆现代工业和工人阶级的状况来展开讨论，只在纯思想史层面从事梳理工作。相反，恩格斯在1844年5月25日、6月15日、6月29日陆续发表的通讯报道，明显更多关注工业状况和工人问题（包括巴伐利亚啤酒因税涨价引发的四日工人骚乱、里昂附近矿区的矿业工人罢工、西里西亚纺织工人起义），而非单纯的政治议题，并且经常出现一期报纸上发表两篇这类报道的情况（这显然不能用当时没有其他事情可以报道来解释），足见恩格斯的热切心境，其中恩格斯尤为详细地报道了西里西亚事件（德国无产者的首次阶级暴动）的过程和起因，而我们知道，该事件是影响《1844年经济学哲学手稿》写作的最重要外部动因之一。①

为进一步巩固本章的推测，我们不妨再看看格奥尔格·韦伯的情况。韦伯在1844年6月或7月跻身《前进报》的撰稿人行列，与马克思过从甚密。韦伯在《前进报》发表了四篇谈论经济问题的文章（皆收入《马克思恩格斯全集》中文第2版第3卷），即《黑奴和自由奴》（1844年7月20日，这个标题很有讽刺意味）、《普鲁士官方的慈善活动》（1844年8月3日）、《阿尔萨斯奥斯特瓦尔德移民区》（1844年8月10日）和《货币》（1844年8月28日）。其中前三篇文章主要在讨论现代工业和工人状况的问题，至于《货币》则不失为有关工业运行条件的考察（跟“货币片断”和“穆勒评注”类似）。这批文章不仅吸收了马克思在《前进报》编辑部会议上的意见，而且直接利用了马克思的手稿和笔记。例如，韦伯把“整个工厂—工业”视为“财富的主要来源”。他看到：“不幸的工业奴隶，不单是由于身边有同他竞争的工人，不单是抗拒劳动，而且由于自己的劳动，正在走向死亡。”他发现：“工厂主之所以也决不希望有奴隶制，是因为他们可以用所谓的自由人更廉价地进行生产，是因为他们必须将奴隶喂饱，但是他们可以让自由的工人挨饿!”他呼

① 参见杨金海主编：《马克思主义研究资料》第11卷，中央编译出版社2015年版，第517、531、548页。如果我们把时间轴进一步回拨到1842年11月底—12月底，同样会有奇妙的发现。那时，恩格斯刚在11月24日前后取道科隆拜访了马克思及《莱茵报》编辑部（尽管被误以为是柏林“自由人”的同党而受到马克思的冷遇，因为，比如当年夏天恩格斯刚与埃德加·鲍威尔合著了叙事诗《横遭灾殃但又奇迹般得救的圣经》），并且人生第一次踏上不列颠国土（“一下子置身于英国生活之中”）。他甫一安顿下来就立刻为马克思主持的《莱茵报》撰稿（第一篇约写于11月29日），并且显然遵循着马克思在11月30日的一封书信中所倡导的“多注意一些具体的事实，多提供一些实际的知识”(参见《马克思恩格斯全集》第47卷，人民出版社2004年第2版，第42页，这封信恰写于恩格斯辞别之后，而且主题就是同柏林“自由人”有关的纠纷)。恩格斯寄自伦敦和兰开夏郡的几篇通讯，把作为“工业国”的英国的竞争困境、发展出路、阶级关系和社会革命等问题摆在核心位置，甚至有一篇通讯的标题就是《英国工人阶级状况》（1845年的那部著作只是多了一个定冠词“Die”和一个副标题）。如果意识到1842年11月之前的恩格斯作品几乎没有讨论过工业经济问题，只有1839年初那篇关于他家乡（那里也是德意志最发达的工业区）的政论文章《伍珀河谷来信》构成不甚明显的例外（笔者之所以说“不甚明显”，是因为文章的主题在于宗教状况、特别是流行于伍珀河谷的虔诚主义），那么我们可以得到这样的印象：在早期阶段，每当恩格斯靠近马克思的时候，工业现代性的相关问题就立刻成为其首要关注点，而且这也成为恩格斯超越青年黑格尔派理论视野的重要机缘。参见《马克思恩格斯全集》第2卷，人民出版社2005年第2版，第39-40、43-45页；《恩格斯与马克思合作之前从唯心主义向唯物主义，从革命民主主义向共产主义的转变》（一），胡慧琴译，载杨金海主编：《马克思主义研究资料》第11卷，中央编译出版社2015年版。

吁消除“主要因工厂—工业的进步而引起的”赤贫现象。① 笔者同样要说，韦伯抛出这些论断恐怕也不是巧合，至少从韦伯自身的特殊兴趣那里难以找到令人信服的解释。不消说，马克思深深影响着韦伯的观察角度和构思方向。

二、重构《1844 年经济学哲学手稿》中的工业形象

旧的科学没有教导我们去了解和预防新的灾难。

——西斯蒙第

现在，我们如果再次翻阅《1844 年经济学哲学手稿》，会更容易觉察那些被异化概念或德国哲学批判的普照光芒掩盖了生动色彩的细节。下面，本节试图结合马克思在 1844 年夏天业已掌握的思想资源和业已具备的生活经验，从两个角度重构《1844 年经济学哲学手稿》本身在工业问题方面详细讨论或者至少有所提示的内容，从而凸显该问题在这部手稿中的重要地位。虽然马克思此时在工业运转的实际细节方面的知识不及恩格斯，但诸多迹象表明，马克思正在酝酿着有关工业世界的更具气象的理论洞察。

在进入正题之前，应当首先说明《1844 年经济学哲学手稿》里面与工业问题相关的若干概念。“Industrie”既可以指严格意义上的工业，从而与农业和商业相并列且相区分，也可译为广义上的“产业”或“实业”。直接由该概念构成的一组词汇包括“industriell”(工业的)、“Industrielle”(工业家)、“Industrialismus”(工业主义)、“Industrieherrschaft”(工业统治)、“Industrieherr”(工厂主，宜改译“工业主”)、“die produktive Macht der Industrie”(工业生产力)、“industrielle Bürger”(工业资产者)、“industriellen Unternehmer”(工业企业家)、“industrielle Capital”(工业资本)、“Industriearbeit”(工业劳动)、“Fabrikindustrie”(工厂工业)、“Industrieschacher”(以产业形式牟利的行为，宜改译“工业牟利”)等。“Manufactur”常与“Industrie”混用，但严格说来应该译作“工场手工业”，中译者有时不加区分地译为“工业”或“制造业”。按照《1844 年经济学哲学手稿》援引的威廉·舒尔茨 1843 年著

① 参见《马克思恩格斯全集》第 3 卷，人民出版社 2002 年第 2 版，第 625、627、636-637 页。

作中的描述，“Manufactur”位于劳动发展的第三个阶段，高于“手的劳动”(Handarbeit) 和“手工”(Handwerk)，但尚未达到“机器方式”(Maschinenwesen) 的水准，算是初步发达阶段的工业。[①] 由它构成的词汇例如：“Manufacturkraft”(工业力)、“Manufacturproduktion”(工业生产)、“Manufacturnation”(工业国)、“Manufacturherr”(工场主)。此外，“Fabrik”(工厂) 与工业问题密切相关，它在 19 世纪是工业的主导组织形式，经常成为时人争议的焦点。它有别于传统的手工工场，正如《1844 年经济学哲学手稿》曾出现“工场和工厂”(Manufactur und Fabrik) 的表述。由它构成的词汇例如：“grossen Fabrik”(大工厂)、“Fabrikwesen”(工厂制度)、“Fabrikarbeit”(工厂劳动)、“Fabrikarbeiter”(工厂工人)、“Fabrikant”或“Fabrikherr”(工厂主)。需要说明的是，农业 (Agrikultur) 也可以作为广义“Industrie”的一种，[②] 但不可归入“Manufactur”的行列。

总的来看，能够恰当表示工业现代性的词汇显然是“Industrie”及其派生词（例如“工业革命”）。但与此同时，为了防止因为外延宽泛而引发的不必要混淆，人们（包括马克思）往往使用“现代工业”“自由工业”“工厂工业”“机器大工业”之类的术语，本章以下讨论的工业也主要指这层意思。同样有必要说明的是，在 19 世纪上半叶，西方工业的门类已蔚为大观，包括纺织业（丝、麻、毛、棉等）、皮革制造业、瓷器制造业、玻璃制造业、酿造业、建筑业、船舶业、冶炼业、机器制造业、采矿业等，但其典型代表是作为轻工业的棉纺织工业（作为重工业的钢铁工业在 19 世纪下半叶逐渐取而代之），棉纺织工业也是青年马克思工业思想的主要经验原型。

（一）工业部门在国民经济体系中的特殊性

我们看到，《1844 年经济学哲学手稿》在谈及工业部门的特殊性时，主

---

① 参见［德］舒尔茨：《生产运动：从历史统计学方面论国家和社会的一种新科学的基础的建立》，李乾坤译，南京大学出版社 2019 年版，第 39 页。

② 《1844 年经济学哲学手稿》曾有“Industrie (Agrikultur)”和“sie die Agricultur für die einzige Industrie erklärt”的表述。大概中译者感到这里把“Industrie”译成“工业”十分别扭，就改译为“生产”，于是把这两处文字表述为“生产（农业）”和“他们宣布农业是唯一的生产”。参见［德］马克思：《1844 年经济学哲学手稿（附有按照手稿写作顺序编排的文本）》，人民出版社 2014 年版，第 226 页；*Marx-Engels-Gesamtausgabe* (*MEGA*)，Ⅰ/2，Dietz Verlag，1982，S. 259-260。

要以农业部门为参照系（当然这里首先指尚未经过工业方式洗礼的传统农业）。二者都是物质生产运动的主要分支，但彼此有着根本的差别，这些根本差别只是到了工业革命之后才极为真切地显示出来。

1. 社会整合力

在英国那种通过原始积累阶段的圈地运动而令大地产占主导地位的国家，农业人口相对于土地面积来说星星点点、微不足道；在法国，地产析分（尤其在大革命之后）愈演愈烈，小土地所有者多如牛毛（据说里程不长的圣日耳曼铁路在修建过程中需同近千名土地所有者谈判），一个人拥有的地块常常相隔甚远，而且所有权移转速度极快（从法国当地火热的地产销售广告可见一斑）。[①] 无论是在哪一种情况下，农业都是一种相对分散的、孤立的、沉闷的生产活动，它对人口的需求并不旺盛，一般不会随着劳动力密集而等比例地提高生产。农民之间的社交联系（相对工厂工人而言）本就淡薄，加之相邻的农民在产品种类和消费需求方面大同小异，精神交流和物质交换更显得没有必要。相反，按照马克思的“萨伊《实用政治经济学全教程》摘要”，工业“使人与人的关系不可或缺”(rend indispensables les relations d'homme à homme)，它是“社会的粘合剂”(ciment de la société)。[②]

此种整合机制首先是由于工业为了“共同的生产目的”，将大宗物质财富跟多样化的技艺（因而庞大数量的工业人口）“广泛结合”，或者说，将“无理智的自然力”和“生产性的人力”在相当大的规模上“联合起来”[③]。工业的这种结构既是分工高度发达的产物，又力求在一定范围内克服分工。其次，工业具有高度的内部相互依存性，任何一种工业的成功发展都需要其他众多工业门类的密切配合（即所谓上下游产业链）。某种工业若是稍稍停顿，机器便不啻一堆废铁，先期投资遭受难以挽回的重创不说，等待着它的还有难以承受的违约风险，于是人们常常看到企业家宁愿亏损也会继续挣扎着生产；

① 参见［德］弗里德里希·威廉·舒尔茨：《生产运动：从历史统计学方面论国家和社会的一种新科学的基础的建立》，李乾坤译，南京大学出版社2019年版，第29–33页。

② 参见 *Marx-Engels-Gesamtausgabe*（*MEGA*），Ⅳ/2，Dietz Verlag，1981，S. 331。

③ 参见［德］马克思：《1844年经济学哲学手稿（附有按照手稿写作顺序编排的文本）》，人民出版社2014年版，第178、186页；［德］弗里德里希·威廉·舒尔茨：《生产运动：从历史统计学方面论国家和社会的一种新科学的基础的建立》，李乾坤译，南京大学出版社2019年版，第27页。

至于某个工业部门发生倾覆的情况，那更会严重动摇整个国家工业体系的根基。这样的事情在农业领域是无法想象的。最后，工业在现代所汇聚的资本体量和调集的社会资源是农业难以望其项背的，工业力量和农业力量决不可同日而语。工业为了自身的顺畅运转，必定到处大力推动交通运输状况的改善、通商路线的开辟、殖民地的建立和信用业（其完成形式正如“穆勒评注”所言是银行业）的更新，从而在国内各个城市之间以及世界各个商埠之间建立极为紧密的纽带，这些都是农业国在所谓自然趋势下不可能迅速取得的成就。[①] 有鉴于此，工业在国民经济体系中的所占比重，以及劳动人口在工业中的分布状况，就成为衡量一国经济发展程度的标志，现代化也就在很大程度上等于工业化。

2. 科技结合度

自然科学的变革和新兴技术的应用，无疑有利于农业设施的改良，从而有利于农业生产的发展，但是，科技跟工业的结合程度远为紧密。“工业是科学与技术的成果，也是科学与技术的支持者和保护者。”[②] 英国的例子已经表明，对于工业的大踏步前进而言，正确的商业政策自是不可或缺，但关键在于科技进步。工业国家必然流行和信奉科学。科技与工业的历史性结合，召唤出机械力量这一强悍的物质力量，它让残疾人、妇女或者孩童能够轻易完成远超最强壮人力的工作量，棉纺织工厂之所以能够雇佣极高比例的女工和童工，主要原因就在这里。作为机械力量的代表，蒸汽机的出现是划时代的，采用蒸汽机的工业乃是工业的工业。

遗憾的是，德国的哲学和历史编纂学，对科技要么不闻不问（或者没有真正的能力去过问），要么轻描淡写。相比之下，马克思在圣西门学派的影响下激动地发现：“工业的历史和工业的已经生成的对象性的存在，是一本打开

① 参见［德］弗里德里希·李斯特：《政治经济学的国民体系》，陈万煦译，商务印书馆 1961 年版，第 45、140、150、176、196、283、284 页。

② ［德］弗里德里希·李斯特：《政治经济学的国民体系》，陈万煦译，商务印书馆 1961 年版，第 195 页。

了的关于人的本质力量的书。”① 人的本质力量在艺术、哲学等那里还是隐微的东西，而在采用蒸汽机的工业那里则得到“显白的展示”(exoterische Enthüllung)。由此，对自然的人化改造在加速进行，“人本学的自然”(anthropologische Natur) 在加速形成。但是，马克思没有被工业革命的巨大成就冲昏头脑。他知道，并以两处“尽管以异化的形式”这样的提法表明：科技虽然通过工业而日益渗透到人类的生活实践之中，给人类带来解放的福音，但在现有的历史条件下，它不得不把“非人化”(Entmenschung) 的加剧作为自己的直接效果。这意味着工业在充当社会粘合剂的同时，并未塑造众志成城的团结状态，一旦危机降临，社会随时有解体的风险。人类既苦于工业科技的不发展，又苦于工业科技的发展。伟大而多难的 19 世纪，不得不比先前任何时代更加深陷于“现代工业和科学为一方与现代贫困和衰颓为另一方”的激烈对抗。② 不过，蒸汽机的作用不仅是提高工业生产力，它还大大改变了工业的地理分布。农业的地理分布取决于土地的肥沃程度和析分状况，但总是集中在农村，毕竟农业离不开土地这个主要物质载体。工厂比土地灵活得多，工厂的位置首先取决于能源供应，因而也可以说，工业史同时也是能源史。早期工业主要利用水力，因此工厂选址必须靠近能够提供相当规模稳定水流的河川（为此有时需要配套建设水坝等基础设施），这种工厂经常位于旷野，那里虽然地价低廉，但往往很快遭遇劳动力供给的瓶颈。正是蒸汽机拓展了工业生产的空间选择自由，从此，工厂纷纷转入城市（这样也更容易找到充足的雇佣劳动者），迅速在此汇聚的劳动者和财富为人类创造了一种崭新的城

---

① ［德］马克思：《1844 年经济学哲学手稿（附有按照手稿写作顺序编排的文本）》，人民出版社 2014 年版，第 238 页。从文艺复兴时期到现代，“世界 = 书”的隐喻频繁出现。例如伽利略就有过这样的用法，他进而指出，唯有掌握这本书的符号（他指的是数学图形），才能看懂这本书的加密语言。世界之书及其秘密象征的隐喻，实为“自然的秘密”这一经典隐喻的变种，它们相继出现在歌德、诺瓦利斯、谢林等人的笔下，因而为马克思所熟知。但《1844 年经济学哲学手稿》此处的隐喻颇有新意，它实际上融合了皮埃尔·阿多（Pierre Hadot）所谓对待自然的“普罗米修斯态度”(科技的进路）和“俄耳甫斯态度”(审美的进路)，而二者在 18 世纪一度处于对抗状态。参见［法］皮埃尔·阿多：《伊西斯的面纱：自然的观念史随笔》，张卜天译，华东师范大学出版社 2019 年第 2 版，第 179、280-285、293-294、296-297、371-372、448 页。

② 参见［德］马克思：《1844 年经济学哲学手稿（附有按照手稿写作顺序编排的文本）》，人民出版社 2014 年版，第 239 页；《马克思恩格斯文集》第 2 卷，人民出版社 2009 年版，第 580 页。

市形态，这就是马克思在“比雷《论英法劳动阶级的贫困》摘要”中关注的大型工业城市（die grossen Industriestädte），那时最典型的当属恩格斯正在考察的曼彻斯特。①

马克思借以理解工业特殊性的进路，实际上这意味着他此时隐藏的问题意识之一是农业国向工业国的历史转型（从国民经济指标可知，这对英国来说是完成时，对他旅居的法国来说是正在进行时，对普鲁士来说还只是初露端倪）。这实际上还意味着，《1844年经济学哲学手稿》的主题首先是生产领域而非交换领域。可以认为，在很大程度上正是工业生产的特征问题，促使马克思认真考虑前人使用的“生产方式”“生产力”“生产关系”等概念，以及由工业生产所决定的相关劳动者的生活方式问题。

（二）工业劳动作为异化劳动的发达形态

由于1932年以来围绕异化问题的漫长争论史，今天我们一谈起《1844年经济学哲学手稿》，最先想到的多半就是笔记本Ⅰ的第XXⅡ—XXⅦ页（共6页有余，第XXⅦ页刚一起笔就以“我们来进一步考察这三种关系”这句预告而中断），马克思在那里尽管保留三分栏的外观，却从左向右贯通书写，后来编者将这部分命名为“异化劳动和私有财产”，其中关于异化劳动的四个规定尤为振聋发聩。学术界对异化劳动问题的讨论汗牛充栋，在此毋庸赘述，但如果我们从工业问题的角度重新阅读这段文本，会有一些新的发现。

① 参见 *Marx-Engels-Gesamtausgabe*（*MEGA*），Ⅳ/2, Dietz Verlag, 1981, S. 574, 578。法国学者比雷这部西斯蒙第式的社会主义著作，强有力地参与构成了马克思国民经济学批判工作的思想基质。它对巴黎时期马克思的特殊意义，可从以下事实得到说明。（1）马克思不仅在《1844年经济学哲学手稿》笔记本Ⅰ从私人藏书中的1840年巴黎版比雷著作大量援引（因为援引内容皆未出现在“比雷摘要”中，故有此推断），还专门对它做了完整的摘录笔记，同期援引的劳顿、贝魁尔和舒尔茨无此待遇。（2）在整套《巴黎笔记》中，像“比雷摘要”这样单人单书独占一册的情况极为罕见。（3）“比雷摘要”中的勾销标记比较特别，用的是黑色铅笔，而其他《巴黎笔记》用的是浅褐色铅笔或墨水笔。（4）由于在巴黎时期未及完成全书的摘录，马克思甫一抵达布鲁塞尔，就从当地找到的1843年布鲁塞尔版继续摘录该著作，摘录内容前后衔接。这也同时意味着，“比雷摘要”构成巴黎时期和布鲁塞尔时期的重要连接点。参见［德］尤根·罗扬：《理论的诞生——以1844年笔记为例》，赵玉兰译，载《马克思主义与现实》2012年第2期，第13页；［苏］卢姆扬策娃：《论在〈梅佳〉[2]第四部分第二卷中卡尔·马克思的巴黎笔记的发展》，载《马克思早期思想研究译文集》，熊子云、张向东译，重庆出版社1983年版，第153-154页。

1. 历史意识之下的异化劳动

马克思是带着强烈的历史意识切入这个主题的。这种历史意识当然要求马克思或早或晚转入经济学说史的探究（《国民经济学批判大纲》已提供一种预演），但正如他的“李斯特摘要”所表明的那样（即只摘录《政治经济学的国民体系》第一、二编，未摘录第三、四编），本阶段的关注点不在于单纯的学说史知识（更不在于实用的经济政策），而在于洞悉抽象政治经济学原理本身的历史性。如果他此时看重经济学说史，本应从重商主义或重农学派甚至更早的经济学著作入手。我们看到，马克思很快判定，国民经济学试图用“一般的、抽象的公式”抹煞私有财产“在现实中所经历的物质过程”，于是，原本作为历史性事实的那个出发点就蜕变为一种不可动摇的、自然而然的、理所应当的东西。那么，马克思是不是要去考察私有财产的起源和演变的过程，从而戳穿国民经济学的虚伪呢？他没有这样做。他明明知道地产就是私有财产的“最初形式”和“根源”，却没有进一步考察地产的早期情况，反而向读者郑重提议“我们且从当前的国民经济的事实出发”①。之所以说郑重提议，是因为这寥寥数语独占一个自然段，而且马克思对“当前的”（gegenwärtigen）这个字眼作了强调。这种思路的理据何在？原来，私有财产唯有发展到“最后的顶点”（lezten Culminationspunkt），才“重新”（wieder）暴露出自己的“秘密”（Geheimniß），即私有财产和异化劳动的因果关系和内在互动。马克思兴奋地宣布，这种思路“使至今没有解决的各种矛盾立刻得到阐明”②。

如果说异化劳动和私有财产是一体两面的东西，那么异化劳动概念就只是对私有财产这个古已有之的事物的一般解释（同理，人化自然也只是一般解释），而无法具体解释它在工业时代的独特命运，就此来说，异化劳动概念有蜕变为“一般的、抽象的公式”的嫌疑。马克思要求我们认识到私有财产

① 参见［德］马克思：《1844年经济学哲学手稿（附有按照手稿写作顺序编排的文本）》，人民出版社2014年版，第193、199、227页。

② 参见［德］马克思：《1844年经济学哲学手稿（附有按照手稿写作顺序编排的文本）》，人民出版社2014年版，第210页；*Marx-Engels-Gesamtausgabe*（*MEGA*），Ⅰ/2，Dietz Verlag，1982，S. 244。

的历史运动，就是要求我们认识到异化劳动的历史运动，更确切地说，就是要求我们秉持历史意识对待作为异化劳动发达形态的工业劳动，这才是“最后的顶点”，这才是“当前的事实”。正是在作为典型的棉纺织工厂劳动这里，原先只不过是碎片、因素或预兆的东西，才呈现出容易识别的充分且完整的轮廓。马克思在十几年后把这种思路凝练为一句箴言：“人体解剖学对于猴体解剖学是一把钥匙。”① 但我们在掌握这种回溯方法（或者从后观看法）的力量的同时，决不能用工业劳动的考察直接取代早期劳动的考察，不能用工业劳动抹平一切时代劳动的差别，否则就背离了历史意识。

2. 色诺芬提供的劳动参照系

《1844年经济学哲学手稿》的思路表明，马克思最想要理解他所置身的19世纪及其中由工业彰显的现代性，早期情况对他来说只是参照系（因而只有次要的、辅助的意义）。马克思在巴黎时期确实摘录过一位古人的著作（仅此一位），即雅典的色诺芬。夹在一众18、19世纪的著作家中间，“色诺芬摘要”的存在乍看之下有些突兀，甚至有点滑稽。它位于编号B23的巴黎笔记本的开端，没有页码，“李嘉图摘要”和“穆勒摘要（前半部分）”紧随其后且有罗马数字编码。“色诺芬摘要”的写作时间问题，以及它究竟属于《巴黎笔记》序列抑或《布鲁塞尔笔记》序列的问题，曾经引起争议，后经考证得到澄清。②“色诺芬摘要”的部分内容，跟马克思在巴黎时期阅读的法语学者西斯蒙第的《政治经济学新原理》具有相关性（当然这并不等于说马克思是因为受到西斯蒙第的启发而去摘录色诺芬的），后者专门提纲挈领地讨论过色诺芬的经济思想，其中最重要的元素都在“色诺芬摘要”第4篇“*Von der Haushaltungskunst*”中得到反映。按照西斯蒙第的看法，希腊人留给我们少许研究经济问题的著作中，列在首位的当属色诺芬的小册子《齐家术》（*Oeconomicus*）。中译本将其译为《经济论》或《经济学》，这是不太确切的，马克

---

① 《马克思恩格斯文集》第8卷，人民出版社2009年版，第29页，译文有改动。《国民经济学批判大纲》同样持有这种强烈的历史意识或曰时代意识，参见《马克思恩格斯全集》第3卷，人民出版社2002年第2版，第445页。

② 参见［苏］卢姆扬策娃：《论在〈梅佳〉[2]第四部分第二卷中卡尔·马克思的巴黎笔记的发展》，载《马克思早期思想研究译文集》，熊子云、张向东译，重庆出版社1983年版，第147–149页。

思所摘录的德译本的译名更接近该词的希腊本义。这部对话录借苏格拉底之口，申明古人的正统见解，从哲学的观点宣称农业劳动是最高贵的生产活动，并认为各个城邦对手工艺的普遍轻视是正确的。手工艺是粗鄙的事情，它损害人的身体健康，进而败坏人的灵魂和勇毅气概。相反，农业作为像战争那样直接由神掌握的事情，堪称高贵者（自由民）的最佳职业，是其他一切技艺的源泉和保障——农业不牢，地动山摇。农业劳动不仅提供某种享乐或者情趣，熏陶某种美德，还能增益财富和锻炼身体，从而使人民更有意愿和能力去保卫家园。书中最终得出结论：以农业为生是最光荣、最卓越、最美好的事情。[①] 如果说“劳动在国民经济学中仅仅以谋生活动［Erwerbsthätigkeit，又译“营利活动”］的形式出现”[②]，那么，色诺芬这番田园牧歌式的叙述，就为马克思树立了作为非谋生活动的劳动的原型，这种劳动既无关乎亦不计较收入和利益，反而成为体育、德育和美育的有效方式。[③] 一个人若是据此反观现代工业劳动的景象，必定感到触目惊心。

3. 工业劳动现象及其典范国度：来自法语和德语著作的启示

当马克思要求“超出国民经济学的水平”，去追问“把人类的最大部分归

① 参见［瑞士］西斯蒙第：《政治经济学新原理，或财富同人口的关系》，何钦译，商务印书馆1964年版，第26、27页；［古希腊］色诺芬：《经济论 雅典的收入》，张伯健、陆大年译，商务印书馆1961年版，第13-14、18-22、53；*Marx-Engels-Gesamtausgabe*（*MEGA*），Ⅳ/2，Dietz Verlag，1981，S. 391。可惜马克思巴黎时期的“西斯蒙第摘要”没有流传下来。在编号B21的巴黎笔记本的封面索引上，马克思最初在“5）”后面缩略标记的是西斯蒙第《对消费和生产的平衡的说明》，此即《政治经济学新原理》第2版的附录（重视附录的做法不是孤例，该索引中的“2）Prevost zu Mill”即对应着麦克库洛赫著作法译者Guillaume Prevost撰写的附录）。这使人联想《政治经济学新原理》的正文部分已在其他地方得到摘录（实际上，40年代末马克思在笔记本Ⅰ前面的一张空白页上，写下了自己曾经摘录过的29本书的标题，其中即包括“西斯蒙第摘要”，而鉴于马克思在《1844年经济学哲学手稿》和《神圣家族》皆援引过西斯蒙第，故而该摘要多半写于巴黎时期）。马克思随后将西斯蒙第划掉，改记为边沁的《惩罚和奖赏的理论》，并标明详细的版本信息（前四条索引只有人名，均无版本信息）。不过，现存笔记本并没有“5）”的对应摘要。参见鲁克俭：《走向文本研究的深处：基于$MEGA^2$的马克思文献学清理研究》，中国社会科学出版社2016年版，第57页。

② ［德］马克思：《1844年经济学哲学手稿（附有按照手稿写作顺序编排的文本）》，人民出版社2014年版，第169页。出现在笔记本Ⅰ工资栏第Ⅶ页最后一行的这句话是马克思后来补入的，或许正由于他突然忆起色诺芬笔下的苏格拉底教诲。

③ 魁奈《农业国经济统治的一般准则》中的一段论述，或可视为色诺芬观点在启蒙时代的重申：“在获得财产的所有方法中，再没有什么比农业更加优良，更加丰富，更加愉快，更加适合于人、特别是自由人的方法了。……据我所见，不仅是从全人类生存的工作效果来看，就是从它所获得的喜悦和丰富说，不知道是不是还有比它（农业）更幸福的生活？”［法］弗朗斯瓦·魁奈：《农业与手工业》，吴斐丹、张草纫选译，商务印书馆2021年版，第34页。

结为抽象劳动”对人类发展有何意味的时候，他实际上是在要求直面工业劳动的现象，澄清其本质和意义。这一工作，马克思是借别人的生动文字完成的。我们看到，从工资栏第Ⅷ页开始，马克思的摘录完全是成段成段、原原本本进行的，整个过程近乎处于失语状态（可以想象，这是由极度悲悯引起的），[①] 最后落脚于一句很有冲击力的宣告，即“工业直到现在还处于掠夺战争的状态”[②]。摘录对象均为最新出版物，且基本上出自马克思的巴黎藏书，包括舒尔茨的《生产运动》（1843年，德语）、贝魁尔的《社会经济和政治经济的新理论，或关于社会组织的探讨》（1842年，法语）、劳顿的《人口和生计问题的解决办法》（1842年，法语）和比雷的《论英法劳动阶级的贫困》（1840年，法语）。这些人（尤其是法国人）的事实描述，涉及工人收入水平和生活水平及其可持续性、被平均计算所掩盖的劳动阶级状况的实际恶化、绝对贫困和相对贫困的分野、机器的引入或改进及其后续影响、奴隶式劳动的时间、纺织厂雇佣劳动者的性别比例和妇女社会地位的变化、童工数量的迅速攀升、劳动者身心状况的严重败坏、卖淫者（“马路天使”）的惊人规模、赤贫人口的相对增长和相对短寿等等。凡此种种均以不容置疑的方式告诉马克思：工业劳动打破了“人借助机器来劳动”和“人作为机器来劳动（或者人像机器那样劳动）”之间的天然分界线，也碾碎了穷人和无产者之间的历史同一性，重新将无产者界定为完全依靠“片面的、抽象的劳动”为生的人，而这种全面商品化甚至动物化的劳动显然并不来自一般意义上的分工，只能是现代工业分工的必然产物，正如劳动阶级的贫困化不再主要源于机能、

---

① 笔记本Ⅰ中此前关于斯密和萨伊的摘录具有完全不同的性质：马克思经常不是直接引用，而采取转述甚或重组的方式，突出原著者有时只是在犄角旮旯里不经意间透露的事情，例如萨伊在《政治经济学概论》1817年第3版第1卷第136页的注释中透露的历史真相，即土地所有者的权利源自掠夺。参见［德］马克思：《1844年经济学哲学手稿（附有按照手稿写作顺序编排的文本）》，人民出版社2014年版，第145页。

② 这句话化用了比雷的“工业成了战争，而商业成了赌博”。可以看到，马克思的关注点在工业而非商业，尽管这两个经济部门在实际运行中是唇齿相依的。

天赋、运气等偶然因素，而是产生自“现代劳动本身的本质”①。

当时的法语学者和德语学者一致认为，上述工业劳动景象的典范国度是英国。不过，德语学者，例如李斯特，似乎更愿意同时探寻英国工业兴起的各种历史的、偶然的和非经济的成因。他在《政治经济学的国民体系》“第一编 历史”专门讨论了英国经济（在“李斯特摘要”的范围内），认为英国几个世纪以来的主导性商业政策十分合理，国际贸易条约和专利法高瞻远瞩，世界主要航线尽在掌控，排除罗马法传统而发展出基于普通法传统的立宪自由，贵族制度尽善尽美，偏安一岛的优越地理位置使其避开欧陆灾祸甚至每每从中渔利（比如欧陆的宗教迫害导致大量工业家和资本流入英国），等等。② 法语学者，例如西斯蒙第，则更倾向于按照工业经济的本质性规定，去把握英国工业的正面和负面因素。他指出：英国是一个“有极丰富的经验可供世界其他各国参考的国家”，“我特别为了使我的读者注意英国，我想通过英国所遭受的危机，根据全世界各种工业之间的联系，来说明我们目前的灾难的原因；我也指明，如果我们继续奉行它所遵循的原则，那我们自己未来的历史会是怎样的”③。在英国的乡村，农夫近乎绝迹，全面让位于短工；在英国的城市，手工业者和独立的小工场主同样近乎绝迹，全面让位于大工厂主；手工织工到处被轰鸣的蒸汽动力织机（power looms）取代，只得奄奄待

---

① 参见［德］马克思：《1844年经济学哲学手稿（附有按照手稿写作顺序编排的文本）》，人民出版社2014年版，第169页。在笔者看来，蒲鲁东的《贫困的哲学》之所以招致马克思的专门批判（须知马克思对《什么是所有权》的更高评价主要涉及风格而非内容），一个重要原因是：蒲鲁东明明抓住了贫困这个工业时代的本质性症结，却由于在逻辑方法上异想天开（即深陷“政治经济学的形而上学”）而损害了自身的理论分析力，因此尤为令人痛惜，尤为需要指正。《哲学的贫困》这个标题颇耐人寻味，它既点明蒲鲁东哲学功底的薄弱，同时也暗示蒲鲁东在实证材料的掌握上并不贫困！

② 参见［德］弗里德里希·李斯特：《政治经济学的国民体系》，陈万煦译，商务印书馆1961年版，第41-62页。

③ 参见［瑞士］西斯蒙第：《政治经济学新原理，或财富同人口的关系》，何钦译，商务印书馆1964年版，第7、13页。马克思曾经基于文化地理敏感性和学术发展阶段性评论道：“现代政治经济学的历史是以李嘉图和西斯蒙第（两个相对立的人，一个讲英语，一个讲法语）结束的。”《马克思恩格斯全集》第30卷，人民出版社1995年第2版，第3页。不过，西斯蒙第开出的药方，即呼吁放弃自由放任主义而采取有力的干预和调控，甚至高扬小生产的优先性，显然不得要领。这里我们不禁联想起李斯特的一句话：“一个作家，他的理论基础也许始终是完全错误的，但是对科学的个别部分仍然有可能提出极有价值的见解和推论。”［德］弗里德里希·李斯特：《政治经济学的国民体系》，陈万煦译，商务印书馆1961年版，第339页。

毙。英国的今天，特别是它那极为活跃且不可抗拒的工业发展和远超其他国家的频繁破产现象，很可能成为欧陆国家明天的繁荣和浩劫的预演。按照马克思的常规思想取向（即更看重事情中的普遍性而非特殊性），西斯蒙第的这种进路比李斯特的进路更富教益。

值得一提的是，恩格斯在1845年《英国工人阶级状况》中实际采取的也是类似西斯蒙第的那种思路，他主张，之所以要把目光投向英国，是因为工业问题只有在英国才“具有典型的形式”，才“表现得最完备”①。同样值得一提的是，《1844年经济学哲学手稿》对待工业劳动者的那种广为称引的人本主义情怀，实际上主要来自西斯蒙第（1827年），以及西斯蒙第的门徒比雷。马克思对李嘉图的那处纲领性的批判，即“在李嘉图看来，人是微不足道的，而产品则是一切”，连同作为其文本佐证的那段李嘉图著作法译本摘录，正是比雷照搬自西斯蒙第而又由马克思完全承继下来的。②

4. 黑格尔主义批判在手稿论证中的角色

在此简要评价黑格尔主义批判在手稿论证中的角色，或许不是不合适的。安启念教授正确地指出：“探讨文本结构，是《手稿》研究的当务之急。”③然而，笔记本Ⅲ里面被编者命名为“对黑格尔的辩证法和整个哲学的批判”的那个著名部分（为讨论之便，本章简称“黑格尔主义批判”），以及现存手稿本身（尤其是笔记本Ⅱ）客观上或长或短的残缺，始终在挑战学术界关于手稿整体构思或主线存在与否的肯定判断。《1844年经济学哲学手稿》的早期编辑版本，实际上多多少少强化了黑格尔主义批判的显赫地位甚或独立意义。1927年，梁赞诺夫将笔记本Ⅲ的大部分内容以俄文形式率先发表在

① 参见《马克思恩格斯文集》第1卷，人民出版社2009年版，第385页。

② 紧接着马克思抄录了李嘉图《政治经济学及赋税原理》法译本第26章里的一段话。据《马克思恩格斯全集》编者的考证，这部分手稿内容转引自法国学者比雷的《论英法劳动阶级的贫困》1840年巴黎版第1卷第6-7页。不过笔者想说明的是，比雷实际上只是在转述他所追随的法语学者西斯蒙第的观点，甚至连对应的文本证据也是西斯蒙第给出的——后者在《政治经济学新原理》1827年巴黎第2版第7章中批判李嘉图的时候，正是先抄录了《政治经济学及赋税原理》法译本第26章里的同一段话（但比马克思抄录的更完整），然后反问道：“财富就是一切，而人是微不足道的吗?”参见［瑞士］西斯蒙第：《政治经济学新原理，或论财富同人口的关系》，何钦译，商务印书馆1964年版，第457页。

③ 安启念：《〈1844年经济学哲学手稿〉笔记本Ⅱ基本内容及全书文本结构研究》，载《马克思主义与现实》2008年第1期，第54页。

《马克思恩格斯文库》第 3 卷，题为《〈神圣家族〉的准备材料》，而《神圣家族》就是直接针对黑格尔主义的批判性著作。1932 年，在阿多拉茨基的主持下，MEGA[1]/Ⅰ/3 虽然刊发了手稿的三个笔记本（此外还收录了一部分摘录笔记），但却是按逻辑结构而非写作顺序进行编排的，编者把主题相近的片断重组在一起并精心添加了各种标题（黑格尔主义批判放在最后一部分），不了解情况的读者容易误以为那些标题出自马克思之手。MEGA[1] 版本后来直接或间接地成为 1974 年俄文第 2 版《全集》、1974 年德文版《全集》（MEW）和 1974 年英文版《全集》（MECW）的相应底本。同在 1932 年，坐拥手稿原件的朗兹胡特和迈尔所发表的版本，竟然排除了笔记本Ⅰ，并且按照笔记本Ⅲ、笔记本Ⅱ、笔记本Ⅳ（即四页纸的"黑格尔《现象学》摘要"）的次序编排，于是，黑格尔主义批判得到有力凸显。尽管有 MEGA[1] 这一更准确版本，或许出于意识形态上的偏见，手稿的 1937 年法文版、1949 年意文版和 1950 年意文版皆译自朗兹胡特—迈尔版。书稿最初传入中国时也存在类似问题，无论是 1935 年柳若水的节译本还是 1955 年贺麟的节译本，都把黑格尔主义批判独立出来，并仿照 1932 年的先例单独命名。直到 1982 年 MEGA[2] 推出写作顺序版的手稿（又辅以相应"资料卷"的异文表），国际范围内的相关研究才终于有了根本转机，然而，半世纪以来确立的强大解释传统却不是一朝一夕能够撼动的。合并重组甚至予以单行编排的做法有一定程度的合法性，因为手稿"序言"透露过类似的意图，更何况这部分内容的确看起来跟正经的国民经济学批判格格不入。笔者想指出的是，先前的各种逻辑结构编排版，总是多多少少遮蔽了黑格尔主义批判的写作契机和修改过程，从而影响研究者的判断。下面，笔者首先简单梳理一下黑格尔主义批判的文献学信息。

黑格尔主义批判部分其实是在笔记本Ⅲ里面分三次写成的。第一次批判始于第Ⅺ页。马克思在论述了共产主义的逻辑—历史地位之后，以分隔符表示这处论述告一段落，然后另起一行写道："（6）在这一部分，为了便于理解和论证，对黑格尔的整个辩证法，特别是《现象学》和《逻辑学》中有关辩证法的叙述，以及最后对现代批判运动同黑格尔的关系略作说明，也许是恰当的。"① 请注意，这句话中的"（6）""和论证""和《逻辑学》"都是临时或随后补入的成分，而且马克思几乎是小心翼翼地提出，这里"也许"（vielleicht）是从事该项批判工作的"适当地方"（der Ort）。这一工作据称同时指向"理解"和"证成"（sowohl zu Verständigung und Berechtigung）。第二次黑格尔主义批判的起笔句是"黑格尔有双重错误"，该句自成一个自然段。这次批判是在第XIV—XVII页的经济学批判暂告结束之后，回到第XIII页右栏留白处开始写的（该页已经几乎被关于《现象学》和《逻辑学》的讨论填满），然后在第XVII页右栏留白处续写，一直到第XVIII页右栏中部才结束。接下来，马克思重新回到经济学问题，从第XVIII页写到第XXI页。第三次黑格尔主义批判从第XXII页（MEGA² 之前的版本判读为第"XXIII"页）登场，起笔句是"因此，黑格尔的《现象学》及其最后成果……"，一直写到第XXXIV页左栏下三分之一处，篇幅相当长，分解补充之中嵌套着分解补充。"黑格尔《现象学》摘要"想必作于这一时期。马克思通过在第二次批判的结尾标注"（下接第XXII页）"和在第三次批判的开头标注"（见第XVIII页）"，将这两次批判的文字连缀一体。鉴于第二次批判本身就始于第一次批判的页面留白处，因此三次批判的内容事实上具有直接相关性和内在连续性，尽管实际书写过程是有间隔的。②

可以认为，手稿中的黑格尔主义批判部分，乃是马克思的一种有意识但并非有计划的试探，更确切地说，他在试探如何有效地理解并证成"自我异化的扬弃同自我异化走的是同一条道路"（此为黑格尔主义批判所属整个补入内容的开场白和总纲）。马克思已经看到了症结所在，也有了许多灵感和领悟，但他还缺少一套能把众多元素和头绪组织协调起来的理论框架。把握这

① ［德］马克思：《1844年经济学哲学手稿（附有按照手稿写作顺序编排的文本）》，人民出版社2014年版，第243页；*Marx-Engels-Gesamtausgabe*（*MEGA*），Ⅰ/2，Dietz Verlag，1982，S. 275。

② 参见［德］马克思：《1844年经济学哲学手稿（附有按照手稿写作顺序编排的文本）》，人民出版社2014年版，第256、258、263-264、283页；*Marx-Engels-Gesamtausgabe*（*MEGA*），Ⅰ/2（Apparat），Dietz Verlag，1982，S. 819，825。"黑格尔《现象学》摘要"仅涉及最后一章即"绝对知识"的三分之二内容。它夹在第XXXIV页和第XXXV页之间，拥有阿拉伯数字形式的专门编码（虽然马克思只标注了"4"，第1—3为编者所加），因此它虽然保存在笔记本Ⅲ之中，却具有某种相对独立性，不宜简单地将其视为笔记本Ⅲ的直接组成部分。参见《马克思恩格斯全集》第3卷，人民出版社2002年第2版，第366-374、680页。

条二合一的“道路”的任务实在太刺激、太富有挑战性了，以至于这位年轻的试探者几乎按捺不住自己的躁动情绪——我们看到，每当临近“跑题”的时候，文本中总会出现他用红棕色铅笔做出的密密麻麻的勾画（中译本里以双斜线“//”表示起讫），这表明，有一股反复斟酌但未及宣泄的思想冲动在胸中奔涌。那么，黑格尔哲学、特别是作为其“真正诞生地和秘密”的《现象学》，何以有助于理解和证成工业劳动语境中的异化过程和异化扬弃过程？二者似乎风马牛不相及，要知道，黑格尔《现象学》的主体和主题是“精神”(Geist)。答案是马克思重构了黑格尔《现象学》，将其改造为一种方法论模型（为此他似乎一直不愿完整地拼写《精神现象学》这个标题）。

他在进行第一次黑格尔主义批判时，最开始只是隐约预感到这可能是一条有前景的路径，所以显得拿捏不准，显得小心谨慎。他必须通过某种解释为这种改造找到正当理由。他很快想起，青年黑格尔派曾经尝试过一种原理相似但方向不同的改造性批判（例如《黑格尔法哲学批判》以卢格学说为中介而吸收的费尔巴哈式“主谓倒转”）。因此我们看到，马克思在第一次黑格尔主义批判中，认真讨论了青年黑格尔派对黑格尔哲学的关系，特别是费尔巴哈对黑格尔辩证法的“解释”(erklärt)，并将该解释与黑格尔体系的本来面貌做比对。我们还看到，马克思其实已经通过两处不很起眼的解释（更确切地说是过度解释）而向前迈进：（1）把费尔巴哈学说解释为使得“社会关系”(gesellschaftlich Verhältniß) 成为基本理论原则；（2）把黑格尔逻辑学解释为“精神的货币”“思想的价值”。

到第二次批判的时候，马克思更加胸有成竹，取得了重大突破：“全部外化历史和外化的全部消除，不过是……思维的生产史。异化……是……在思想本身范围内的对立。其他一切对立及其运动，不过是这些唯一有意义的对立的外观、外壳、公开形式，这些唯一有意义的对立构成其他世俗对立的含义。”① 这里，他对“生产史”(Productionsgeschichte) 作了强调，而且这个地方本来写的是“产生史”(Entstehungsgeschichte)，更考究的新用词显然有双关

① ［德］马克思：《1844 年经济学哲学手稿（附有按照手稿写作顺序编排的文本）》，人民出版社 2014 年版，第 256 页。

语的意味。此外，整个第三句话是后来补入的，是对前进方向的进一步明确。可以说，这些改动预示着一种更加激进的改造工作。于是我们看到，马克思很快学会在措辞中塞进一些修饰语，比如“以一种潜在的方法”(事后补入的)、“作为萌芽、潜能和秘密”(即时添加的)，借以强化改造工作的合法性。在第XVIII页，马克思终于找到一种稳妥的方式准确表述自己的总体思路：“因为《现象学》紧紧抓住人的异化不放——尽管人只是以精神的形式出现——，所以它潜在地包含着批判的一切要素，而且这些要素往往已经以远远超过黑格尔观点的方式准备好和加过工了。”① 请注意这里的“尽管”“潜在地包含”“远远超过黑格尔观点”“准备好”等措辞。这就是第二次黑格尔主义批判的主要成果。从此以后，马克思就坚定不移地把《现象学》当作国民经济学批判的方法论模型。

考虑到问题在于从异化的最激烈状况到异化的扬弃，就是说，问题在于从工业劳动到共产主义，或者说从现有条件下的发达工业劳动到共产主义，马克思在第三次批判中顺理成章地诉诸《现象学》的最后一章“绝对知识”。这一章包含着《现象学》精义的总结，其在总体逻辑序列中的出场位置恰好对应着发达工业劳动向共产主义转换的环节，亦即所谓“最后的顶点”，而且同样重要的是，这一章涉及的对象之复归或对象之克服的八个环节，直接有助于理解和证成整个异化过程（从原初农业劳动到现代工业劳动）和异化扬弃过程（共产主义的分化和发展）的具体步骤，以及各步骤的意义和规定。就在行将切入“绝对知识”章之际，马克思仿佛担心读者依然质疑自己的改造工作的合法性（他本人已经不再犹疑），暂停下来继续夯实既有思路：“且让我们先指出一点：黑格尔是站在现代国民经济学家的立场上的。”② 这话听起来莫名其妙，马克思当然也心知肚明，所以他马上给出解释：现代国民经济学家把劳动、更准确地说是抽象劳动（工业劳动）视为人的本质，黑格尔也持这种立场，只不过他仅仅知道并且承认的是精神的抽象劳动罢了。终于，

---

① ［德］马克思：《1844年经济学哲学手稿（附有按照手稿写作顺序编排的文本）》，人民出版社2014年版，第257页。

② ［德］马克思：《1844年经济学哲学手稿（附有按照手稿写作顺序编排的文本）》，人民出版社2014年版，第264页。

马克思得以坦然地把“绝对知识”章称为“我们的本题”，并提请读者跟随自己从中寻求灵感。这样，一旦明确黑格尔主义批判在论证中被赋予的这种从属角色（这是一切相关讨论首先应予正视的事情），我们就只能换用另一种视角看待如下论断，即该部分是《1844 年经济学哲学手稿》的一种理论的溢出。①

工业问题是地地道道的现代问题，是现代问题的缩影和典范。工业问题贯穿着 19 世纪的国民经济学著作和社会主义著作，构成双方争论的共同前提和核心议题，为马克思的黑格尔主义批判赋予了特定的逻辑角色，为马克思法律思想形成创建了不容忽视的时空背景。该问题有资格成为《1844 年经济学哲学手稿》研究主题的一个竞争备选项。一旦抓住这条线索重新看待《1844 年经济学哲学手稿》，我们将在 1844 年的马克思那里发现一条近乎直通《资本论》的道路，西方学界一度盛行的那种基于异化论本位解释框架而制造的“两个马克思”命题将被根除。如果说马克思主要是通过在法国巴黎的一般生活观察和学术阅读来把握工业问题的，② 那么恩格斯主要是通过在英国曼彻斯特深入工业区的实地调查来把握工业问题的，如《英国工人阶级状况》的副标题“根据亲身观察和可靠材料”所表明的那样——实际上，大家如果仔细品读 1859 年《序言》的措辞就会发现，代表着恩格斯得出跟马克思“一样的结果”而走过的所谓“不同道路”，正是涉及工业现代性之诊断的《英

① 当马克思一再深化和扩展他的黑格尔主义批判时，他发现，像这样把对国民经济学的批判和对思辨的批判直接缠绕起来固然十分有效，故而是“完全必要的”，但毕竟会冲击国民经济学批判工作的主体地位，因此应当放在“另一个场合加以详细的介绍”，这便是马克思在 1844 年 8 月底 9 月初开始与恩格斯合作撰写的《神圣家族》。

② 移居巴黎的马克思，有机会更直接地受到法国文化的熏染。在那里，取代普鲁士特别是柏林所崇尚的静观生活和思辨科学的，包括但不限于一种对技术工艺（即工业的核心）的强调，这种侧重点的转换早在狄德罗和达朗贝尔主持编制的《百科全书》中已见端倪。参见［美］沃格林：《政治观念史稿 · 卷八：危机和人的启示》（修订版），刘景联译，华东师范大学出版社 2019 年版，第 105 页。

国工人阶级状况》（并不是《国民经济学批判大纲》），[①] 这使马克思从此以后能够自豪地谈起“我们”这个字眼。

作为马克思借以理解现代的经济基础和上层建筑的主要背景，对工业问题的世界历史意义的宏观把握毫不意外地继续出现在《神圣家族》《评李斯特》和《德意志意识形态》中。这里且以1844年9月初开始创作的《神圣家族》为例略作说明。该书谈到“英国工业史”，谈到正在形成中的工业世界“根本不同于基督教和道德、家庭幸福和小市民福利所建立的包罗万象的王国”，谈到真正的工业活动只在行会特权被消灭之后才能发展起来，谈到现代资产阶级社会就是工业社会，而工业的活跃乃是资产阶级社会生命力的表征，谈到关乎工业意义的唯物主义学说跟社会主义和共产主义具有本质性联系，还谈到对工业问题的认识乃是真正认识某一历史时期的法门，等等。[②] 可以想见，当马克思和恩格斯站在这种原则高度上重新审视事情的时候——这种共同达到的原则高度当然构成二人终生合作的前提条件，他们知道，现代共产主义学说首先是工业世界的意识形态[③]——不仅唯物史观的轮廓逐渐明朗起来，而且德国哲学界某些学术讨论（特别是青年黑格尔派和“真正的社会主义”）的意识形态性质也变得极为昭彰。在此值得一提的是，创办于1844年1月并在当年12月遭到封禁的刊物《威悉河汽船》，后来更名为《威斯特伐里亚汽船》在1845年继续出版，并与《神圣家族》《英国工人阶级状况》和《德意志意识形态》手稿密切相关。[④] 很少有人注意到，前后两个刊名中共用

---

① 恩格斯本人多年之后对待这两部作品的态度也截然不同。就《国民经济学批判大纲》而言，恩格斯在1871年拒绝了李卜克内西在《人民国家报》上予以重刊的建议，又在1884年拒绝了帕普利茨的俄译计划，只是到了七十寿辰（1890年）的时候，才终于同意重刊于考茨基主持的《新时代》。参见《马克思恩格斯全集》第3卷，人民出版社2002年第2版，第697页。与之形成对照的是，《英国工人阶级状况》在1845年初版之后经恩格斯同意还出过三个版本，即1887年美国版、1892年英国版和1892年德文第2版，并且都配有恩格斯亲笔撰写的相应序言。

② 参见《马克思恩格斯全集》第2卷，人民出版社1957年版，第13、88、148、156、157、166、191页。

③ 恩格斯说：“共产主义不是英国或任何其他国家的特殊状况造成的结果，而是从现代文明社会的一般实际情况所具有的前提中不可避免地得出的必然结论。”《马克思恩格斯全集》第3卷，人民出版社2002年第2版，第474页。

④ 参见葛斯：《“真正的社会主义”和〈威斯特伐里亚汽船〉杂志》，载《国际共运史研究资料》1983年第1期。

的“汽船”即为颇具工业时代气息的隐喻（实际上，机器隐喻的流行正是这个时代的修辞征兆）：汽船亦即 19 世纪初试航成功的蒸汽动力船舶，它是工业现代性的重要象征，在此喻指乘风破浪的人民力量。

习近平同志指出：“工业化是现代化发展不可逾越的阶段。”① 当前，我国已经建立全世界最完备的现代工业体系，跃升为制造业第一大国，但作为一个发展中国家，我们的工业化进程远未结束。一方面，过早地出现去工业化的态势，容易使我国落入中等收入陷阱，于是我们看到，“十四五”规划纲要在位置显赫的第八章“深入实施制造强国战略”里面，首次提出“保持制造业比重基本稳定”。② 另一方面，如何同时直面工业化所催生的物质财富和生态创伤（如电视剧《江河日上》所演绎的那样），如何按照以人民为中心的立场落实新型工业化战略，如何依靠社会主义制度优势防范和克服西方在工业化浪潮中经历过的社会危机，仍是摆在我们面前的重大课题。对工业现代性及其所规定的法律发展的观察和反思，正构成马克思始于巴黎时期的政治经济学批判工作的一条主线，就此而言，他依然是我们的同时代人。

---

① 习近平：《干在实处 走在前列——推进浙江新发展的思考与实践》，中共中央党校出版社 2006 年版，第 118 页。

② 参见《中华人民共和国国民经济和社会发展第十四个五年规划和 2035 年远景目标纲要》，载《人民日报》2021 年 3 月 13 日第 6 版。

结 语

写到这里，本书已经大致完成最初设定的研究任务，即更多联系法兰西渊源，深入探究和重构马克思的法律思想，使历史唯物主义更加丰满、更趋立体化。以孟德斯鸠、伏尔泰、卢梭为代表的启蒙政治法律思想家，以布封为代表的自然史学者，以魁奈、杜尔哥、萨伊为代表的政治经济学家，以拉法耶特、西耶斯、罗伯斯比尔为代表的“人权宣言”动议者，以拉·梅特里和卡巴尼斯为代表的机械唯物论，以梯叶里、基佐为代表的历史编纂学家，以圣西门为代表的法国社会科学奠基人和空想社会主义者，以巴尔扎克为代表的现实主义文学家，以博蒙、托克维尔为代表的政治社会学观察家等等，不仅上升为马克思学问精进的重要参照系，甚至进入唯物史观创立叙事的核心。笔者相信，一套崭新的马克思法律思想解释框架即使尚未完全确立，其大致轮廓也已经比较清晰地浮现在读者面前。

最后，应当指出的是，国内外相关研究常常隐含着一种并非不证自明的假定，即对于德意志意识形态的批判乃是唯物史观的首要诞生地（如果说不是唯一诞生地的话），因此研究者们自然而然主要以德国哲学为参照系甚或对立面来理解马克思的基本思想。该假定有很大程度的正当性，在这种程度内发掘的理论内容也是有效的。但我们如果仔细阅读马克思 1859 年《序言》对《德意志意识形态》的经典说明就会发现：联系着“与德国哲学的意识形态的见解的对立”来阐明“我们的见解”，只是阐明业已形成的唯物史观的契机之一。《德意志意识形态》手稿已经告诉人们，讨论的侧重点必定随着契机而调整，比如，正是在德国并且针对德国哲学家的时候，共产主义者才会暂且花些功夫研究所谓“本质”的问题。而前述的阐明契机之所以上升到首要地位，与其说是出于原理本身的内在要求，不如说是由于马克思和恩格斯的共同经历，即他们需要借此清算“我们从前的哲学信仰”。[①] 请注意，这里的主语一直是作为复数第一人称的“我们”，而就在1859年《序言》论及《德意志意识形态》之前的那个自然段，马克思已经表明他个人探索和创建历史唯物主义的全部独特道路，那个自然段的主语是作为单数第一人称的“我”。人称的变化总是关联着发言立场的变化，这一点尤其适用于能够敏感地追问“这个‘我们’是谁?”的人，毕竟“我们”意味着某种共同的旨趣或目的。[②] 因此不妨尝试着设想这样一种可能性：既然唯物史观是整体的、根本的、能为法律科学重新奠基的指导思想，那么结合德国法哲学、特别是黑格尔法哲学语境的阐明只是备选方案之一；一切具有（马克思意义上的）鲜明意识形态性质的东西，都可以成为阐明的契机。马克思对理论出场及其表述侧重点的契机限定有多么敏感，只要看看他如何界定《哲学的贫困》的性质就够了。[③] 进一步来看，如果说德国古典哲学和英国政治经济学是马克思恩格斯共同的思想背景，那么在法兰西文化地理圈的长期浸润则规定着马克思唯物史观创立过程的特殊性，这种特殊性的第一次公开表达就在《德法年鉴》中，尤其是在《论犹太人问题》对法国“人权宣言”的批判中。

这意味着，马克思的当代阐述者有必要大大扩展自己的理论视野和取材

① 参见《马克思恩格斯全集》第3卷，人民出版社1960年版，第236页；《马克思恩格斯文集》第2卷，人民出版社2009年版，第593页。

② 参见《马克思恩格斯全集》第3卷，人民出版社1960年版，第291、413、446-450页。与之相似，曼斯菲尔德（Harvey C. Mansfield）和温思罗普（Delba Winthrop）曾经注意到，从博蒙1831年4月书信中的“我们”到托克维尔1832年1月书信中的“我”，即意味着二人原定的美国研究合著计划的变更。参见［美］曼斯菲尔德、［美］温思罗普：《〈论美国的民主〉的意图与结构》，徐衎译，载《思想史研究·第十辑：托克维尔与现代政治》，上海人民出版社2016年版，第132页。梯叶里亦对“我们”一词保有敏感性，参见［法］奥古斯丁·梯叶里：《墨洛温王朝年代记》，黄广凌译，大象出版社2018年版，第91页。对“我们”这个称谓的修辞—哲学反思，参见马天俊：《“我们”批判》，载《东南大学学报（哲学社会科学版）》2002年第5期。

③ 马克思称该书对历史唯物主义的决定性论点“第一次作了科学的、虽然只是论战性的概述”，而有别于从各方面“向公众表达”见解的著作。参见《马克思恩格斯文集》第2卷，人民出版社2009年版，第593页。著作只要是公开发表出来的，都可以说是面向公众的，专门强调这一点，显然隐含着特殊群体和一般公众的界分。

顺道提一下，到了1880年4月7日，马克思在盖德（J. Guesde）创办的法国首份马克思主义报刊《平等报》（*L'Égalité*）上面，以法语撰文回顾道：在《哲学的贫困》那里还是萌芽的东西，经过20年的研究升华为理论，即《资本论》详加阐明的东西。参见《马克思恩格斯全集》第19卷，人民出版社1963年版，第248页；鲁克俭、李靖新弘等：《西方马克思学的形成和发展》，中央编译出版社2021年版，第169、194页。

范围。为此，有必要重申历史学家凯利的如下主张："与多数思想家相比，他［即马克思］汲取了更加博大精深的学识，其中不仅有现代知识以及我们如今可视为有意义的或'科学的'知识，还有不少我们难以确知的——除非我们努力领会马克思这类博采众长的思想家的视角——前科学和前革命时期的博闻思辨。关键是他在一大堆西方思想遗产中摸爬滚打，奋力与之争锋，并力求重塑或挣脱这些遗产。"① 这样无疑将会增加后人研究的困难，但这种挑战远不及身为创立者的马克思所历经的艰辛。那番艰辛弥足珍贵，因其关联着思想世界的通透。

① ［美］唐纳德·R. 凯利：《作为科学的人类学：论暮年马克思》，载姚远编译：《马克思与德国古典法哲学》，法律出版社 2024 年版，第 169 页。

主要参考文献

一、中文专著

1. 聂锦芳：《清理与超越：重读马克思文本的意旨、基础与方法》（修订版），北京师范大学出版社2024年版。

2. 张永和主编，李超群、张晗副主编：《马克思恩格斯论人权》，中央编译出版社2023年版。

3. 公丕祥：《法制现代化的理论逻辑》（修订版），商务印书馆2021年版。

4. 韩蒙：《马克思思想变迁的社会主义线索》，江苏人民出版社2021年版。

5. 鲁克俭、李靖新弘等：《西方马克思学的形成和发展》，中央编译出版社2021年版。

6. 杨洪源：《〈哲学的贫困〉再研究：思想论战与新世界观的呈现》，社会科学文献出版社2021年版。

7. 付子堂等：《马克思主义法学理论的中国实践与发展研究》，中国人民大学出版社2020年版。

8. 张一兵：《回到马克思——经济学语境中的哲学话语》，江苏人民出版社2020年第4版。

9. 张文喜：《所有权与正义：走向马克思政治哲学》，江苏人民出版社2019年版。

10. 赵玉兰：《MEGA视野下的马克思主义文本学研究》，人民出版社

2019 年版。

11. 周嘉昕编著：《〈1844 年经济学哲学手稿〉导读》，江苏人民出版社 2019 年版。

12. 朱学平：《从古典共和主义到共产主义——马克思早期政治批判研究（1839—1843）》，中国法制出版社 2018 年版。

13. 崇明：《启蒙、革命与自由：法国近代政治与思想论集》，上海三联书店 2018 年版。

14. 李佃来：《政治哲学视域中的马克思》，中央编译出版社 2018 年版。

15. 鲁克俭：《建构中国马克思学》，中央编译出版社 2018 年版。

16. 吕世伦、叶传星：《马克思恩格斯法律思想研究》，中国人民大学出版社 2018 年版。

17. 邱昭继、王进、王金霞：《马克思主义与西方法理学》，中国人民大学出版社 2018 年版。

18. 郝立新主编、臧峰宇副主编：《马克思主义发展史（第一卷）：马克思主义的创立（1840—1848）》，人民出版社 2018 年版。

19. 胡为雄：《马克思的上层建筑理论：文本、解释与现实》，广西人民出版社 2017 年版。

20. 姜海波：《马克思恩格斯〈神圣家族〉研究读本》，中央编译出版社 2017 年版。

21. 聂锦芳、李彬彬编：《马克思思想发展历程中的“犹太人问题”》，中国人民大学出版社 2017 年版。

22. 史清竹：《马克思〈政治经济学批判〉研究读本》，中央编译出版社 2017 年版。

23. 舒小昀、高麦爱、褚书达：《恩格斯〈英国工人阶级状况〉研究读本》，中央编译出版社 2017 年版。

24. 薛晓源、刘宁宁、汪海燕：《马克思〈1844 年经济学哲学手稿〉研究读本》，中央编译出版社 2017 年版。

25. 姚远：《解读青年马克思的黑格尔法哲学批判》，法律出版社 2016 年版。

26. 王旭东、姜海波：《马克思〈克罗茨纳赫笔记〉研究读本》，中央编译出版社 2016 年版。

27. 林进平：《马克思〈论犹太人问题〉研究读本》，中央编译出版社 2016 年版。

28. 刘风景：《法律隐喻学》，中国人民大学出版社 2016 年版。

29. 鲁克俭：《走向文本研究的深处：基于 MEGA^2 的马克思文献学清理研究》，中国社会科学出版社 2016 年版。

30. 韩毓海：《伟大也要有人懂：一起来读马克思》，光明日报出版社、中国少年儿童出版社 2015 年版。

31. 刘文立：《工业革命中的法国社会（1814—1848）》，中山大学出版社 2015 年版。

32. 尹奎杰：《马克思权利观研究》，东北师范大学出版社 2015 年版。

33. 杨洪源：《政治经济学的形而上学——〈哲学的贫困〉和〈贫困的哲学〉比较研究》，中国人民大学出版社 2015 年版。

34. 周尚君等：《自由的德性：马克思早期法哲学思想研究》，知识产权出版社 2015 年版。

35. 公丕祥、龚廷泰总主编：《马克思主义法律思想通史》第 1 卷，南京师范大学出版社 2014 年版。

36. 韩立新：《〈巴黎手稿〉研究——马克思思想的转折点》，北京师范大学出版社 2014 年版。

37. 张盾、田冠浩：《黑格尔与马克思政治哲学六论》，学习出版社 2014 年版。

38. 朱明、欧阳敏：《地图上的法国史》，东方出版中心 2014 年版。

39. 王建学主编：《1789 年人权和公民权宣言的思想渊源之争》，法律出版社 2013 年版。

40. 邹诗鹏：《激进政治的兴起：马克思早期政治与法哲学批判手稿的当代解读》，复旦大学出版社 2012 年版。

41. 周尚君：《自由主义之后的自由——马克思〈巴黎手稿〉的法哲学问题》，法律出版社 2010 年版。

42. 朱虎：《法律关系与私法体系：以萨维尼为中心的研究》，中国法制出版社 2010 年版。

二、中文译著

43. 姚远编译：《马克思与德国古典法哲学》，法律出版社 2024 年版。

44. ［法］费尔南·布罗代尔：《论历史》（上），刘北成、周立红译，北京大学出版社 2021 年版。

45. ［美］乔治·罗森：《公共卫生史》，黄沛一译，译林出版社 2021 年版。

46. ［英］威廉·配第：《政治算术（外一种：爱尔兰的政治解剖）》，陈冬野、周锦如译，商务印书馆 2021 年版。

47. ［美］霍姆斯：《法学论文集》，姚远译，商务印书馆 2021 年版。

48. ［英］乔纳森·伊斯雷尔：《法国大革命思想史：从〈人的权利〉到罗伯斯庇尔的革命观念》，米兰译，民主与建设出版社 2020 年版。

49. ［法］涂尔干：《涂尔干文集·第 8 卷（政治社会学卷）：孟德斯鸠与卢梭 社会主义与圣西门》，渠敬东主编，李鲁宁、赵立玮译，商务印书馆 2020 年版

50. ［美］林·亨特：《历史学为什么重要》，李果译，北京大学出版社 2020 年版。

51. ［美］贾雷德·戴蒙德、［美］詹姆斯·A. 罗宾逊主编：《历史的自然实验》，李增刚等译，中国人民大学出版社 2020 年版。

52. ［美］林恩·亨特：《史学的时间之维》，熊月剑译，北京师范大学出版社 2020 年版。

53. ［法］伏尔泰：《论宽容》，蔡鸿滨译，商务印书馆 2020 年版。

54. ［美］乔舒亚·B. 弗里曼：《巨兽：工厂与现代世界的形成》，李珂译，社会科学文献出版社 2020 年版。

55. ［美］E. C. 斯坦哈特：《隐喻的逻辑：可能世界之可类比部分》，兰忠平译，商务印书馆 2019 年版。

56. ［英］阿诺德·汤因比：《产业革命》，宋晓东译，商务印书馆 2019 年版。

57. ［德］谢林：《启示哲学导论》，王丁译，北京大学出版社 2019 年版。

58. ［法］阿尔都塞：《论再生产》，吴子枫译，西北大学出版社 2019 年版。

59. ［法］皮埃尔·阿多：《伊西斯的面纱：自然的观念史随笔》，张卜天译，华东师范大学出版社 2019 年第 2 版。

60. ［德］弗里德里希·威廉·舒尔茨：《生产运动：从历史统计学方面论国家和社会的一种新科学的基础的建立》，李乾坤译，南京大学出版社 2019 年版。

61. ［英］以赛亚·伯林：《观念的力量》，［英］哈代编，胡自信、魏钊凌译，译林出版社 2019 年版。

62. ［法］奥古斯丁·梯叶里：《诺曼人征服英格兰史》，祝安利、文琳译，上海社会科学院出版社 2019 年版。

63. ［法］奥古斯丁·梯叶里：《法国史信札》，许樾译，上海社会科学院出版社 2019 年版。

64. ［法］奥古斯丁·梯叶里：《墨洛温王朝年代记》，黄广凌译，大象出版社 2018 年版。

65. ［德］施塔姆勒：《现代法学之根本趋势》，姚远译，商务印书馆 2018 年版。

66. ［法］皮埃尔·马南：《人之城》，闫素伟译，商务印书馆 2018 年版。

67. ［意］文森佐·费罗内：《启蒙观念史》，马涛、曾允译，商务印书馆 2018 年版。

68. ［德］沃尔夫冈·希弗尔布施：《铁道之旅：19 世纪空间与时间的工业化》，金毅译，上海人民出版社 2018 年版。

69. ［德］沃尔夫冈·弗里茨·豪格主编：《马克思主义历史考证大辞典》第 1 卷，俞可平等编译，商务印书馆 2018 年版。

70. ［法］基佐：《艺术论》，冬初阳译，广西师范大学出版社 2018 年版。

71. 《列宁全集》第 23 卷，人民出版社 2017 年第 2 版增订版。

72.《列宁全集》第26卷，人民出版社2017年第2版增订版。

73.［日］柄谷行人：《作为隐喻的建筑》，应杰译，中央编译出版社2017年版。

74.［法］阿莱特·法尔热、［法］雅克·勒韦：《谣言如何威胁政府：法国大革命前的儿童失踪事件》，杨磊译，浙江大学出版社2017年版。

75.［美］保罗·劳伦斯·法伯：《探寻自然的秩序：从林奈到E.O.威尔逊的博物学传统》，杨莎译，商务印书馆2017年版。

76.刘小枫编：《从普遍历史到历史主义》，谭立铸等译，华夏出版社2017年版。

77.［法］贡斯当：《古代人的自由与现代人的自由》，阎克文等译，上海人民出版社2017年版。

78.［法］夏尔-奥利维耶·卡博内尔：《圣西门的欧洲观》，李倩译，北京大学出版社2016年版。

79.［德］黑格尔：《法哲学原理》，邓安庆译，人民出版社2016年版。

80.周威编译：《法兰西宪法典全译》，法律出版社2016年版。

81.［美］伊曼纽尔·克雷克、［美］威廉·切斯特尔·乔丹编：《腐败史》，邱涛等译，中国方正出版社2016年版。

82.［英］威廉·夏普·麦克奇尼：《大宪章的历史导读》，李红海编译，中国政法大学出版社2016年版。

83.［法］孟德斯鸠：《罗马盛衰原因论》，许明龙译，商务印书馆2016年版。

84.［美］I.伯纳德·科恩：《自然科学与社会科学的互动》，张卜天译，商务印书馆2016年版。

85.［法］傅勒：《马克思与法国大革命》，朱学平译，华东师范大学出版社2016年版。

86.吴彦编：《观念论法哲学及其批判》，姚远、黄涛等译，知识产权出版社2015年版。

87.［英］康卫、［英］罗恩尼什：《解读建筑：建筑学与建筑史导论》，刘家瑞译，电子工业出版社2015年版。

88. ［美］乔治·莱考夫、［美］马克·约翰逊：《我们赖以生存的隐喻》，何文忠译，浙江大学出版社 2015 年版。

89. ［日］祖田修：《近现代农业思想史》，张玉林、钱红雨译，清华大学出版社 2015 年版。

90. 杨金海主编：《马克思主义研究资料》第 7、11、12、14、26、27、31、33 卷，中央编译出版社 2014、2015 年版。

91. ［德］马克思：《1844 年经济学哲学手稿（附有按照手稿写作顺序编排的文本）》，人民出版社 2014 年版。

92. ［法］夏多布里昂：《前往美洲：夏多布里昂游记》，冯道如、侯敏译，江苏凤凰文艺出版社 2014 年版。

93. ［美］安东尼·格拉夫敦：《脚注趣史》，张弢、王春华译，北京大学出版社 2014 年版。

94. ［德］弗里德里希·根茨：《美法革命比较》，刘仲敬译，上海社会科学院出版社 2014 年版。

95. ［英］戴雪：《公共舆论的力量：19 世纪英国的法律与公共舆论》，戴鹏飞译，上海人民出版社 2014 年版。

96. ［法］安德烈·莫洛亚：《巴尔扎克传》，艾珉、俞芷倩译，浙江大学出版社 2014 年版。

97. ［美］艾拉·卡茨纳尔逊：《马克思主义与城市》，王爱松译，江苏教育出版社 2013 年版。

98. ［奥］凯尔森：《法与国家的一般理论》，沈宗灵译，商务印书馆 2013 年版。

99. ［法］加布里埃尔·孔佩雷：《教育学史》，张瑜、王强译，山东教育出版社 2013 年版。

100. ［法］卢梭：《政治经济学》，李平沤译，商务印书馆 2013 年版。

101. ［法］贝纳德·马尔尚：《巴黎城市史（19—20 世纪）》，谢洁莹译，社会科学文献出版社 2013 年版。

102. ［美］乔治·埃尔顿·梅岳：《工业文明的社会问题》，费孝通译，群言出版社 2013 年版。

103. [英] 拉里·西登托普：《托克维尔传》，林猛译，商务印书馆2013年版。

104. [德] 本雅明：《巴黎，19世纪的首都》，刘北成译，商务印书馆2013年版。

105. [法] 布封：《自然史》，陈筱卿译，译林出版社2013年版。

106. [法] 阿尔都塞：《来日方长》，蔡鸿滨译，上海人民出版社2013年版。

107. 张亮、熊婴编：《伦理、文化与社会主义：英国新左派早期思想读本》，江苏人民出版社2013年版。

108. [法] 让-皮埃尔·里乌、[法] 让-弗朗索瓦·西里内利主编：《法国文化史Ⅲ（启蒙与自由：十八世纪和十九世纪）》，朱静、许光华译，华东师范大学出版社2012年版。

109. [英] 休·柯林斯：《马克思主义与法律》，邱昭继译，法律出版社2012年版。

110. [俄] 叶·阿·科斯敏斯基：《中世纪史学史》，郭守田等译，商务印书馆2012年版。

111. [法] 皮埃尔·罗桑瓦龙：《法兰西政治模式：1789年至今公民社会与雅各宾主义的对立》，高振华译，生活·读书·新知三联书店2012年版。

112. [法] 孟德斯鸠：《论法的精神》（上、下卷），许明龙译，商务印书馆2012年版。

113. [美] 列奥·施特劳斯：《迫害与写作艺术》，刘锋译，华夏出版社2012年版。

114. [美] 罗伯特·达恩顿：《旧制度时期的地下文学》，刘军译，中国人民大学出版社2012年版。

115. [美] 林·亨特：《人权的发明：一部历史》，沈占春译，商务印书馆2011年版。

116. [法] 卢梭：《社会契约论》，李平沤译，商务印书馆2011年版。

117. [美] 史蒂芬·霍尔姆斯、[美] 凯斯·R. 桑斯坦：《权利的成本——为什么自由依赖于税》，毕竟悦译，北京大学出版社2011年版。

118. ［日］山之内靖：《受苦者的目光：早期马克思的复兴》，彭曦、汪丽影译，北京师范大学出版社 2011 年版。

119. ［美］罗伊·波特主编：《剑桥科学史（第四卷）：18 世纪科学》，方在庆主译，大象出版社 2010 年版。

120. ［英］詹姆斯·穆勒：《政治经济学要义》，吴良健译，商务印书馆 2010 年版。

121. ［德］萨维尼：《当代罗马法体系 I》，朱虎译，中国法制出版社 2010 年版。

122. ［法］蒲鲁东：《贫困的哲学》（上、下），余叔通、王雪华译，商务印书馆 2010 年版。

123. ［德］莫泽斯·赫斯：《赫斯精粹》，邓习议编译，南京大学出版社 2010 年版。

124. ［德］费希特：《国家学说》，潘德荣译，中国法制出版社 2010 年版。

125. 《马克思恩格斯文集》（第 1–10 卷），人民出版社 2009 年版。

126. ［奥］埃利希：《法社会学原理》，舒国滢译，中国大百科全书出版社 2009 年版。

127. ［日］广松涉：《唯物史观的原像》，邓习议译，南京大学出版社 2009 年版。

128. ［法］吕贝尔：《吕贝尔马克思学文集》（上），曾枝盛编选，郑吉伟、曾枝盛等译，北京师范大学出版社 2009 年版。

129. ［德］萨维尼：《历史法学派的基本思想（1814—1840 年）》，［德］艾里克·沃尔夫编，郑永流译，法律出版社 2009 年版。

130. ［法］朗松：《朗松文论选》，徐继曾译，百花文艺出版社 2009 年版。

131. ［英］特雷尔·卡弗：《马克思与恩格斯：学术思想关系》，姜海波等译，中国人民大学出版社 2008 年版。

132. ［法］基佐：《欧洲代议制政府的历史起源》，张清津、袁淑娟译，复旦大学出版社 2008 年版。

133. 殷叙彝编:《伯恩施坦文选》，人民出版社 2008 年版。

134. [英] 雷蒙德·威廉斯:《马克思主义与文学》，王尔勃、周莉译，河南大学出版社 2008 年版。

135. [德] 谢林:《布鲁诺对话》，邓安庆译，商务印书馆 2008 年版。

136. [美] 西奥多·M. 波特、[美] 多萝西·罗斯主编:《剑桥科学史(第七卷):现代社会科学》，第七卷翻译委员会翻译，大象出版社 2008 年版。

137. [英] 伯尔基:《马克思主义的起源》，伍庆、王文扬译，华东师范大学出版社 2007 年版。

138. [加] 艾伦·梅克森斯·伍德主编:《民主反对资本主义——重建历史唯物主义》，吕薇洲等译，重庆出版社 2007 年版。

139. [法] 卢梭:《论人与人之间不平等的起因和基础》，李平沤译，商务印书馆 2007 年版。

140. [法] 博蒙:《玛丽，或美国的奴隶制》，裴亚琴译，上海世纪出版集团 2006 年版。

141. [英] 乔纳森·沃尔夫:《当今为什么还要研读马克思》，段忠桥译，高等教育出版社 2006 年版。

142. [英] 戴维·麦克莱伦:《卡尔·马克思传》，王珍译，中国人民大学出版社 2005 年版。

143. [法] 基佐:《欧洲文明史:自罗马帝国败落起到法国革命》，程洪逵、沅芷译，商务印书馆 2005 年版。

144. [意] 切萨雷·贝卡里亚:《论犯罪与刑罚》，黄风译，中国法制出版社 2005 年版。

145. 中央编译局编:《回忆马克思》，人民出版社 2005 年版。

146. [日] 广松涉编注:《文献学语境中的〈德意志意识形态〉》，彭曦译，南京大学出版社 2005 年版。

147. [英] 科林·琼斯:《剑桥插图法国史》，杨保筠等译，世界知识出版社 2004 年版。

148. [德] 海涅:《浪漫派》，薛华译，上海人民出版社 2003 年版。

149. [法] 拉罗什福科:《道德箴言录》，何怀宏译，西苑出版社 2003

年版。

150. ［美］罗斯科·庞德：《法律史解释》，邓正来译，中国法制出版社2002年版。

151. ［美］理查德·A. 波斯纳：《超越法律》，苏力译，中国政法大学出版社2001年版。

152. ［英］哈耶克：《法律、立法与自由》第1卷，邓正来等译，中国大百科全书出版社2000年版。

153. ［英］罗伊·波特编著：《剑桥医学史》，张大庆等译，吉林人民出版社2000年版。

154. ［法］海然热：《语言人：论语言学对人文科学的贡献》，张祖建译，生活·读书·新知三联书店1999年版。

155. ［英］霍布斯鲍姆：《革命的年代：1789—1848》，王章辉等译，江苏人民出版社1999年版。

156. ［美］博登海默：《法理学——法律哲学与法律方法》，邓正来译，中国政法大学出版社1999年版。

157. ［英］罗宾·柯林伍德：《自然的观念》，吴国盛、柯映红译，华夏出版社1999年版。

158. ［英］柏克：《法国革命论》，何兆武、许振洲、彭刚译，商务印书馆1998年版。

159. ［法］孔多塞：《人类精神进步史表纲要》，何兆武、何冰译，生活·读书·新知三联书店1998年版。

160. 金志平编选：《巴尔扎克精选集》，山东文艺出版社1998年版。

161. ［法］伏尔泰：《风俗论》（下册），谢戊申等译，商务印书馆1997年版。

162. ［法］孔德：《论实证精神》，黄建华译，商务印书馆1996年版。

163. 《马克思恩格斯全集》第2版，人民出版社1995年以来陆续出版中。

164. ［法］伏尔泰：《风俗论》（上册），梁守锵译，商务印书馆1994年版。

165. ［意］德拉-沃尔佩：《卢梭和马克思》，赵培杰译，重庆出版社1993年版。

166. ［苏］列宁：《哲学笔记》，人民出版社1993年版。

167. ［德］曼弗雷德·克利姆：《马克思文献传记》，李成毅等译，河南人民出版社1992年版。

168. ［法］托克维尔：《旧制度与大革命》，冯棠译，商务印书馆1992年版。

169. 《朱光潜全集》第14、15、18卷，安徽教育出版社1992年版。

170. ［英］乔治·莱尔因：《重构历史唯物主义》，姜兴宏、刘明如译，中国社会科学出版社1991年版。

171. ［法］克洛德·贝尔纳：《实验医学研究导论》，夏康农、管光东译，商务印书馆1991年版。

172. ［法］西耶斯：《论特权　第三等级是什么?》，冯棠译，商务印书馆1990年版。

173. 冯玮编译：《科学·爱·秩序·进步——孔德〈实证主义概论〉精粹》，湖北人民出版社1989年版。

174. 王养冲、陈崇武选编：《罗伯斯比尔选集》，华东师范大学出版社1989年版。

175. ［英］乔治·皮博迪·古奇：《十九世纪历史学与历史学家》，耿淡如译，商务印书馆1989年版。

176. ［日］久留间鲛造、［日］宇野弘藏等编：《资本论辞典》，薛敬孝等译，南开大学出版社1989年版。

177. ［法］托克维尔：《论美国的民主》，董果良译，商务印书馆1988年版。

178. ［日］城塚登：《青年马克思的思想——社会主义思想的创立》，尚晶晶等译，求实出版社1988年版。

179. ［英］汉默顿编：《西方名著提要：历史学部分》，何宁、赖元晋编译，商务印书馆1987年第2版。

180. ［法］巴札尔、［法］安凡丹、［法］罗德里格：《圣西门学说释义》，王永江、黄鸿森、李昭时译，商务印书馆 1986 年版。

181. ［法］基佐：《一六四〇年英国革命史》，伍光建译，商务印书馆 1985 年版。

182. ［法］圣西门：《圣西门选集》第 3 卷，董果良、赵鸣远译，商务印书馆 1985 年版。

183. ［德］费尔巴哈：《基督教的本质》，荣震华译，商务印书馆 1984 年版。

184. ［苏］维·彼·沃尔金：《十八世纪法国社会思想的发展》，杨穆、金颖译，商务印书馆 1983 年版。

185. ［苏］阿·伊·马雷什：《马克思主义政治经济学的形成》，刘品大等译，四川人民出版社 1983 年版。

186. 中央编译局马恩室编译：《〈1844 年经济学哲学手稿〉研究》，湖南人民出版社 1983 年版。

187. 《马克思早期思想研究译文集》，熊子云、张向东译，重庆出版社 1983 年版。

188. ［英］戴维·麦克莱伦：《青年黑格尔派与马克思》，夏威仪等译，商务印书馆 1982 年版。

189. ［法］圣西门：《圣西门选集》第 2 卷，董果良译，商务印书馆 1982 年版。

190. ［英］托马斯·莫尔：《乌托邦》，戴镏龄译，商务印书馆 1982 年版。

191. ［苏联］弗·阿多拉茨基主编：《马克思年表》，张惠卿、李亚卿译，人民出版社 1982 年版。

192. ［法］德萨米：《公有法典》，黄建华、姜亚洲译，商务印书馆 1982 年版。

193. 法学教材编辑部《外国法制史》编写组：《外国法制史资料选编》上册，北京大学出版社 1982 年版。

194. ［法］德·斯太尔夫人：《德国的文学与艺术》，丁世中译，人民文学出版社 1981 年版。

195. ［苏］格·阿·巴加图利亚、［苏］维·索·维戈茨基：《马克思的经济学遗产》，马健行等译，贵州人民出版社 1981 年版。

196. ［美］潘恩：《潘恩选集》，马清槐等译，商务印书馆 1981 年版。

197. ［德］霍尔斯特·乌尔利希：《恩格斯的青年时代》，马欣译，生活·读书·新知三联书店 1980 年版。

198. ［英］柏拉威尔：《马克思和世界文学》，梅绍武等译，生活·读书·新知三联书店 1980 年版。

199. ［德］黑格尔：《自然哲学》，梁志学等译，商务印书馆 1980 年版。

200. ［法］弗朗斯瓦·魁奈：《魁奈经济著作选集》，吴斐丹、张草纫选译，商务印书馆 1979 年版。

201. ［法］圣西门：《圣西门选集》第 1 卷，王燕生等译，商务印书馆 1979 年版。

202. ［法］杜阁：《关于财富的形成和分配的考察》，南开大学经济系经济学说史教研组译，商务印书馆 1978 年版。

203. ［英］约·雷·麦克库洛赫：《政治经济学原理》，郭家麟译，商务印书馆 1975 年版。

204. ［德］海涅：《论德国宗教和哲学的历史》，海安译，商务印书馆 1974 年修订第 2 版。

205. ［英］斯密：《国民财富的性质和原因的研究》（上、下），郭大力、王亚南译，商务印书馆 1972、1974 年版。

206. ［德］弗·梅林：《马克思传》，樊集译，人民出版社 1965 年版。

207. ［法］罗伯斯比尔：《革命法制和审判》，赵涵舆译，商务印书馆 1965 年版。

208. ［瑞士］西斯蒙第：《政治经济学新原理，或财富同人口的关系》，何钦译，商务印书馆 1964 年版。

209. ［法］奥古斯特·科尔纽：《马克思恩格斯传（I）：1818—1844》，刘丕坤等译，生活·读书·新知三联书店 1963 年版。

210. ［法］蒲鲁东：《什么是所有权，或对权利和政治的原理的研究》，孙署冰译，商务印书馆 1963 年版。

211. [法] 萨伊:《政治经济学概论——财富的生产、分配和消费》,陈福生、陈振骅译,商务印书馆 1963 年版。

212. [德] 黑格尔:《法哲学原理》,范扬、张企泰译,商务印书馆 1961 年版。

213. [德] 弗里德里希·李斯特:《政治经济学的国民体系》,陈万煦译,商务印书馆 1961 年版。

214. [古希腊] 色诺芬:《经济论　雅典的收入》,张伯健、陆大年译,商务印书馆 1961 年版。

215. [德] 魏特林:《和谐与自由的保证》,孙则明译,商务印书馆 1960 年版。

216. [英] 梅因:《古代法》,沈景一译,商务印书馆 1959 年版。

217. [法] 拉·梅特里:《人是机器》,顾寿观译,商务印书馆 1959 年版。

218.《费尔巴哈哲学著作选集》(上卷),荣震华、王太庆、刘磊译,生活·读书·新知三联书店 1959 年版。

219.《马克思恩格斯全集》第 1 版(第 1-50 卷),人民出版社 1956—1985 年版。

三、外文著作

220. François Guizot, *The History of Civilization in Europe*, translated by William Hazlitt, edited and with an introduction by Larry Siedentop, Liberty Fund, 2013.

221. Norman Levine, *Marx's Discourse with Hegel*, Palgrave Macmillan, 2012.

222. David Gordon (ed.), *The Turgot Collection*, Ludwig von Mises Institute, 2011.

223. David Leopold, *The Young Karl Marx: German Philosophy, Modern Politics, and Human Flourishing*, Cambridge University Press, 2007.

224. Ronald L. Meek, *The Economics of Physiocracy: Essays and Translations*,

Routledge, 2003.

225. Theodore M. Porter and Dorothy Ross (eds.), *The Cambridge History of Science, Volume 7: The Modern Social Sciences*, Cambridge University Press, 2003.

226. Costas Douzinas, *The End of Human Rights: Critical Legal Thought at the Turn of the Century*, Hart Publishing, 2000.

227. Lynn Hunt (ed.), *The French Revolution and Human Rights: A Brief Documentary History*, Bedford/St. Martin's, 1996.

228. Karl Marx, *Early Political Writings*, ed. O'Malley, Cambridge University Press, 1994.

229. Terrell Carver (ed.), *The Cambridge Companion to Marx*, Cambridge University Press, 1991.

230. Bob Jessop (ed.), *Karl Marx's Social and Political Thought*, first series, 4 vols., Routledge, 1990.

231. Cecil L. Eubanks (ed.), *Karl Marx and Friedrich Engels: An Analytical Bibliography*, 2nd edition, Garland Publishing, 1984.

232. *Œuvres de Claude-Henri de Saint-Simon*, Tome Ⅰ, Tome Ⅳ & Tome Ⅴ, Slatkine Reprints, 1977.

233. *Marx-Engels-Gesamtausgabe*（新历史考证版《马克思恩格斯全集》，简称 MEGA²），Dietz Verlag 或 Akademia Verlag，1975 年以来陆续出版中。

234. G. W. F. Hegel, *Grundlinien der Philosophie des Rechts oder Naturrecht und Staatswissenschaft im Grundrisse*, Suhrkamp Verlag, 1970.

235. Aram Vartanian (ed.), *La Mettrie's L'Homme machine*, Princeton University Press, 1960.

236. Georg Jellinek, *The Declaration of the Rights of Man and of Citizens: A Contribution to Modern Constitutional History*, trans. Farrand, Henry Holt and Company, 1901.

237. Ihering, *Geist des römischen Rechts auf den verschiedenen Stufen seiner Entwicklung. Erster Theil*, Vierte revidirte Auflage, Leipzig, 1878.

238. *Deutsch-Französische Jahrbücher*, herausgegeben von Arnold Ruge und

Karl Marx, 1ste und 2te Lieferung, Paris, 1844.

239. *Œuvres de Turgot* (*nouvelle édition*), Tome Ⅱ, par Eugène Daire, Guillaumin, 1844.

240. Augustin Thierry, *Récits des temps mérovingiens*, Tome Ⅰ, Paris, 1842.

241. Jean-Baptiste Say, *Cours complet d'économie politique pratique*, Bruxelles, 1836.

242. Andrew Ure, *The Philosophy of Manufactures*, London, 1835.

243. Et. Dumont, *Théorie des peines et des récompenses: Ouvrage extrait des manuscrits de M. Jeremie Bentham*, Troisième édition, Tome Ⅱ, Paris, 1826.

244. Et. Dumont, *Théorie des peines et des récompenses: Ouvrage extrait des manuscrits de M. Jeremie Bentham*, Troisième édition, Tome Ⅰ, Paris, 1825.

245. John Lingard, *A History of England from the First Invasion by the Romans*, J. Mawman, 1823.

246. Jean-Baptiste Say, *Traité d'économie politique*, Troisième édition, Tome Ⅰ, Paris, 1817.

247. Jean-Baptiste Say, *Traité d'économie politique*, Tome Ⅰ, Paris, 1803.

248. Marquis de Mirabeau, *Philosophie Rurale*, Libraires Associes, 1763.

后　记

本书是国家社科基金一般项目“马克思法律思想的法国渊源研究”(项目编号17BFX161)的最终成果。笔者身为项目主持人有幸以“优秀”等级顺利结项，离不开匿名评审专家们的高度认可，离不开公丕祥教授和龚廷泰教授领衔的南京师范大学马克思主义法学团队的大力支持，也离不开本人一路走来遇到的国内外师友的无私帮助。承蒙《马克思主义与现实》《法制与社会发展》《现代哲学》《人权》《山东社会科学》《兰州大学学报（社会科学版）》《马克思主义哲学研究》《人权法学》《中国社会科学报》等刊物编辑部的抬爱，本书各章精要自2019年起陆续刊发，以飨读者。部分内容后被《中国社会科学文摘》、人大复印资料转载，部分内容斩获中国法律文化研究成果奖二等奖、南京师范大学精神文明建设“五个一工程”奖。感谢南京师范大学法学院提供此次宝贵的出版机会，感谢我的学生邢温迪在定稿成书阶段尽心竭力。最后，笔者想用自己因游历普陀山胜景得到灵感而译出的霍姆斯箴言作结：“若我们准备就绪且锲而不舍，必现一股暖流挟着我们迎来天光大照、得归其所的时刻。”

姚　远

2024年秋，南京